विचार से विवेक

साधना के चुनिंदा संपादकीय

विचार से विवेक

डॉ. नरेंद्र दाभोलकर

प्रधान संपादक
डॉ. सुनील कुमार लवटे

समन्वयक
डॉ. चंदा सोनकर

अनुवादक
निलेश झालटे
डॉ. धनंजय झालटे

अनुवाद संपादक
डॉ. विजय शिंदे

सार्थक
राजकमल प्रकाशन का उपक्रम

मूल मराठी ग्रंथ 'समता-संगर' का हिंदी अनुवाद

ISBN : 978-81-19159-82-6

मूल्य : ₹299

पहला संस्करण : 2023

सार्थक राजकमल प्रकाशन का उपक्रम

प्रकाशक
राजकमल प्रकाशन प्रा. लि.
1-बी, नेताजी सुभाष मार्ग, दरियागंज
नई दिल्ली-110 002

शाखाएँ
अशोक राजपथ, साइंस कॉलेज के सामने, पटना-800 006
पहली मंजिल, दरबारी बिल्डिंग, महात्मा गांधी मार्ग, प्रयागराज-211 001
1, अनमोल सोराबजी संतुक लेन, धोबी तलाव, मरीन लाइंस, मुम्बई-44002

वेबसाइट : www.rajkamalprakashan.com
ई-मेल : info@rajkamalprakashan.com

मुद्रक
विकास कंप्यूटर एंड प्रिंटर्स
ट्रॉनिका सिटी-201 102

VICHAR SE VIVEK
by Dr. Narendra Dabholkar

साधना में आदर्शवाद था, उसके पास राजनीतिक दर्शनशास्त्र था लेकिन एकाधिकार नहीं था। जीवन के सभी अंगों की *साधना* को जरूरत थी और आज भी है। इस समग्रता का सूक्ष्मता से विचार किया जाए तो एक अनूठी बात दिखाई देती है। *साधना* साप्ताहिक शुरू होने के लगभग डेढ़ साल बाद भारतीय संविधान बना।

भारत के जनसामान्यों का आशा-आकांक्षाओं को साकार करने की संवैधानिक तैयारी हुई; लेकिन संविधान द्वारा जिन तत्त्वों, मूल्यों का उद्घोष किया गया, वे सब बीज रूप में साने गुरुजी के 'साधना किसलिए' निवेदन में और उसी प्रकार *साधना* की संविधानपूर्व डेढ़ साल की यात्रा में भी दिखाई देते हैं।

—डॉ. नरेंद्र दाभोलकर

क्रम

मूवमेंट/आन्दोलन

धर्म-चिकित्सा/जातिगत वास्तविकता

अन्धविश्वास/पर्यावरण

चिन्तन/भाष्य

विविधा

परिशिष्ट

भूमिका

भारतीय स्वतंत्रता की पहली वर्षगाँठ के अवसर पर 15 अगस्त, 1948 को साने गुरुजी द्वारा *साधना* पत्रिका की शुरुआत की गई। *साधना* के स्वर्णमहोत्सव वर्ष में 1 मई, 1998 को डॉ. नरेन्द्र दाभोलकर और जयदेव डोले को सम्पादक पद की जिम्मेदारी सौपी गई। छह महीने बाद जयदेव डोले ने सम्पादक पद छोड़ दिया। इसके बाद 15 साल (20 अगस्त, 2013 तक) डॉ. दाभोलकर ने सम्पादक पद की जिम्मेदारी बखूबी निभाई। लगभग डेढ़ दशक के इस काल में उन्होंने दो सौ से ज्यादा सम्पादकीय लेख लिखे। उन लेखों में से चुनिन्दा 60 लेखों का संग्रह *समता-संगर* नाम से मराठी भाषा में प्रकाशित हुआ है। 8 लेख एक समूह में लेकर 56 लेखों को विषय के फोकस को ध्यान में रखकर सात भागों में विभाजित किया है। आरम्भ में 'अभिवादन' शीर्षक के तहत ग.प्र. प्रधान और नीलू फुले को आदरांजलि अर्पण की है। अन्तिम विभाग के बाद 'परिशिष्ट' में तीन लेख दिए हैं। इसमें 'विरासत और व्रत' लेख में डॉ. दाभोलकर का सम्पादक होने के बाद पहले अंक में लिखा हुआ निवेदन है। इसी अंक में सुनील देशमुख का पत्र 'शबनम और लेखन पुस्तिका के परे' प्रकाशित हुआ था। इस पत्र के सन्दर्भ-मूल्य और समकालीनता को ध्यान में लेकर इसका पुस्तक में समावेश किया है। इस पुस्तक का समापन लेख *चुनिन्दा साधना* ग्रन्थ के आठवें खंड से लिया गया है। डॉ. दाभोलकर ने यह लेख *साधना* पत्रिका के हीरक महोत्सव के उपलक्ष्य पर (2007 में) लिखा था।

डॉ. दाभोलकर के 15 साल के सम्पादकीय कार्यकाल में साढ़े नौ साल मैं (स्तम्भलेखक, अतिथि सम्पादक, सम्पादक मंडल सदस्य, युवा सम्पादक, कार्यकारी सम्पादक के रूप में) उनके साथ था। बाद में सात साल पूर्णकालिक सहयोगी/शिष्य था। उन सात सालों में मैं उनके सभी सम्पादकीय लेखों का पहला पाठक था। वे सभी लेख जिस पृष्ठभूमि पर लिखे गए और उन लेखों पर प्राप्त क्रिया-प्रतिक्रियाओं

का सबसे करीबी गवाह था। इसलिए इनमें से कौन-से लेखों का समावेश इस किताब में करना है, इस बारे में मेरे मन में कोई सन्देह नहीं था। अत्यन्त सहजता के साथ उन लेखों का चयन किया गया। डॉ. दाभोलकर के आरम्भिक सात-आठ सालों के सम्पादकीय कार्यकाल के लेखों का चयन करना कठिन काम था। लेकिन कुमुद करकरे ने यह काम किया। डॉ. दाभोलकर से पहले कुमुदताई *साधना* में बतौर लेखक, अनुवादक और सहसम्पादक के रूप के कार्यरत थीं। उस समय भी डॉ. दाभोलकर के सभी लेख/अंक उनकी निगरानी में ही छापे जाते थे। तब उनके सम्पादकीय लेखों की पहली पाठक कुमुदताई थीं। बहरहाल उन सात-आठ सालों के लेख निकालकर उनकी सूची बनाने का काम उन्होंने किया। कुमुदताई और डॉ. दाभोलकर से समय-समय पर हुई चर्चा उन सात-आठ सालों के लेखों का चयन करने में उपयोगी साबित हुई।

डॉ. दाभोलकर को *साधना* के सम्पादक के रूप में गढ़ने में जिनका विशेष योगदान था, उनमें से प्रमुख नाम है ग.प्र. प्रधान। दाभोलकर के सम्पादक बनने के बाद 12 साल तक प्रधान सर का उन्हें सहयोग मिला। सम्पादक बनने के बाद डॉ. दाभोलकर ने कुछ लोगों को *साधना* के साथ जोड़ा। उनमें से प्रमुख नाम रा.ग. जाधव है। दाभोलकर के सम्पादकीय कार्यकाल में दस साल जाधव सर उनके साथ थे। आज डॉ. दाभोलकर मौजूद होते और यह किताब प्रधान सर और जाधव सर को समर्पित करने का सुझाव मैंने उन्हें दिया होता तो वे बड़ी खुशी के साथ अनुमति देते (अब तकनीकी कारणों की वजह से यह समर्पण पृष्ठ नहीं दिया जा सकता।) इस किताब का नाम [मूल मराठी में] *समता-संगर* रखा है। इसका कारण है, डॉ. दाभोलकर के लेखन से यह शब्द कई बार आया है। साथ ही उनके सामाजिक कार्य का यह एक मौलिक अंग है, ऐसा मुझे लगता है। उनके सम्पादक बनने के बाद शुरुआती दौर में लिखे 'समता-संग्राम की पंचसूत्री' इस लेख में से एक पैराग्राफ को ही इस किताब के 'ब्लर्ब' के रूप में लिया है। यह अनुच्छेद उनके ध्येयवाद को स्पष्ट करता है। *साधना* का सम्पादक पद सँभालने के दस साल बाद प्रकाशित संग्रह *चुनिन्दा साधना* ग्रन्थ के आठवें अनुभाग में लिखे लेख (उद्देश्यवादी, सफल और वर्धिष्णु पत्रकारिता) में से एक अनुच्छेद को प्रस्तुत किताब की समर्पण पृष्ठ की जगह पर लिया है। यह अनुच्छेद *साधना* के प्रयोजन और दिशा को रेखांकित करता है।

53 साल की उम्र में डॉ. दाभोलकर *साधना* के सम्पादक बने। उस समय उनकी पहचान राज्य स्तर पर अन्धश्रद्धा निर्मूलन समिति के आन्दोलन के प्रवर्तक/प्रणेता के रूप में थी। महाराष्ट्र 'अनिस' की स्थापना को लगभग एक दशक गुजरा था। साथ ही उन्होंने पहले सामाजिक कृतज्ञता निधि, विषमता उन्मूलन परिषद, समाजवादी युवा दल समेत अन्य कई संस्था-संगठनों के माध्यम से काम किया था लेकिन उनके सभी सामाजिक कार्यों का केन्द्र-बिन्दु 'समता-संगर' ही था। समता के लिए संघर्ष करते समय भारतीय संविधान को उन्होंने प्रमाण माना था। लोकतंत्र के संवर्द्धन के लिए अहिंसक और कानूनी तरीके से ही संघर्ष करने के तत्त्व का पालन उन्होंने किया था। लेखन और वाणी का उपयोग उन्होंने प्रबोधन के लिए हथियार के रूप में किया। अपने कार्य में उपयोगी साबित न होनेवाला लेखन और भाषण देना उन्हें पसन्द नहीं था। इसका अर्थ यह नहीं कि उनके लेखन और भाषण में नीरसता थी। लोगों को केवल बातें बनाकर चकित करना उन्हें कतई पसन्द नहीं था। इस सन्दर्भ में मुझे एच.वाई. शारदा प्रसाद लिखित *The Book I Won't Be Writing* किताब में दिए 'ऑन नर्वसनेस' लेख की याद आती है। शारदा प्रसाद कहते हैं, 'गांधी जी लेखन और भाषण का उपयोग विचार और व्यवहार के बीच पुल-निर्माण करने के लिए ही करते थे।'

विचार-प्रवर्तक प्रस्तुति देनेवाले वक्ता के रूप में डॉक्टर दाभोलकर महाराष्ट्र को परिचित थे ही लेकिन अन्धविश्वास उन्मूलन, वैज्ञानिक दृष्टिकोण, धर्मचिकित्सा और जातिगत वास्तविकता आदि विषयों पर उनका लेखन बड़ा प्रभावशाली रहा। इन विषयों पर लिखी उनकी किताबें भी बड़ी लोकप्रिय हुई थीं। इसलिए *साधना* में लेख लिखते समय व्यवहार को प्रेरणा देनेवाला, उपयोगी साबित होनेवाला लेखन करना उनका स्थायी-भाव रहा था। इसका अर्थ यह नहीं कि लेखन का विकास करना उन्हें नहीं आता था। उदाहरण के तौर पर 'किशोर पवार : नाबाद 80' यह डॉ. दाभोलकर द्वारा लिखित एक पन्ने की टिप्पणी उनके अन्दर छिपे खिलाड़ी की याद दिलाती है। 'भूत की खोज में अमावस यात्रा' वाला लेख उनके अन्दर के 'रसिक साहित्यकार' को दर्शानेवाला था। उनके लेखन में स्पष्ट प्रस्तुति और कड़ा प्रहार तो था ही लेकिन समर्पक काव्य-पंक्तियाँ, होश उड़ानेवाले संवाद, सीधे सवाल-जवाब, मार्मिक प्रहार, उपहास-उपरोध आदि का भी संचार था। इससे कई बार उत्फुल्ल प्रसन्नता का छिड़काव भी होता था।

लेकिन मुख्य आशय सीधा प्रहार कर वाचकों को व्यवहार में बदलाव करने के लिए प्रवृत्त करनेवाला और परिवर्तन की पुकार करनेवाला ही रहता था। यह करते समय उन्हें काल, समय और प्रसंगों का औचित्य अधिक महत्त्वपूर्ण लगता था। ऐसे समय में वह बड़े सटीक होते थे। वैसे कई अनुभव मुझे ज्ञात हैं लेकिन इस पुस्तक में समाविष्ठ दो सम्पादकीय लेखों की पार्श्वभूमि बताता हूँ :

1. सत्य साईंबाबा की मृत्यु की खबर शाम के समय आई। अब मैंने यह सोचा था कि डॉ. दाभोलकर उस पर सम्पादकीय लेख लिखेंगे। दूसरे दिन सोमवार/मंगलवार था इसलिए पुष्टि करने के लिए मैंने रात के समय फोन किया। तब उन्होंने कहा, "नहीं लिखूँगा; तुमने जो विषय तय किया है उस पर लिख डालो।" मैंने आश्चर्य व्यक्त किया तो उन्होंने कहा, "इनसान मर गया है, उसके भक्तों के शोकाकुल होते हुए ऐसा लिखना उचित नहीं है।" इस बात पर मैंने विशेष आग्रह किया। "साईंबाबा पर आप व्यक्तिगत कुछ नहीं लिखेंगे। साईंबाबा एक अत्यन्त प्रभावशाली 'संस्था' थी। इसके इष्ट-अनिष्ट परिणाम समाज पर हुए हैं। इस बहाने मामला क्या है, यह पाठक समझें, यह अपना काम है इसलिए अवसर के रूप में इसे लेकर काम करना चाहिए। चाहे तो इसे 'औचित्य का भंग न मानें' इस वाक्य से आरम्भ करते हुए लिखें!" ऐसा मैंने कहा। दूसरे दिन डॉ. दाभोलकर ने तीन पन्नों का अच्छा सम्पादकीय लेख लिखकर रखा था। उस दिन यह लेख प्रकाशित करने के लिए हमने *लोकसत्ता* को भी भेजा। *लोकसत्ता* में लेख आने के बाद अगले तीन दिनों में सौ से अधिक फोन कॉल्स आए और उनमें से एक भी गाली देनेवाला नहीं था, ऐसा कहकर डॉक्टर ने आश्चर्य व्यक्त किया। उन्होंने कहा था कि इसका अर्थ है कि हम ईमानदारी के साथ काम करते रहें तो इसे समाज की मान्यता मिलती रहती है।
2. विलासराव देशमुख के देहान्त की खबर आने पर मैंने उन पर केन्द्रित सम्पादकीय लिखने की तैयारी लगभग पूरी कर ली थी। बाभुळगाँव के सरपंच से लेकर केन्द्रीय ग्रामविकास मंत्री और पवार द्वारा उनका विकेट गिरा देने से लेकर रितेश के कारण खोये हुए मुख्यमंत्री पद तक की यात्रा का लेख मैं लिखनेवाला था। लेकिन विलासराव देशमुख की मृत्यु अनपेक्षित और धक्का लगनेवाली थी इसलिए एक उम्दा और युवा (?) नेता खोने की जनमानस में भावना थी। इस पार्श्वभूमि पर विचार करते हुए,

मुख्यमंत्री विलासराव देशमुख के हाथों पुरस्कार लेने से इनकार करनेवाले 'अनिस' के दाभोलकर और हीरक महोत्सव के लिए डोनेशन माँगनेवाले *साधना* के दाभोलकर, यह विषय मुझे मिला। इसलिए दाभोलकर को फोन करके कहा, "यह विषय लेकर विलासराव देशमुख के ऊपर सम्पादकीय लिखेंगे?" उन्होंने मेरे इस विचार को "ऐसे मौके पर कड़वी यादें क्यों?" कहकर झट से नकार दिया। तब आग्रह कर मैंने कहा, "इससे विलासराव का अवमूल्यन नहीं होगा। आपकी और उनकी भूमिका सामने आएगी। राजनीतिक और सामाजिक नीति का एक नया आयाम दिखा सकेंगे।" दूसरे दिन उन्होंने हमेशा से अधिक बड़ा सम्पादकीय लेख लिखा। इस पर बहुत अच्छी प्रतिक्रियाएँ आईं तब भाव प्रकट किए कि 'अच्छा हुआ कि लिखा'।

1998 में 'डॉक्टर' *साधना* के सम्पादक हुए। तब 'अनिस' का काम चालू रखने बल्कि प्राथमिकता के साथ ध्यान देकर *साधना* में काम करूँगा, इसी शर्त पर उन्होंने सम्पादक पद स्वीकार किया था। महाराष्ट्र के अधिकांश लोगों को आज भी यही सच्चाई लगती है। शुरुआती कुछ सालों में ऐसा प्रतीत होता भी था। लेकिन विगत सात सालों में मुझे तो ऐसा कभी नहीं लगा। *साधना* की जैसे-जैसे प्रगति होती रही, वैसे-वैसे उनकी *साधना* के काम में चाह बढ़ने लगी। मेरे पूर्णकालिक रूप से *साधना* में काम शुरू करने पर उनका 'तनाव' बहुत कम हुआ, यह सच है लेकिन उनका काम कम नहीं हुआ बल्कि काम बढ़ता गया। (हाथ में लिया हुआ काम ख़त्म नहीं होता, तभी दूसरा काम शुरू कर देना हमारी खासियत थी।) *साधना* को गुणात्मक और संख्यात्मक, दोनों प्रकार से विकसित करने के लिए उन्होंने पहले से ही प्रारूप तय किया हुआ था। हीरक महोत्सव के दौरान *साधना* को मिल रही अच्छी गति ध्यान में आते ही उन्होंने तेजी के साथ काम करना शुरू किया और अमृत महोत्सव की ओर बढ़ते कदमों की बुनियाद मजबूत कर भविष्य में सहजता लाने के लिए संस्थात्मक कामों में आवश्यक 'प्रोफेशनलिज्म' को भी स्वीकार करना शुरू किया।

गुणवत्ता और कमिटमेंट (प्रतिबद्धता शब्द का प्रयोग वे शायद ही करते थे) रखनेवाले लोगों को अपने काम से जोड़ने में उन्हें रुचि थी। उद्देश्य के प्रति ईमानदार रहकर प्रयोग करने और नई राह ढूँढ़ने में वे हमेशा तत्पर रहते थे। वैसे लोग उन्हें काफी आकर्षित करते थे। कोई भी नई कल्पना, नया विषय सामने रखने के बाद अगर उसका

जस्टिफिकेशन उचित है, न्यायसंगत है तो 'कौन क्या कहेगा?' इसकी परवाह किए बिना उसका अमल करने के लिए वे तैयार रहते थे। उदाहरणत: देखा जाए, तो *दलपत सिंह जब गाँव आते हैं* नाटक पर केन्द्रित 1 मई का विशेषांक और 'मुझे प्रभावित करनेवाला सिनेमा' विषय पर केन्द्रित 15 अगस्त के विशेषांक का विचार! अब वे दोनों विशेषांक *साधना* के माइलस्टोन के रूप में पहचाने जाते हैं। लेकिन महाराष्ट्र दिवस और स्वतंत्रता दिवस के उपलक्ष्य में नाटक और सिनेमा के ऊपर *साधना* द्वारा विशेषांक निकालने के निर्णय पर कई शक और सन्देह पाठकों की ओर से व्यक्त किए गए थे। लेकिन ये विचार पूर्ण रूप से जस्टीफाईड हैं, यह ध्यान में आने के बाद दाभोलकर निश्चिन्त हुए। किसी भी नए विचार, विषय या व्यक्ति का स्पार्क तत्काल पहचानने और महनीय व्यक्ति, गम्भीर विषय तथा प्रतिष्ठित विचारों का न्यूनत्व पहचानने में वे माहिर थे। इस सन्दर्भ में उनके जैसी अद्वितीय शक्ति रखनेवाला कार्यकर्ता/सम्पादक मेरी नजर में आया नहीं है।

डॉ. दाभोलकर डेढ़ दशक में *साधना* को कहाँ से कहाँ ले गए, यह स्वतंत्र लेख नहीं बल्कि किताब का विषय है। लेकिन वे "इतने वर्षों के बाद भी मुझे मिलनेवाले सौ में से दो-चार लोग ही *साधना* के सम्पादक के रूप में पहचानते हैं।" यह बात मिलनेवाले नए लोगों को हँसते-हँसाते सुनाते थे। मुझे इसमें कुछ विशेष लगता नहीं था क्योंकि कुल जनसंख्या के सौ में से 2-4 लोग ही पढ़ते हैं इसलिए यह आम बात है। साथ ही *साधना* के सम्पादक होने से पहले उन्हें 'अनिस' के कार्य की वजह से महाराष्ट्र में पहचानते थे (क्योंकि यह कार्य शत-प्रतिशत लोगों से सम्बन्धित है।) वैसे देखा जाए तो यह दोनों कारण उन्हें भी पता थे लेकिन उनका इस प्रकार से सोचना पता चलते ही सामनेवाले लोग चकित हो जाते थे इसलिए कभी-कभी अनौपचारिक बातचीत में यह बात वे सुनाते थे। 20 अगस्त के 'उस' दिन से दो सप्ताह पहले हम दोनों लक्ष्मीकान्त देशमुख के घर दो-ढाई घंटों तक बैठे थे। तब देशमुख दम्पती को वे बता रहे थे, "सम्पादन कार्य मैं अधिकतर देखता नहीं हूँ, मेरा व्यक्तित्व कार्यकर्ता का है। विनोद का व्यक्तित्व सही मायने में सम्पादक का है।" अर्थात, यह बात मैंने गम्भीरता से नहीं ली थी। लेकिन अब दस महीनों के बाद वापस मुड़कर देखते हुए ऐसा लगता है कि अच्छा अंक तैयार करने के लिए सम्पादक को छोटी-छोटी बातों को अत्यन्त गम्भीरता से और

बारीकी से देखना पड़ता है। इसके लिए खुद को नए विषयों के सन्दर्भ में अपडेट रखना पड़ता है। बहरहाल, डॉ. दाभोलकर का व्यक्तित्व सम्पादक का नहीं था यह भले ही माना जाए, लेकिन समाजमानस को तराशने के लिए *साधना* को उचित दिशा में गतिमान रखनेवाला नेतृत्व देना, समय की माँग और परिस्थिति का अनुमान लगाकर कालसंगत बदलाव करना और विभिन्न प्रवृत्तियों को मौका देकर अपने प्रवाह को बनाए रखकर इसका ध्यान रखना कि प्रवाह दूषित न हो, ये सब सम्पादक के व्यक्तित्व के महत्त्वपूर्ण अंग हैं—ऐसा माननेवाले हम लोग हैं तो डॉ. दाभोलकर सम्पादकों के सम्पादक थे।

—विनोद शिरसाठ

सम्पादक, *साधना*

अभिवादन

कृतार्थ कर्मशील साधक

कई बार प्रधान सर का हाथ अपने हाथों में लिए साने गुरुजी अस्पताल में उनके कमरे के भीतर मैं उनकी बगल में बैठा करता था। हड्डियों का ढाँचा-भर बचा था। शरीर थक चुका था। धुँधली नजर और चलना दूभर। सुनने की शक्ति तो कब की चली गई थी। प्रकृति का आक्रमण जारी था। प्रधान सर बेचैन, असहाय हो गए थे। प्रधान सर को संजीवनी कैसे मिले? एक क्षण को मन में विचार आया : 'आपकी अस्थियों से वज्र बना दिया जाए तो लोकतांत्रिक समाजवाद का युद्ध जीता जा सकता है' कहने पर यह जर्जर वृद्ध तत्काल उठकर कहेगा, "एक क्षण की भी देरी नहीं होनी चाहिए"। ऐसा कहने का प्रधान सर को पूर्ण अधिकार था क्योंकि अर्पण करने के लिए ही यह हड्डियाँ चन्दन की भाँति घिसती रही हैं।

समाज के लिए अपने-आप को न्योछावर करने का संकल्प दसवीं कक्षा में पढ़ते वक्त अबोध आयु में उन्होंने किया था। साने गुरुजी उन्हें उनके मित्र के साथ नामदार गोखले के स्मारक के पास ले गए। रात का समय। स्थान : फर्ग्युसन कॉलेज की पीछेवाली पहाड़ी। साने गुरुजी ने आवाहन किया, "गोखले जी ने यहीं पर देश सेवा की शपथ ली थी और जीवन भर उसे निभाया। आप भी आज शपथ लें कि अपनी मातृभूमि स्वतंत्र करवाने के लिए आप अपना सब कुछ न्योछावर कर देंगे। अपने मन में शपथ ग्रहण करें। मुझे विश्वास है, आप उसका पालन अवश्य करेंगे। आगे स्वतंत्रता की लड़ाई में हमारी भेंट अब जेल में ही होगी।" सर ने शपथ ली। सन 1942 में येरवडा जेल में साने गुरुजी के साथ रहने का भाग्य भी उन्हें प्राप्त हुआ। आगे जेल से छूटने के बाद पुणे में उपचार के लिए आए। महात्मा गांधी के निवास-स्थान में स्वयंसेवक बनने का संयोग भी बना। निवास-स्थान पर 24 घंटे पुलिस का पहरा होता था। भूमिगत क्रान्तिकारी अरुणा आसफ अली महात्मा जी से मिलने भेस बदलकर पहुँचीं। उनकी सुरक्षा की जिम्मेदारी प्रधान सर ने स्वयं ली थी। बाद में परिवार के लिए कॉलेज में नौकरी करने की जरूरत पड़ी। नौकरी देनेवाले भाटे सर ने नौकरी से पहले शर्त रखी, अध्यापन व्यवसाय की नैतिकता का पालन करना जरूरी है। इसके लिए राजनैतिक दल का काम रोकना होगा। जब सक्रिय राजनीति में भाग लेना हो तो अध्यापक पद से इस्तीफा देना होगा।

20 साल अध्यापक की नौकरी करने के बाद पूर्ण समय राजनीति में देने का प्रधान सर ने निर्णय लिया। इस्तीफा भिजवा दिया। उस समय उनके मित्र देवदत्त दाभोलकर, मे.पुं. रेगे डेक्कन एजुकेशन सोसायटी में पदाधिकारी थे। उन्होंने सलाह दी, "सोच समझकर निर्णय लो। चाहे तो दो साल छुट्टी लेकर राजनीति का काम करो और अगर न हो पाया तो फिर से कॉलेज लौट आना।" सर के दोस्तों को भी सर का नौकरी छोड़ने का विचार ठीक नहीं लगा लेकिन सर ने निर्णय लिया। 'मन में राजनीति करने का विचार तीव्र होने के बाद भी यदि भाटे सर को दिए वचन का पालन नहीं हुआ तो राजनीति करने का नैतिक अधिकार भी मुझे नहीं होगा', इसलिए इस्तीफा देकर मुक्त हो गए।

लेकिन असली परीक्षा लेनेवाला निर्णय आगे लिया जाना था। विधायक के रूप में 18 साल का अत्यधिक सफल कालखंड पूरा किया। अगर फिर से चौथी बार चुनाव में खड़े होते तो निश्चित ही जीत जाते। महाराष्ट्र जनता दल के अध्यक्ष राजारामबापू पाटिल चाहते थे कि सर चुनाव जरूर लड़ें। राजारामबापू पाटिल ने प्रधान सर की जीत की निश्चितता और उपयुक्तता, दोनों का जोरदार समर्थन किया। निर्णय कठिन था। आखिर इस निर्णय के लिए नानासाहब गोरे के पास जाना पड़ा। इस सम्बन्ध में प्रधान सर की भूमिका यह थी, "मैं साने गुरुजी के साथ 1942 में जेल में था। मेरे जीवन पर उनका सुसंस्कार हुआ है। साने गुरुजी की *साधना* के लिए सात-आठ साल काम करने की मेरी अभिलाषा है।" नानासाहब ने प्रधान सर के हक में फैसला लिया और वे *साधना* में शामिल हो गए। *साधना* की स्थिरता और *साधना* में परिवर्तन लाने और उसको प्रतिष्ठित करने में उनसे बड़ी मदद हुई। लेकिन उस जिम्मेदारी से 75 साल की उम्र होने से पहले मुक्त होने का उन्होंने बहुत प्रयास किया और इस कारण मैं *साधना* में शामिल हो गया। जान-बूझकर अकंचनता स्वीकार करने की यह फकीरी मस्ती और स्वयं को मुक्त करने की एक अलग ही इच्छा सर की रही होगी। पाँच साल पहले अपना घर छोड़कर वे हमेशा के लिए साने गुरुजी अस्पताल में गए। उस समय उन्होंने अपनी वसीयत बनवाकर मेरे पास रखी। उसमें मृत्यु के बाद अपने खाते के साढ़े तीन लाख रुपए सात संस्थाओं में वितरित करने के सम्बन्ध में उल्लेख था। बाद में मुझसे वसीयत लेकर उसे 15 दिनों के बाद फाड़कर फेंक दिया। कहने लगे "अच्छे काम के लिए देरी क्यों?" वे पैसे सम्बन्धित संस्थाओं को पहुँचा दिये गए। उनका चेहरा कृतार्थता से दमक उठा। इसकी चरम-सीमा यह थी कि आज के बाजार मूल्य के हिसाब से लगभग एक करोड़ कीमत का अपना घर सर ने *साधना* की झोली में डाल दिया। अपनी मृत्यु के बाद हस्तान्तरण करने का अपना पहलेवाला निर्णय उन्होंने बदल दिया और दो साल पहले ही घर *साधना* के ट्रस्ट को सौंपकर वे तृप्त हो गए। अनुकूल और उचित देहान्त के लिए सन्त एकनाथ की भाँति नदी के बहते पानी में जीवन

त्याग देने या जैनधर्मियों की भाँति क्रमश: अन्न त्याग करने का संथारा व्रत लिये जाने के विचार उनके मन में आते थे। लेकिन वे जिस 'साने गुरुजी अस्पताल' में पाँच सालों से थे, ऐसा करने से उनकी साख कम हो जाने का खयाल कर उन्होंने स्वयं को रोककर रखा, यह भी वे ही बताते थे।

'विधायक एवं विरोधी पक्ष नेता ग.प्र. प्रधान' को वैसे तो भुला दिया गया है लेकिन उनका कार्यकाल नामोल्लेख करने-जैसा रहा था। विधायक बनने के बाद ग्रामीण क्षेत्रों में उनकी आवाजाही अधिक बढ़ गई। तब किताबी समाजवाद और किसानों को न्याय दिलानेवाले समाजवाद के बीच का अन्तर उन्हें स्पष्ट होने लगा, ऐसा उन्होंने अपने लेखन में स्वीकार किया है। प्रधान सर एक सक्रिय अध्ययन करनेवाले विधायक थे, इसमें कोई दो राय नहीं। लेकिन विधान परिषद विचारकों की डिबेटिंग सोसायटी नहीं है, यह तो सत्ता संघर्ष का, राजनैतिक युद्ध का कुरुक्षेत्र है। लोक समर्थन का आधार न हो तो अध्ययनपरक प्रस्तुतिकरण और भाषण की कीमत काफी कम हो जाती हैं, यह कड़वा सच भी प्रधान सर ने अनुभव किया। मराठवाडा विश्वविद्यालय का नामकरण 'डॉ. बाबासाहेब आंबेडकर मराठवाडा विश्वविद्यालय' किये जाने का असरकारी प्रस्ताव प्रधान सर ने सदन में रखा। इससे नामान्तर आन्दोलन को नुकसान पहुँच सकता है, यह शरद पवार, रा.सु. गवई का मानना था। लेकिन उस समय कारावास में बन्दी नामान्तर आन्दोलन के नेताओं ने बिल वापस न लेने का आदेश प्रधान जी को दिया था जिसका पालन उन्होंने किया। यह बिल नकारा गया। शरद पवार एवं गवई ने प्रधान सर को बहुत कोसा। समाचारपत्रों में गलत बातें प्रसारित होती रहीं। परन्तु चुनौती के प्रसंगों में राजनीति से ऊपर उठकर मूल्यों के लिए प्रधान सर आन्दोलन के पक्ष में खड़े रहे, यह बात इतिहास में हमेशा के लिए दर्ज हो गई। विपक्ष के नेता के रूप में सर ने लगातार प्रदेश की यात्राएँ कीं। रोज अलग से समय निकालकर आनेवाले अभ्यागतों का दुखड़ा सुना करते। स्टेनो से उनके नोट लिखवाते। जिले का दौरा पूरा करते समय जिले के प्रमुख अधिकारियों को बुलवाकर सभी मामलों की सम्भावना अनुसार उनके स्तर पर या मंत्रालय में मंत्री या सचिव के स्तर पर निपटाने की कोशिश करते। गरीब कार्यकर्ताओं को लाल बत्ती की गाड़ी में अपने साथ ले जाते। उन्होंने रिश्तेदारों से अधिक दल के कार्यकर्ताओं का ध्यान रखा। उस समय उनका एक करीबी दोस्त मुम्बई के उनके सरकारी निवास स्थान में तीन-चार दिन रुका था। पूरे दिन की भागदौड़ उसने देखी, लोगों के दुखड़े सुने। उसने कहा, "प्रधान तुम अपने घर के बाहर बोर्ड लगवा लो 'सहानुभूति का थोक व्यापारी' और उसके नीचे लिखवा लो 'यहाँ सिसकियाँ सुनी जाएँगी, आँसू पोंछे जाएँगे'। तब प्रधान सर ने कहा, "ये दुख दूर करना आसान नहीं। लेकिन हमारे देश में गरीबों के दुख कोई सुनता तक नहीं। विपक्ष नेता के रूप में मैं शायद उनकी थोड़ी-बहुत ही मदद कर

पाऊँ। लेकिन अपनी बात कोई समय निकालकर सुन लेता है, यही बात लोगों को थोड़ा-बहुत सुकून दे देती है। इसलिए यह करना मुझे अपना कर्तव्य लगता है।"

जन-प्रतिनिधि समाज द्वारा नियुक्त विश्वस्त होता है, इसका जीता-जागता उदाहरण प्रधान सर ने अपने आचरण से दिया। केवल एक बार विधायक हो जाए तो उसे जीवनभर भारी पेन्शन देने का भी उन्होंने विरोध किया। अन्य लोगों की तरह इन विधायकों को भी 58 वर्ष की आयु के बाद यह पेन्शन दी जाए, ऐसी भूमिका उन्होंने विधिमंडल में रखी थी। इस भूमिका के बाद उनका विरोध हुआ और उपहास का सामना भी उन्हें करना पड़ा। लोकतांत्रिक समाजवाद की तत्त्वनिष्ठ भूमिका को लेकर प्रधान सर ने अपना राजनैतिक जीवन व्यतीत किया। लेकिन इसके साथ ही अनैतिक समाज में एकाध व्यक्ति की नैतिकता की सीमा होती है, इस प्रगल्भता को बनाए रखा। स्वाभाविक रूप से एक विरोधाभास पैदा होता है। प्रधान सर का मानना था कि उनकी स्थिति महाभारत के विदुर के समान थी। द्रौपदी का वस्त्रहरण होते समय भीष्म की तरह विदुर अपनी आँख बन्द कर नहीं बैठा लेकिन दुशासन को वो रोक भी नहीं पाया। 'मुझे यह सहन नहीं हो रहा' कहकर उस दुष्कृत्य का विरोध कर वो चला गया। सर की इस भूमिका पर दोनों ओर से आक्षेप लगाए गए। युवा नक्सलियों को यह विदुर की दुर्बलता लगती थी। कम-से-कम एकाध कौरव को मारकर फिर स्वयं के मरने की तैयारी रखना उनकी दृष्टि से उचित उत्तर था। दूसरी ओर सर्वोदयी लोगों को संसदीय पद्धति ही भ्रष्टाचार की गंगोत्री लगती थी। इससे संस्थापितों को मान्यता मिलती है। मरहम-पट्टी जैसा कल्याणकारी उपाय तो होता है लेकिन लोगों की प्रतिकार-शक्ति दुर्बल हो जाती है। इसके अलावा महात्मा गांधी जी के विचारों पर, विकेन्द्रित अर्थव्यवस्था और राजव्यवस्था के लिए, विधायकों का रचनात्मक काम करना उन्हें उचित लगता था। लोकतांत्रिक समाजवादी निष्ठा माननेवाले प्रधान सर की भूमिका इस सम्बन्ध में स्पष्ट थी। अहिंसा को तत्त्वज्ञान के रूप में स्वीकारें या न स्वीकारें लेकिन हिंसा के माध्यम से समाज की रचना बदलना असम्भव है। राजकर्ताओं के पास बड़ा शस्त्र-सामर्थ्य है। इसलिए हिंसक विद्रोह को कुचला जाना तय था। साथ ही आधुनिक समाज में अराज्यवादी भूमिका भी आत्मवंचना ही है। राज्यसत्ता का उपयोग सामाजिक न्याय और समता स्थापित करने के लिए करना एक बड़ी चुनौती है। इसके लिए लोक-शिक्षण करना और जन-शक्ति संगठित कर अन्याय, विषमता और शोषण के खिलाफ प्रखर संघर्ष करना एकमात्र मार्ग है। तब तक प्रधान सर जैसे विदुरों की दुर्बलता ही स्वीकार करनी होगी, ऐसी उनकी धारणा थी।

लेखन, भाषण, प्राध्यापक की नौकरी, सम्पादकत्व आदि क्षेत्रों के व्यक्तियों के नाम के साथ चिन्तक की उपाधि सहज रूप से चिपका दी जाती है। प्रधान सर के नाम के साथ भी यह चिपक गई थी। लेकिन सच्चा चिन्तक कैसा होता है और

हमें चिन्तक कैसे नहीं कहा जा सकता, यह प्रधान सर अच्छे से जानते थे। इस सम्बन्ध में कई बार खुलकर बात भी करते। एक और बात से भी वे स्पष्ट रूप से परिचित थे, "मैं सीधा-साधा, कुछ प्रसंगों में अज्ञानी और मूर्ख हूँ, ऐसा कुछ लोगों को लगता है। उनका यह भ्रम बनाकर रखने का लाभ प्राप्त करनेवाला मैं कुटिल व्यक्ति हूँ।" ऐसा वे हँस-हँसकर बताते थे। पठन, लेखन और मन को जो पढ़ा हुआ भाता वह दूसरों को बताना सर का स्वभाव था। अन्तिम दिनों में उन्होंने हडपसर में रहने हेतु जाने का निर्णय लिया, इस पर कइयों का विरोध रहा लेकिन अपने जिद्दी स्वभाव के चलते वे वहाँ गए और अब ऐसा लगता है, यह निर्णय सही भी था। लगभग आधा दर्जन किताबें उन्होंने इन्हीं पाँच वर्षों में लिखीं। आंबेडकर पर पुस्तक लिखने के बाद उन्होंने मुझे बुलवाया। पुस्तक का धर्म से सम्बन्धित हिस्सा दो बार पढ़कर सुनाया। फिर कहने लगे, "मैं सन्तुष्ट हूँ; टॉलस्टॉय को लिखा, फिर गांधी और अब आंबेडकर। सच कहूँ तो लेखन शैली, समझ आदि में कई लोग मुझसे बेहतर हैं लेकिन यह काम मुझसे सम्पन्न हुआ क्योंकि मेरी प्रकृति कार्यकर्ता की है।" टॉलस्टॉय पर पुस्तक का अनुवाद अंग्रेजी में, विशेष रूप से रशियन भाषा में हुआ, इस बात की उन्हें खास तौर पर सन्तुष्टि थी। *आठा उत्तराची कहाणी* (आठों उत्तरों की कहानी) का लेखन कार्य वे पूरा कर पाए और यह पुस्तक मौज प्रकाशन के द्वारा प्रकाशित की, इसका आनन्द था। उनकी अधिकांश किताबें *साधना* प्रकाशन से प्रकाशित हुईं। उसकी रॉयल्टी *साधना* को प्राप्त हुई। सर के कहने पर उस रॉयल्टी को कर्मचारी कल्याण कोष में बदल दिया गया। अपनी पुस्तकें अपने मित्र परिवारों को भेंट स्वरूप भेजने में उनकी विशेष रुचि थी। लेकिन सारी पुस्तकें वे *साधना* से खरीदते। (जैसे कि बता रहा था, उन्होंने मुझे बुलवाया तो) हम उनकी टेबल के सामने खड़े थे। टेबल पर दो तसवीरें थीं। एक महात्मा फुले की, दूसरी महात्मा गांधी की। पुस्तकें भी थीं : *तुकाराम गाथा* और *समग्र शेक्सपियर*। मुझसे कहने लगे, "अब कोई इच्छा शेष नहीं रही। मन तृप्त है। बस यही जमापूँजी है। मैं अपना सामान बाँधकर तैयार हूँ।" और तपाक से पीछे मुड़कर छड़ी टिकाते हुए कमरे से बाहर चले गए।

मुझे लगता है, साहित्य ही प्रधान सर का वास्तविक क्षेत्र था। साहित्य में अपने विकास की सम्भावना और क्षमता उन्होंने कभी जाँची नहीं, इसके विकास के बारे में सोचना तो दूर की बात है। उनके भीतर के कार्यकर्ता ने उनके भीतर के साहित्यकार को शिकस्त दी। लेकिन राजनीतिक प्रकृति होने के कारण वे *साधना* का सम्पादक पद स्वीकारने के बाद अपनी वैचारिक शक्ति की मर्यादाओं से परिचित होने लगे। उन्होंने 1990 में खूब पढ़ना शुरू किया। दर्शनशास्त्र के नामी प्राध्यापक बारलिंगे जी के तीखे अभिप्राय से उन्हें काफी झटका लगा। बारलिंगे ने उन्हें बताया, "आप भाषा के प्राध्यापक, शैली पर अधिक ध्यान देते हैं। लेखन में आशय की गहनता लाने के

लिए आधारभूत संकल्पनाओं सम्बन्धी आपका ज्ञान उत्कृष्ट होना चाहिए। तात्विक विचारों का अधिष्ठान होना चाहिए। इसमें आप पीछे हैं।" इसके बाद प्रधान सर ने बारलिंगे जी से कार्ल मार्क्स, श्रीनिवास देसाई, प्रो. चट्टोपाध्याय आदि का लेखन समझ लिया। इतिहासविद राजवाड़े, वामन मल्हार जोशी, श्रीधर व्यंकटेश केतकर, बी.के. बेडेकर, तर्कतीर्थ लक्ष्मणशास्त्री जोशी की पुस्तकें बार-बार पढ़ीं।

सर ने अपना अनासक्ति योग कितना और कैसे निर्वाह किया, यह सवाल हमेशा मेरे दिल में उठता है। गप्पें लड़ाना, अपना लेखन पढ़कर सुनाना, उस पर प्रतिक्रिया लेना, बालोचित नाराजगी और आनन्द प्रकट करना, चाव से चाय पीना, मांसाहार करना, राजनीतिक घटनाओं के सम्बन्ध में हृदय से उत्सुकता, जिज्ञासा होना, यही वास्तव में उनकी ताकत थी। परन्तु मन में उत्पन्न अनेक विचारों की उथल-पुथल के कारण वे हमेशा मार्ग खोज रहे थे। थोड़ा-सा लड़खड़ा रहे थे, ये भी कह सकते हैं।

उन्होंने 2004 के *साधना* दिवाली अंक में लिखा है, "लगता है जैसे अपने जीवन में कोई उद्देश्य शेष नहीं रह गया, आसपास होनेवाले अन्याय और असमानता के कारण मन उद्विग्न होता है। मेरे युवा सहकारी संघर्ष और रचनात्मक कार्य कर रहे हैं, इससे ढाढ़स मिलता है। मेरा उन्हें हृदय से समर्थन है। लेकिन यह जीवन मुझे अर्थहीन लगता है। बुद्धि से वाद कर सकता हूँ लेकिन सन्तुष्टि नहीं है। वैचारिक उलझन मेरी बेचैनी का मूल नहीं है। मेरी अवस्था भावनात्मक है। ज्ञानेश्वर और एकनाथ को पढ़कर यह कुछ कम होती है। तुकाराम कहते हैं *आहे ऐसा जगी वदवावी वाणी। नाहीं ऐसा मनी अनुभववा।* अर्थात जो जग में हैं, उसकी बात की जानी चाहिए; जो नहीं है, उसका केवल अनुभव करना चाहिए। लेकिन मेरी स्थिति तो इसके विपरीत है।" सर की इस भूमिका पर उलटी-सीधी प्रतिक्रियाएँ भी व्यक्त की गईं। उन्होंने 2007 के *साधना* के दीपावली अंक की भूमिका में पुन: बदलाव किया। उन्होंने लिखा, "मेरी पत्नी अन्धविश्वासी नहीं थी लेकिन वह ईश्वर पर विश्वास करती थी और उसके सन्तोष के लिए मैं रांजणगाव गणेश के दर्शन के लिए गया हूँ। उसके आखिरी दिनों में उसकी इच्छानुसार उसे व्यंकटेश स्तोत्र पढ़कर सुनाया। मन्दिर में जान-बूझकर नहीं जाता। कभी जाना पड़ जाए तो दूसरों के मन चोटिल न हों इसलिए भगवान के सामने हाथ जोड़ लेता हूँ। यह भक्तिभाव नहीं, सहिष्णुता है। लेकिन दलितों और स्त्री का प्रवेश जहाँ वर्जित है, उस मन्दिर में मैं या पत्नी कभी नहीं गए। तुकाराम की-सी कठोरता मुझमें नहीं है। एकनाथ मुझे (दुनियादार) प्रपंचकों के सन्त लगते हैं। प्रपंचिक होकर कर्मठता पर विजय पानेवाले एकनाथ अधिक घनिष्ठ हैं। उत्तर-जीवन में प्रपंचिक आसक्ति में कमी आनी चाहिए, ऐसा मेरा प्रयत्न रहता है। एकनाथ कहते हैं *नावडो प्रपंची बैसणे, नावडो गौरव मिरवणे, बरवे खाणे नावडों* अर्थात 'भाता नहीं सांसारिकों में बैठना, ना

ही भाता गौरवगान, न भाता है जीभ का चटोरापन', इस प्रकार का जीवन जीने की मेरी कोशिश होती है। कभी मेरे मन में मोह और पापवासना उत्पन्न होती हैं, उनको अवांछित समझ-बूझकर नियंत्रित करने हेतु मेरी बुद्धि अपर्याप्त है। 'ये पापवासना नियंत्रित करने में मेरी सहायता कर' की प्रार्थना मैं ईश्वर से करता हूँ। मैं जानता हूँ, केवल सद्भावना ही काफी नहीं है, विज्ञान के प्रति निष्ठा रखकर ही समाज के प्रश्न सुलझाने होंगे।" इसके बाद आलेख में प्रधान सर की भूमिका पूर्णत: बदलती है और अनायास, अविलम्ब मृत्यु प्राप्त हो लिखते हुए मृत्यु से भेंट करवाने के लिए परमेश्वर से याचना भी की है। सम्पूर्ण जीवन में बीमारी, अस्पताल इनके हिस्से नहीं आए। अन्त में आई तो प्रकृति क्रमानुसार वृद्धावस्था जो वे नहीं चाहते थे। एक बार वे मुझे अपना एक स्वप्न गम्भीर होकर सुना रहे थे, "नरेन्द्र कल मुझे एक सपना आया कि मैं मरना ही भूल गया हूँ।"

सांसारिक आसक्ति तोड़ने की यह भूमिका उन्होंने कठोरता से स्वीकार की और निभाई। उन्हें 2002 में पूना में महाराष्ट्र फाउंडेशन का जीवन गौरव पुरस्कार प्राप्त हुआ। वहाँ उन्होंने घोषणा, "इसके बाद मैं किसी भी समारोह में भाषण नहीं करूँगा और कोई भी पुरस्कार स्वीकार नहीं करूँगा।" लोगों की माँग और दिली ख्वाहिश के बावजूद सभी सार्वजनिक कार्यक्रम उत्तर-जीवन में उन्होंने नकार दिए। सदाशिव पेठ का मकान छोड़कर साने गुरुजी अस्पताल, हडपसर में हमेशा के लिए रहने के लिए जाते समय सभी पुरस्कार वहीं कबाड़ख़ाने में डाल दिये। पुणे विश्वविद्यालय से प्राप्त डी.लिट. सम्मान भी उसी में था। कभी-कभी मुझे लगता है कि सर को प्राप्त दो-चार सम्मान चिह्न उनके घर में ढंग से सजाकर रख दूँ लेकिन ये उनको अच्छा न लगता इसलिए मैंने ऐसा नहीं किया। पाँच वर्षों में सर अपने घर कई बार आए। चाव से बैठते, बात करते। लेकिन भूल से भी कबाड़खाने के कमरे की ओर नहीं गए। उन्हें जो चीजें अनावश्यक लगती थीं, उनको प्रदर्शनी में सजाकर रखने का भला मुझे क्या अधिकार था? मुम्बई का बहु-प्रतिष्ठित एक लाख रुपए का पुरस्कार सर द्वारा ग्रहण किया जाए, यह चयन समिति का आग्रह था। चयन समिति प्रधान सर के घर तक आ गई। सर ने गिनकर तीन वाक्य कहे, "निर्णय के लिए धन्यवाद। पुरस्कार स्वीकार नहीं कर पाऊँगा, क्षमा करें। अकारण आने का कष्ट किया।"

तुका म्हणे झरा, आहे मूळिचाचि खरा यानि 'सन्त तुकाराम कहते हैं, जो झरने की तरह होता है, वो मूलत: सच्चा होता है', सर में इस स्तर की उज्ज्वल निर्झरता थी।

अंग्रेजी के एक अच्छे प्राध्यापक, वरिष्ठ स्वतंत्रता सेनानी, विधायक, विरोधी पक्ष के नेता, पत्रिका के सम्पादक, पुस्तकों के लेखक आदि कीर्ति-शृंखला का दिखावा करनेवाले बहुत मिल जाएँगे। सर के पास इससे अधिक था। वह तो अन्तर्बाह्य शुद्ध, भले व्यक्ति थे। यह बहुत ही दुर्लभ बात है। ऐसे वैराग्य से जो चरित्र-सम्पन्न

प्रभाव की निर्मिति होती है, उसमें कार्य-कारण सम्बन्ध नहीं होता इसलिए आश्चर्य होता है। *साधना* के रजतमहोत्सव के लिए 10 लाख रुपए माँगने के लिए सर के साथ सदानन्द कर्वे अप्पासाहब, सा.रे. पाटिल और मैं पुणे महानगरपालिका के तत्कालीन आयुक्त श्री नीतिन करीर के पास गए थे। स्थायी समिति के अध्यक्ष, महापौर, उसके नेता महापालिका के कर्ताधर्ता इनसे क्रमश: भेंट करनी थी। हम जिस कमरे में बैठे थे वहाँ श्री करीर आए। उन्होंने प्रधान सर के चरणस्पर्श किए। कहने लगे, "किसी के पास जाने की जरूरत नहीं है। 10 लाख रुपए मैं देता हूँ। बीते डेढ़ सालों में स्थायी समिति को मैंने अपना कोई कार्य करने के लिए नहीं कहा। इसे अपना काम बताकर मैं करवा लूँगा।" काम बिना दिक्कत और समय पर पूर्ण हुआ। ऐसे ही, लेकिन इससे बड़ी माँग के लिए सह्याद्रि अतिथिगृह पर मुख्यमंत्री विलासराव देशमुख जी से भेंट की। फिर से वही अनुभव आया। विलासराव जी ने उसी प्रकार सर के चरणस्पर्श किए, तत्काल लिखित आदेश दिए। परिपूर्ति की। रजतमहोत्सव के लिए राष्ट्रपति प्रतिभाताई पाटिल को बुलाया गया था। संचार माध्यमों के कार्यक्रम में राष्ट्रपति हिस्सा नहीं ले सकते, ऐसे संकेत हैं। संचार माध्यमों की अपनी भूमिका होती है। राष्ट्रपति पद पर आसीन व्यक्ति का उससे दूर रहना उचित माना जाता है। *साधना* इस सम्बन्ध में अपवाद रही। प्रधान सर और मोहन धारिया की विनती का सम्मान करते हुए राष्ट्रपति ने कार्यक्रम का न्योता स्वीकार किया। कितनों की भौहें चढ़ गईं। राष्ट्रपति महोदया कार्यक्रम-स्थल पर पहुँचीं। अपने स्वतंत्र मार्ग से मंच की ओर जाने लगीं। रास्ते में प्रधान सर हाथ जोड़कर कहने लगे, "प्रतिभाताई आप आईं, मैं धन्य हुआ।" प्रतिभाताई ने सर का हाथ अपने हाथों में लेते हुए कहा, "प्रधान, आप बुलाएँ और मैं न आऊँ, ऐसा कैसे हो सकता है?" कार्यक्रम सफलतापूर्वक पूर्ण हुआ। कार्यक्रम खत्म होते ही मंच से फौजी अनुशासन के मुताबिक राष्ट्रपति का प्रयाण होता है। प्रतिभाताई जी ने यह प्रोटोकॉल तोड़ा। मंच पर रुककर प्रधान सर से बातचीत की और उनका हाथ अपने हाथ में लेकर एक साथ उठाकर मीडिया को एक सुन्दर छायाचित्र भी लेने दिया। प्रधान सर के घर में अब *साधना* का ऑफिस है। यह शाम छह बजे बन्द होता है। लेकिन पुणे आने पर प्रधान सर के घर के बन्द दरवाजे का दर्शन लेकर और उस बन्द दरवाजे को ही प्रणाम करके जानेवाले लोगों को भी मैं जानता हूँ।

भगवा वस्त्र धारण किए बिना संन्यासी बनने का प्रधान सर का हठ था जिसे उन्होंने सफलतापूर्वक पूर्ण किया। अध्यात्म का एक परम्परागत अर्थ है। आत्मा का अस्तित्व न माननेवाले प्रधान सर का उस अध्यात्म से कोई लेना-देना नहीं था। सर का अध्यात्म, यदि इसे अध्यात्म कहा जाए तो, उस अध्यात्म से भिन्न था। लौकिक सुख से परे जीवन की श्रेष्ठता है और वह उन सुखों से अनन्त गुना ज्यादा कीमती है, यह प्रधान सर ने जान लिया था। इस जीवन-दृष्टि के कारण जीवन में

संयम, सरलता, सदाचार, अपरिग्रह आता है, जो उनको प्राप्त हो चुका था। करुणा से मानव-केन्द्रित व्यवहार होता है, जीवन में साक्षात शुचिता और पावित्र्य उत्पन्न होता है। यह उनके माध्यम से महाराष्ट्र ने देखा। साने गुरुजी के इस मानस पुत्र ने उनसे प्राप्त आस्तिक बुद्धि से जीवन का यह अर्थ ज्ञात किया। इस अर्थज्ञान से मुक्तिपथ के इस कृतार्थ कर्मशील साधक की यात्रा सम्पन्न हुई।

[05 जून, 2010]

खरा सोना

नीलूभाऊ गुजर गए।
मानो *साधना* परिवार से घर का सदस्य चला गया।
कई कार्यकर्ताओं के हृदय तड़प उठे।
परिवर्तन के सारे आन्दोलन जैसे अनाथ हो गए।

नीलूभाऊ...
महान कलाकार
समता-संगर का साथी
कार्यकर्ताओं का आधार
मानवता का जीता-जागता आविष्कार

जाननेवाले तो जानते ही हैं कि यह सब नीलूभाऊ के व्यक्तित्व में साकार था।

नीलूभाऊ के जीवन की वास्तविक महानता यह थी कि उन्हें किसी भी प्रकार का अभिनिवेश, आग्रह नहीं था। उनके व्यक्तित्व में ये सब सहज अन्तर्निहित था। *तुका म्हणे झरा, आहे मूळिचाचि खरा* यानि 'सन्त तुकाराम कहते हैं, जो झरने की तरह होता है, वो मूलत: सच्चा होता है', यह पंक्ति नीलूभाऊ के सम्बन्ध में सार्थक सिद्ध होती है।

'खरा सोना' होना क्या होता है?

मराठीजनों के हृदय पर नीलूभाऊ की छवि का जादू *एक गाँव बारा भानगडी* फिल्म में झेले अन्ना की भूमिका निभाने के बाद चलने लगा। और ये जादू लगभग छत्तीस सालों तक बना रहा। साक्षात ग्रामीण नेतृत्व को उसमें निहित सभी अच्छी-बुरी प्रवृत्तियों के साथ नीलूभाऊ ने साकार किया। उनके अभिनय की गुणवत्ता, आवाज का टेक्शचर, डायलॉग डिलीवरी, यह सब एकदम असली और जो भी था उनका अपना निहित गुण था। उस समय लगभग दो दशकों तक कोई-न-कोई उत्साही कलाकार विद्यार्थी नीलूभाऊ के नेता टाईप भूमिका की प्रस्तुति कॉलेज के वार्षिक सम्मेलन में देता और दर्शकों की तालियों की गूँज उसकी सराहना कर देती।

एक कलाकार के रूप में नीलूभाऊ की सामर्थ्य अपार थी। बागवानी का काम सोलह साल करने के बाद नीलूभाऊ ने फिल्मी दुनिया में कदम रखा। उन्होंने अभिनय का कोई प्रशिक्षण नहीं लिया था। अभिनय के माध्यम से वे जो भी व्यक्त करते, वे सारी पद्धतियाँ उन्होंने अपनी प्रतिभा से निर्मित की थी। इस अलौकिक क्षमता को न्याय देनेवाली भूमिकाएँ सिनेमाओं और नाटकों में उनके हिस्से कम ही आईं। जो आईं, उसको उन्होंने बखूबी निभाया। अभिनेता डॉ. श्रीराम लागू ने नीलूभाऊ का *सखाराम बाइंडर* देखकर कैसे उन्हें हृदय से सलाम किया और उनके चरणस्पर्श करने की भावना कैसे उनके मन में जागृत हुई, इसका लिखित वर्णन किया है। हिन्दी सिनेमा में नीलूभाऊ का मन नहीं लगा। मराठी में उनके नेता छाप के अंक एक के बाद एक निर्माताओं ने प्रदर्शित किए। पेट पालने का काम समझकर नीलूभाऊ ने उन्हें सहमति तो दी लेकिन उसके भीतर के खोखलेपन से वे पूरी तरह वाकिफ थे। उन्होंने लगभग 175 फिल्मों में काम किया है। उनमें से 10-15 फिल्में पूरी होने पर उन्होंने देखी तक नहीं, यह बात उन्हीं से सुनने को मिलती थी। इनमें से 100 से अधिक फिल्मों की भूमिका में उन्होंने बलात्कार किए। 'उस पाप का प्रायश्चित करने के लिए आन्दोलन में शामिल हो जाता हूँ' ऐसा नीलूभाऊ कई बार हँसी-मजाक में कहते। एक प्रशंसक के घर भोजन के लिए जाने पर उसकी माता ने उनका चेहरा देखते ही "अरे, इस नामुराद को घर क्यों ले आए?" ऐसा बोलकर किस प्रकार उनकी तारीफ के पुल बाँधे, ये भी नीलूभाऊ से सुनने को मिलता। फिल्मों में दुष्कर्म का सीन करते समय दिखाना होता है कि जैसे बहुत कुछ कर दिया लेकिन असल में कुछ भी नहीं होता। यह बात भी वे अपनी बात में जोड़ देते थे।

महाराष्ट्र में समाज के सभी क्षेत्रों में ईर्ष्या उत्पन्न हो, ऐसा प्रशंसक वर्ग नीलूभाऊ का था। सामाजिक कृतज्ञता कोष के लिए *लग्नाची बेडी* नाटक के कई प्रदर्शन महाराष्ट्र में सुप्रसिद्ध कलाकारों के ग्रुप द्वारा किए गए थे। डॉ. श्रीराम लागू, तनुजा, रीमा लागू, रोहिणी हट्टंगडी, सदाशिव अमरापुरकार, सुहास जोशी, भारती आचरेकर और नीलूभाऊ की टीम एक ही नाटक में थी। महाराष्ट्र दौरा खत्म होने के बाद महाराष्ट्र में सबसे अधिक फैन्स नीलूभाऊ के हैं, ऐसा खुद तनुजा ने कबूल किया। इस दौरे में चन्द्रपुर के एक पुस्तकालय का उद्घाटन दोपहर 12 बजे नीलूभाऊ के हाथों होनेवाला था और उसके बाद 5 मिनट का भाषण। दोपहर की धूप में पुस्तकालय के सामनेवाले चौराहे पर 15 हजार का जनसमुदाय नीलूभाऊ को देखने के लिए इकट्ठा हुआ था। उस समय 'महाराष्ट्र के एन. टी. रामाराव' बनने की विनती साथी कलाकारों ने उनसे की थी। असीम लोकप्रियता और फुले उपनाम की पूँजी के आधार पर आज की राजनीति में नीलूभाऊ को सरलता से बहुत कुछ प्राप्त हो सकता था। ऐसे कई ऑफर भी उन्हें मिले। राजनीतिक सत्ता और उससे अनायास ही जुड़कर आनेवाली ऐशो-आराम के जीवन की महिमामंडित

सुविधाएँ आदि नीलूभाऊ के कदमों में आ जातीं। लेकिन वे हमेशा ही जीवनभर बड़ी सहजता से इस समझौते के लिए अस्वीकृति भाव जताते रहे। यह सहजता बड़ी कठिन होती है।

परिवर्तन के आन्दोलन को बिना एक भी पैसा लिए मदद करना नीलूभाऊ की खासियत तो थी ही लेकिन आन्दोलन में अर्थाभाव बर्दाश्त करते समय भी अपने बड़े होने का बखान उन्होंने कभी नहीं किया। एक याद मेरे जेहन में ताजा है। मैं और नीलूभाऊ अन्धश्रद्धा निर्मूलन समिति के दौरे पर जलगाँव गए थे। आवास की व्यवस्था अल्प व्यय में हो इसलिए कार्यकर्ताओं ने सरकारी विश्राम गृह में कमरा ले रखा था। सरकारी प्रबन्धन में जो लापरवाही होती है वह तो थी ही। रात वहीं गुजारकर सुबह धुलिया के लिए निकलना था। मैं रात में जल्दी सो गया। वे प्रशंसकों की पार्टी से कमरे पर देर रात लौटे। सुबह जल्दी ही निकलना था। मैं साढ़े पाँच सोकर उठा। देखा तो नीलूभाऊ बिस्तर पर हताश होकर मच्छर मार रहे थे। ध्यान आया कि मेरे बेड पर मच्छरदानी लगी थी जबकी नीलूभाऊ के बेड पर नहीं लगी थी। प्रबन्धन करनेवाले लोगों को इसकी कोई फिक्र नहीं थी। भूलवश मेरे भी ध्यान में यह बात नहीं आई। मच्छर बहुत थे। नीलूभाऊ ने मच्छरों को मारते हुए सारी रात काटी। न मुझे जगाया, न किसी को बुलाया, हो-हल्ला करना तो दूर की बात है। धुलिया जिले का त्वरित दौरा कर उस दिन रात आठ बजे हम चालीसगाँव पहुँचे। नीलूभाऊ का एसी टू टियर का टिकट कटाने के लिए कार्यकर्ताओं को कह रखा था। वह न मिल पाया तो कार्यकर्ताओं ने सेकेंड क्लास का टिकट कटा दिया। उसमें भी असुविधावाला साइड अपर बर्थ मिला था। चालीसगाँव से मनमाड़ तक महाराष्ट्र एक्सप्रेस में अप-डाउन करनेवाले रेल यात्रियों की बड़ी भीड़ होती है, वे आरक्षित डिब्बे में बेझिझक बैठते हैं और आगे मनमाड़ में उतर जाते हैं। यह अब रोज की बात हो गई थी इसलिए टिकट चेकर भी कुछ न कहते। इसलिए आरक्षित डिब्बे में चालीसगाँव से मनमाड़ धक्का-मुक्की खाते हुए जाना पड़ता। उस दिन भी महाराष्ट्र एक्सप्रेस का वह डिब्बा खचाखच भरा हुआ था। उसमें नीलूभाऊ को घुसना पड़ा। ऐसी भीड़ में नीलूभाऊ को गाड़ी में चढ़ते देख यात्री अचम्भित रह गए। उन्हें लगा कि शूटिंग चल रही है। नीलूभाऊ स्थितप्रज्ञवृत्ति से ऊपरवाली बर्थ पर चढ़ गए और चद्दर ओढ़कर सो गए। यह सिर्फ और सिर्फ नीलूभाऊ ही कर सकते थे।

नीलू भाऊ डॉ. राम मनोहर लोहिया के सच्चे अनुयायी थे। उन्होंने लोहिया के विचार पढ़े, उसका अध्ययन किया और अपने भीतर उतार लिया। अत: समता संग्राम के साथी के रूप में उन्होंने अपनी भूमिका जीवनभर ईमानदारी से निभाई। राजनीति की व्यापक समझ नीलूभाऊ को थी। राजनीतिक दाँव-पेंच और सत्ता में सहभागिता की सम्भाव्यता को भी वे अच्छे से जानते थे। फिर भी जीवन के प्रति प्रतिबद्धता के परिणामस्वरूप समता के छोटे-मोटे आन्दोलनों में वे हमेशा क्रियाशील रहे।

मेहनतकशों का आन्दोलन, समान पानी वितरण के संघर्ष का आन्दोलन, राष्ट्रसेवा दल का कार्य, अन्धविश्वास निर्मूलन का प्रयास, इन सबमें बिना किसी स्वार्थ के नीलूभाऊ सहभागी हुए। राष्ट्रीय सेवा दल के स्वर्ण महोत्सव में निधिस्वरूप एक लाख रुपए दे सकें इसलिए बीस कॉलेजों के वार्षिक समारोह के निमंत्रण स्वीकार किए और एक लाख रुपयों का अपना कोटा पूरा किया। अन्धविश्वास निर्मूलन के आन्दोलन के लिए उन्होंने लगभग डेढ़ दशक हर महीने के दो दिन दिए। "सड़क पर खेल शुरू होने से पहले ढोलकवाला ढोल बजाकर लोगों को इकट्ठा करता है, वैसे ही ढोलकवाले का काम इस आन्दोलन में मैं कर रहा हूँ!" ऐसा कई सभाओं में उन्होंने जोर देते हुए कहा। लेकिन इस प्रकार समर्थन देते हुए भी अपनी तत्त्वनिष्ठ वैचारिक भूमिका वे कभी नहीं भूले। ब्राह्मणेतर बहुजनों और विशेष रूप से ओबीसी एवं दलितों को जिम्मेदारी के प्रतिष्ठित पद दिए जाने चाहिए : चाहे उनकी क्षमता कम हो फिर भी उन्हे प्रतिनिधित्व दिया जाना चाहिए, ऐसा उनका आग्रह रहा। "*साधना* पत्रिका के साने गुरुजी से लेकर दाभोलकर तक सभी सम्पादक एक ही जाति के, ब्राह्मण ही क्यों?" ऐसा कड़ा सवाल उन्होंने मेरी उपस्थिति में उठाया था। समता के लिए भीतर की आग सच्ची होने की यह निशानी है।

कार्यकर्ताओं के लिए नीलूभाऊ ने अपना समय, श्रम, पैसा कितना दिया, इसका किसी को हिसाब जरूर रखना चाहिए था। समाज के प्रति संवेदना के दिखावे का प्रदर्शन करनेवाले आज के जमाने के किसी भी स्टार की इस सम्बन्ध में नीलूभाऊ से बराबरी नहीं हो सकती। सबसे जरूरी यह था कि नीलूभाऊ ने इस बारे में कभी गलती से भी जिक्र नहीं किया। नीलूभाऊ के लोकनाट्य और नाटक के दौरे उस समय हमेशा चलते रहते। उन्हें समस्याग्रस्त कार्यकर्ता हर जगह मिलते। उस दिन की अपनी रात नीलूभाऊ उनके लिए कुरबान कर देते थे। साथ ही सह-कलाकारों को भी मदद करने के लिए कहते थे। व्यक्तिगत स्तर पर ऐसा कितने दिन चलेगा; संस्थात्मक आधार-निर्माण की आवश्यकता का विचार नीलूभाऊ के मन में आता था। डॉ. बाबा आढाव ने सामाजिक कृतज्ञता निधि के रूप में इसे प्रत्यक्ष रूप में पूर्ण किया। महाराष्ट्र में *लग्नाची बेडी* नाटक का प्रदर्शन करना, अमेरिका में तेंदुलकर के *कमला* नाटक का प्रदर्शन करना, 'एक उपवास कृतज्ञता का' उपक्रम का आह्वान करते हुए स्कूलों में चक्कर लगाना, इन सबमें नीलूभाऊ का उत्साह कभी भी कम नहीं पड़ा। एक रुपया भी लिए बिना उन्होंने यह सब किया, यह बताने की जरूरत ही नहीं है क्योंकि किसी भी सामाजिक आन्दोलन में अपना सहभाग देते हुए 'मानदेय' शब्द उन्होंने कभी उच्चरित नहीं किया।

एक ईमानदार और सच्चा इनसान नीलूभाऊ में हमेशा जिन्दा रहा। उनके जीवन के 60 वर्ष पूर्ण होने के समय की बात है। उनकी षष्टिपूर्ति मनाने के लिए छह लाख रुपए इकट्ठा कर सामाजिक कृतज्ञता कोश में दिए जाएँ, ऐसी योजना मैंने

बनाई। उनके घर जाकर अपना सारा हुनर निचोड़कर मैंने उनसे हाँ करवाई। उसके बाद दो दिन में मैं आगे की तैयारी में लगनेवाला था कि उनका पत्र आ धमका, "प्रिय नरेन्द्र, उस दिन गड़बड़ हो गई। मना करना सम्भव न हुआ। बाद में मैंने और पत्नी ने सोचा कि यह करना गलत होगा। माफ करना।—नीलू फुले।"

सामाजिक कृतज्ञता के नाट्य दौरे में उस कोष के सचिव के रूप में इस दौरे का अर्थात, कलाकारों का प्रबन्धन मैं कर रहा था। बड़े कलाकार अर्थात सबका अपना-अपना 'ईगो'। सभी को बेस्ट क्वालिटी का एसी कमरा चाहिए था। जहाँ नाटक हुए वहाँ, 23 साल पहले, ऐसे बारह कमरे उपलब्ध नहीं थे। इससे होता यह था कि कमरों के वितरण में कुछ गड़बड़ हो जाती थी। दौरे के शुरू में ही यह नाराजगी-नाट्य शुरू हो जाता था। इसका उपाय करना मेरी क्षमता से बाहर का था। यह बात नीलूभाऊ के ध्यान में आ गई। उन्होंने एकदम अनोखा रास्ता खोज निकाला। मुझे कहा, "सबसे असुविधाजनक कमरा मुझे दे दो"। इसके बाद बाकियों की आवाज अपने-आप बन्द हो गई।

नाटक कम्पनी के दौरे में कोल्हापुर में हमेशा नीलूभाऊ का होटल और कमरा आरक्षित रहता था। नाटक नीलूभाऊ के नाम से ही चलना था इसलिए यह व्यवस्था निश्चित ही उत्कृष्ट रहती। एक दिन नीलूभाऊ को पता चला कि अपने बैकस्टेज वर्कर की अभी-अभी शादी हुई है और आज उसकी पत्नी उसके साथ है। नीलूभाऊ ने अपना कमरा उस वर्कर को दिया। होटल के दूसरे कमरे भरे हुए थे तो अपना बिस्तर टेरेस पर लगाने के लिए कहा।

कलाकार के रूप में नीलूभाऊ उम्दा थे ही लेकिन एक इनसान के रूप में वे उससे भी महान थे। इस सज्जनता के साथ ही नीलूभाऊ को आदमी के व्यवहार की पक्की समझ थी। उनके आगे-पीछे घूमनेवालों के सच्चे-झूठे रंग उनकी दक्ष नजरें भाँप लेती थीं। लोगों के बारे में समझ, परिस्थिति का आकलन, यह सब कुछ वे भोलेपन से नहीं करते थे। दक्ष नजरें वस्तुस्थिति को भाँप चुकी होतीं। इस सबके बावजूद भी निश्छल सीधापन इतना कि यह कभी-कभी संकोच और शर्मीलेपन का रूप ले लेता। इसका फायदा उठानेवाले भी कम नहीं थे। नीलूभाऊ को भी यह समझ आता और खुद पर हँसते हुए खुले दिल से वे इस बारे में बात भी करते थे।

नीलूभाऊ खूब किताबें पढ़ते। नाटक, संगीत, सिनेमा में भी उनकी अभिरुचि भरपूर थी। *लिटिल चैम्प्स* की वे बड़ी तारीफ करते। सन्त तुकाराम पर सिनेमा बनवाने और उसका निर्देशन करने की उनकी इच्छा थी लेकिन अब वह हमेशा के लिए अधूरी रह गई।

[18 जुलाई, 2009]

प्रासंगिक/राजनैतिक

सभी विकल्प खुले हैं

लोकसभा चुनाव होने के बाद परिणाम घोषित होने से पहले जॉर्ज फर्नांडीस से महाराष्ट्र के एक वरिष्ठ समाजवादी नेता मिले। राजनीति में आगे की रणनीति के बारे में उनसे प्रश्न पूछा। जार्ज ने उत्तर दिया, "All options are open… including Congress." सत्ता का काँटा भाजपा की ओर झुका इसलिए जॉर्ज ने स्वाभाविक रूप से इस पर्याय का चयन किया। केन्द्र में सत्ता-स्थान में होना उनके लिए महत्त्वपूर्ण था, बाकी सब झूठ। 'जन्म से विदेशी प्रधानमंत्री भारत को नहीं चाहिए' के मुद्दे पर कांग्रेस पार्टी छोड़नेवाले शरद पवार का भी यही हिसाब रहा होगा। स्वाभिमान के मुद्दे पर उन्होंने 1978 में कांग्रेस को छोड़कर मुख्यमंत्री का पद हासिल किया। लगभग इक्कीस साल बाद राष्ट्राभिमान के मुद्दे को आधार बनाकर उन्होंने पन्तप्रधान (पीएम) पद की ओर कदम बढ़ाने का अपना प्रयास शुरू कर दिया है।

दरअसल सोनिया गांधी के राजनीति में आने के बाद जनता के सामने 'राम चाहिए या रोम?' सवाल खड़ा करने की घोषणा भाजपा ने की थी। उसने यह सवाल लोकसभा चुनाव में उठाया, इतना ही नहीं, उसके बाद चार राज्यों में होनेवाले विधानसभा चुनावों में भी इसका प्रयोग किया। मतदाताओं को यह ज्यादा प्रभावित न कर सका। आनेवाले लोकसभा चुनाव के बाद प्रधानमंत्री पद के लिए सोनिया गांधी की दावेदारी की सम्भावना बढ़ने के कारण संघ परिवार ने 'राष्ट्रवाद' का मुद्दा फिर से उठाने का मन बनाया। पवार को भी यह बात जँची। भारतीय जनता इस बारे में क्या सोचती है, यह तो आनेवाले चुनाव में पता चल ही जाएगा।

लेकिन शरद पवार की हलचल के पीछे यह मुद्दा है ही नहीं, यह तो स्कूल का बच्चा भी बता देगा। मुद्दा है कि सम्भावित प्रधानमंत्री की सूची में अपना नाम आगे रखने का। किसी भी नेता द्वारा यह महत्वाकांक्षा रखना गलत नहीं है। षड्यंत्र किए बिना इसके लिए लोकतंत्र का मार्ग उपलब्ध है। जनता और दल का समर्थन देखकर भारतीय जनता पार्टी ने उनका नाम नाराजगी से आगे किया। शरद पवार का राष्ट्रीय स्तर पर ऐसा करिश्मा बिलकुल भी नहीं है। सभी मर्यादाओं और दोषों के साथ लालू प्रसाद यादव भारत की जनता और पिछड़ी जातियों को मिला-जुलाकर

'अपना आदमी' लगते हैं। शरद पवार के बारे में भारत के किसी भी बड़े समूह जैसे कि किसान आदि को ऐसा अपनापन महसूस होता हो, ऐसा प्रतीत नहीं होता। दूसरी ओर, कांग्रेस अध्यक्ष पद के चुनाव में वे सीताराम केसरी के विरोध में खड़े थे, उस समय दल में समर्थन का आधार कितना मजबूत है, यह वास्तविकता में सिद्ध हो गया।

क्या शरद पवार कांग्रेस के फर्नांडीस है? एक समय के कट्टर समाजवादी फर्नांडीस बड़े आराम से भाजपा सरकार के प्रवक्ता बन जाते हैं क्योंकि उन्हें संघ की संघटित गुटबाजी से अधिक खतरा लालू प्रसाद से महसूस होता है। राजनीति के कई दाँव-पेच में माहिर समझे जानेवाले, 'प्रोग्रेसिव' भाषा बोलनेवाले शरद पवार, भाजपा के सत्ता-केन्द्र में आ पाने के लिए मदद हो और महाराष्ट्र में भ्रष्ट गठबन्धन को फिर से पाँच साल मौका मिले, इस प्रकार का खेल खेलते हैं क्योंकि उन्हें जन्म से विदेशी व्यक्ति के देश के प्रधानमंत्री बनने का सम्भावित खतरा सबसे ज्यादा महत्त्वपूर्ण लगता रहा है। महाराष्ट्र की गठबन्धन की सरकार का पंचनामा हमने *साधना* के माध्यम से लगातार किया है। उसकी पुनरावृत्ति को टालते हुए यह कहा जा सकता है कि अगले पाँच साल सत्ता में रहने के लिए इस सरकार को जीवनदान देनेवाली कोई भी चाल आम लोगों के लिए बहुत महँगी साबित होगी।

गठबन्धन सरकार में पवार के निर्णय से जो खुशी की लहर छाई है, उसका क्या कारण है? महाराष्ट्र में कांग्रेस इकलौता दल है जिसे 15 से 20 प्रतिशत मतदान पार्टी के रूप में प्राप्त हुआ। बचे हुए वोट उम्मीदवारों को अपनी ताकत के दम पर पाने होते हैं। महाराष्ट्र के बड़े इलाके में इस आधारभूत मतदान में अब दरार पड़ जाएगी। पवार भी कांग्रेस के जनाधार का पुण्य स्वयं के खाते में जमा करने में सफल हो जाएँगे? 1980 एवं 1985 में युवा एवं उत्साही पवार यह करिश्मा नहीं कर पाए। दोनों बार महाराष्ट्र में लगभग 50 विधायकों को ही चुनाव जितवा पाना पवार के लिए सम्भव हो पाया। अब तो बहुत कुछ हाथ से निकल चुका है। पिछले चुनाव में कांग्रेस को 80 सीटें मिली थीं। छह महीनों में महाराष्ट्र में इससे अलग कुछ घटित करवाया जाएगा, इसका कोई आधार है?

अर्थात, शरद पवार को यह सब कुछ अच्छी तरह समझ आता तो होगा ही लेकिन उन्हें अपने दल का हाई कमांड बनना है और दाँव-पेंच के सभी सूत्र अपने हाथ में रखने हैं। 1978 में एक-दूसरे के विरोध में चुनाव लड़नेवाली दोनों कांग्रेस पार्टियों ने चुनाव का परिणाम घोषित होते ही तत्काल संयुक्त सरकार की स्थापना की थी। यह विकल्प भी पवार जी ने मन के किसी कोने में बचाकर रखा था और सुरेश कलमाड़ी की, जिनकी छह वर्ष के लिए प्राथमिक सदस्यता निलम्बित की थी वे छह घंटों में कांग्रेस में वापस ले लिए जाते हैं, सफल घर-वापसी का विकल्प भी हमेशा अस्तित्व में था ही।

यह सारा मामला स्वाभिमान का कम और सत्ता के कारण अधिक है। महाराष्ट्र की वाम पुरोगामी राजनीति इसमें हस्तक्षेप कर पाने जितनी सक्षम नहीं है इसलिए कांग्रेस पार्टी में पड़ी दरार का वह लाभ नहीं उठा पाएगी। यह लाभ सीधे-सीधे 'संयुक्त गठबन्धन' को होगा। महाराष्ट्र को इसकी बड़ी कीमत चुकानी पड़ेगी। समाजवादी फर्नांडीस भाजपा के सच्चे सहकारी हो गए और फुले-शाहू-आंबेडकर के विचारों की विरासत की बात उठते-बैठते सुनानेवाले शरद पवार 'गठबन्धन' को जीवनदान देनेवाली पुण्यात्मा (!) बन गए; यह इतिहास में दर्ज हो जाएगा, यह बहुत अधिक घटित होने की सम्भावना है। लेकिन राजनीति में कभी भी कुछ भी हो सकता है और मौका देखकर अपनी मर्जी का पत्ता फेंकना आना चाहिए, ऐसी शरद पवार की महत्वाकांक्षा है। उसके लिए शरद पवार अपने दल के स्वयंघोषित हाई कमांड बन गए हैं। जॉर्ज फर्नांडीस की भाँति ही सभी विकल्प खुले रखने की उनकी राजनीति है।

[29 मई, 1999]

ये दल हैं या मौकापरस्तों का मेला है?

कार्यकर्ता के रूप में हमारा आज तक का जीवन गैर-संसदीय राजनीति करनेवाले क्रियाशील समूह में बीता। लेकिन लोकतांत्रिक देश के नागरिक होने से चुनाव में सहभागी राजनीतिक दलों का अद्वितीय महत्त्व हम हमेशा से मानते आए हैं। लोकतंत्र में परिवर्तन का सबसे सशक्त माध्यम राजनीतिक दल ही होते हैं, होने ही चाहिए, ऐसी उम्मीद की जाती है। दल किसे कहते हैं? लक्ष्य केन्द्रित संगठन के विचारों और अनुशासन से सम्बद्ध कार्यकर्ताओं का समूह।

दल का यह स्वरूप अब इतिहास में जमा हो चुका है। भारत के राजनीतिक दलों के व्यवहार को देखते हुए यह मेला कुम्भ मेले का है या मौकापरस्त स्वार्थियों का, यही सवाल बाकी बचा है।

विशाल भीड़-भरा कुम्भ मेला बाहर से एक समूह भले ही दिखता हो लेकिन उसमें हर तरह की इच्छा रखनेवाले लोग होते हैं। कांग्रेस का रूप भी लम्बे समय तक ऐसा ही रहा है। इसलिए दलित, आदिवासियों और गरीबों का समर्थन (अभी भी थोड़ा-बहुत) प्राप्त करनेवाले इस दल में 'मोनोपोलिस्ट मल्टीनेशनल कम्पनियों' का समर्थन करनेवाले प्रसन्नता से पलते रहे हैं। भाजपा द्रुत गति से उसी मार्ग पर अग्रसर है। संघ से प्रतिबद्धता के चलते संस्कारों के आदान-प्रदान में विश्वास रखनेवाले कार्यकर्ता एक तरफ और, व्यापारी नीति, बाजार की संस्कृति के आधार पर दल चलानेवाले दूसरी ओर श्रीराम का जयकार कर एक-दूसरे से मिल-जुलकर चल रहे हैं। भारत जैसे बहुरंगी-बहुढंगी अत्यन्त मिश्रित सामाजिक जीवन में सत्ता की ओर जानेवाला दल ऐसे ही भ्रष्ट बन जाएगा, ऐसा एक सिद्धान्त भी माना जाता है। यह सब तो ठीक है। लेकिन आज मुद्दा मौकापरस्तों का है।

'रात गई बात गई' जैसी बेवकूफियों और नासमझियों के रोज नए-नए रंग यहाँ के राजनीतिक दल दिखाने लगे हैं। 'फायदे का सौदा' सर्वाधिक महत्त्वपूर्ण शब्द बना है। दर्शन, ध्येयवाद, एकता, दल के प्रति निष्ठा, सब 'बाबा आदम के जमाने के' शब्द बनकर रह गए हैं। हम कुछ दिनों पहले गला फाड़कर क्या नहीं बोलते थे, उसे याद करने की थोड़ी भी जरूरत उन्हें महसूस नहीं होती। शरद पवार से ही इस सबकी शुरुआत हुई है। इसकी चर्चा अब बहुत हो गई। फिलहाल

पवार साहब महाराष्ट्र में पूर्व की प्रोग्रेसिव डेमोक्रेटिक पार्टी (पुलोद) के नवजागरण में व्यस्त हैं। आनेवाले चुनाव में पवार साहब क्या करेंगे, इसका बड़ा साफ-साफ एक ही जवाब है : जिसमें उनका फायदा होगा, वही करेंगे। जरूरत के हिसाब से केन्द्र और राज्य में भाजपा और राष्ट्रीय कांग्रेस इनमें से किसी के भी साथ जाने के बाद अपना सत्ता में बने रहने का खूँटा मजबूत होता है तो वह सत्ता के लिए कोई भी कदम उठाने में संकोच नहीं करेंगे। इन दोनों दलों से एकसमान दूरी पर वे खड़े हैं, उनके हिसाब से इसका शायद यही अर्थ है। उन्होंने इससे पहले इन दोनों दलों के बारे में क्या कहा है, वह उनको कभी याद न आएगा। रिपब्लिकन पार्टी ऑफ इंडिया के रामदास आठवले शरद पवार के साथ हैं, ऐसा कहना उचित नहीं होगा। सवाल है, वे पवार के साथ कब नहीं थे। विदर्भ में इंदिरा (गांधी) कांग्रेस का करिश्मा होने के कारण स्वयं चुनाव जीतने की दृष्टि से रा.सु. गवई और जोगेन्द्र कवाड़े के लिए राष्ट्रवादी कांग्रेस का साथ लाभकारी नहीं था। अब हमेशा की तरह पार्टी का बहुमत किसे मिलेगा, इस पर निरर्थक विवाद शुरू हो जाएँगे। वास्तव में, कुछ लोगों के राजनीतिक फायदे के लिए यह सब चल रहा है। इसके पीछे न कोई तत्त्व हैं, न ही विचारधारा।

महाराष्ट्र में शेतकरी कामगार पक्ष, भारतीय कम्युनिस्ट पार्टी और मार्क्सवादी कम्युनिस्ट पार्टी ने मिलकर वाम मोर्चे का गठन किया था। इस दल से शत्रुत्व रखनेवाली आर्थिक नीतियों के शरद पवार कट्टर समर्थक हैं। जिस मुद्दे के चलते वे कांग्रेस से अलग हुए, वही मुद्दा भाजपा का भी है। भाजपा को लेकर उन्होंने कभी कड़ा रुख नहीं अपनाया, फिर भी शेकाप और कम्युनिस्ट पार्टी उनके साथ होना चाहती हैं। मार्क्सवादी कम्युनिस्ट पार्टी इससे सहमत नहीं है। सिद्धान्तवादी लेफ्टिस्ट पार्टियों का रुख ऐसा क्यों होता है? इसका जवाब भी फायदे का सौदा ही है। उनकी योजना है कि राष्ट्रवादी पार्टी के साथ जाने पर अपना अस्तित्व बनाए रखने में उनको लाभ होगा।

प्रकाश आंबेडकर की पार्टी, शरद जोशी का किसान संगठन या स्वतंत्र पार्टी तो व्यक्तिवादी पार्टियाँ हैं। सौदा करनेवाले को वे किसी भी प्रकार का साथ देने के लिए तैयार हैं, ऐसी समझ दिन-ब-दिन पक्की हो चली है। उसके बाद सिद्धान्तों का चोला किसी भी प्रकार से ओढ़ा जा सकता है। नामदेव ढसाल अपने भीतर के क्रान्तिकारी कवि को मारकर वही तो कर रहे हैं। अन्त में यह गाड़ी जनता दल के पास आकर रुकती है। लालू प्रसाद यादव से सीधा मुकाबला होने के कारण बिहार में चुनाव जीतना है तो भाजपा के साथ जाना होगा, यह सीधा, सरल, सुविधाजनक (आदि, आदि) हिसाब युवा उत्साही शरद यादव, रामविलास पासवान ने जोड़ा है। पिछली बार अकाली दल अर्थात प्रत्यक्ष रूप से भाजपा के समर्थन के बल पर चुनाव जीतनेवाले गुजराल ने इसे मूक सहमति दे दी थी। कर्नाटक में मुख्यमंत्री पटेल के

लिए सत्ता हथियाने के लिए यह जरूरी ही था। यही करना था, तो 'अटल बिहारी की सरकार क्यों गिराई?' यह मार्मिक प्रश्न मधु दंडवते ने उठाया जो बिलकुल सही था। बाकी बचे जनता दल के लिए भी मुश्किल है ही क्योंकि कर्नाटक में जनता दल के अध्यक्ष देवेगौड़ा कांग्रेस के साथ जाना चाहते हैं, तो वही जनता दल महाराष्ट्र में राष्ट्रवादी कांग्रेस के साथ हाथ मिला चुका है।

शिवसेना में ऐसे फिजूल बोल-बच्चन की कोई कीमत नहीं है। 'उत्तराधिकारी कौन होगा?' इसी मुद्दे को लेकर उद्धव ठाकरे और राज ठाकरे के बीच के विवाद के चलते वहाँ सीधे युद्ध का बिगुल बज चुका है। इस तरह के दल लोकतंत्र के उज्ज्वल भविष्य के लिए चुनाव के मैदान में उतर चुके हैं। (टी.एन.) शेषण-प्रक्रिया का थोड़ा बहुत भय अब भी बाकी होने के कारण और आम भारतीय आदमी के शान्तिप्रिय होने के कारण चुनाव भी शान्ति से सम्पन्न हो ही जाएँगे। लेकिन शुद्ध, साफ-सुथरे लोकतंत्र का आत्मतत्त्व कही जानेवाली सिद्धान्तवादिता जो उसके पहले ही राजनीतिक दलों ने विसर्जित कर दी है उसका क्या?

[31 जुलाई, 1999]

वर्तमान राजनीतिक अस्थिरता के बुनियादी कारण

भाजपा की केन्द्र सरकार गिरने के बाद और नई सरकार स्थापित न होने के कारण लोगों के मन में वाजपेयी सरकार के लिए सहानुभूति है और विपक्षियों के लिए गुस्सा है जो वोटिंग के माध्यम से सामने आएगा, इस प्रकार का जोरदार प्रचार भाजपा ने चला रखा है। जनता नाराज क्यों है? यदि है, तो यह नाराजगी शहर में ही है या सभी जगहों पर; इन सभी वैचारिक सवालों के जवाब आज मिलनेवाले नहीं हैं। उसमें भी यदि यह मान लिया जाए कि जनता नाराज है, तब क्या चुनाव में वोटिंग के जरिये वर्तमान सरकार के लिए ही पूर्णत: अनुकूल मत निर्णय में तब्दील होंगे? यह तो और भी आगे का सवाल है।

पोखरण में अणु-विस्फोट करने के पश्चात उस वातावरण निर्मिति के बाद चुनाव में भारी मात्रा में सफलता मिलने की उम्मीद की जा रही थी। वास्तव में उसके बाद आठ महीनों में चुनाव हुए और राजस्थान में भाजपा को बड़ी हार का सामना करना पड़ा। इतना ही नहीं, पोखरण की अपनी सीटें भी वह बचा न पाई, यह अलग बात है।

हाल ही में देश को सम्बोधित करते हुए कार्यवाहक प्रधानमंत्री अटल बिहारी वाजपेयी जी ने दूरदर्शन के माध्यम से दिए भाषण में भाजपा के सम्बन्ध में इन मुद्दों को रखा। उनके अनुसार, 'कोई भी ठोस मुद्दा न होते हुए विपक्ष ने हमारी सरकार गैर-जिम्मेदाराना तरीके से गिराई। हमने देश को और बलशाली बनाना चाहा इसलिए ऐसा किया गया। इस कारण एक हजार करोड़ का चुनाव खर्च का झटका तो देश को लगेगा ही, मगर अस्थिर परिस्थितियों के चलते छोटे निवेशकों को उससे भी बड़ा झटका लगेगा'। उन्होंने कहा कि सरकार गिराने की साजिश विरोधियों पर ही उलटी पड़ गई है।

मुझे लगता है इसमें से बहानेबाजी का पार्ट जनता को समझना होगा वरना प्रभावशाली प्रचार प्रणाली के माध्यम से इस बात को परम सत्य बनाकर लोगों पर थोप दिया जाएगा।

सरकार विपक्ष ने गिराई, वाजपेयी जी का यह बयान समझ से परे है। विपक्ष द्वारा अविश्वास का प्रस्ताव रखा गया होता तब कुछ बात होती लेकिन ज्यादा नहीं।

क्योंकि विपक्ष सत्ता हथियाने के लिए ही राजनीति करता है और इसका पहला कदम ही सत्ताधारी को हराना होता है। सत्ता-ग्रहण का दूसरा कदम पहले कदम के बाद ही सम्भव हो पाता है। इस सम्भव-असम्भव के खेल में आगे क्या होगा, यह तो सत्ताधारी पार्टी की हार के बाद ही पता चलता है। लेकिन यहाँ यह मुद्दा लागू नहीं होता। भाजपा की हार हुई क्योंकि वह अपना गठबन्धन बनाए रखने में नाकामयाब रही। सत्ताधारी भाजपा का गठबन्धन कई राजनैतिक व्यक्तियों और पार्टियों से मिन्नतें कर सालभर तक जैसे-तैसे चला। उसके बाद गठबन्धन में रहनेवाले एक सहयोगी दल ने नौसेना प्रमुख भागवत के मुद्दे को उठाकर सरकार से समर्थन वापस ले लिया। इस प्रकार के आन्तरिक विवाद जिस कुशलता से सुलझाने होते हैं, वह कुशलता भाजपा के पास न होने के कारण सरकार को अल्पमत प्राप्त हुआ और फिर उसे विश्वास का प्रस्ताव रखने की आवश्यकता पड़ी। विश्वास प्रस्ताव हम ही जीतेंगे, यह आत्मविश्वास उसे था, जो खोखला निकला। तब अपनी अक्षमता और केवल राजनीतिक अकुशलता के कारण जो सरकार गिरी हो, उसके लिए विपक्ष को जिम्मेदार ठहराया जाना निहायत संघीय प्रचार कहा जा सकता है।

सिद्धान्तवादी राजनीति का ढोंग करनेवाली भाजपा के कीचड़ से सने पैर साल में कई बार देखे गए। तमिलनाडु में जयललिता के साथ गठबन्धन करके और करुणानिधि के देशद्रोहियों के हाथों की कठपुतली होने का ढोल पिटवाए साल बीत गया। अब साल भर बाद ढोल पीटा जा रहा है कि जयललिता कितनी भ्रष्टाचारी हैं। अब करुणानिधि के समर्थन की आवश्यकता है जिसके लिए उनसे मनुहार करनी पड़ रही है। साल भर पहले जिनकी कड़ी आलोचना की, उस चन्द्रबाबू नायडू की अब आन्ध्र की राजनीति के लिए आवश्यकता पड़ रही है लेकिन अपने मुस्लिम वोटर छूटने के डर से चन्द्रबाबू इसमें रुचि नहीं दिखा रहे हैं। सबसे बड़ी बात यह है कि मुलायम सिंह यादव ने कांग्रेस को सत्ता में आने से रोका था, जिस कारण वे अभी भाजपा के मित्र दल में शामिल हो गए हैं। समता दल का एक हाथ भाजपा अपने हाथ में लेगी और दूसरा मुलायम सिंह यादव की समाजवादी पार्टी पकड़ लेगी, ऐसा अनुमान लगाया जा रहा है। मुख्य मुद्दा यही है कि मौकापरस्त राजनीति के इतने खेल खेलनेवाली भाजपा को 'लोकसभा बर्खास्तगी के कारण विनाशकारी परिस्थितियाँ पैदा हो गईं' कहकर छाती पीटने का कोई अधिकार नहीं है।

पिछले तीन वर्षों में लोकसभा का यह तीसरा चुनाव है और यह अच्छी स्थिति नहीं होने का मुद्दा देश के एक बड़े तबके द्वारा उठाया जा रहा है। 'स्थिरता कायम करने के लिए दो ही दलों का होना ठीक है, राष्ट्राध्यक्ष पद्धति लोकतांत्रिक हो', इस प्रकार के उपाय भी जोश के साथ सुझाए जा रहे हैं। हमारा मानना है कि इस परिस्थिति का कारण और गहरा है जिस पर हमारा ध्यान नहीं जा पा रहा। उसमें से एक है, मंडल आयोग के बाद सभी जातियों की उम्मीदें पहले से

कई अधिक मात्रा में प्रबल हो चुकी हैं। सत्ता में अपना हिस्सा वे अधिकार के साथ माँग रही हैं।

जाति अस्मिता की राजनीति का राष्ट्रीय पटल इतना विशाल, भारतव्यापी एवं उलझा हुआ है कि उसका अन्दाजा अभी तक कोई राजनीतिक दल नहीं लगा पाया है। दूसरा मुद्दा राम-जन्मभूमि का है ही। बाबरी मस्जिद गिराते समय हिन्दू मानस प्रखर हो, ऐसी योजना बनाई गई थी। अब भी अयोध्या के साथ-साथ काशी, मथुरा मुद्दे बाकी हैं। स्वाभाविक ही इस मानसिकता के प्रतिवाद में अन्य धर्म के लोग भी संगठित होने लगे हैं। देश के संविधान के अवयवभूत अंश और आज की राजनीति में प्रचलित शब्द धर्मनिरपेक्षता के लिए भीतर से ही चुनौती निर्मित हुई है। इसका पुख्ता जवाब और इसके लिए राजनीतिक इच्छाशक्ति किसी भी दल के पास नहीं है। नई आर्थिक नीति आने के बाद यह अस्थिरता बढ़ी है, यह तीसरा कारण ध्यान में लेना आवश्यक है। कांग्रेस, संयुक्त गठबन्धन, भाजपा और उनके सहयोगी दल, इन सभी की सरकारें इस समय में आ चुकी हैं। लेकिन व्यवहार में अन्तरराष्ट्रीय आर्थिक संस्थाओं की इच्छा के अनुरूप ही अर्थकारण सभी को करना पड़ा। इस आर्थिक नीति से आम आदमी, सुशिक्षित बेरोजगार अधिकाधिक अस्थिर हो रहे हैं तो इसी अर्थकारण से प्रतिबिम्बित राजनीति का स्थिर होना कैसे सम्भव है?

लोगों का अधिक परिपक्व राजनैतिक मूल्यांकन और नए उपायों को कार्यान्वित करनेवाले मजबूत इच्छाशक्ति के प्रोगेसिव राजनीतिक दल के संगठन, ये दो मुद्दे अस्तित्व में आने चाहिए। उसका प्रतिबिम्ब राजनीति में जब तक नहीं दिखेगा, तब तक राजकीय स्थिरता सम्भव नहीं है, ऐसा हमें लगता है। और यह स्थिरता कृत्रिम उपायों के जरिये आई महसूस हो तो आम लोगों को न्याय मिलने और विकास के लिए उसकी कोई उपयोगिता नहीं है। सवाल है बुनियादी समस्याओं की जड़ों तक पहुँचकर मुकाबला करनेवाली राजनीति का।

[08 मई, 1999]

...सभी ज्ञान बाँट रहे हैं

महाराष्ट्र के सभी क्षेत्रों की गहरी समझ रखनेवाले नेता के रूप में शरद पवार को सम्पूर्ण महाराष्ट्र जानता है। माना जाता है कि वे केवल सबकी समझ ही नहीं रखते बल्कि उसके अनुसार महाराष्ट्र को विकसित करने का उनका प्रयास है और इसके लिए आवश्यक सामर्थ्य भी थोड़ी-बहुत मात्रा में उन्होंने प्राप्त की है। इसी कारण हाल ही में पुणे में उन्होंने महाराष्ट्र के भविष्य का जो संकल्प-चित्रण किया, इस सम्बन्ध में बड़ी उत्सुकता थी।

शरद पवार ने कुछ इस प्रकार प्रस्तुति की थी :

> राज्य की 55 प्रतिशत जनता खेती व्यवसाय पर आश्रित है लेकिन राज्य के कुल उत्पादन में केवल 12 प्रतिशत हिस्सा खेती से आता है। उपजाऊ फसल छोड़कर प्रति एकड़ उत्पादन में महाराष्ट्र भारत में 19वें स्थान पर है। राज्य का औद्योगिकीकरण मुम्बई-पुणे, ठाणे-नासिक इन क्षेत्रों तक ही सीमित हो गया है जिस कारण प्रादेशिक असन्तुलन का निर्माण हो गया है जो कि एक खतरनाक स्थिति है। इन्फॉर्मेशन टेक्नोलॉजी, बायोटेक्नोलॉजी, नैनो टेक्नोलॉजी, इनमें रोजगार की बढ़ती आवश्यकताओं को पूर्ण करने के लिए कुशल श्रम-शक्ति की आवश्यकता है। उसके लिए गुणवत्तापूर्ण शिक्षा जरूरी है। परम्पराओं का अभिमान होना अच्छी बात है लेकिन साहित्य, कला, संस्कृति, इन क्षेत्रों में बहुत कुछ कर दिखाने की जरूरत है।

इसके लिए कुछ उपाय भी उन्होंने सुझाए हैं :

> बंजर जमीन का विकास, प्रति एकड़ के अनुसार उत्पादन में बढ़ोतरी और आवश्यतानुसार फसल उगाना आदि प्रयोग करने होंगे। सम्पूर्ण राज्य में निवेश के लिए पोषक वातावरण का निर्माण कर विकेन्द्रित उद्योगों का निर्माण किया जाना चाहिए। तहसील के स्तर पर 15-16 हजार लोगों को रोजगार देनेवाले औद्योगिक केन्द्रों का निर्माण हो जाए तो बेरोजगारी की समस्या का समाधान हो सकता है। उच्च स्तर की शिक्षा संस्था का

निर्माण करके कुशल जनता को सामर्थ्य उपलब्ध कराने की आवश्यकता है। (आदि-आदि।)

अब सवाल यह है कि पवार जैसे दूरदर्शी नेता ने अलग क्या बताया? महाराष्ट्र की सत्ता पर उनके दीर्घकालीन प्रभाव के बाद भी यह सब क्यों नहीं हो पाया? आज ये सम्भव करने के लिए जो बदलाव करने हैं, उन बदलावों से उनकी पार्टी के साथ-साथ सभी पूँजीवादी पार्टियों के लिए अड़चनें पैदा होंगी। तो ये सब कौन करेगा?

बंजर जमीन का विकास होना चाहिए, वह भी जैवमात्रा (बायो मास) का प्रयोग कर और रासायनिक खाद के बिना हो, तो बेहतर। बारिश के पानी की हर बूँद रोकना, उसका संचयन कर इस्तेमाल होना चाहिए। विज्ञान का उचित प्रयोग किया जाए तो प्रति एकड़ उत्पादन में बढ़ोतरी जरूर सम्भव हो सकती है। यह तकनीक या खेती का ज्ञान बहुत कठिन या पेचीदा बिलकुल नहीं है। केवल 4 प्रतिशत जमीन पर ली गई गन्ने की फसल सिंचाई का 70 प्रतिशत पानी उड़ा रही है। असीमित पानी के इस्तेमाल से गन्ने की हजारों एकड़ जमीनें हमेशा के लिए अनुपजाऊ बन गई हैं। ये सब महाराष्ट्र में पिछले 3 दशकों से लगातार बताया जा रहा है। वैकल्पिक पद्धति के नमूना-परियोजनाएँ भी महाराष्ट्र में हैं। इस सब पर मौन साधते हुए पूँजी-प्रधान निर्यातक्षम खेती को बढ़ावा देने से प्रकृति की अनिश्चितता के चलते किसान की हालत खस्ता हो जाती है और वह दरिद्रता की बलि चढ़ता है, इस पर केवल अफसोस जताना किस काम का? यही बात उद्योगों के बारे में भी है। जिस सेज (SEZ) का समर्थन महाराष्ट्र खुलेतौर पर कर रहा है, उसमें से निर्मित होनेवाली उद्योग संरचना पवार द्वारा सुझाये गए तहसील-निकाय विकेन्द्रित औद्योगिकीकरण की सीधे विरोधी है। उद्योगों के विकास, सम्पत्ति की निर्मिति का सम्बन्ध रोजगार और विषमता निर्मूलन से नहीं रहा। रोजगार रहित विकास (जॉबलेस ग्रोथ) आज के औद्योगिक विकास का रूप है और मिलनेवाला मुनाफा सामान्य जन तक पहुँच पाने की कोई व्यवस्था तो नहीं ही है। और तो और, यह उनका अधिकार है, यह भी स्वीकार्य नहीं। आगे के समय में ज्ञान के द्वारा सम्पत्ति निर्मित होगी, यह सत्य है लेकिन महाराष्ट्र में उच्च शिक्षा ग्रहण करनेवालों की संख्या कॉलेज में जा सकनेवालों की तुलना में केवल 8 प्रतिशत है। बाकी बची युवा पीढ़ी के भविष्य का क्या? आला दर्जे की शिक्षा प्रदान करने से सरकार पीछे हटती नजर आ रही है तो ऐसी शिक्षा प्रदान करनेवाली संस्था चलानेवाले शिक्षा सम्राटों की मोनोपॉली निर्मित हुई है और यह सारा खेल केवल अमीरों के बच्चों के लिए ही खुला है। महाराष्ट्र में सामाजिक जागरूकता का मंच एक समय में धधक रहा था। 'एक गाँव : एक पानवठा', मुस्लिम प्रबोधन, दलित साहित्य, ऐसी कई परिवर्तनवादी

जागरूकता की घटनाएँ यहाँ हो रही थीं। आज संविधान के सामाजिक न्याय सम्बन्धी तत्त्व को होनेवाला कड़वा विरोध हो, खैरलांजी कांड की प्राणघातक वास्तविकता हो, श्रीकृष्ण रिपोर्ट लागू करने का मुद्दा हो, जादू-टोनाविरोधी कानून मंजूर कराया जाना हो, महाराष्ट्र के राजनीतिक और सामाजिक मंच पर भी मौन धारण किया जा चुका दिखाई देता है। मूल्य-सिद्धान्त के लिए संघर्ष करना राजनेता भूल चुके हैं।

श्री पवार के विवेचन में निहित मुख्य मुद्दा विकेन्द्रित-क्षम व्यवस्था के निर्माण का है। पूरी राजकीय और आर्थिक व्यवस्था के आश्चर्यजनक रूप से केन्द्रीकृत होने के समय में ऐसा घटित होने की अपेक्षा करना वास्तविकता से पूर्णतया विसंगत है, यह तो पवार भी समझते होंगे। वास्तव में कम्यूनिस्टों के कुछ मात्रा में अपवाद छोड़कर भारत के सभी राजकीय दलों का चेहरा एक-जैसा हो गया है। उनकी भाषा चाहे कोई भी हो, व्यवहार लगभग एक-सा है। चुनाव जीतने के लिए एक कार्यक्षम प्रणाली तैयार करना, उसके लिए पैसों का भरपूर उपयोग करना, सत्ता अधिक-से-अधिक अपने पास या अपने सम्बन्धियों या अपने समूह के पास रहे, इसके लिए सभी वैध-अवैध रास्तों का बिना संकोच उपयोग करना, किसी भी महत्त्वपूर्ण राजकीय सामाजिक मुद्दे के लिए खुद को झोंक देने के संकल्प का अभाव, राजनीति एवं अर्थनीति में अपना सत्ता-स्थान सुरक्षित रहे, इसके लिए किया जानेवाला सारा तामझाम है। और, ये करते हुए हमेशा उच्च तत्त्वों और विचारों का खोखला शाब्दिक उद्घोष : यह वही फार्मूला है। राजनीति, समाज-नीति और इस तरह मूलत: अपनी भी जीवनशैली बदले बिना किया गया कोई भी चित्रण इसलिए *शब्द बापुड़े केविलवाने* यानी शब्द बेचारा असहाय साबित होगा।

संयोग से महात्मा गांधी की जयन्ती पर श्री पवार का भाषण हुआ। सिद्धान्त एवं आचरण की तारतम्यता महात्मा गांधी की महानता का एक प्रमुख लक्षण था। इसके विपरीत, तत्त्व एवं आचरण में विसंगति होगी ही, इसमें कुछ गलत नहीं, दोनों अपनी-अपनी जगह श्रेष्ठ एवं योग्य हैं, ऐसी सुविधाजनक मान्यता अधिकतर सभी राजनैतिक दलों ने बना ली है। इसलिए फिर श्री पवार के इस भाषण के बाद *करंटे जाहले सर्व। जो तो बुद्धीच सांगतो* यानी 'सभी अज्ञानी हैं, पर सभी ज्ञान बाँट रहे हैं' समर्थ रामदास की यह पंक्ति याद आती है।

[13 अक्तूबर, 2007]

आशादायी और चुनौतीपूर्ण

ग्रामीण क्षेत्रों के निर्धन परिवार के एक हट्टे-कट्टे व्यक्ति को अकुशल श्रमिक के रूप में काम के लिए साल के 100 दिन के रोजगार का आश्वासन देनेवाला बिल हाल ही में लोकसभा में मंजूर किया गया। अब कुछ दिनों में इसका कानून भी बनेगा। 'हर हाथ को रोजगार' की घोषणा निश्चित ही आकर्षक है। अब भारतीय गणतंत्र में संसद उसके साथ खड़ी होकर ठोस कानून के रूप में, सीमित अर्थ में ही सही, लेकिन घोषणा साकार हो रही है, यह आश्वस्त करनेवाली बात है। 'यह एक ऐतिहासिक कदम है,' कहकर पीठ थपथपा लेनेवाले राजनैतिक नेताओं की असली परीक्षा इस कानून को लागू करवाने में होगी।

आरम्भ में देश के 600 जिलों में से 200 जिलों में ग्रामीण रोजगार गारंटी योजना कानून लागू होगा। महाराष्ट्र के 11 जिले इसमें शामिल हैं। गरीबी एवं सूखा निर्मूलन, स्थायी रूप में बदलाव और उससे बढ़ता रोजगार, यह इसका सूत्र है। जल-संचयन, जल-संधारण क्षेत्र, बाँधों में भरी मिट्टी निकालना, सूखा और बाढ़ निवारण, सिंचाई और वनीकरण, जमीन का सुधार, मेड़बन्दी, तालाब और बंजर जमीन का पुनरुज्जीवन जैसे काम इस योजना के अन्तर्गत किए जाएँगे। पहली बार अनुसूचित जाति एवं जनजाति के लोगों की मालिकाना जमीनों के लिए सिंचाई का काम सम्भव हो रहा है। इसके लिए आर्थिक प्रावधान करते समय 90 प्रतिशत हिस्सा केन्द्र देगा जबकि राज्य को 10 प्रतिशत भार वहन करना होगा। हर तीन महीने में इस योजना के लिए राज्यों को निधि की आपूर्ति की जाएगी। काम के बदले में अन्न योजना लागू करनेवाले देश में 150 जिलों के अलावा नक्सलियों के आतंक से पीड़ित मध्य भारत के 50 जिलों में यह योजना आरम्भ में लागू की जा रही है। पाँच साल की अवधि में सभी 600 जिलों में इस योजना का विस्तार होगा। काम तथा परियोजनाओं का चुनाव और मजदूरों के पंजीयन की जिम्मेदारी पंचायती राज संस्थाओं की होगी। काम माँगनेवाले परिवार के कम-से-कम किसी एक सदस्य को 100 दिन का काम मिलेगा। पन्द्रह दिन में काम न देने पर बेरोजगारी भत्ता देना होगा। देश भर में वेतन दर एकसमान होगी जो 60 रुपए होगी। काम करनेवाले मजदूरों में से 33 फीसदी महिला मजदूर होंगी।

ठेकेदार इस योजना का हिस्सा नहीं होंगे, योजना को पारदर्शी रूप में चलाने का आश्वासन सरकार ने दिया है।

पिछले तीस साल से अधिक समय तक महाराष्ट्र में शुरू की गई और लगभग असफल रोजगार गारंटी योजना का मूल्यांकन किए बिना यह बिल लाया गया है, ऐसा एक महत्त्वपूर्ण आरोप है। महाराष्ट्र में रोजगार गारंटी योजना में कुछ गम्भीर कमियाँ जाहिर हुईं, यह बात सच है। विकासाभिमुख रोजगार प्रदान करने में यह योजना असफल रही। अनुत्पादक श्रम किया गया था। सरकार के पास पैसा तो बड़े पैमाने में उपलब्ध था। इसी काम पर लगाए गए व्यवसाय टैक्स के रूप में इकट्ठा पाँच हजार करोड़ रुपयों की बड़ी रकम जमा थी। कानूनी प्रावधान के अनुसार सरकार को उतनी ही रकम इसमें खर्च करनी थी। फिजूलखर्ची में सरकार इस योजना का नियोजन करना भूल गई। अपने सहभाग की पाँच हजार करोड़ की बड़ी रकम दूसरी ओर मोड़ दी गई। राजनैतिक इच्छाशक्ति थी ही नहीं। गरीबों के प्रति सहानुभूति के केवल शब्द ही थे। भ्रष्टाचार चरम पर था। अकेले सोलापुर जिले में नौ करोड़ रुपये का भ्रष्टाचार उजागर हुआ। यह केवल इसका एक उदाहरण है। लेकिन एक दायरे में यह योजना शुरू होने के कारण मजदूरों को अधिक मजदूरी मिलने लगी। 40 से 50 प्रतिशत महिलाओं को रोजगार गारंटी योजना का लाभ हुआ जिससे उनके जीवन-स्तर में सुधार हुआ। इस योजना के माध्यम से 1990 के दशक में 10 लाख हेक्टेयर खेती उपजाऊ बन सकी।

इस योजना को राष्ट्रीय स्तर पर लागू करते समय आनेवाली दिक्कतों को ध्यान में रखना जरूरी है। कई क्षेत्रों में उचित रोजगार देने पर भी खेती के कामों के लिए मजदूर न मिलना बड़ी समस्या है। सरकारी योजनाओं पर यदि कछुआ-छाप गति से काम करने की आदत पड़ गई तो यह समस्या और विकट हो सकती है। श्रम की प्रतिष्ठा महत्त्वपूर्ण है और इस मुद्‌दे को नजरअन्दाज करना ठीक नहीं है। अल्प श्रम तथा मजदूरों के ऊपर की शृंखला में कोई भी श्रम न कर मजदूरी पाने के साधन के रूप में अगर इस योजना की ओर देखने का दृष्टिकोण रखेंगे तो योजना के मूल उद्‌देश्य को ही तिलांजलि देने-जैसा होगा। फिलहाल इस योजना के लिए किया जानेवाला आर्थिक नियोजन तेरह हजार करोड़ का है। उसका सम्पूर्ण भारत में विस्तार हुआ और रोजगार के दिन भी बढ़ाने पड़े तो राष्ट्रीय बजट का एक बड़ा हिस्सा इस योजना पर खर्च होगा। यह खर्च लगभग 40 हजार करोड़ से एक लाख करोड़ तक होगा। यह कदम यदि सही साबित होता है तो ग्रामीण क्षेत्र में बड़ा बदलाव होगा और उसके प्रभाव से शहरों में भी बदलाव आएँगे। लेकिन भ्रष्टाचार-अकार्यक्षमता की दलदल में यदि यह कदम फँस जाए तो करोड़ों वंचितों के माथे पर रोजगार न होने के वनवास का ठप्पा हमेशा लगा रहेगा।

यह बिल 'आर्थिक सुधार का मानवीय चेहरा' बताया जा रहा है। बेरोजगारी और गरीबी के खिलाफ महायुद्ध के रूप में इसका वर्णन किया जाता है। आर्थिक विकास की दर सात प्रतिशत होने के कारण इस आश्वासन की पूर्ति के संसाधन जोड़े जा सकेंगे। यह बिल ग्रामीण क्षेत्रों में आधारभूत बदलाव ला सकेगा। आर्थिक विकास की व्यापकता के साथ यह समानता भी स्थापित करेगा, यह आशा रखी जा सकती है। यह कानून दूरगामी एवं व्यापक परिणाम करनेवाला है लेकिन इसकी पूर्ति करना बड़ी चुनौती है।

[03 सितम्बर, 2005]

करिश्मा कितना? कमिटमेंट कितनी?

राज ठाकरे ने 'महाराष्ट्र नवनिर्माण सेना' नामक पार्टी की घोषणा की है। इससे सम्बन्धित खबरों ने पिछले दो महीनों से बड़ी जगह घेर रखी थी। राज ठाकरे की अपनी योग्यता अभी तक सिद्ध होनी बाकी है। लेकिन आश्चर्य इस बात का था कि शिवसेना को उसके परिवार से चुनौती दी जा रही है। बाल ठाकरे और उनके बाहुबल की राजनीति के प्रति नाराजगी जतानेवाला मीडिया लम्बे समय से चुप्पी साधे हुआ था। उनके मुँहजोर एकाधिकारवाद को परिवार से दी गई चुनौती के नाते राज ठाकरे को मीडिया में मिलनेवाली जगह और प्रतिक्रिया की ओर देखना होगा।

एक बात माननी पड़ेगी कि श्री राज ठाकरे के दौरों को चारों तरफ से मिलनेवाला समर्थन 'मैनेज' किया हुआ नहीं था, यह उनका करिश्मा था। उसमें भी ठाकरे नाम का, परिवार का और अपने काका की 'सही रे सही' शैली को कॉपी करने की कला तो थी ही। लेकिन सत्ता हाथ में न होते हुए (न ही मिलने की सहज सम्भावना होते हुए) और शिवसेना से अलग होने के बाद भी जनता तथा युवाओं की जबर्दस्त भीड़ खींचने में राज ठाकरे सफल हुए। लेकिन इसके पीछे भी संगठनात्मक, सामाजिक वास्तविकता है, यह भूलने से काम नहीं चलेगा। शरद पवार जब राष्ट्रीय कांग्रेस में थे तब उनका एक प्रबल गुट कांग्रेस में भी था। उस गुट की दृष्टि से 'साहब' का कहा शब्द ही पार्टी का आदेश था। इसी प्रकार से पिछले कई सालों से और खासकर जबसे उद्धव ठाकरे ने शिवसेना के कार्यकारी अध्यक्ष पद को स्वीकारा है तब से इस शिव'राज'सेना का शिवसेना में ही अस्तित्व था और यह संगठित भी थी। कई कारणों से समाज में बेचैनी फैली थी, युवाओं में बेचैनी और भी ज्यादा है। उन्हें राज ठाकरे के रूप में कोई मसीहा दिखाई दे रहा है। इसके अलावा और एक कारण है। समाज के सभी सामाजिक घटकों में आज एक आर्थिक रूप से स्थिर और राजनीतिक महत्त्वाकांक्षा रखनेवाला वर्ग तैयार हो गया है। उसके पास पैसा, उत्साह, उपक्रमशीलता है। उसे कॅरियर के रूप में या 'अतिरिक्त व्यवस्था' के रूप में राजनीति करने की चाह या जिद है। ऐसे वर्ग के लिए महाराष्ट्र के चारों प्रमुख दल उपयोगी नहीं हैं, वहाँ पर मुख्य पद-स्थानों पर पहले से ही संस्थापित लोगों ने अपना डेरा डाल रखा है। यह वर्ग राज ठाकरे के पीछे पूरी ताकत के साथ गया।

कोरे पन्ने पर जो चाहे लिखने का मौका उन्हें इस 'नवनिर्माण' में दिखाई दिया। लेकिन राजनीति के बारे में उनकी समझ 'गाजर की बीन, बजी तो बजी, नहीं तो तोड़कर खा ली' इतनी ही है।

जिस 'नवनिर्माण' की बात राज ठाकरे कर रहे हैं, उसकी वैचारिक स्पष्टता का मुद्दा अलग रखा जाए तब भी किसी नए राजनैतिक दल का निर्माण एक गम्भीर जीवनव्यापी निर्णय होता है। उस लक्ष्यगामिता के लिए जीवन दाँव पर लगाने के लिए तैयार रहनेवाले निरपेक्ष-निस्वार्थ कार्यकर्ताओं की पलटन साथ होना, बनाना और कार्यकर्ताओं का जाल बनाए रखना जरूरी होता है। राज ठाकरे को समर्थन देनेवालों में आज तो यह गम्भीरता दिखाई नहीं देती। इसका मुख्य कारण यह है कि राज ने आज तक अपने काका (बालासाहब ठाकरे) की छाँव में सुरक्षित राजनीति ही की है। उनका कारनामा लता मंगेशकर, रजनी, माइकल जैक्सन के कार्यक्रमों का संयोजन करने में ही दिखाई दिया है। 'शिव उद्योग सेना' उनका एकमात्र काम था जो पूरी तरह असफल रहा। उसका उन्हें 'न दुख-न पछतावा', ना ही उसका पुनरावलोकन हुआ। राज ठाकरे का चरित्र आज खुले तौर पर उच्चवर्णीय जातियों और उच्चवर्गियों का हितार्थी है। राज ठाकरे ने स्वयं को नवनिर्माण के लिए डी-क्लास और डी-कास्ट किया है, इसका प्रमाण खुद के जीवन से प्रस्तुत करना और उसी ध्येयवाद से तथा बरताव के माध्यम से संगठन खड़ा करना, यह बहुत कठिन चुनौती है।

इस चुनौती को वे पार कर सकें तो फिर इस 'नवनिर्माण साथी' का सामना सीधे वास्तविक रणभूमि की समस्याओं से होगा। महाराष्ट्र में कई समस्याओं की जानलेवा भरमार हो गई है। पानी का संकट गहरा रहा है, दूसरी और कृष्णा नदी का अपना पानी रोकने के लिए पैसे नहीं हैं। लोडशेडिंग से महाराष्ट्र परेशान है, यह अँधेरा दूर करनेवाली कोई भी प्रकाश की किरण फिलहाल दिखाई नहीं दे रही। किसानों की आत्महत्याएँ बढ़ रही हैं, महानगरों की समस्याओं ने भयंकर रूप धारण कर लिया है। उच्च कोटि की विषमता, बेपरवाही और असंवेदनशीलता के सामाजिक अवगुण तो साथ में हैं ही। ऐसे समाज में जब जन-सापेक्ष वैचारिक राजनीति की अधिक आवश्यकता है तब राजनीति मैनेज करने का धन्धा बन गई है। महाराष्ट्र के एक नेता ने दिल्ली के मैदान पर जन-समर्थन का जोरदार शक्ति-प्रदर्शन किया। इसके लिए सब नियोजन, वातावरण-निर्माण, सबका कॉन्ट्रैक्ट एक एडवरटाइजिंग कम्पनी को दिया गया था। 'लौकिक' रूप से यह मेला सफल रहा। 'नवनिर्माण' को तत्त्व में, सैद्धान्तिक राजनीतिक विचारों में, व्यवहार और शैली में सर्वोपरि इससे अलग होना चाहिए। इसका एहसास तो अभी उन्हें नहीं हुआ है फिर ऐसी राजनीति से निर्मित होनेवाले तीव्र हित-सम्बन्धों के जटिल प्रश्नों का आकलन तो दूर की बात है।

हम जहाँ थे, वहाँ नम्बर वन का स्थान मिलना कभी सम्भव नहीं होगा, यह बात ध्यान में लेकर खुद को नम्बर वन के लिए दाँव पर लगाने का यह व्यक्तिगत

कारण है। 'आँखों के सामने आर्थिक-राजनीतिक बदलावों का स्पष्ट प्रारूप है, पुरानी पार्टी में उस प्रारूप पर अमल किए जाने की कतई सम्भावना नहीं थी, तब उसके लिए मैं नए राजनीतिक प्रारूप की शुरुआत कर रहा हूँ' : राजनीति में इस प्रकार की तात्विक निष्ठा दिखाने के दिन कब के खत्म हो चुके हैं। इसलिए राज ठाकरे ने इस मार्ग का अवलम्ब नहीं किया, इसमें कोई अचरज की बात भी नहीं है। लेकिन इस देश की राजनीतिक परम्परा में तात्त्विक निष्ठा की बुनियाद पर ही राजनैतिक दल मजबूत हुए। विधान मंडल में प्रवेश के लिए 1922 के गया अधिवेशन में अध्यक्ष चित्तरंजन दास द्वारा रखा गया प्रस्ताव खारिज कर दिया गया था जिसके बाद दास ने इस्तीफा दिया। उन्होंने मोतीलाल (नेहरू) जी, लाला लाजपतराय के सहयोग से स्वराज्य पार्टी की स्थापना की। समाजवादी लोगों ने 1934 में कांग्रेस समाजवादी पार्टी की स्थापना की। राजा जी स्वतंत्रता संग्राम के वरिष्ठ नेता थे। देश में समाजवादी नीतियाँ उन्हें अनुचित लगीं इसलिए उन्होंने बुढ़ापे में पूँजीवाद का खुला समर्थन करनेवाला स्वतंत्र दल स्थापित किया। इनमें से किसी के भी व्यक्तिगत हित-सम्बन्धों के सवाल नहीं थे इसलिए दल भी वैसे नहीं थे। व्यापक आदर्शवादी तात्त्विक निष्ठा की राजनीति का वह भाग था। खुद की व्यक्तिगत सुविधा के लिए पहली बार किसी ने पार्टी का त्याग किया तो इंदिरा गांधी ने। उन्होंने राष्ट्रीय कांग्रेस पार्टी में अपना नाम जोड़ा : कांग्रेस (इंदिरा) 'आई'। वहाँ नम्बर एक का स्थान कभी नहीं मिलेगा, यह सोचकर शरद पवार ने स्वयं को नम्बर वन पर रखने के लिए नई पार्टी स्थापित की। यही सब आज राज ठाकरे कर रहे हैं। जैसे कि प्रमोद महाजन ने कहा कि इस पार्टी की भैंस अभी तक पानी में ही है, राज ठाकरे के वोटों से वह खड़ी हो पाई है; जल्द ही दूध भी देगी और नवनिर्माण की श्वेत क्रान्ति भी ला सकेगी। यह सब होगा सिर्फ और सिर्फ राज ठाकरे की वजह से। राजनीतिक दल लोकतंत्र में मुख्य हथियार माना जाता है, इसका उपयोग ऐसी व्यक्तिगत महत्त्वाकांक्षा के लिए किया जाना उचित नहीं। अब भी सामन्तवादी मानसिकता से बाहर न निकल पाए भारतीय-महाराष्ट्रीय जनता की यह सीमा समझना जरूरी है। इस सन्दर्भ में भी नवनिर्माण होता है तो वह होना ही चाहिए।

[18 मार्च, 2006]

मुँहजोर प्रवृत्ति और जी-हुजूरी

इस साल के गणतंत्र दिवस की पूर्वसन्ध्या पर महाराष्ट्र की सामाजिक वास्तविकता को स्तब्ध करनेवाली घटनाएँ घटित हुईं। जिस दिशा से यह सफर शुरू हुआ है, यह कभी-ना-कभी होनेवाला था जो अब आग की तरह सामने आया। संवेदनशील लोग इस वजह से स्तब्ध, हक्के-बक्के, उद्विग्न हुए। दोषियों को कड़ी सजा दिलाने के बारे गृहमंत्री द्वारा की गई राणा भीमदेवी घोषणाओं पर लोगों को विश्वास था ही नहीं। जिन उद्धत दोषियों को जेल भेजना चाहिए, उन्हें मुख्यमंत्री बख्श देते हैं। सर्वोच्च न्यायालय द्वारा इस पर कड़ी आपत्ति जताए जाने और जुर्माना लगाए जाने के बाद भी मुख्यमंत्री को कांग्रेस हाईकमान ने केवल बचाया ही बल्कि उन्हें प्रमोशन दिया, उस महाराष्ट्र में ऐसा होना अटल था। नासिक के अतिरिक्त जिलाधिकारी को जला दिए जाने से इसकी दाहकता, प्रक्षुब्धता बढ़ गई है। तेल माफिया द्वारा अंजाम दी गई इस अमानवीय घटना से कम्पित हुए नौकरशाह एक साथ रास्ते पर उतरे। उन्होंने तीव्र रोष जताया, शक्ति-प्रदर्शन भी किया। 7 अगस्त को रेत की जाँच करने गए अधिकारियों से शिरूर में मारपीट, 18 अगस्त को नेवासा में रेत माफिया द्वारा गोलीबारी, 28 सितम्बर को अहमदनगर में जिला परिषद के कृषि अधिकारी दीपक पटेल के साथ मारपीट, 24 जनवरी को रेत माफियाओं द्वारा मंडल निरीक्षक से मारपीट : ये गत साल में केवल अहमदनगर जिले में रेत माफिया द्वारा किए गए हमले हैं। 12 सितम्बर को बाँदा में रेत माफियाओं ने अधिकारियों पर पथराव किया तो 15 जनवरी को मलकापुर (बुलडाणा) में गुंडों के साथ हुई मुठभेड़ में पुलिसकर्मी शहीद हुआ। पेट्रोल, रेत और भू-माफिया अपनी समानान्तर सरकार चला रहे हैं। उसका ज्वलन्त दर्शन मनमाड के पास पानेवाड़ी में दिनदहाड़े कर्तव्यनिष्ठ अतिरिक्त जिलाधिकारी यशवन्त सोनवणे को पेट्रोल डालकर जला देनेवाली घटना से होता है। पूरी तरह से आग की लपेट में आ चुके सोनवणे आखिरी साँस तक मौत से लड़ते हुए अपने कर्तव्य का पालन कर रहे थे। ज्वाला की लपटों में लिपटे सोनवणे ने इस अमानुषता को अंजाम देनेवाले पोपट शिंदे को कसकर पकड़े रखा जिससे वह भी जलकर घायल हुआ। वडापाव बेचने का छोटा-सा धन्धा करनेवाला पोपट दत्तू शिंदे देखते-देखते तेल माफिया बन गया। मनमाड पुलिस ने पोपट शिंदे

के खिलाफ 2001 में एक और 2003 में तीन रिपोर्ट दर्ज की थीं। केरोसिन और पेट्रोल मिलावट के अलावा शिंदे समाज-विघातक कार्य भी करता था, ऐसा गोपनीय रिपोर्ट में दर्ज है। तड़ीपार करने के बाद भी उसने मंत्रालय में जाकर एक झटके में इसे रद्द करा लिया। किसी बड़े नेता, मंत्री के हस्तक्षेप के बिना ऐसा आदेश जारी हो ही नहीं सकता, यह न समझ पाए इतनी भी महाराष्ट्र की जनता मूर्ख नहीं है। इस मामले के सूत्र लगभग डेढ़ दशक पीछे मिलते हैं। वर्ष 1995-1996 में नासिक की तत्कालीन विभागीय आयुक्त लीना मेहेंदले ने नासिक जिले के तेल माफियाओं के खिलाफ तत्काल कार्रवाई करने की सिफारिश की थी। उन्होंने अपनी रिपोर्ट में इन माफियाओं के नाम भी दिए थे। लेकिन कोई कार्रवाई नहीं की गई। महाराष्ट्र में उस समय शिवसेना-भाजपा गठबन्धन की सरकार थी। हुआ इतना ही कि इसके बाद चार महीने में लीना मेहेंदले का तबादला कर दिया गया। अब वह रिपोर्ट मंत्रालय में धूल खाती पड़ी है। सरकार की सन्दिग्धता और अकार्यक्षमता साबित करने के लिए यह एक ही बात काफी है। गरीबी रेखा के नीचे की जनता को वितरित किए जानेवाले 50 से 60 प्रतिशत केरोसिन का पेट्रोल में मिलावट के लिए इस्तेमाल होता है, यह बात केन्द्र और राज्य सरकार जानती है। 62 रुपये लीटर कीमत के पेट्रोल में 14 रुपये लीटर कीमत का राशन का केरोसिन मिलाया जाए तो पेट्रोल पम्प के मालिक को पेट्रोल 38 रुपये प्रति लीटर भाव में मिलेगा। यह तो उसके लिए बड़ा ही किफायती धन्धा हो गया। यह धन्धा करोड़ों रुपयों का हो जाता है। तेल कम्पनियों के बड़े डिपो नासिक जिले में होने के कारण वहाँ इस धन्धे में सर्वाधिक तेजी है। यह इतने सालों से बिना किसी रुकावट के साथ चलता है, इसका मतलब सभी सम्बन्धित प्रशासकीय-राजकीय शृंखला का मुँह 'अर्थ'पूर्ण तरीके से बन्द किया गया है। वे सभी इस पाप के पैसों के हिस्सेदार हैं।

ऐसी घटनाओं के मूल तक सैद्धान्तिक रास्ते से पहुँचनेवाले क्या कहते हैं? वे कहते हैं, भारत के औद्योगिक पूँजीवादी लोकतंत्र ने अब उत्तर-औद्योगिक पूँजीवादी पर्व में प्रवेश किया है। औद्योगिक पूँजीवाद में कम-से-कम एक (सुविधाजनक) नैतिकता की लकीर थी। उत्तर-औद्योगिक पर्व बेबन्द, हिंसक और पैसों को ही पंचप्राण माननेवाला है। इसलिए देश के फिलहाल कथित विकास की यात्रा में ऐसी दाह की घटनाएँ बार-बार मिलेंगी। मूल व्यवस्था में बदलाव किए बिना इस पर उत्तर नहीं मिलेगा। दूसरी ओर ईंधन मिलावट की जड़ें उखाड़ फेंकने की चेतावनी मुख्यमंत्री, उप-मुख्यमंत्री, पालक-मंत्री ने दी है। इस घटना के बाद महाराष्ट्र में तत्काल डेढ़-दो सौ जगहों पर मिलावट विरोधी रेड डाली गईं। इस कार्रवाई का स्वागत तो है लेकिन साथ ही यह भी सवाल है कि आज तक यह क्यों नहीं हुआ, उम्मीद है कि इस बात का जवाब भी सरकार की ओर से मिलेगा। इस शोध मुहिम में उन्हें इस बात का पता करना होगा कि नासिक जिले के पालक-मंत्री उसी जिले

के विधायक, उनका पुत्र भी उसी जिले में विधायक और भतीजा जिले का सांसद। जिले में कई सालों से सम्बन्ध रखनेवाले इन राजनेताओं को अपने आसपास क्या चल रहा है, इस बात की जानकारी नहीं है! जानकारी होने के बावजूद भी कुछ हो नहीं पाया तो इन नेताओं की कार्यक्षमता पर गम्भीर सवाल उपस्थित होते हैं। एक ओर यह कहा जाता है कि केवल छापामारी करने से संरक्षित और संगठित भ्रष्टाचार रुकनेवाला नहीं है। केरोसिन की बिक्री खुले बाजार में करना और गरीबों को सीधे उतनी रकम का अनुदान देना ही भ्रष्टाचार को रोकने का रामबाण उपाय है। इससे बाजार की कीमत सबके लिए एकसमान होगी और अनुदान में कटौती कम होगी, केरोसिन माफियागिरी की जड़ ही उखड़ जाएगी। लेकिन ऐसी सूचनाओं के सम्बन्ध में सभी दृष्टियों से विचार करने की आवश्यकता है। प्रायोगिक तौर पर इसकी व्यावहारिकता की भी जाँच होनी चाहिए क्योंकि उपाय के 'बीमारी से भयंकर इलाज' साबित हो सकने की सम्भावना इस उपाय के सम्बन्ध में जताई जाती है।

कोल्हापुर के जिलाधिकारी लक्ष्मीकान्त देशमुख द्वारा किया गया प्रयोग इस सम्बन्ध में पथप्रदर्शक माना जा सकता है। कोल्हापुर जिले में लगभग नौ लाख लीटर केरोसिन वितरित किया जाता था। तब भी उसमें कमी की शिकायतें मिल रही थीं। इसके लिए राशन के दुकानदारों के पास केरोसिन पहुँचते ही उसकी जानकारी दुकान से सम्बन्धित कुछ कार्डधारकों को एसएमएस के माध्यम से देने की व्यवस्था जिलाधिकारी देशमुख ने शुरू करवाई। इसके साथ ही केरोसिन टैंकर में मालिक के खर्च से एपीएस प्रणाली लगवाई। इसलिए केरोसिन लेकर जानेवाला हर टैंकर तय किए गए रास्ते से जा रहा है या नहीं, इसकी जाँच ऑफिस में बैठकर पाना सम्भव हो पाया। इन दो उपायों से कोल्हापुर में केरोसिन की माँग नौ लाख लीटर से कम होकर छह लाख लीटर हो गई। ऐसे उपायों से बहुत फर्क पड़ सकता है। अर्थात, ऐसे माफियाराज के लिए बदनाम महाराष्ट्र के विभागों को सबक सिखाने के लिए और प्रयास करने होंगे।

इन सबके बाद भी एक सवाल हर किसी के जेहन में आता है। केरोसिन माफिया दो नम्बर का पैसा कमा रहे थे। वे प्रशासन, पुलिस, राजनेताओं को इनमें हिस्सेदारी देकर, बचा हुआ पैसा अपने हित-सम्बन्धों की प्रभावनिर्मिति के लिए इस्तेमाल करते थे। आज महाराष्ट्र की राजनीति छोड़िए, सामाजिक-सांस्कृतिक-साहित्यिक क्षेत्र भी इस तरह से बनाए गए दो नम्बर के पैसों से प्रभावित है। किसी भी 'ऐरे गैरे, नत्थू खैरे' का जन्मदिन मनाने के लिए लगनेवाले कटआउट्स, समाचारपत्रों में विज्ञापन, सप्लिमेंट्स, भौकाल दिखानेवाले जश्न, यह सब इसी का छोटा स्वरूप हैं। जोरदार रंगारंग कार्यक्रम, खेल प्रतियोगिताओं का आयोजन किया जाता है। उसकी शो-बाजी काले धन के बिना सम्भव ही नहीं। साल भर धार्मिक उत्सवों की बाढ़-सी आती है। यह कम हो जाता है शायद! इसलिए अपने इलाके के लोगों

को अष्टविनायक या काशी यात्रा करवाकर पुण्य कमाया जाता है। फिर हरि नाम सप्ताह, सत्संग समारोह, यह सब तो चलता ही रहता है। ये पैसे कहाँ से आते हैं? चुनाव में खर्च किया जानेवाला पैसा इन सबकी चरम-सीमा होती है। विधायक पद के लिए होनेवाले चुनाव का खर्च कब का करोड़ों की सीमा लाँघ चुका है। गरीबों का प्रतिनिधित्व करनेवाले अधिकांश जन-प्रतिनिधि हमेशा ही करोड़पति होते हैं। इसके अलावा अगले चुनाव तक अपनी सम्पत्ति दोगुनी करने का चमत्कार भी वे करते हैं। यह लूट तेल से होती है, रेत से होती है, भूखंडों से होती है कि तबादला करने में मदद के माध्यम से होती है : ये सवाल गौण हैं। वास्तविक सवाल यह है कि इन सब काला धन कमानेवालों को हम सब जाने-अनजाने में सलाम करना सीख गए हैं। उनके इन्हीं पैसों से होनेवाले उत्सवों को समाज का सांस्कृतिक विकास मानने लगे हैं। मनमाड-जैसी घटना मामले के हाथ से निकलने का एहसास कराती है। जवाब आसान नहीं है, चुनौती बहुत बड़ी और विकट है, प्रतिकार अपनी पूरी ताकत से और कड़ा होना चाहिए।

[12 फरवरी, 2011]

भूचाल की भविष्यवाणी, ओबीसी वर्ग की बेचैनी

लोकसभा के मध्यावधि चुनाव का खतरा अब तक टला नहीं है। दिसम्बर के गुजरात विधानसभा चुनाव के बाद ही इसका निर्णय होने का अनुमान है। लेकिन इसका निर्णय तब नहीं भी हुआ तो सवा साल बाद लोकसभा चुनाव होना अटल है। इसका मतलब है कि जिनका राजनीति करने का लम्बा उद्देश्य है उन्हें अभी से योजना बनानी होगी। महाराष्ट्र का मुख्यमंत्री बदलना हो तो यह आनेवाले समय में होना जरूरी है क्योंकि इससे नए मुख्यमंत्री को अपनी पकड़ बनाने के लिए कुछ समय मिल जाता है। राजनीति की शतरंज पर जिन्हें नए मोहरे रखने हैं उन्हें अभी से तैयारी करनी होगी, उसके बिना नया दाँव वे रच नहीं पाएँगे। भूचाल से पहले पृथ्वी का पृष्ठतल शान्त और स्थिर दिखाई देता है लेकिन वास्तव में उसके अन्तरंग में प्रचंड हलचल चल रही होती है। जब उसका विस्फोट होता है तो हमें भयाश्चर्य होता है। नाट्यमय घटनाओं में रुचि रखनेवाले श्री छगन भुजबल ने इसी कारण इस उपमा का प्रयोग अपनी भावी राजनीति को लेकर किया है।

भुजबल महत्वाकांक्षी हैं। शिवसेना में रास्ता रोका जाने लगा तो उन्होंने कांग्रेस का रास्ता चुना। राष्ट्रवादी कांग्रेस की स्थापना के बाद उन्होंने इस घोड़े पर सवार होना पसन्द किया। महाराष्ट्र राष्ट्रवादी कांग्रेस का प्रदेश अध्यक्ष और राज्य का उप-मुख्यमंत्री पद, दोनों पाए। राष्ट्रवादी कांग्रेस में रहकर मुख्यमंत्री पद कभी नहीं मिल सकता, इतना राजनीतिक ज्ञान भुजबल को कब से प्राप्त हो चुका है। सत्ता के लिए चल रहे इस खेल में भूकम्प की भविष्यवाणी अपरिहार्य बन गई थी। राष्ट्रवादी कांग्रेस के अध्यक्ष शरद पवार भी कुछ कम नहीं हैं। आपदा प्रबन्धन का गहरा अनुभव होने की घोषणा उन्होंने भी कर दी है। राजनीति में व्यक्तिगत महत्त्वाकांक्षा से ऊपर भुजबल की चेतावनी का एक अलग अर्थ है, इसके बगैर उनके जन्मदिन के अवसर पर भाजपा नेता श्री गोपीनाथ मुंडे और आरपीआई के रामदास आठवले उपस्थित ना रहते। महाराष्ट्र में मराठा समाज के वर्चस्व की राजनीति को झटका देने का यह प्रयास है। भारत के कई राज्यों में ओबीसी समाज की राजनीति सत्ता के केन्द्र तक पहुँची है लेकिन महाराष्ट्र में यह नेतृत्व प्रभावशाली रूप में खड़ा नहीं हो पाया। महाराष्ट्र में विगत 60 सालों में एक भी मुख्यमंत्री ओबीसी समाज

का न होना, कोई संयोग नहीं है। सत्ता तक पहुँची शिवसेना पार्टी का आन्तरिक रूप ओबीसी संगठन का था फिर भी जिन 40 निर्दलीय विधायकों के समर्थन से वह सत्ता में थी वे विधायक प्रभावशाली जाति के थे। राष्ट्रवादी कांग्रेस पार्टी की स्थापना के बाद तो यह स्थिति और भी बदल गई। इस पार्टी की पहचान स्पष्ट तौर पर मराठा जाति की पार्टी के रूप में है, वही उसकी सत्ता का आधार है। इसीलिए भाजपा में जितना महत्त्व गोपीनाथ मुंडे को मिलता है, उतना महत्त्व राष्ट्रवादी कांग्रेस में भुजबल को नहीं है।

'महाराष्ट्र में अधिकांश ओबीसी समाज है, फिर भी इस समाज को सत्ता से हमेशा दूर रखा गया है। सभी ओबीसी भाइयों को इकट्ठा होकर सत्ता संचालन की प्रभावशाली राजनीति करनी होगी, अगर यह न हो पाया तो राजनीति में भूचाल लाकर अपने सामर्थ्य का परिचय दें' ऐसा सुर श्री भुजबल के जन्मदिन पर लगाया गया। इन लोगों की हलचलें ओबीसी कार्यकर्ताओं के लिए सुखदायक जरूर हैं लेकिन इसका वास्तविक आधार नहीं है। वैश्वीकरण की होड़ में इतने प्रच्छन्न रूप से जाति पर आधारित राजनीति हो सकती है? इस सवाल को फिलहाल छोड़ देते हैं लेकिन महाराष्ट्र की ओबीसी जनता में एकता हो तो वह सत्ता में आ सकते हैं? महाराष्ट्र में ओबीसी की जो प्रभावशाली जातियाँ हैं, उनकी कुछ जगह पॉकेट्स हैं। चुनावों में निर्णयात्मक हस्तक्षेप कर सकें, ऐसी शक्ति भी कुछेक स्थानों पर ही हैं। अनेक राज्यों में ओबीसी में एक जाति, जैसे बिहार में यादव, कर्नाटक में वोक्कालिगा संख्यात्मक दृष्टि से प्रभावशाली है। वैसी स्थिति महाराष्ट्र में ओबीसी की एक भी जाति की नहीं है। महाराष्ट्र में मराठा समाज की जनसंख्या 30 से 40 फीसदी होने का दावा किया जाता है। इसमें आधी से ज्यादा जनसंख्या कुनबी समाज की है जिनका अन्तर्भाव ओबीसी में होता है। लेकिन राजनीति में कुनबी समाज हमेशा मराठा समाज के साथ दिखाई देता है। सम्पूर्ण महाराष्ट्र की राजनीति पर इसी कारण मराठा समाज का प्रभुत्व है। राष्ट्रवादी कांग्रेस की स्थापना के बाद इस प्रभुत्व को और अधिक मजबूती मिलती दिखाई दे रही है और यही बात भुजबल-जैसे नेताओं को रास नहीं आ रही। अर्थात, यह बात उनके नेता को भी पता है। इसी कारण उन्होंने उत्तर भारत में ओबीसी को संगठित करने के भुजबल के प्रयासों को समर्थन दिया। भुजबल को राज्यसभा में जितवाकर उन्हें दिल्ली की राजनीति में स्थान दिलाने का प्रलोभन दिया जाएगा। इन सबसे दिया जानेवाला सन्देश यही है कि महाराष्ट्र के मराठाओं की राजनीति में दखलअन्दाजी ना करें। महाराष्ट्र में जिन्हें सत्ता का चाँद प्रत्यक्ष रूप से पाना है, उनका समाधान इस आईने में दिखाए गए प्रतिबिम्ब के द्वारा भला कैसे होगा? इसी कारण यह भूचाल की भाषा बोली गई।

लेकिन भुजबल की राह बिलकुल आसान नहीं है। मूलत: ओबीसी कई गुटों और पार्टियों में विभाजित हुआ है कि एकता की राजनीति करना मुश्किल है। मान

लीजिए कि ऐसा होता भी है तो दलित समुदाय का पूरा समर्थन मिलने और असन्तुष्ट मराठा नेतृत्व का सहयोग मिले बगैर सत्ता तक पहुँचना बड़ा कठिन है। दलित समाज की राजनीतिक स्थिति महाराष्ट्र में खस्ताहाल ही है। बौद्ध समुदाय राजनीतिक दृष्टि से बिलकुल एक नहीं हैं। कम-से-कम बौद्धेतर दलित तो अपनी ओर आ सकें, इसके लिए मायावती के प्रयास जारी हैं लेकिन दलित और अल्पसंख्यक समाज का एक बड़ा तबका परम्परागत रूप से आज भी कांग्रेस का वोटर है। ऐसी स्थिति में मराठा मानुष को सत्ता के बल से एकजुट रखकर, ओबीसी और दलितों को सत्ता का गाजर दिखाकर, जो सत्ता हाथ में है उसे स्थिर रखना अधिक आसान है। 'मुझे भूचाल-प्रबन्धन का बड़ा अनुभव है और मैं भूचाल की जिम्मेदारी लेने के लिए सक्षम हूँ' शरद पवार के आत्मविश्वास-भरे इस वक्तव्य का राजनीतिक गणित यही है।

सच कहें, तो सत्ता ओबीसी के पास जानी चाहिए क्योंकि उसके बाद ही सत्ता निचले तबके तक पहुँच पाएगी। राममनोहर लोहिया की 'पिछड़े पावें सौ में साठ' की घोषणा इसके लिए पथप्रदर्शक साबित हो सकती है और इसके लिए कांग्रेस पार्टी को सर्वाधिक अनुकूलता है। लेकिन महाराष्ट्र में कांग्रेस सत्ता में मशगूल और राजनीतिक इच्छाशक्ति खोई हुई पार्टी है। ऐसे समय में भूचाल की भविष्यवाणी कर खुद की बेचैनी को शाब्दिक रूप से अभिव्यक्त करना ही ओबीसी राजनीति के हाथ में है।

[27 अक्तूबर, 2007]

प्रासंगिक/सामाजिक

क्रिकेट : खेल या व्यापारी नशा?

आज हर तरफ क्रिकेट का ही नशा छाया है। एकाध नशा अपने जीवन को कुछ बेशुमार लेकिन मदहोश क्षण प्रदान करता है। मसलन, अविस्मरणीय संगीत महफिल, एक रोचक किताब, होश उड़ानेवाला खेल : ये सब ऐसे ही नशे के उदाहरण हैं। इस नशे में एकाग्रता, अत्यधिक प्रयास, एक अलग ही खुशी आदि गुण होते हैं। अर्थात, यह सच है कि नशे के कारण हम कई बार अपना सन्तुलन खो देते हैं, यह बात भी इसमें आ जाती है; लेकिन नशे का अर्थ केवल सार-असार बुद्धि को खो देना, अविवेकी बनना, दुख के अर्थ में लिया जाता है। भ्रामक खुशी का एक विनाशकारी मायाजाल इससे सूचित होता है। नशे के साथ-साथ विधिनिषेधशून्य राजनीति का नशा भी समाज में हर जगह दिखाई देता है। क्या क्रिकेट से प्रभावित इस माहौल में खेल का नशा भी जान-बूझकर फैलाया जा रहा है? इसकी हमें चिन्ता है।

क्रिकेट में होता क्या है? एक व्यक्ति गेंद फेंकता है, दो लोग उसे खेलते हैं, ग्यारह लोग उसे रोकते हैं और हजारों लोग अपना काम छोड़कर उसे देखते हैं : ऐसा मजाक में कहा जाता है। सच कहा जाए, तो कुछ घंटों में रोमांचक अनुभव देनेवाले फुटबॉल, हॉकी या कबड्डी-जैसे खेल बढ़िया साबित हो सकते हैं लेकिन आज क्रिकेट की बीमारी के आगे ये सारे प्रश्न फिजूल साबित होते हैं। विश्व कप स्पर्द्धाओं के दौरान भारत में लोगों के दिमाग में दूसरा विषय ही नहीं होता है। इसकी वजह से भाजपा-शिवसेना के गठबन्धन का संयुक्त अधिवेशन कुछ दिनों के लिए स्थगित कर दिया गया। इस दौरान नई फिल्में भी रिलीज न करने का निर्णय लिया गया। इतना ही नहीं, बल्कि इस दौरान अगर मध्यावधि लोकसभा के चुनाव लिए जाएँ तो प्रचार उतना प्रभावशाली तरीके से नहीं हो पाएगा, यह डर कई लोगों के मन में था। सन 1983 की विश्व कप विजेता भारतीय टीम के सदस्य रहे संदीप पाटिल को भी ऐसी प्रसिद्धि अभूतपूर्व और न खत्म होनेवाली लगती है।

क्रिकेट की खेल-संस्कृति का पूरा बाजारीकरण हुआ है। उस पर एक नजर डाली जाए तो धड़कन रुक जाती है। वीडियोकोन कम्पनी के द्वारा आयोजित प्रतियोगिता में अगर किसी विजेता को इनाम मिला तो, उसके द्वारा खरीदी गई वस्तु का पूरा पैसा वापस मिलनेवाला है, साथ ही आलीशान मर्सिडीज बेंज कार और अन्य 1,500

आकर्षक इनाम भी मिलनेवाले हैं। इलेक्ट्रॉनिक क्षेत्र में जापान की प्रतिष्ठित कम्पनी आइवा इस समय भारतीय बाजार पर अपना अधिकार जमाने के लिए तैयार है। अगर भारतीय टीम यह विश्व कप जीतती है तो हर खिलाड़ी को मर्सिडीज कार देने की घोषणा की गई है। दक्षिण कोरिया की इलेक्ट्रॉनिक क्षेत्र की प्रख्यात कम्पनी एलजी ने तो अपने बिजनेस को मजबूत करने के लिए सौ खेल-प्रेमियों के इंग्लैंड जाने के लिए प्लेन का टिकट दिया है। ये बड़ी कम्पनियाँ समाचारपत्रों के विज्ञापनों पर पूरे भारत में कुल मिलाकर 40 से 50 करोड़ तक का खर्च करती होंगी, यह अनुमान है। इसके साथ ही पेप्सी, स्टेट बैंक कार्ड, एशियन पेंट्स, क्लोज-अप टूथपेस्ट, ब्रिटानिया के भी आकर्षक विज्ञापन हैं। दस सेकंड के विज्ञापन के लिए दूरदर्शन चैनल को एक लाख रुपए दिए जाते हैं। सातवें विश्व कप के आयोजक तथा इंग्लैंड एंड वेल्स क्रिकेट बोर्ड को प्रायोजकता तथा प्रसारण के अधिकार के रूप में 255 करोड़ रुपयों की कमाई होगी। स्टार चैनल को प्रतियोगिता शुरू होने से पहले ही बजाज, सैमसंग, एस. कुमार, मारुति मोटर्स, पेप्सी कम्पनियों की ओर से 66 करोड़ रुपये देने की बात हुई है।

लोगों की तन्दुरुस्ती और उनमें खेल भावना आ जाए, इसके लिए खेल-संस्कृति को बढ़ावा दिया जाता है लेकिन करोड़ों के कारोबार से चलते इससे किसी को भी लेना-देना नहीं है। अपने देश में शिक्षा और नागरिक जीवन में खेल तथा व्यायाम अनास्था के विषय हैं। महानगरों से लेकर तहसीलों तक खेलों के मैदान बड़ी संख्या में कम हो रहे हैं और जो मैदान हैं, वे भी वीरान हो चुके हैं। हर जगह पर किसी-न-किसी प्रकार से क्रिकेट का जयघोष चालू है।

अपने देश की सांस्कृतिक परम्परा बुलन्दी पर पहुँची है इसलिए उसका गुणगान करते समय उसकी कमियों की परवाह नहीं की जाती। उसी का प्रतिबिम्ब क्रिकेट में दिखाई दे रहा है। इसी वजह से अभ्यास मैच खेलते समय सचिन के पैरों पर गेंद लगने के बाद कई अफवाएँ फैलती हैं और पूरा देश चिन्तित हो जाता है। इतना डर किसी भी भारतीय के हिस्से में नहीं आया था। खेल के माध्यम से खिलाड़ियों में खेल भावना का विकास होने की उम्मीद होती है। यहाँ प्रतियोगिताओं को बहुत ज्यादा महत्त्व, असीम उम्मीदें और अगर इससे निराशा मिलती है तो उसका उतना ही स्फोटक प्रदर्शन, इस तरह का सारा मामला होता है। इसलिए जीत के लिए यज्ञ किए जाते हैं, सत्यनारायण कथा होती हैं। तिरुपति बालाजी और अजमेर की दरगाह में एक ही समय प्रार्थना की जाती है। इन सबके साथ मैच पर लगाया गया सट्टा, बेटिंग, उसके लिए मैच फिक्सिंग की आशंका हर समय मन में उत्पन्न होती रहती है। एक खबर यह थी कि दूसरी टीमों के दोष तथा कमियाँ पता चले, इसके लिए दक्षिण अफ्रीका की टीम ने जासूस रखे हैं। तब यह सवाल मन में उठता है कि इसको खेल प्रतियोगिता समझा जाए या (अ)धर्मयुद्ध?

किस बात को कितना महत्त्व दिया जाए, इसका पाठ गोरे साहब से पढ़ने की नौबत आ गई है। लन्दन के कई प्रतिनिधियों ने लिखा है कि वर्ल्ड कप शुरू हो रहा है, ऐसा कोई माहौल उस दिन लन्दन में नहीं था। नाटो द्वारा बेलग्रेड के चीनी राजदूतावास पर बम फेंकना कितनी शर्मनाक बात है, यह उस समय चर्चा का विषय था। इसके साथ ही इंग्लैंड के 'मॅटिनी आयडॉल' सर डर्क बोगार्ट की मृत्यु, बीबीसी डायरेक्टर जनरल पद के साक्षात्कार, फुटबॉल लीग मैचेज जैसे कई चर्चा के विषय थे। ८5 प्रतिशत महिलाओं को क्रिकेट से कोई लेना-देना ही नहीं था। विश्व पर लम्बे समय तक राज करने की वजह से किस बात को कितना महत्त्व देना चाहिए, यह इंग्लैंड अच्छी तरह से जानता है। जैसे, अपने यहाँ दूरदर्शन, टीवी का काफी प्रसार होने के बाद कई लोग उसमें मशगूल हो गए लेकिन, कुछ होनहार बच्चों ने जो अच्छा है उसी को देखा और अच्छी पढ़ाई भी की।

'बिकाऊ' अपने देश में बाजार-संस्कृति का प्रचलित शब्द है। जो बेचने के योग्य हो, उसे सस्ता करके बेचा जाए और जो बेचने के योग्य न हो, उसे भी विक्रय-तकनीक का उपयोग करके किसी के माथे मारकर अपनी झोली भरने का बिजनेस है। इसके लिए लोगों को किसी-न-किसी प्रकार के नशे में रखना बहुत ही आसान होता है। हमारे देश में इस तरह के नशे के कारखाने राजनीति के क्षेत्र में कभी गौरवशाली भूतकाल के रूप में या कभी धर्मरक्षा के रूप में या कभी किसी से लिए जानेवाले प्रतिशोध के रूप में चलाने की आदत हो गई है। अब इसी मदहोशी, उन्माद, मॅनिया को जीवन के अन्य क्षेत्रों में भी बनाने का यहाँ की बाजारू वृत्ति का षड्यंत्र है। क्रिकेटरों से निस्सीम प्रेम करनेवाले करोड़ों लोग उसकी व्यर्थता और खतरे को नहीं समझ पाते हैं परन्तु खेल तथा खेल-संस्कृति के प्रति समझदारी से जीवन जीने की आस्था रखनेवालों को इस अतिरेक पर विचार करना चाहिए।

[22 मई, 1999]

क्रिश्चियन भाइयों पर होनेवाले हमले क्या कहते हैं?

देश के क्रिश्चियन लोगों पर इस साल हुए अत्याचारों की ओर केन्द्र सरकार का ध्यान आकर्षित करने के लिए तथा उन अत्याचारों का निषेध करने के लिए क्रिश्चियन समाज द्वारा हाल ही में राष्ट्रीय प्रतिवाद दिवस मनाया गया। लोकसभा के सभापति बालयोगी को आन्दोलनकर्ताओं की ओर से निवेदन दिया गया और इस साल क्रिश्चियनों पर हुए हमले पर श्वेतपत्र निकालने की माँग की गई।

क्रिश्चियन धर्मियों तथा उनके प्रचारकों पर दिन-ब-दिन हमले बढ़ रहे हैं। लातूर जिले की औसा तहसील में भूकम्प पीड़ित क्षेत्र में किए गए विकास तथा स्वास्थ्य सम्बन्धित कार्यों में सक्रिय रहनेवाली 'क्रिश्चियन' स्वयंसेवी संस्था पर खुद को हिन्दूवादी समझनेवाले संगठन ने हमला किया। हमला करनेवाले कार्यकर्ता लातूर के राज्यसभा सांसद भाजपा के सदस्य गोपालराव पाटिल के कवठा गाँव से हैं। नन्दुरबार जिले के शहादा में दो क्रिश्चियन कार्यकर्ताओं को धर्मान्तरण करवाने की वजह से मारपीट की गई। लातूर में हुई घटना का भी वही कारण था। दोनों जगहों पर उन्हीं की गलती थी, यह साबित हुआ है। भाजपा की सत्तावाले गुजरात में बाइबिल को फाड़ा गया, इसके साथ ही शिक्षा संस्थाओं पर भी हमले किए गए हैं। इन हमलों के लिए विश्व हिन्दू परिषद तथा बजरंग दल जिम्मेदार हैं, इस तरह की बात गुजरात के भाजपा के मुख्यमंत्री और पुलिस महासंचालक ने कही; इससे स्थिति की गम्भीरता को समझ सकते हैं। चर्च की जमीन से सम्बन्धित सुनाये गए फैसलों को फिर से सामने लाया गया। मध्य प्रदेश के झाबुआ जिले में एक क्रिश्चियन-धर्मी संस्था की चार महिला धर्मप्रचारकों से बलात्कार किया गया। ऐसा कहा जाता है कि उसमें भाजपा के एक पूर्व सांसद का हाथ है। पिछले साल क्रिश्चियन समाज पर हुए हमलों की संख्या सौ के आसपास पहुँच गई है।

भारत में ब्रिटिशों के आगमन के बाद क्रिश्चियन धर्मप्रचारकों का कार्य सभी ओर पहुँच गया। परम्परा द्वारा भारत में महिलाओं तथा शूद्रों के लिए लागू शिक्षा-बन्दी का कानून क्रिश्चियन मिशनरियों ने तोड़ा। आदिवासी, दलित तथा शूद्रों को शिक्षा के अवसर मिले। हिन्दू धर्म में जिनपर नामस्मरण, देवदर्शन, धर्मग्रन्थों के पठन आदि पर रोक लगाई गई थी, उन सभी को धर्मग्रन्थ पढ़ने तथा ईश्वर से

प्रार्थना करने की इजाजत मिल गई। छुआछूत कम हो गई। दुर्गम क्षेत्रों में महत्त्वपूर्ण स्वास्थ्य सुविधाएँ पहुँच गईं। शिक्षा, स्वास्थ्य के साथ-साथ आज क्रिश्चियन मिशनरियाँ स्वयंसेवी संस्थाओं के द्वारा जनजागृति, स्वरोजगार तथा क्षेत्र के ग्राम विकास के कार्य कर रही हैं। भारत को धर्म-निरपेक्ष बनाने में क्रिश्चियन धर्मी लोगों का बहुत बड़ा योगदान है।

इस पूरी पृष्ठभूमि पर क्रिश्चियन धर्मियों पर होनेवाले हमलों की बहुआयामी राजनीति को देखना चाहिए।

हिन्दूस्थान में रहनेवाले हिन्दुओं से इतर लोगों को खुद को हिन्दू मानकर रहना चाहिए, यह राष्ट्रीय स्वयंसेवक संघ का आग्रह था और वह आज भी है। उसका कहना है कि हिन्दू ही केवल 'धर्म' है अर्थात वह एक व्यापक जीवन-पद्धति है, अन्य सभी धर्म केवल उपासना पद्धतियाँ हैं। इसको स्वीकार करने का अर्थ है भाजपा की सच्ची धर्मनिरपेक्षता (!) और अगर उसको स्वीकार नहीं करना है तो अन्य धर्मियों को हिन्दूराष्ट्र में दोयम स्थान पर रहना होगा, यह उनकी सांस्कृतिक सहिष्णुता (!)। केन्द्र तथा कुछ राज्यों में सत्ता आने के बाद यह बात जोर पकड़ेगी, यह अनपेक्षित है।

सत्ता की वजह से मस्ती चढ़ी है। हिंसा पर तो पहले से ही दार्शनिक विश्वास था। उसका कार्यान्वयन करने के लिए बजरंग दल और विश्व हिन्दू परिषद जैसे खास ब्रिगेड बनाए गए। गुजरात में भाजपा की सरकार इन्हीं फौजों के कारण सत्ता में आ गई, ऐसा उनका दावा है। वह सच भी हो सकता है, नहीं तो गुजरात सरकार उनके आगे हताश नहीं होती।

भावनाएँ भड़कानेवाली बातें जब तक भाजपा के पास नहीं होती हैं तब तक वोटर उसकी ओर आकर्षित नहीं होते हैं। केवल हिन्दुत्व का नारा लोगों में जोश नहीं बढ़ाता है, उसे हिंसा का मसाला भी लगाना पड़ता है। सत्ता में आने के बाद भी अयोध्या मामले को उतना भड़का नहीं पाए। कश्मीर मामले में भी सफलता नहीं मिल पाई। सरस्वती वन्दना मामले में पीछे हटना पड़ा। मतदाताओं को वशीभूत करने की आवश्यकता है ही। इन सबका यह अर्थ है कि किसी-न-किसी धर्म के विरोध में आग भड़कनी चाहिए। उसी दृष्टि से क्रिश्चियन सीधा और आसान लक्ष्य है।

इसके भी आगे प्रमुख दो बातें हैं।

मंडल आयोग की वजह से अन्य धर्मों में होनेवाले जाति-समूह भी आरक्षण की माँग कर रहे हैं। क्रिश्चियन धर्म में जो पहले से दलित हैं, उनसे सम्बन्धित इन प्रश्नों को चर्च ने भी स्वीकृति दी है। दलित क्रिश्चियनों के लिए आरक्षित जगहों की माँग का विरोध करनेवाला मोर्चा 'भाजपा' का दलित नेतृत्व संसद पर ले गया था। यह माँग भाजपा-प्रणीत धर्मनिष्ठ राजनीति को परेशान करनेवाली है इसलिए भी क्रिश्चियन धर्मियों पर किए जानेवाले हमलों की संख्या बढ़ रही है।

भाजपा की राजनीतिक जीत की दौड़ को कांग्रेस ने रोका है। इसका प्रमुख कारण यह है कि सोनिया गांधी द्वारा पार्टी का किया गया नेतृत्व। जिस महिला के कारण राजनीतिक जीत नहीं मिल पाई, वह महिला क्रिश्चियन है, ऐसा दावा संघ परिवार आज भी करता है। क्रिश्चियन समाज देशद्रोही है, ऐसी छवि बनाने के लिए जो राष्ट्रवादी (!) हमले हो रहे हैं वे इस व्यापक षड्यंत्र का हिस्सा हो सकते हैं।

प्रमुख सवाल है : इसका हल क्या है?

हिन्दुत्ववादी शक्ति का वैचारिक स्तर पर खंडन करने के लिए प्रभावशाली प्रबोधन का आन्दोलन शुरू करना चाहिए। राष्ट्र, राष्ट्रवाद, विकास, संस्कृति, धर्मनिरपेक्षता, राष्ट्रीय प्रवाह आदि संकल्पनाओं की प्रस्तुति को जनसामान्यों तक पहुँचाना होगा। क्रिश्चियन धर्मीय संस्थाओं में सेवा, शिक्षा और विकास के जो कार्य जारी हैं उनका परिचय लोगों को करवाना चाहिए परन्तु सबसे महत्त्वपूर्ण बात है, इस तरह हमलों के कारण लोकतांत्रिक समाजवाद, धर्मनिरपेक्षता को होनेवाली दीर्घकालीन हानि की गम्भीरता को ध्यान में लेकर उनका सामर्थ्य के साथ मुकाबला करना होगा। डॉ. बाबासाहब आंबेडकर की '*रिडल्स* मामले' में शिवसेना की भड़काऊ आक्रामकता के प्रति-उत्तर में आंबेडकर समाज द्वारा निकाला गया दोगुना बड़ा मोर्चा, इसका सही जवाब है। उसके तुरन्त बाद *रिडल्स इन हिन्दुइज़्म* प्रकाशित हो सकी। क्रिश्चियन भाइयों के समर्थन में कई पार्टियाँ खड़ी दिखाई देती हैं लेकिन वह प्रतिनिधिक, प्रासंगिक तथा राजनीतिक षड्यंत्र लगता है। अगर वामपंथी तथा प्रगतिशील शक्ति द्वारा इस चुनौती को पूरे सामर्थ्य के साथ स्वीकार किया जाए तो विद्वेषी आक्रामक शक्तियों पर रोक लगाई जाएगी।

[12 दिसम्बर, 1998]

सक्रियता से एकता की चुनौती!

स्वतंत्र भारत के इतिहास में सबसे भीषण आतंकवादी हमले का महाराष्ट्र तथा राष्ट्र ने अनुभव किया है। कई लोगों को लगता है कि इस घटना के कारण राष्ट्र की अस्मिता को ठेस पहुँची है। आत्मविश्वास भी कम हो गया है। मन सन्देह से भरा है। अगर यह सच है तो हमें लगता है कि ऐसे समय में कितनी तत्परता, निश्चय तथा समग्रता के साथ चुनौती का मुकाबला किया जाता है, उस पर राष्ट्र की परख होती है। इसलिए हमले का विरोध करते समय शहीद लोगों को सलाम करते हुए जिन मासूम लोगों की जान गई हैं, उनके प्रति संवेदना व्यक्त करके, इससे सम्बन्धित बहुआयामी वास्तविकता के बारे में भी सोचना होगा। इसके बारे में सोचने से पहले इस बात को भी समझना होगा कि यह धर्मयुद्ध नहीं है और आतंकवादी हमले को धर्म का रंग देनेवाले लोगों का कुकर्म भी आतंकवादी करतूतों की तरह ही देश के लिए घातक हो सकता है, इस पर भी गम्भीरतापूर्वक ध्यान देना होगा।

अमेरिका पर इससे भी भीषण हमला सात साल पहले हुआ था। उससे ही अमेरिका ने समझदारी से काम लिया। उसने गुप्तचर तंत्र में बहुत बड़े बदलाव किए। आम लोगों ने भी सावधानी बरती। एकता बनाए रखी (गोधरा से भी अधिक भयानक घटना घटित होने के बावजूद मुस्लिम लोगों को खरोंच तक नहीं आई।) इस राष्ट्रीय संकट को राजनीतिक रंग नहीं दिया गया। घटना के अन्तरराष्ट्रीय सन्दर्भ को ध्यान में रखते हुए व्यापक कार्रवाई की गई। इसके आधार पर हमें अपनी स्थिति को जाँचना होगा।

अपना गृह विभाग, सुरक्षा व्यवस्था और गुप्तचर संस्थाएँ सही तरीके से काम नहीं कर पाईं जिसकी वजह से यह आतंकवादी हमला हो पाया, ऐसी धारणा है। इसी कारण से 'सिस्टम' के प्रति बड़े पैमाने पर आक्रोश है और वह सही भी है। इसी वजह से केन्द्रीय गृहमंत्री को पद से हटाया गया। महाराष्ट्र के मुख्यमंत्री और गृहमंत्री ने भी इस्तीफा दिया है। (यह अंक जब छपने के लिए गया, तब तक विलासराव का इस्तीफा स्वीकार नहीं किया गया था।) इन तीनों के प्रति लोगों के यह विचार थे कि 'जाएँगे तो अच्छा ही होगा'। लेकिन प्रश्न बहुत ही जटिल है। 'टाटा' जैसे प्रमुख उद्योग समूह के विश्वविख्यात फाइव स्टार होटल की सुरक्षा

व्यवस्था को भी यह बात पता नहीं चल पाई कि होटल में आतंकवादी शस्त्रों के साथ रह रहे हैं। यह कैसे हुआ? कारगिल के बाद देश की सीमाओं के व्यवस्थापन की जाँच करके उनमें सुधार करने के लिए गठित की गई समितियों द्वारा आठ साल पहले ही सूचनाएँ दी गई थीं। समुद्र के किनारे से कुछ दूरी पर मौजूद द्वीप की तटरक्षक दल रक्षा करते हैं। समुद्र के गहरे क्षेत्र की जिम्मेदारी नौसेना पर होती है; परन्तु किनारे के आसपास का क्षेत्र किसी भी प्रकार के तटरक्षक दल के बिना ही खुला है, यह सच्चाई टास्क फोर्स ने बताई। केन्द्र की मदद से राज्य सरकार के नियंत्रण में तटरक्षक पुलिस टीम बनाई जाए, ऐसा इन समितियों द्वारा सूचित किया गया था। लेकिन केवल टीम बनाने से कुछ नहीं होगा। मनुष्य बस्ती जहाँ है उसके नजदीकी तटों की देखभाल तथा संरक्षण स्थानीय लोगों की सक्रियता के बिना नहीं हो सकता। इस दृष्टि से लोकशिक्षा देना तथा सूचना (इंटेलीजेंस) के आदान-प्रदान का तंत्र लोगों की सक्रियता से बनाने की जरूरत है, इसका भी जिक्र इस रिपोर्ट में है। यह सब करने के बाद भी उसकी उपयोगिता प्रत्यक्ष में कितनी सफल होगी, इसमें सन्देह ही है क्योंकि सूचनाओं को इकट्ठा करके उन्हें तेजी से सभी सम्बन्धित स्तरों तक पहुँचाना तथा उसके आधार पर संरक्षणात्मक या प्रतिबन्धात्मक उपाय करने के पीछेवाली कोई भी कार्यपद्धति या व्यवस्था आज आस्तित्व में नहीं है। 11 सितम्बर, 2001 के विलाप के बाद अमेरिकी सरकार ने इंटेलिजेंस पूलिंग तथा इंटेलीजेंस क्लीअरिंग की नई कार्यक्षम व्यवस्था बनाई। इसकी वजह से अमेरिका को आतंकवाद से जूझना नहीं पड़ा, ऐसा माना जाता है। उपर्युक्त रिपोर्ट प्राप्त होने के बाद केन्द्र में दोनों गठबन्धन सरकारें चार-चार साल थीं, इन दोनों ने भी इस रिपोर्ट को ध्यान में रखकर कोई भी कदम नहीं उठाया।

राजनेताओं पर भी लोग बहुत नाराज हैं। नेता सुरक्षित रहते हैं और आम निरपराध लोग मारे जाते हैं, इस तरह का आक्रोश जनता में है। जब लोग डरे हुए तथा अशान्त होते हैं तब उनके पास जाकर उनकी हिम्मत बढ़ाना, संयम रखने की गुजारिश करना जरूरी होता है। इससे ऐसी घटनाओं का धार्मिक और राजनीतिक लाभ उठानेवालों को रोका जा सकता है। अन्यथा लोगों का गुस्सा विस्फोट में रूपान्तरित हो सकता है। इस बरताव के वस्तुपाठ महात्मा गांधी, नेहरू द्वारा देश के कठिन समय में दिये गए हैं। लोकतंत्र में राजनीतिक पार्टियों और नेताओं की इसीलिए आवश्यकता होती है। लेकिन हमारे यहाँ क्या हुआ? नांदेड, परभणी, मालेगाँव, समझौता एक्सप्रेस में ब्लास्ट करनेवाले कथित स्वामी, साध्वी तथा सैन्य अधिकारी थे। आतंकवाद विरोधी पथक सूक्ष्मता से जाँच कर रहे थे। न्यायालय में उससे सम्बन्धित फैसला सुनाया जानेवाला था। ऐसी स्थिति में महाराष्ट्र या केन्द्र में सत्ता में आने की बात करनेवाली पार्टियों ने अपनी स्वार्थभरी राजनीति शुरू की। देश के लोगों की जान लेनेवाले लोगों की गाड़ियों पर फूल बरसाए गए। उनके समर्थन में महाराष्ट्र बन्द

की आवाज दी गई। अपनी राजनीति के लिए आतंकवाद का समर्थन करनेवाले राजनेता जिस देश में रहेंगे उस देश की रक्षा कौन करेगा? लोकतंत्र की साठ सालों तक रक्षा करने का गर्व हमें और पूरे विश्व को है। लेकिन क्या यह लोकतंत्र का देश है या यह केवल कहनेवाली बात है, इसकी खोज करने पर क्या दिखाई देता है? एक ओर सत्ता, जाति, पैसा, गुंडागर्दी...दूसरी ओर प्रान्त, भाषा, धर्म के आधार पर बनाया गया विद्वेष। लोकतंत्र के महल के खम्बे खोखले बनाए गए हैं। जिस समय राष्ट्रीय एकता नीति की राजनीतिक संस्कृति की जरूरत है उस समय केवल सत्ता के लिए 'राष्ट्रनीति' का विरोध करने की राजनीति की जा रही है। आतंकवाद को हरा या भगवा रंग देकर आतंकवादियों को बचाने के लिए राजनीतिक पार्टियाँ सामने आ रही हैं। सत्ता में आने का एकमात्र उद्देश्य सामने रखकर गुनहगारों का समर्थन किया जा रहा है। यह भस्मासुर हमें ही निगलेगा, इसकी भी समझ उनको नहीं है; पाकिस्तान में जो हुआ है, उसे हम देख ही रहे हैं।

लेकिन राजनेता भी लोगों की हैसियत के अनुसार ही मिलते हैं। मुम्बई के इर्द-गिर्द जब आतंकवादी घूमते हैं, उस समय उनको प्रत्यक्ष-अप्रत्यक्ष मदद करनेवाले यहाँ के ही भ्रष्ट लोग होते हैं। आज समाज भाषा, जाति, धर्म, पार्टी, गुटबाजी, व्यवसाय, अमीर-गरीब ऐसे कई स्तरों में बिखरा हुआ है। सामाजिक, पारिवारिक, व्यक्तिगत सम्बन्धों में असंवेदनशीलता बढ़ गई है। इसी वजह से हमारा समाज आतंकवादियों का 'सॉफ्ट टारगैट' बन रहा है। आम आदमी आज असहाय महसूस करता है। ऐसे हमलों के कारण इस असहायता का रूपान्तर असन्तोष में हो रहा है। इस असन्तोष का अगर विस्फोट हो जाए और उसे धर्मद्वेष का रूप मिल जाता है तो इस देश के लोकतंत्र को कौन बचा पाएगा?

सवालों के चौथे, अन्तरराष्ट्रीय, आयाम को भी नजरअन्दाज नहीं कर सकते। बाबरी मस्जिद को तोड़ने तथा गुजरात नरसंहार का गुस्सा : ये कारण इससे पहले हुए आतंकवादी हमले के थे। 26 नवम्बर के हमले के पीछे इसमें से कोई कारण हो भी सकता है। लेकिन आतंकवादियों द्वारा चुने गए फाइव स्टार होटल्स, वहाँ घुसने के बाद लोगों के पासपोर्ट की उनके द्वारा की गई जाँच, रशियन लोगों को न मारना : इसका मतलब क्या है? नरीमन हाउस जैसे किसी के लिए अपिरिचित-से ज्यू (यहूदी) समाज के प्रार्थनास्थल पर आतंकवादियों द्वारा कब्जा करना, इसमें कुछ अन्तरराष्ट्रीय सम्बन्ध प्रतीत होते हैं। भारत अमेरिका के साथ सम्बन्ध स्थापित कर रहा है। यूरोप के साथ भी अनुकूल सम्बन्ध स्थापित हो रहे हैं। इसकी ओर अर्थनीति के रूप में या क्रिश्चियन, ज्यू, हिन्दू लोगों का समूह बन रहा है, इस रूप से देख सकते हैं। स्वाभाविक ही ईरान का इसे विरोध है। चीन और पाकिस्तान का भी विरोध है। आतंकवाद के लिए इस्लाम धर्म का आधार लेनेवालों का भी इसे विरोध है। इसी वजह से भारत की आर्थिक राजधानी, अन्तरराष्ट्रीय व्यापार-केन्द्र मुम्बई पर

हमला किया जाए, भारत की आर्थिक रीढ़ को चोट पहुँचाई जाए, विदेशी लोगों को विशेष रूप से अमेरिका और ब्रिटेन जैसे देशों में भारत असुरक्षित है, इस तरह का सन्देश जाए और भारत और अमेरिका की बढ़ती नजदीकी में समस्या उत्पन्न हो, इस तरह के कई सन्दर्भ इस हमले के पीछे होने की सम्भावना पर सोचना होगा।

जिस प्रकार से 'मानवता' को जान-बूझकर खत्म किया है वैसे रोबो अर्थात, आतंकवादी बनाए गए हैं। इसलिए केवल उनके विरोध में हिंसा का प्रतिकार हिंसा से करने के बारे में सरकार सोच सकती है। शासक के रूप में वह उसकी जिम्मेदारी है। परन्तु उसके आगे के प्रश्न अधिक व्यापक, चुनौतीपूर्ण हैं। एक विशाल राजनीतिक, सामाजिक जिम्मेदारी के लिए सक्रियता से एकता की आवश्यकता है। उससे ही *भारत ऐसे बलवान हो जाए कि विश्व में उसका सीना गर्व से ऊँचा हो जाए*, इस तरह का *साधना* के संस्थापक-सम्पादकों के सपनों का भारत खड़ा हो सकेगा। लेकिन जवाब अब कविता में ही नहीं बल्कि व्यवहार-कार्य द्वारा साबित करना होगा।

[06 दिसम्बर, 2008]

कलंकित ऊर्जा

अपनी पूरी ताकत के साथ *साधना* ने 'एनरॉन' तथा उसकी कम्पनी दाभोल पावर के खिलाफ आन्दोलन खड़ा किया। एनरॉन को प्रत्याभूति, गारंटी देने के लिए सार्वभौम भारत के महत्त्वपूर्ण तत्त्वों को कैसे गिरवी रखा गया, इस बात को सबसे पहले *साधना* ने छापा। श्री बाबूराव सामन्त द्वारा इसके सन्दर्भ में लिखा गया लेख बहुत ही चौंका देनेवाला और राजनेताओं के दिवालिएपन का परिचायक था। अरबी भाषा की दिलचस्प और चमत्कारिक कथाएँ भी कम पड़ जाए, ऐसी एनरॉन की यात्रा थी। भारत में आने से पहले इस कम्पनी का ऊर्जा-क्षेत्र में नाम भी नहीं था। इस तरह की मुफ्तखोर कम्पनी दिल्ली में आ गई और अगले चार दिनों में साढ़े आठ हजार करोड़ रुपयों की दाभोल ऊर्जा परियोजना को महाराष्ट्र राज्य तथा केन्द्र सरकार की गारंटी के साथ मंजूरी भी मिली। भारतीय जनता पार्टी का तेरह दिन का कार्यकाल रहा। तेरहवें दिन लोकसभा के भोजन अवकाश के बाद श्री वाजपेयी ने इस्तीफा दे दिया। लेकिन भोजन अवकाश के दौरान एक तत्काल बैठक आयोजित करके एनरॉन को मंजूरी दे दी थी। दाभोल ऊर्जा कम्पनी द्वारा जिस बिजली का निर्माण किया जाएगा उसे उसकी दरों से लेना तथा अगर नहीं भी लेना है तो भी उसी दर से पैसे देने की अनिवार्यता महाराष्ट्र सरकार के लिए की गई थी। इस दर को डॉलर के साथ जोड़ा गया था। समझौते को तोड़ने की शर्तें तो बहुत ही भयानक थीं। पूरे विश्व में इस तरह की शर्तें कहीं नहीं थीं। दाभोल कम्पनी भारत में ही रहकर बिजली बनाएगी और भारतीय ग्राहकों को देगी लेकिन इससे सम्बन्धित मुकदमा चलाया जाएगा लन्दन की कोर्ट में : इस तरह का उलटा न्याय था।

वैसे बताया जाए तो एनरॉन अमेरिका के अध्यक्ष डब्ल्यू. बुश की प्रिय कम्पनी है। एनरॉन के अध्यक्ष तथा मुख्य कार्यकारी अधिकारी केनेथ ली उनके प्रिय मित्र। राष्ट्राध्यक्ष पद के चुनाव में उन्होंने बहुत बड़ा सहयोग दिया था परन्तु अपनी इस प्रिय कम्पनी की करतूतों को सुधारते समय बुश और अमेरिका के राजदूत रोबर्ट डी. ब्लैकविल तंग आ चुके थे। एनरॉन से सम्बन्धित दस्तावेज अमेरिकन प्रतिनिधि की पूछताछ समिति को देने से बुश ने इनकार कर दिया। ऐसा करने से प्रशासन पर अविश्वास दिखाने-जैसा होगा, इस तरह लीपापोती उन्होंने की लेकिन दूसरे ही

दिन सदन में बोलते समय एनरॉन का प्रत्यक्ष नाम न लेते हुए कम्पनी को अपने भागीधारकों तथा कामगारों का खयाल रखना चाहिए, ऐसा सूचित किया। एनरॉन कम्पनी के शेयर्स की बाजार में अच्छी कीमत भी थी लेकिन इस सन्दर्भ में वित्तीय लेखा रिपोर्ट देनेवाली कम्पनी ने लगातार चार सालों तक गलत आँकड़े देकर जनता को धोखा दिया है, यह साबित हो गया है। इस कम्पनी पर फौजदारी मुकदमा भी दर्ज किया गया है। कम्पनी के संचालक को यह बात पता थी इसलिए उन्होंने अपने शेयर्स पहले ही बेच दिए, यह बात भी सामने आ गई है। एनरॉन के शेयर्स में 90 डॉलर्स से 34 सेंट तक गिरावट आ गई। अर्थात, इसकी कागज के टुकड़े की भी कीमत नहीं रही। यह दिवालियापन किसी भी व्यक्ति की आँखें खोलनेवाला था।

इस मामले से जुड़े महाराष्ट्र के बड़े-बड़े राजनेताओं की इस पृष्ठभूमि पर जाँच होनी चाहिए। इन बड़े नेताओं में चतुर समझे जानेवाले लोकनेता भी हैं, हृदय सम्राट भी। महाराष्ट्र के मुख्यमंत्री पद के दावेदार महाराष्ट्र के पूर्व उप-मुख्यमंत्री तथा केन्द्र की सत्ताधारी राजनीतिक पार्टी के उपाध्यक्ष भी थे। ये सभी लोग एनरॉन के प्रशंसक थे। दाभोल ऊर्जा कम्पनी का विरोध करने का अर्थ है, अत्यावश्यक परकीय पूँजी विदेश से भारत में आएगी, इससे सम्बन्धित गलत संकेत विश्व को देने-जैसा है, ऐसा दावा किया जा रहा था। साढ़े आठ करोड़ रुपयों की दाभोल ऊर्जा परियोजना के लिए करीबन सात हजार करोड़ रुपये भारत के आई.बी.आई., आई.सी.आई.सी.आई., स्टेट बैंक ऑफ इंडिया तथा कैनरा बैंक ने दिए थे, यह भी अब स्पष्ट हो गया है। मतलब अधिकांश पूँजी भारतीय थी। बिजली का समझौता गलत तरीके से किए जाने के कारण महाराष्ट्र ने बिजली लिये बिना ही कई महीनों तक हर महीने अस्सी करोड़ रुपए एनरॉन को दिए। इस सौदे में करीबन तीन हजार छह सौ करोड़ रुपयों का घाटा हो गया। अगर एनरॉन का दूसरा चरण पूरा हो जाता तो जनवरी 2002 से एक भी यूनिट बिजली का उपयोग किए बिना समझौते के तहत हर महीने पाँच सौ करोड़ रुपये देने पड़ेंगे, ऐसा महाराष्ट्र के अर्थ मंत्री जयंत पाटिल ने पिछले साल के विधानसभा सत्र में अर्थ संकल्प पेश करते हुए कबूल किया। दाभोल बिजली परियोजना से निर्मित की गई बिजली अगर नहीं मिली तो महाराष्ट्र की उन्नति रुक जाएगी, इस तरह का माहौल बनाया गया था। पिछले कई महीनों से महाराष्ट्र द्वारा यह बिजली न लेने से बड़ी समस्याएँ खड़ी हुई हैं, ऐसी स्थिति भी दिखाई नहीं देती। इन सबको ध्यान में रखते हुए एनरॉन ऑडिट कम्पनी पर जैसी फौजदारी कार्रवाई शुरू की गई वैसी ही कार्रवाई महाराष्ट्र सरकार द्वारा गठित की गई न्यायमूर्ति कुर्डूकर जाँच समिति की रिपोर्ट के बाद दोषी लोगों पर करनी चाहिए, चाहे उसमें कोई भी हो।

दाभोल बिजली कम्पनी बेची जा रही है। अधिकांश पूँजी भारत के बैंकों की उसमें होने के कारण सबसे पहले प्राथमिकता उन्हें मिलनेवाली है। टाटा, रिलायंस

कम्पनियाँ भी खरीदने के लिए उत्सुक हैं, ऐसी खबरें हैं। जो भी मालिक होगा वह खुद के नफे के लिए महाराष्ट्र राज्य विद्युत महामंडल के साथ एनरॉन के पहले किए गए समझौते को कार्यान्वित करने के लिए आग्रही रहेगा। लेकिन इसके सम्बन्ध में ग्राहक संगठित होकर महाराष्ट्र विद्युत नियामक कमीशन या स्वायत्त संस्था के पास न्याय की गुहार लगा सकते हैं। कुछ विशेषज्ञों का कहना है कि कम्पनी का मालिक बदलने के कारण यह सम्भव है। बाहर इससे भी सस्ती बिजली उपलब्ध होने के बावजूद इतनी महँगी बिजली ग्राहकों पर क्यों थोपी जाती है, यह बात विद्युत नियामक कमीशन को समझाना सम्भव है। एनरॉन के पतन के बाद भी इस आन्दोलन से कुछ हासिल नहीं हो पाया है।

लेकिन एक सीख मिली है कि राजनेता, नौकरशाह तथा उनसे सम्बन्धित विशेषज्ञों का अभद्र गठबन्धन बड़ी जल्दी हो सकता है। एनरॉन कम्पनी के साथ किए समझौतों जैसे आर्थिक, तकनीकी, कानूनी, वित्तीय समझौतों को इनकी कसौटियों पर खरा नहीं होने के बावजूद लोगों पर थोपा जाता है। इसके पीछे स्वार्थ छिपा है। यह जो समस्या लोकतांत्रिक प्रशासन में पैदा होती है, वह निजीकरण में भी बनी रहती है। इससे कोई फर्क नहीं पड़ता कि मालिक कौन है। उस मालिक पर नियंत्रण रखने के लिए जागृत लोकशक्ति का होना तथा उनकी ऐसे मामलों की पूरे तफसील के साथ जाँचने का कानूनन अधिकार मिलना बहुत जरूरी है। एनरॉन के लिए गठित की गई गोडबोले समिति ने यह निष्कर्ष निकाला ही था। एनरॉन कम्पनी के पतन के बाद यह गहराई से रेखांकित हो गया है। एनरॉन की कलंकित ऊर्जा के खिलाफ खड़ी की गई जंग से यही सीख लेनी है।

[09 फरवरी, 2009]

सद्‌भावना के साथ जनसमर्थन भी आवश्यक है

यह सम्पादकीय लिखने के चार दिन बाद राम मन्दिर का मामला अत्यन्त संवेदनशील मोड़ लेगा। 13 मार्च को न्यायालय द्वारा सुनाए जानेवाले फैसले के बाद 15 तारीख को प्रत्यक्ष क्या घटित होता है, इस पर आगे की स्थिति निर्भर है, आज उसका अन्दाजा लगाना मुश्किल है। हिन्दू धार्मिक मानसिकता, धर्मनिरपेक्षता का तत्व, न्यायालय के फैसले का आदर, दिल्ली में राजग गठबन्धन का भविष्य, आदि बातें कसौटी पर लगनेवाली हैं।

श्रीराम मन्दिर के बारे में *इंडिया टुडे* द्वारा जनता की भावनाओं का कई बार सर्वेक्षण किया गया है। क्या विवादित जगह पर मन्दिर बनाना चाहिए? इस प्रश्न का उत्तर 1993 में 51 प्रतिशत लोगों ने 'हाँ' में दिया है। उसके बाद यह भावना कम होती गई। 2001 में 'हाँ' कहनेवालों की संख्या केवल 19 प्रतिशत रह गई। जनवरी 2002 में किए गए सर्वे में 43 प्रतिशत लोग मन्दिर बनाने के समर्थन में दिखाई दिए। अर्थात, हिन्दुओं की इच्छा में इन सबको नहीं समेटना चाहिए क्योंकि व्यावहारिक स्तर पर इसमें कई अन्तर्विरोध हैं। गोवर्धन पीठ के शंकराचार्य स्वामी अधोक्षजानन्द जी ने विवादित जमीन विहिप (विश्व हिन्दू परिषद,) संघ परिवार के कब्जे में देने का कड़ा विरोध किया। ये संगठन समाजविरोधी हैं तथा ये संगठन धर्म के नाम पर हिंसाचार फैला रहे हैं, ऐसा आरोप उन्होंने लगाया। इसके भी आगे जाकर उन्होंने 'ये लोग धर्म और राम मन्दिर के नाम पर मासूम लोगों की हत्या करनेवाले हत्यारे हैं', इस तरह की भूमिका ली। "विहिप अगर इस जगह पर निर्माण-कार्य करती है तो उसे हम तोड़ देंगे, उस जगह को मैं और मेरे अनुयायी कब्जे में लेंगे," ऐसी चेतावनी दी। कांची कामकोटी पीठ के शंकराचार्य जयेन्द्र सरस्वती ने इस पर एक हल बताया। बाबरी मस्जिद परिसर में शासन द्वारा सम्पादित की गई तिरसठ एकड़ जमीन पर प्रस्तावित राम मन्दिर की शिलाओं का प्रतीकात्मक पूजन किया जाए और विवादित जमीन के सन्दर्भ में दिए गए न्यायालय के फैसले को माना जाए, ऐसा उसका स्वरूप था। एक समय में राम जन्मभूमि के लिए खुद को समर्पित करनेवाले लालकृष्ण आडवाणी तथा उमा भारती आज केन्द्र सरकार में महत्त्वपूर्ण

पदों पर हैं। श्री राम मन्दिर के बारे में न्यायालय जो भी फैसला सुनाएगा वही निर्णय हमें मान्य रहेगा तथा विहिप के नेताओं को भी उस फैसले का स्वीकार करना चाहिए, इस तरह का आग्रह वे कर रहे हैं। राजग के सदस्य होने के कारण हिन्दू जनता की इच्छा की अपेक्षा गठबन्धन सरकार का न्यूनतम समान कार्यक्रम लागू करने का बन्धन वाजपेयी को स्वीकारना पड़ता है। लेकिन संघ विचार की प्रवक्ता भाजपा के दिखाने के दाँत तथा खाने के दाँत अलग हैं। भाजपा के लिए श्री राम मन्दिर सत्ता में आने का साधन ही था। उसको राम मन्दिर बनाने में ज्यादा रुचि नहीं है, सच कहा जाए तो वह इस मामले को लटकाए रखना चाहती है। बाबरी मस्जिद गिराने के बाद सबसे ज्यादा दुख भाजपा के नेताओं को हुआ होगा : क्योंकि उनकी दृष्टि से वह मस्जिद कांग्रेस के मुस्लिम अनुयायियों की थी। इसीलिए वह उनके सत्ता-सम्पादन के रास्ते की प्रतीक थी। केन्द्र सरकार के अकार्यक्षम कारोबार की वजह से आनेवाले लोकसभा चुनाव में हिन्दू वोट को संगठित करने के लिए भाजपा फिर से प्रभु श्री राम के मामले को उठाएगी।

राजनेता दंग रह जाएँगे क्योंकि बड़ी गति से कुछ दिनों में विहिप ने अपनी भूमिकाएँ बदली हैं। श्री राम श्रद्धा का मामला है और न्यायालय उसके सन्दर्भ में निर्णय नहीं दे सकता, यह उसकी प्रमुख भूमिका है। ऐसा है, तो विवादित जमीन के सन्दर्भ में न्यायालय के फैसले को विहिप के लोग स्वीकार करेंगे लेकिन सरकार द्वारा सम्पादित जमीन पर तुरन्त मन्दिर-निर्माण का कार्य शुरू करेंगे, इस तरह का आग्रह वे कर रहे थे। उसके बाद हल निकलने का लिखित आश्वासन सरकार ने दिया तो सौ दिन तक रुकने के लिए तैयार हो गए। उसी समय प्रतीकात्मक शिलापूजन करने का शंकराचार्य का सुझाव सामने आ गया। यह सुझाव मुस्लिम समाज के प्रतिनिधियों द्वारा स्वीकार नहीं किया गया। ऐसी स्थिति में 13 तारीख को सुप्रीम कोर्ट से सरकार द्वारा विवादित जमीन पर प्रतीकात्मक पूजन की इजाजत मिलना कठिन है। लेकिन कुछ भी हो जाए, राम मन्दिर निर्माण का कार्य हम 15 तारीख को शुरू करेंगे, ऐसी भूमिका यह अग्रलेख लिखते समय विहिप की थी। अगले पाँच दिनों में उसकी क्या भूमिका होगी, कुछ कह नहीं सकते हैं। विहिप ने पिछले छह महीनों में पूरे भारत के माहौल को गर्म करते हुए यह आन्दोलन खड़ा किया। आज तक इस संगठन ने समझदारीपूर्ण तथा सहिष्णुता से व्यवहार नहीं किया है। निरन्तर भूमिकाएँ बदलने के पीछे उसका अन्तस्थ उद्देश्य क्या है? यह उसको, राष्ट्रीय स्वयंसेवक संघ या खुद प्रभु रामचन्द्र को ही पता होगा! लेकिन एक बात पक्की है कि मन्दिर-निर्माण के मामले को पूरी तरह से राजनीतिक पद्धति से हैंडल किया जा रहा है। हिन्दू लोगों की भावनाएँ हर समय कैसे विक्षुब्ध रखी जा सकती हैं और उसका दीर्घकालीन फायदा भाजपा को कैसे मिलेगा, यह सोच इस दाँव-पेच के पीछे होगी, यह निश्चित है।

इस पूरे मामले में दो बातें हमें तीव्रता से दिखाई देती हैं। एक, तो मन्दिर प्रश्न को फिर एक बार देश की राजनीति के केन्द्र में लाने का षड्यंत्र सफल हो चुका है। साथ ही यह प्रश्न केवल धार्मिक ही है, ऐसा मानकर शंकराचार्य, मौलवी संगठन, विश्व हिन्दू परिषद, मुस्लिम पर्सनल लॉ बोर्ड आदि के सहयोग से हल करने की कोशिश की जा रही है। हिन्दू और मुस्लिम समुदाय के प्रवक्ता भी यही लोग बन जाते हैं, यह बात प्रगतिशील राजनीति की दृष्टि से गम्भीर लगती है। राजनीति में अप्रत्यक्षतः धर्म आ ही रहा था। उसका इतने प्रत्यक्ष तथा प्रभावशाली तरीके से राजनीति में आना, यह बात धर्मनिरपेक्ष राष्ट्र-निर्माण की दृष्टि से हितकारक नहीं है। दूसरी, बात यह है कि सत्ताधारी राजग की पार्टियाँ हों या उनकी प्रमुख विरोधी राजनीतिक पार्टियाँ हों, इन सबके पास कम-से-कम एक हल है ही, वह यह है कि हमें सर्वोच्च न्यायालय का फैसला मान्य है। प्रत्यक्ष में ऐसा हो इसके लिए सामूहिक पद्धति से तथा बड़े पैमाने पर व्यवहार के जरिए समर्थन में जनाधार प्रकट होना चाहिए था लेकिन ऐसा नहीं हो पाया, किसी के द्वारा प्रयास भी नहीं किया गया। न्यायालय द्वारा फैसला सुनाना तथा उसे सेना या पुलिस द्वारा कार्यान्वित करना, इस पर लोकतांत्रिक लोकजीवन निर्भर नहीं रह सकता। आसेतु हिमाचल यानी समूचे देश को विभिन्न धर्मों के भारतीय कुछ समय के लिए सड़कों पर आकर तथा हाथों में हाथ लेकर न्यायालय के निर्णय को स्वीकार करें और साम्प्रदायिक-सद्भाव बनाए रखने के लिए उनका इकट्ठा होना आवश्यक था। इसके कारण साम्प्रदायिक शक्तियों को सही चेतावनी मिल जाती और न्यायालय का निर्णय कुछ भी हो, उसके कार्यान्वयन के लिए राजनीतिक सत्ता के बजाय जनसत्ता का अधिष्ठान प्राप्त हो जाता। इस तरह का विचार किसी राजनीतिक पार्टी को न सूझी हो तो वह उनकी वैचारिक दरिद्रता ही है। अगर उनको सूझा भी हो तो क्या यह सम्भव है? इस आशंका के कारण उनमें इच्छाशक्ति का अभाव मानना पड़ेगा। वैचारिक, अहिंसक, विराट जनान्दोलन की विरासतवाले देश में जनता के स्तर पर ऐसा प्रयास होना और उससे बन्धुत्व की सद्भावना के साथ समर्थन का अनुभव ही धार्मिक भावनाओं के आधार पर राजनीतिक खेल करने की इच्छा रखनेवालों को सही जवाब हो सकता है।

[16 मार्च, 2002]

जोतेगा जो उसकी जमीन लेकिन जमीन नहीं उसका क्या?

यह कर्मवीर दादासाहब गायकवाड़ जन्मशताब्दी वर्ष है। इस उपलक्ष्य में सरकार के पास उपलब्ध अतिरिक्त जमीन राज्य के भूमिहीन लोगों को देने की घोषणा महाराष्ट्र के मुख्यमंत्री ने हाल ही में की है। डॉ. बाबा साहब आंबेडकर के बाद दादासाहब गायकवाड़ ने भूमिहीन लोगों के लिए जो आन्दोलन किए हैं, वे भूमि आन्दोलन के इतिहास में मील का पत्थर साबित हुए हैं। आन्दोलन में राज्य की सभी जेलें भर गईं और लाखों लोगों का जुलूस संसद तक पहुँच गया। सरकार का ध्यान पहली बार इस प्रश्न की ओर आकर्षित हुआ। 'जिसके पास घर है, जमीन है, उसका तो ठीक है लेकिन जिसके पास कुछ नहीं है, उसका क्या?' यह दादासाहब गायकवाड़ द्वारा पूछा गया सवाल सीधे दिल को छूनेवाला था। आन्दोलन के कई दशकों बाद भी इसका सन्तोषजनक जवाब नहीं मिला है।

इस प्रश्न का उत्तर इतना आसान नहीं है। इस प्रश्न को प्रामाणिकता से हल किया जाए तो उसमें प्रचंड क्रान्तिकारक शक्ति है। जमीन के साथ-साथ पानी भी राष्ट्रीय सम्पत्ति है, इसे मान्य करना पड़ता है और जमीन के क्रान्तिकारक पुनर्आवंटन की राह पकड़नी पड़ती है। पिछले कुछ सालों से सरकार की नीति और अर्थव्यवस्था की देश में जो हवा चल रही है, उसका सीधा विरोध हो रहा है और दुर्भाग्य से वही विचार प्रतिष्ठित तथा मान्यता प्राप्त बन रहा है। स्वातंत्र्योत्तर काल में भूदान, जमीन का पुनर्आवंटन, जमीन अधिग्रहण, जबरन जुताई जैसे आन्दोलन हो गए। इन सभी को मिली सफलता इस प्रश्न को हल करने की दृष्टि से बहुत ही अपर्याप्त है। इस देश में जमीन को उत्पादन के साधन के रूप में नहीं देखते बल्कि जमीन का मालिकाना अधिकार होने की मानसिकता में खुद की प्रतिष्ठा की भावना छिपी होती है। अपने नाम पर जमीन होने से 'हम बेघर नहीं हैं', यह तसल्ली मिलती है। प्रत्यक्ष मेहनत करते समय जी-जान से काम किया जाता है। दूसरी ओर आज करीबन 18 प्रतिशत जमीन मालिकों के पास 52 प्रतिशत जमीन है तो 20 प्रतिशत किसान भूमिहीन हैं और 15 प्रतिशत अत्यल्प भूधारक हैं। इस समूह को मेहनत का फल प्रतिष्ठा के साथ कैसे मिलेगा, यह आज का प्रमुख प्रश्न है।

सरकार ने उसके पास मौजूद अतिरिक्त जमीन भूमिहीन लोगों को देने की घोषणा की है लेकिन इस बात पर ध्यान देना होगा कि सरकार के पास की जमीन बहुत कम हो गई है। गोठ-बस्ती में भी कई प्रकार से अतिक्रमण हुआ है, विवाद जारी हैं, बँटवारा-आबँटन हुआ है। इसी वजह से जमीन भी सीमित है लेकिन प्रश्न अमर्यादित है। इसका रास्ता निकालना होगा। यह प्रश्न जातिभेद की सीमाएँ लाँघकर पूरे समाज तक पहुँचा है, इस बात पर भी ध्यान देना होगा। इनामी जमीन की खरीदी-बिक्री के सन्दर्भ में सरकार की अनिश्चित नीति इस प्रश्न को हल करने के बीच की बाधा है।

इस देश में जिसे बंजर जमीन कहते हैं, वह जमीन काफी मात्रा में है परन्तु जिस नीति से उसे आबंटित किया जा रहा है, वह अर्थहीन है। उस जमीन का आबँटन करते हुए, जमीन और पानी का सुनियोजित तथा शास्त्रीय पद्धति से उपयोग करने के लिए, घाटी के अनुसार योजना बनाना आवश्यक है। जिस भूक्षेत्र पर पानी जमा होकर किसी नाले में चला जाता है, वह उस नाले के पानी के निकास का क्षेत्र मानना पड़ेगा। जमीन की ढलान, पानी बहने की दिशा और मात्रा को ध्यान में रखते हुए प्रत्येक नाले के उद्गमस्थान से लेकर दूसरे सिरे तक पानी के निकास क्षेत्र का इकट्ठा संयोजन होना आवश्यक है। इस तरह से छोटे प्रवाह से शुरू करते हुए बढ़ते क्रम से नाले, उप-नदियाँ तथा नदियों के पानी निकास क्षेत्र की योजना की रूपरेखा तैयार करना जरूरी है।

आज छोटे तथा साधारण किसान अधिकांशत: महँगी खेती तकनीक का उपयोग करके मुनाफा कमाने में असफल हैं तो भूमिहीनों को छोटे-छोटे टुकड़ों में मिली जमीन कैसे मुनाफा दे सकती है? उसके लिए जो विकल्प हैं उनको प्रभावशाली तरीके से और दृढ़ता से लोगों के सामने रखने की जरूरत है। पानी का संचय और उपयोग आज व्यक्तिगत स्तर पर किया जाता है। इस चित्र को बदलने की चुनौती स्वीकार करनी पड़ेगी। उसके बाद भू-क्षरण को रोकना, जमीन की उर्वरता बढ़ाना, जगह-जगह पर जलसंचयन करना, पानी निकास की मेड़बन्दी करना, नाले की मेड़बन्दी, कुआँ खोदना, जमीन को समतल बनाना, ढलान पर पेड़ लगाना, चारे के लिए बंजर जमीन रखना, पानी के निकास की व्यवस्था करना, इन सबके लिए सर्वव्यापी योजना बनानी चाहिए। सरकार के पास मौजूद अतिरिक्त जमीन भूमिहीनों को देने की घोषणा अच्छी तथा दिशा-प्रदर्शक है फिर भी वह काफी अधूरी है। आज तक के अनुभव को ध्यान में रखते हुए सरकार इस समस्या को गम्भीरता से लेकर कड़ी कार्रवाई करेगी, ऐसा समझ पाना कठिन है। इस पद्धति से जमीन को उपजाऊ करने के लिए बहुत पूँजी खर्च होगी और इस पद्धति से जमीन की उर्वरता को बढ़ाने के लिए तीन साल लगेंगे, तब तक भूमिहीन परिवार अपना जीवनयापन कैसे करेगा? इसके लिए उनके लिए रोजगार की व्यवस्था करनी पड़ेगी। सच कहा

जाए तो, महाराष्ट्र में रोजगार गारंटी योजना पर जो टैक्स सरकार ने लगाया है उस पैसे का उपयोग इस योजना के अतिरिक्त किए जानेवाले कार्यों पर किया जाएगा, यह शर्त रखी गई थी। प्रत्यक्ष में ऐसा नहीं हो पाया। योजना में निहित कार्यों को पूरा करने के लिए रोजगार गारंटी कानून लाया गया, लेकिन मजदूर नहीं मिलते हैं, इसलिए उस योजना से टैक्स के जो करोड़ों रुपये जमा हुए हैं, वे राज्य में पैदा हो चुके आर्थिक संकट के कारण अन्य कार्यों में खर्च किए गए हैं। भूमिहीनों को जमीन देना तथा उसको उपजाऊ बनाने के लिए राजनीतिक इच्छाशक्ति की तथा दूरदर्शी नियोजन की सच में आवश्यकता है, यह इससे स्पष्ट होता है। सरकार की इस समस्या में अगर सही में रुचि होगी तो उसे इस घोषणा के कार्यान्वयन के लिए एक ऐसी समिति का गठन करना चाहिए जिसमें इस समस्या को हल करने की इच्छा, समझ तथा क्षमता रखनेवाले राजनीतिक कार्यकर्ता हों। उसे प्रायोगिक स्तर पर जमीन आबँटन के साथ, कम पानी के निकासीय क्षेत्र के विकास के लिए प्रत्यक्ष योजना को कार्यान्वित करके उसके आधार पर आगे बढ़ना होगा।

सच कहा जाए तो यह महाराष्ट्र और देश के सामने उपस्थित प्रमुख, अव्वल दर्जे का राजनीतिक प्रश्न है। प्रभावशाली राजनीतिक जनान्दोलन द्वारा उस हल को ढूँढ़ना अधिक फायदेमन्द होगा क्योंकि ऐसी ताकत आज महाराष्ट्र या देश के वामपन्थी आन्दोलनों में भी नहीं है। कर्मवीर दादासाहब गायकवाड़ की स्मृति को अभिवादन करने के उपलक्ष्य में यह प्रश्न हल हो जाए तो अच्छा ही है, वह आवश्यक भी है परन्तु जो भी हो, वह ठोस और दिशा-प्रदर्शक हो। कम-से-कम इस प्रश्न के बारे में सरकार को केवल घोषणाबाजी नहीं करनी चाहिए।

[27 अक्तूबर, 2001]

यह क्षमा-याचना है, ऋण-माफी नहीं!

किसान को मिली अभूतपूर्व ऋण-माफी के कारण दो प्रमुख बातें सामने आई हैं। उसमें से एक बात राजनीतिक होना स्वाभाविक है। इस कर्ज-माफी का श्रेय लेने के लिए रैलियाँ और प्रचार अभियान जारी हैं, इसमें भी आश्चर्य की बात नहीं है। लोकसभा चुनाव अगले साल कभी भी हो सकते हैं। इस वजह से ऋण-माफी की बात करीबन 20 करोड़ मतदाताओं को सीधे प्रभावित करनेवाली है। साथ ही, यह मतदाता वह है जिसने 'शाइनिंग इंडिया' के प्रचार से मोहित न होते हुए वर्तमान सत्ताधीशों को सत्ता में बिठाया है। अर्थात, इस ऋण-माफी के कारण चुनाव में जो सम्भावित लाभ होनेवाला है, वह भी 'अगर-मगर' से निर्धारित है। लेकिन हमें दूसरी बात महत्त्वपूर्ण लगती है।

साधना के विश्वस्त, पूर्व केन्द्रीय मंत्री तथा नियोजन मंडल के पूर्व उपाध्यक्ष श्री मोहन धारिया ने डेढ़ साल पहले पूरी ऋण-माफी की माँग करते हुए अनशन भी किया। उस समय अधिकांश लोग उनकी ओर 'एक अव्यावहारिक माँग' के रूप में देख रहे थे। पिछले डेढ़ साल में ऐसा क्या हुआ कि इस माँग को स्वीकारना पड़ा? इसकी बढ़ती माँग, चुनावी मौसम, ग्रामीण भारत की गरीबी को दर्शानेवाले सरकारी आँकड़े तथा इस तरह की कई बातों का जिक्र किया जा सकता है, परन्तु इन सबसे एक बात स्पष्ट होती है कि पिछले पन्द्रह सालों में देश की 'एलपीजी' (उदारीकरण, निजीकरण, वैश्वीकरण) नीति के कारण ग्रामीण भारत के हिस्से में जो तबाही आई है, उसका परिमार्जन करना कठिन बन गया है। वैश्वीकरण की नीति विश्व के बड़े पूँजीपतियों के लिए (जिसमें भारत के पूँजीपतियों के एक वर्ग का भी समावेश है) सुविधाजनक है। इन लोगों पर किसी भी प्रकार का सामाजिक दायित्व नहीं था। इस नीति के कारण रोजगार और समृद्धि आएगी, इस तरह के ढोल पीटे गए थे लेकिन देश की साठ प्रतिशत जनता खेती पर निर्भर है और राष्ट्रीय उत्पादों में खेती का हिस्सा फिसलकर 23 प्रतिशत तक आ गया है, इसके बारे में अफसोस या खेद नहीं जताया जाता था। इस पर क्या उपाय बताए गए? किसानी छोड़िए, खेती का कम्पनीकरण (कॉरपोरेट फार्मिंग) कीजिए; अपनी जमीनें सेज (SEZ) को देते हुए अपनी उन्नति कीजिए; निर्यात-प्रधान खेती कीजिए वगैरह...लेकिन इसमें

से किसी भी उपाय द्वारा मूल संकट का मुकाबला नहीं किया जा सकता था। कुछ उपाय तो 'रोग कमजोर, उपाय सिरजोर' इस तरह के थे।

इन सत्रह वर्षों में पूरा ध्यान 'सेवा' और 'उद्योग' क्षेत्र पर केन्द्रित हो गया है और 'विदेशी पूँजी निवेश कितना' के बारे में डींग मारते हुए खेती को खुलेआम नजरअन्दाज किया गया। पैसे के अभाव के कारण सिंचाई परियोजनाएँ रुक गईं। राष्ट्रीय बैंकों ने 'मुनाफे' को ही एकमात्र कसौटी माना और खेती को 18 प्रतिशत उधार देना भी बन्द कर दिया। किसानों को बीज, खाद, औजार देने का प्रबन्ध भी सहकारी संस्थाएँ नहीं कर रही हैं। इसकी वजह से मोनसैंटो जैसी बहुराष्ट्रीय कम्पनियाँ इस कमी को पूरा करने लगी हैं। कृषि उपज को अच्छा भाव भी नहीं मिलता था लेकिन उसके लिए सहकारी तथा प्रक्रियागत संस्थाओं के माध्यम से प्रयास किये जाने के बजाय बड़ी बहुराष्ट्रीय कम्पनियाँ पूरी कृषि-उपज को अपने हाथ में लेने का प्रयास करने लगीं। कृषि विस्तार सेवा में गिरावट आ गई। इन सबका कुल परिणाम यह हो गया कि आर्थिक विकास की दर में 5 प्रतिशत से 9 प्रतिशत तक वृद्धि हुई परन्तु कृषि-पैदावार में 3.5 से 2 प्रतिशत तक गिरावट आ गई। निम्न दर्जे का गेहूँ महँगी कीमत में बाहर से मँगवाना पड़ा। तृणधान्य, दलहन, तेलबीज आदि के आयात में 400 प्रतिशत तक वृद्धि हो गई।

किसानी का पतन केवल किसानों के लिए ही घातक नहीं है बल्कि देश को भी उसकी कीमत चुकानी पड़ती है। लाखों किसानों की आत्महत्याएँ एक तरह से सामाजिक स्वास्थ्य को कैसे धक्का देती हैं, यह इसी का एक उदाहरण है जो भयानक दाहकता का दर्शन करा देता है। उपेक्षित, शोषित तथा सहिष्णु किसानों ने अपना मूक आक्रोश आत्महत्या द्वारा व्यक्त किया है। जिस जिले में बड़े पैमाने पर आत्महत्याएँ हुई हैं वहाँ पर विशेष पैकेज देकर हल निकालने के प्रयास किए गए लेकिन उसमें असफलता ही हाथ लगनेवाली थी क्योंकि इस गम्भीर समस्या के लिए व्यापक उपायों की जरूरत थी। अब महत्त्वपूर्ण कदम (साठ हजार करोड़ रुपयों की ऋण-माफी के द्वारा) उठाया गया है लेकिन वह भी अधूरा है। ऋण-माफी का लाभ सिंचन क्षेत्रवाली जमीनों का क्षेत्र कम होने से किसानों को नहीं हुआ। उसकी तुलना में अधिक मात्रा में सूखी जमीनवाले किसानों के बहुत बड़े वर्ग को छोड़ दिया गया। स्वाभाविक ही ऋण-माफी के मापदंडों में और भी उदारवादी नीति को अपनाने की माँग की जाने लगी। ऐसा दिखाई देता है कि इसकी जिम्मेदारी राज्य सरकार को भी उठानी पड़ेगी लेकिन इसके बाद भी साहूकारों का प्रश्न अनुत्तरित रह जाता है।

ऋण-माफी के अभूतपूर्व निर्णय से कुछ बातें ध्यान में आ गई हैं। ऐसे निर्णय की उद्योगपति, मध्यम वर्ग तथा शेयर बाजार की चिन्ता करनेवाले पहले कड़ी आलोचना करते थे। लेकिन इस बार ऐसा नहीं हुआ। 'किसानों को नशे से दूर रहना चाहिए, आलस्य को छोड़ देना चाहिए, शादियों पर कम खर्च करना चाहिए

जिससे ऋणग्रस्तता से दूर रहकर आत्महत्या को रोका जा सकता है', इस तरह की अकारण सलाहें दी गईं। इसके कई अर्थ हो सकते हैं। इससे भी बड़ी रकम, तथा किसानों की तुलना में, मुट्ठीभर ही नहीं बल्कि बहुत कम, उद्योगपतियों के ऋण माफ किए जाते हैं, इस सच्चाई को सहजता के साथ नजरअन्दाज नहीं किया जा सकता। देश के संरक्षण का खर्चा देखते-देखते हर साल एक लाख करोड़ तक चला गया है, इसके बारे में तो बात ही नहीं की जाती है। गलत आदतों और शादियों में किए जानेवाले खर्च या कामचोरी, ये दुर्गुण इस देश के राष्ट्रीय रोग हैं। उसके लिए किसानों की तरफ उँगली उठाना अन्यायकारक है। अब तक लाखों किसानों ने आत्महत्याएँ की हैं, इसी कारण, संवेदनशील व्यक्ति हो या भले ही वह कितना भी अमीर हो, इसने जरूर उसके दिल को छुआ होगा। इसके साथ ही ग्रामीण क्षेत्र में उपलब्ध मार्केट बन्द होने के कारण एक बड़े समूह का हर समय मजबूर, बेचैन और क्रोधित होने से निर्मित खतरा उद्योग और व्यापारी वर्ग के ध्यान में आया होगा। इसका कुल मिलाकर अर्थ यह है कि इस देश के बहुसंख्य किसानों की समस्या के प्रमुख मुद्दा बनने की सम्भावना है क्योंकि हमारे देश द्वारा अपनाया गया विकास का प्रारूप कृषि पर आधारित था। इस ऋण-माफी के फैसले के कारण इस उपेक्षा को एक झटका लगा है। सच में देखा जाए, तो यह 'ऋण-माफी' नहीं बल्कि 'माफीनामा' है, क्षमा-याचना : धनिक वर्ग तथा राजनेताओं द्वारा (आज तक किए गए अपराधों के लिए) व्यक्त की गई 'क्षमा-याचना' है। यह क्षमा-याचना चुनाव की पृष्ठभूमि पर दी गई है और इसी वजह से दानवीरता का दिखावा किया जा रहा है। लेकिन ऐसा होने के बाद भी बहुसंख्य किसानों की विभिन्न समस्याओं तथा देश के नियोजन में उन समस्याओं को केन्द्र में लाने के लिए बनाया गया दबाव एक तरह से बड़ी उपलब्धि है। यह दबाव ऐसे ही बनाए रखना होगा। सिंचाई की सुविधाएँ तथा कम ब्याजवाले ऋण से लेकर कृषि उपज को उचित कीमत मिलने तक की यात्रा में किसानों के साथ मजबूती से खड़े रहने की अनिवार्यता सामूहिक दबाव के माध्यम से बननी चाहिए। देश के कृषि क्षेत्र के विकास की धीमी गति को देखते हुए इसकी गम्भीरता तीव्रता से समझ में आती है। ऋण-मुक्ति की दिशा में एक कदम रखते समय यह भयावह चित्र सामने आया है, उसे बदलने की चुनौती को राजनीतिक और सामाजिक संकल्प के साथ स्वीकारा जाना चाहिए।

[15 मार्च, 2008]

शराब-मुक्त महाराष्ट्र : जनशक्ति का सवेरा और प्रश्नचिह्न

रायगढ़ जिले की सुधागढ़ तहसील में स्पिरिट पीने से 25 आदिवासियों को अपनी जान गँवानी पड़ी। इससे पहले भी नकली शराब के कारण सैकड़ों लोग मर गए। विक्रोली और सात रस्ता में 2004 में जहरीली शराब पीने की दुर्घटना में क्रमश: 85 और 21 लोग मर गए। उसके बाद ऐसी घटनाओं को रोकने के लिए गृह मंत्रालय ने कारगर कदम उठाए। उसे कुछ दिनों तक सफलता भी मिली परन्तु दोबारा वैसी ही घटनाओं का सिलसिला शुरू हुआ, यह सुधागढ़ की घटना के बाद स्पष्ट होता है। लेकिन ऐसी घटनाओं पर रोक लगाने के लिए एक अजीब उपाय राज्य उत्पादन शुल्क विभाग के अधिकारी बता रहे हैं। (राज्य उत्पादन शुल्क मंत्री गणेश नाईक ने यह भूमिका पहले ही स्पष्ट की है।) उन्होंने सूचित किया है कि देसी शराब सस्ती की जाए। 'सरकार ने 1973 से देसी शराब बिक्री के लाइसेंस नहीं दिए हैं, उसकी संख्या बढ़ाई जाए। देसी शराब बिक्री के विस्तार के सन्दर्भ में तथा सस्ती करने के सन्दर्भ में सरकार की जो अनास्था है, वही सुधागढ़ के शराब-कांड का एकमात्र कारण है' ऐसा सुझाव दिया गया है। लोगों के सामने शर्मशार न होना पड़े, इस डर से उसे कार्यान्वित नहीं किया गया।

इसका दूसरा छोर पिछले छह महीनों से सातारा जिले में चल रहे जनान्दोलन से साकार हो रहा है। महिलाओं के मतदान द्वारा 'शराब की बोतल को नीचे गिराया जा सकता है' ऐसा सरकारी निर्णय 21 सितम्बर, 2002 को हो गया परन्तु पिछले छह सालों में इस आदेश का स्वरूप प्रखर आन्दोलन में तब्दील नहीं हो सका था। इसके लिए पिछले छह महीनों से सातारा जिले में चल रहा आन्दोलन अपवाद है। सरकारी आदेश यह कहता है कि गाँव, नगर निगम या महानगर निगम क्षेत्र के वार्ड की 25 प्रतिशत महिलाएँ अगर हस्ताक्षर करके गाँव में शराब बिक्री के लाइसेंस रद्द करने का लिखित निवेदन देती हैं तो उसके बाद एक महीने के अन्दर उस क्षेत्र में (सात दिन की पूर्वसूचना से) गुप्त मतदान लिया जाएगा। गाँव की कुल महिलाओं में से आधे से अधिक महिलाएँ अगर 'आड़ी बोतल' के निशान पर मुहर लगाती हैं तो उस गाँव में शराब बिक्री के लाइसेंस रद्द हो जाएँगे और वहाँ की दुकान भी बन्द हो

जाएगी। इस लोकतांत्रिक अधिकार का उपयोग करते हुए तेजी से शराब की दुकानें बन्द करने का काम सातारा जिले के कई गाँवों की महिलाएँ कर रही हैं। शराब की वजह से होनेवाली परिवार की बरबादी की वेदना का मानो विस्फोट हो गया हो। पिछले छह महीनों में सातारा जिले के प्रसार माध्यमों में इससे सम्बन्धित ही खबरें छप रही हैं। परम्परागत पुरुष-प्रधान व्यवस्था तथा मानसिकता ग्रामीण क्षेत्र (सातारा जिले में भी) में पाई जाती है। ऐसे समय में पुरुषों का समर्थन न मिलने के बावजूद रणरागिनियाँ रास्तों पर उतर रही हैं, प्रचार-फेरियाँ निकाल रही हैं, प्रदर्शन कर रही हैं, मतदान की माँग कर रही हैं। उनके पास अच्छा नेतृत्व नहीं है, इसके बाद भी संयम, आत्म-अनुशासन लेकिन प्रखर निर्धार-निश्चय के साथ वे अभिव्यक्त कर रही हैं। इस माहौल का प्रभाव इतना बढ़ गया कि गाँव के कुछ शराब विक्रेताओं ने खुद यह 'पापी' धन्धा बन्द करने का फैसला किया है, यह एक तरह से अभूतपूर्व बदलाव है। एक तरह से तहसील बड़ा गाँव होता है, शराब की आधा दर्जन दुकानें वहाँ होती हैं, ऐसे गाँवों में भी यह मुहिम सफलता से पहुँच गई है।

केवल 'शराबबन्दी के आन्दोलन' के रूप में इसकी ओर न देखा जाए, इस स्वयंस्फूर्त आन्दोलन का महत्त्व उसकी अपेक्षा बहुत अधिक है। किसी भी सरकारी सहयोग के बिना सबलीकरण का कार्य महिलाएँ कर रही हैं। बचत के माध्यम से 'अर्थ'पूर्ण रचना महत्त्वपूर्ण ही है लेकिन उस बचत को 'अर्थ'शून्य बनानेवाली गलत आदतों के विरोध में किया गया संघर्ष महिलाओं को शक्ति प्रदान करता है। शराब की लत होना एक तरह से गम्भीर मानसिक बीमारी है, ऐसा विश्व स्वास्थ्य संगठन का कहना है। इस आन्दोलन को अपने परिवार के स्वास्थ्य के लिए उठाया गया कदम भी कह सकते हैं। 'मुझे जो चाहिए उसे कानूनी तरीके से हासिल करेंगे', यह लोकतंत्र के लिए हितकारी सत्याग्रही राजनीतिक पहलू भी इस जनान्दोलन का है। जिले की सभी प्रभावशाली राजनीतिक पार्टियाँ इस हलचल के प्रति मौन हैं, यह मौजूदा राजनीतिक पार्टियों के खोखलेपन की स्थिति को दर्शाता है। शराबबन्दी करना और उसके लिए महिलाओं का सड़कों पर उतरना, ये दोनों बातें पुरुषों को न जँचनेवाली तथा न हजम होनेवाली हैं लेकिन आन्दोलन के आवेग ने इस पुरुष-प्रधान मानसिकता को बहुत पहले शिकस्त दे दी है। 1942 के आन्दोलन में प्रति-सरकार की महत्त्वपूर्ण भूमिका थी, इसकी वजह से सातारा जिले का नाम इतिहास में दर्ज है। उसको याद करते हुए शराबबन्दी के बारे में इन महिलाओं ने 'हमारे गाँव में हमारी सरकार' इस तरह का अपना रोब कुछ समय के लिए बनाया है, यह बात जिले के अन्य गाँवों के लिए प्रेरणादायक है।

लेकिन इसकी वजह से चुनौती कठिन बनती जा रही है। शराब बिक्री कानूनी तथा गैर-कानूनी तरीके से करने के लिए शराब विक्रेता, पुलिस, सभी पार्टियों के नेता आदि की छुपी मिलीभगत होती है। यह कारोबार करोड़ों रुपयों का होता है।

आजकल यह चुनाव का अनिवार्य हिस्सा बन गया है। इसी वजह से शराबबन्दी कायम रखना बहुत ही कठिन बन गया है। गाँव में अधिकृत शराब की बिक्री बन्द होने के बाद, गैर-कानूनी शराब की बिक्री शुरू हो जाती है। वह देसी, विदेशी, हाथभट्टी, इनमें से कोई-सी भी हो सकती है और वह दोगुने दाम में बेची जाती है। इन शराबियों का व्यसन भी जारी रहता है लेकिन इससे शराब महँगी हो जाती है। इन सभी छिपे व्यवहारों के पीछे प्रच्छन्न दहशतवाद भी होता है। खतरा मोलकर उसके विरोध में आवाज उठाने पर वे लोग 'घर में अनधिकृत प्रवेश किया और जाति से सम्बन्धित गालियाँ दीं', इस तरह की झूठी शिकायत करके मुकदमा दर्ज करते हैं। गैर-कानूनी धन्धों के लिए पुलिस से संरक्षण मिलता है। उसके विरोध में किए गए आन्दोलन के प्रति नाराजगी होती है। गैर-कानूनी बिक्री को राजनीतिक समर्थन होता है। इन सबके कारण आन्दोलन का अपमान होता है। इसके बाद कुछ फायदे भी होते हैं। सहज उपलब्धता के कारण पीनेवालों की संख्या कम हो जाती है। शराब पीकर रास्तों पर गिरनेवालों की संख्या कम हो जाती है। व्यसनाधीनता कम करने के लिए व्यक्तिगत प्रयास भी कई जगहों पर किए जाते हैं। लेकिन 'शराबमुक्त महाराष्ट्र' होने के सन्दर्भ में सन्देह निर्मित हो जाता है।

पिछले पन्द्रह सालों से महाराष्ट्र सरकार को शराब बिक्री से हर साल मिलनेवाला राजस्व 250 करोड़ रुपये से 3,500 करोड़ रुपयों तक बढ़ गया है। 'शराब सेवन सुखी जीवन का मार्ग है, शराबी न बनने की सावधानी बरतेंगे तो काफी है', यह भ्रामक दलील लोगों ने दी है। आन्दोलन में अपने विवेक और स्वयं प्रेरणा से हिस्सा लेनेवाली सातारा जिले की हजारों महिलाओं के (उनकी गृहस्थी को बरबाद करनेवाले) दाहक अनुभवों को सुनने के बाद सड़कों पर उतरने के पीछे के कारण समझ सकते हैं। महाराष्ट्र की आधी जनसंख्या शराब की समस्या से पीड़ित है, इस समस्या को खत्म करने के लिए 'बोतल आड़ी' करने के आन्दोलन को महत्त्व देना होगा तथा उसकी सफलता के लिए ठोस कदम उठाने होंगे।

कड़ी कार्रवाई करते हुए गाँव में गैर-कानूनी शराब को बन्द करना उसी का एक प्रमुख पहलू है। वर्तमान में ग्राम सुरक्षादल का कानूनी प्रावधान है लेकिन उनको गैर-कानूनी शराब बन्द करने की इजाजत नहीं है। गाँव में दल स्थापित किया जाए। उस दल में आधी महिलाएँ होने तथा उन्हें गैर-कानूनी शराब पर कार्रवाई करने के अधिकार देने की जरूरत है। ये गैर-कानूनी विक्रेता जमानत पर आसानी से छूट जाते हैं। इसी वजह से उन पर रोक लगे, इसके लिए सख्त सज़ा देने का प्रावधान होना चाहिए। नशीले पदार्थों की बिक्री के सन्दर्भ में कड़ा कानून बनाया गया और उसका लाभ भी हुआ। सरकार की स्वीकृति को चार साल हो गए लेकिन कार्रवाई नहीं हुई। शराब विरोधी प्रबोधन भी नहीं किया जा रहा है। आग्रही आक्रामक प्रबोधन के माध्यम से युवा पीढ़ी को व्यसनाधीनता की भयानकता के बारे में बताया जाए।

इसके साथ ही शराब का दुरुपयोग (ड्रग एब्यूज) करनेवाला व्यक्ति नशे के अधीन कैसे जाता है, उसके सात चरण विश्व स्वास्थ्य संगठन ने बताए हैं। युवाओं का मार्गदर्शन किया जाए तो कई लोग व्यसनाधीन होने से अपने-आप को रोक सकते हैं। गाँव में शराब न मिलने पर व्यसनाधीन व्यक्ति का बेचैन हो जाना स्वाभाविक है। उसके कारण कई अनर्थ हो सकते हैं। इसलिए व्यसनाधीन व्यक्ति के इलाज के लिए गाँव में अल्पकालीन शिविर का आयोजन किया जाना चाहिए तथा दीर्घकालीन इलाज के लिए सिविल हॉस्पिटल में व्यवस्था करना सम्भव है। भूतपूर्व सैनिक को विदेशी शराब बहुत मात्रा में नियमित और सस्ते में दी जाती है। वे इसका व्यवसाय भी करते हैं। महाराष्ट्र के ग्रामीण इलाके में शराबियों की संख्या बढ़ने में इनकी बहुत बड़ी भूमिका है। इसलिए भूतपूर्व सैनिकों को क्यों शराब दी जाए, यह मूल प्रश्न एक बार सर्वोच्च न्यायालय में हल किया जाना चाहिए। यह सब होने के बाद भी जब तक शराब काफी मात्रा में उपलब्ध है तब तक प्रयास करना कारगर उपाय नहीं है। सरकार शराब बिक्री की ओर 'विकास के लिए ज्यादा पैसे देनेवाली मुर्गी' के रूप में देखती है। शराब बिक्री से मिलनेवाले राजस्व, उससे होनेवाले विकास और उसी समय शराब की वजह से होनेवाली हानि को ध्यान में रखें तो बरबादी का पलड़ा भारी है, यह विश्व बैंक (World Bank) के अध्ययन से साबित हुआ है, इसकी जानकारी सरकार को भी नहीं है। सरकार द्वारा 'शराबमुक्त' घोषित किए गए वर्धा जिले का अनुभव इसके बारे में अच्छा नहीं है लेकिन जन-विद्रोह से शराबबन्दी का कड़ाई से पालन करते गढ़चिरौली जिले का अनुभव सराहनीय है। जिले की महिलाओं को इसी समस्या पर ज्यादा-से-ज्यादा ग्रामसभाएँ लेकर इस समस्या को खत्म करना चाहिए। 'हमारे गाँव में हमारी सरकार' इस दिशा में जानेवाली यह जागरण की राह बन सकती है।

सातारा जिले में शराब मुक्ति के लिए रास्ते पर उतरी रणरागिनियों ने तमाम महिला-वर्ग की इस महत्त्वपूर्ण समस्या को राजनीतिक एजेंडा बना दिया है। आन्दोलन से कुछ हासिल नहीं होता, आजकल इस तरह की निराशाजनक बातें की जाती हैं लेकिन मतदान के द्वारा शराब की बोतल आड़ी करने के लिए महिलाओं द्वारा उठाया गया कदम कई सम्भावनाओं को जन्म देता है! इस शक्ति की पहचान की जानी चाहिए, इसको सक्षम बनाना चाहिए। इसी से लोकतंत्र को मजबूत करनेवाली शक्ति का हुंकार बहुत बड़े सामर्थ्य के साथ गूँज उठेगा।

[09 फरवरी, 2008]

मूवमेंट/आन्दोलन

मेधाताई, आपकी बहुत-बहुत जरूरत है!

गुजरात नरसंहार फेम मुख्यमंत्री नरेन्द्र मोदी जी ने मेधा पाटकर के अनशन के 18वें दिन 'आपको मेधा पाटकर चाहिए या मेगावाट बिजली?' इस तरह का बेहूदा सवाल बेजोड़ ठाठ में पूछा है। यह लिखते समय मेधाताई के अनशन का 20वाँ दिन जारी है। उनका शुगर लेवल कम हुआ है, ब्लड प्रेशर कम हुआ है, स्थिति गम्भीर है लेकिन जिन्दा है तो उनकी सर्वस्व समर्पण की अखंडित भावना। दूसरी ओर असंवेदनशील आत्ममग्न मध्यमवर्ग अपने-आप में मशगूल है। चटकदार मसालेवाली न्यूज के पीछे भागनेवाले मराठी समाचारपत्रों ने इस अनशन के पीछे की माँगों की ओर लगभग मुँह मोड़ लिया है। इस कालावधि में शुरू विधानमंडल के अधिवेशन में फैशन परेड में गिरे हुए वस्त्र-विधान की चर्चा हुई लेकिन प्राणान्तिक अनशन के बारे हल्का-सा उल्लेख भी चर्चा में नहीं आया। इस पर सरकार को भूमिका लेने के लिए मजबूर करना तो दूर की बात है। महाराष्ट्र में वामपंथी पार्टियों, संगठन, जन-आन्दोलनों का लाक्षणिक स्वरूप में समर्थन है। गुजरात सरकार में सत्ताधारी पार्टी और विरोधी पार्टी, दोनों की भूमिका कुछ इस तरह है कि 'गुजरात की भाग्य-रेखा बननेवाले नर्मदा बाँध के लिए मेधा नाम की एक जिद्दी लड़की नादानी में बाधा बनी हुई है। केन्द्र सरकार उसके दबाव में आ रही है।'

वास्तविकता क्या है?

नर्मदा बाँध के कारण विस्थापित लोगों का पुनर्वास गाँवनिहाय और जमीन देकर करने का नर्मदा कंट्रोल अथॉरिटी ने स्वयं वादा किया है। सर्वोच्च न्यायालय ने भी उस पर मुहर लगाई है। बाँध का काम चालू है लेकिन पुनर्वास नहीं हुआ है। इस वास्तविकता को ध्यान में रखकर प्रधानमंत्री मनमोहन सिंह ने नवम्बर 2004 में मुआयना करने के लिए प्रतिनिधि भेजने की घोषणा की थी। लेकिन प्रत्यक्ष रूप में डेढ़ साल में कुछ नहीं हुआ। 8 मार्च को नर्मदा कंट्रोल अथॉरिटी ने ऐसा निर्णय दिया कि पैसा देकर सभी परियोजना पीड़ितों का पुनर्वास हुआ है, अब बाँध की ऊँचाई 121.92 मीटर तक बढ़ाने में कोई दिक्कत नहीं है। इस पाप में महाराष्ट्र सरकार की भी सहभागिता थी। प्रत्यक्ष में पैसा देकर पुनर्वास नहीं करना, जमीन के बदले में जमीन देने का स्पष्ट निर्णय था। फिर भी पैसा दिया गया। वह भी

आधा-अधूरा और भ्रष्टाचार करके। पुनर्वास बिना किए बाँध की ऊँचाई बढ़ाने का काम धड़ल्ले से शुरू हुआ। नर्मदा बचाओ आन्दोलन की ओर से इसके विरोध में तत्काल प्रदर्शन, मार्च, धरना, आन्दोलन जगह-जगह पर किए गए और अन्त में इस धोखाधड़ी के विरुद्ध दिल्ली में दस्तक दी गई। 29 मार्च को मेधाताई का अनशन शुरू हुआ। छठे दिन सरकार ने प्रत्यक्ष मुआयने के लिए तीन मंत्रियों की समिति गठित की। इस समिति की रिपोर्ट सम्बन्धित 4 राज्यों के मुख्यमंत्री, केन्द्रीय जलस्रोत मंत्री सैफुद्दीन सोज और वन तथा पर्यावरण मंत्री के. राजा की समिति के सामने प्रस्तुत की गई। 'जब तक विस्थापितों का पुनर्वास नहीं होता, तब तक बाँध की ऊँचाई 110 मीटर से 121 मीटर तक ना बढ़ाएँ', ऐसा प्रस्ताव केन्द्रीय जलस्रोत मंत्री सैफुद्दीन सोज ने रखा। महाराष्ट्र के मुख्यमंत्री भी मेधाताई के पक्ष में थे। ऊँचाई बढ़ाने तथा पुनर्वास का काम होने तक ऊँचाई न बढ़ाएँ, इन दोनों बाजू से 3-3 वोट पड़े। बाँध के निर्माण के साथ पुनर्वास, इस तर्ज पर अब बाँध समर्थक समर्थन कर रहे हैं। इससे सम्बन्धित विगत 50 सालों के अनुभव बड़े विदारक है। वर्ष 1960 में हुए कोयना के बाँध पीड़ितों को अब तक न्याय नहीं मिला है। एक बार बाँध बना कि बाद में परियोजना पीड़ितों की ओर ध्यान नहीं दिया जाता है, यह सार्वत्रिक अनुभव है। बाँध पीड़ित और नर्मदा कंट्रोल अथॉरिटी के बीच विवाद होने के बाद प्रधानमंत्री की मध्यस्थता मान्य करने की सूचना सर्वोच्च न्यायालय ने पहले ही दी है। इसके अन्तर्गत मामला प्रधानमंत्री के पास गया। प्रधानमंत्री ने अपनी जिम्मेदारी टालकर हाथ ऊपर किए। गुजरात के निर्णय से कांग्रेस पार्टी पर होनेवाले गम्भीर परिणाम को ध्यान में रखकर उन्होंने निर्णय फिर सर्वोच्च न्यायालय के ऊपर छोड़ दिया। सर्वोच्च न्यायालय के सामने 17 तारीख को सुनवाई शुरू होगी। अगर न्यायालय की सुनवाई को महीना-डेढ़ महीना लगा तो तब तक बाँध की ऊँचाई बढ़कर पूर्ण हो भी चुकी होगी। पुनर्वास का काम भी करने और बाँध निर्माण-कार्य जारी रखने का निर्णय भी दिया जा सकता है। अगर न्यायालय ने सुनवाई तक काम रोकने के आदेश दिए तो मेधा के प्राण बच सकते हैं। लेकिन यह सब अनुमान पर टिकी बातें हैं। मेधा की जान पर आ सकती है।

अनशन, विशेषतया आमरण अनशन, बहुत ही गम्भीरता से लेनेवाली बात है। यह दबाव निर्माण करने का दाँव-पेच नहीं है। महात्मा गांधी ने तो ऐसा कभी नहीं माना था। सत्य के पक्ष में न्याय हो, सत्य की विजय हेतु अत्यन्त जिम्मेदारी के साथ उपयोग में लिए जानेवाला कारगर हथियार है। बाँध की ऊँचाई बढ़ेगी तो हजारों बाँध पीड़ितों का जीवन खत्म हो जाएगा। ऐसे समय में उनके प्रतिनिधि या नेता के रूप में ज़ी-जान लगाने और यह जिन्दगी खत्म भी हुई तो अच्छे काम के लिए कुर्बानी होगी, ऐसी उदात्त भूमिका है। फिर भी, मेधा को उसके लाखों समर्थकों की ओर से 'मेधाताई रुकिए', ऐसी विनती हम करते हैं।

मेधा के अनशन द्वारा असाधारण नैतिक दबाव का निर्माण किया गया। यह उपलब्धि कुछ कम महत्त्वपूर्ण नहीं है अन्यथा प्रधानमंत्री की सूचना से मंत्रियों की समिति का गठन, उसका मुआयना, उच्चस्तरीय बैठक, ये सब बातें इतनी तेजी से नहीं होतीं। 'अब इससे क्या हासिल होगा? न्याय देनेवाला नहीं होगा तो जान जोखिम में डालना विफल साबित होगा? इसके बजाय अपने स्तर पर उसका एक ही बार हिसाब क्यों न लगा लिया जाए, ऐसा लगना' इन व्यक्तिवादी विचारों पर मेधाताई को दूर से ही नजर डालनी होगी। विश्व में कामगारों, शोषितों की एकता की बात दूर ही रही, विश्व भर के शोषकों ने 'उदारीकरण, निजीकरण, वैश्वीकरण' नीति से अपनी मजबूत शृंखला निर्माण की है। इसमें लोगों का सम्प्रभु लोकतंत्र, आत्मनिर्भर विकास आदि सबका बलिदान दिया जा रहा है। इसी का एक रूप नर्मदा बाँध का निर्माण है। भारत में इस प्रकार के जन-आन्दोलनों का नेतृत्व मेधाताई जगह-जगह पर कर रही हैं। उनके लिए इसमें नया क्या है? नया बिलकुल नहीं है लेकिन बताना और दरख्वास्त इतनी ही है कि महात्मा गांधी की भाषा में 'अन्तिम आत्मयज्ञ' करने में विशुद्ध नैतिकता और अतुलनीय धैर्य कितना ही वन्दनीय हो फिर भी वह लड़ाई आगे ले जाने के लिए क्या श्रेयस्कर है? हमारा मत स्पष्ट रूप से 'नहीं' है। भारत-जैसी उलझी हुई सामाजिक, राजनीतिक स्थिति पाए जानेवाले देश में सामाजिक परिवर्तन के किसी भी आन्दोलन की लड़ाई लड़नेवालों को कुछ दशकों और शतकों की कालावधि में विचार करना पड़ता है। यह मेधाताई को बताने की जरूरत नहीं है, यह लड़ाई अपनी जान जोखिम में डालकर लड़ने के लिए मेधाताई आपके नेतृत्व की बहुत जरूरत है।

[लेखन सर्वोच्च न्यायालय के निर्णय से पहले 30 अप्रैल, 2006]

अन्ना के आन्दोलन का आकलन

वरिष्ठ समाजसेवी अन्ना हजारे ने 'भ्रष्टाचार विरोधी जन-आन्दोलन' की राह विगत कई सालों से निष्ठा और त्याग के साथ पकड़ी है। उनकी यह लड़ाई *साधना* को महत्त्वपूर्ण लगती है इसलिए हम उनके साथ थे। *साधना* के भूतपूर्व सम्पादक ग.प्र. प्रधान ने इसमें शामिल होकर अन्ना की आरम्भिक लड़ाई को *साधना* में क्रमशः शब्दांकित किया था। साल-भर पहले ही अन्ना की एक लड़ाई के सन्दर्भ में *साधना* ने कवर स्टोरी भी की थी। उनके आन्दोलन की खुद की एक खास तकनीक है। उनका अनशन शुरू होते ही सरकारी प्रतिनिधि, वरिष्ठ मंत्रियों की आवाजाही शुरू होती है और कुछ दिनों में ही अनशन खत्म हो जाता है। यह बात अब महाराष्ट्र को ज्ञात हुई है। इस बात के लिए प्रशंसा और टिप्पणी, दोनों मिलती है। 5 अप्रैल को लोकपाल बिल के लिए अन्ना ने सीधे दिल्ली के सत्ताधीशों को चुनौती दी। उसका क्या हुआ, यह सर्वज्ञात है। फिर भी जो हुआ, वह संक्षेप में कुछ इस तरह है :

> भ्रष्टाचार के भस्मासुर पर अंकुश लगाने के लिए सरकार के सभी लोग उसके लिए उत्तरदायी रहेंगे, ऐसी जिम्मेदारी अपने देश में केन्द्रीय स्तर पर लोकपाल और राज्य स्तर पर लोकायुक्त की ओर सौंपने की व्यवस्था है। लगभग 18 राज्यों में लोकायुक्त की व्यवस्था है। 1969 में लोकपाल बिल लोकसभा में रखा गया, तब से अब तक उस पर केवल चर्चा ही जारी है। यह बिल लोकसभा में 9 बार गया लेकिन मंजूर हुआ नहीं। सत्ता किसी भी पार्टी की हो, उन सत्ताधीशों को ऐसे निर्बन्ध चाहिए ही नहीं। इस टालमटोल के कारण वरिष्ठ पद पर बैठे लोगों को भ्रष्टाचार रोकने में सफलता नहीं मिलती इसलिए अन्ना हजारे ने जनलोकपाल बिल का मसौदा प्रस्तुत किया। सरकार के 5 प्रतिनिधि और जन-आन्दोलन के 5 प्रतिनिधियों की समिति नए जन लोकपाल बिल का मसौदा तैयार करे, इस समिति का अध्यक्ष जन-आन्दोलन से हो, इस मसौदे पर कानून बनाकर उसको अमल में लाना, आदि उनकी माँगें थीं। सरकार ने पहले दिन स्पष्ट रूप में उसे ठुकरा दिया। कुछ प्रमुख समाचारपत्रों ने, वरिष्ठ सरकारी अधिकारियों ने इन माँगों को संविधान के प्रावधानों का उल्लंघन माना। शुरुआती समय में चर्चा के दौरान इस तरह की अनौपचारिक

समिति गठित कर सरकार का अध्यक्ष देने, 13 मई को पाँच राज्यों के चुनाव खत्म होने के बाद समिति का कामकाज होगा, इस तरह सरकार ने आनन-फानन में जवाब दिया। सरकार ने केवल 48 घंटे में सीधे रुख बदल लिया। अन्ना प्रसिद्धि पत्रक की माँग कर रहे थे तो सीधे गैजेट प्रकाशित हुआ। अन्ना की इच्छा से 5 सदस्य लिए। सह अध्यक्ष पद निर्माण कर अप्रैल महीने में ही समिति का काम शुरू करने की घोषणा की गई। आम लोगों के द्वारा किया गया स्फूर्तिदायक आन्दोलन, मीडिया का अभूतपूर्व समर्थन, परदे के पीछे रहकर आर्थिक मदद करनेवाली कुछ ताकतें और अन्ना की ईमानदारी आदि सभी बातों को ध्यान में लिया जाए, तो भी भ्रष्टाचार के विषाणु द्वारा पूरा घेर लेने से वर्तमान के राज्यकर्ताओं का बनावटी रूप और उससे निर्मित हुई राजनीतिक दुर्बलता भी इसका एक बहुत महत्त्वपूर्ण कारण है, यह ध्यान में लेना होगा।

अब तीन स्तरों पर कार्यवाही अपेक्षित है। पहला स्तर जन-अनुकूल मसौदा तैयार करना, दूसरा केन्द्रीय मंत्रिमंडल की मान्यता और अन्तिम संसद में सम्मत होकर प्रत्यक्ष कानून बनाना। यह राह आसान नहीं है क्योंकि अन्ना के संकल्पित मसौदे में जनलोकपाल को पुलिस के अधिकार रहेंगे। वह खुद जाँच कर सकेगा, और जाँच पूरी होते ही मामला चला सकेगा। राजनेता, अधिकारी और न्यायाधीश भी इस व्यवस्था के तहत आएँगे। सीबीआई और केन्द्रीय सतर्कता विभाग भी इसमें विलीन होगा। जनलोकपाल द्वारा भ्रष्ट साबित हो चुके लोग न्यायालय में भी अपील नहीं कर सकेंगे। यह बिल और उससे निर्मित होनेवाले हथियार भ्रष्टाचार के विरोध में ब्रह्मास्त्र होंगे, वह इतना सर्वव्यापी है। ऐसे अस्त्र का निर्माण सहजता से नहीं होगा, यह स्पष्ट है। अन्ना को इसकी कल्पना भी है।

अन्ना को आश्चर्यकारक, अभूतपूर्व और आश्वासक समर्थन मिला है। महाराष्ट्र, देश और विदेश में भी उनके अनशन के चर्चे हुए हैं। विभिन्न स्तर, जाति, धर्मों के लोगों का समर्थन मिला है। नेता, बुद्धिजीवी, उद्योगपति, कलाकार, कामगार आदि सब लोगों ने अन्ना के अनशन को समर्थन दिया है। जनमानस के समर्थन का प्रवाह इतना जोरदार था कि कुछ साल पहले अन्ना पर टिप्पणी करनेवाले बालासाहेब ठाकरे को भी शिवसेना का समर्थन घोषित करना पड़ा तो दूसरी ओर महाराष्ट्र नवनिर्माण सेना भी समर्थन देने के लिए पीछे नहीं हटी। जनमानस के इस प्रहार के कारण ही अनशन के पहले 2 दिनों में ही प्रधानमंत्री से लेकर सोनिया गांधी तक सबको अन्ना को अनशन छोड़ने के लिए आह्वान करना पड़ा।

मनमोहन सिंह की सरकार के विगत 2 सालों की असफलता से लोग नाराज हैं। यह सरकार आम लोगों के लिए कुछ नहीं करती, ऐसा अधिकांश लोगों को लगता है। लोगों के इस रोष के लिए राजनीतिज्ञों का चेहरा कारण है। उस चेहरे पर

भ्रष्टाचार का नेपथ्य है। भ्रष्टाचार के मामले एक के बाद एक सामने आने से विगत कुछ महीने में सरकार की प्रतिष्ठा पूरी तरह से मिट्टी में मिल गई है। विशेषकर जनप्रतिनिधि, वरिष्ठ नेता और उच्च-पदस्थ नौकरशाहों की मिलीभगत से ये मामले घटित हुए। मीडिया और विपक्ष द्वारा इन मुद्दों को चलाए जाने के बाद कुछ विकल्प ना रहने के कारण अन्त में कार्रवाई शुरू हुई। प्रत्यक्ष रूप में उन चोरों को सबक कब मिलेगा और कितनी कड़ी सजा होगी, यह बताना मुश्किल है। ऐसे वातावरण में अन्ना ने भ्रष्टाचार निर्मूलन के लिए जनलोकपाल बिल तत्काल मंजूर करने की आवाज़ लगाई। उसका स्वरूप कैसा होगा, इसके लिए भी प्रयास किए। अन्ना हजारे को जयप्रकाश नारायण जितना जनाधार नहीं है। लेकिन निरन्तर संघर्ष, ईमानदार चरित्र से उन्होंने विश्वास प्राप्त किया है। इस कारण उनके पीछे बड़ी संख्या में लोग खड़े हुए हैं। भ्रष्टाचार विरोधी लड़ाई में समर्थन के लिए खड़े लोगों को अन्ना के रूप में खुद की व्यथा, वेदनाओं, नैतिक विवेकवाद का गुणसंपन्न चेहरा प्रतीत होता था।

एक बात का जरूर उल्लेख करना होगा। अन्ना को जो समर्थन मिला है, वह समर्थन भारत के मध्यम वर्ग द्वारा अपनी उदासीनता छोड़ने के विचार का सूचक है। यह उपलब्धि बहुमूल्य है। अब कई प्रकार से जानकारी मिलती है : विश्व के अनेक देशों में भारत की तरह कदम-कदम पर भ्रष्टाचार नहीं होता। उन देशों में छोटे भ्रष्टाचार के मामलों में तत्काल सजा सुनाई है। व्यक्ति कितना भी प्रभावशाली हो, उसको बख्शा नहीं जाता और उसे जेल की हवा भी खानी पड़ती है। यह लोगों को अब पता चल चुका है। इसलिए जिन्हें राजकर्ताओं और प्रशासन के भ्रष्टाचार का सामना करना पड़ता था, उनकी भावना तीव्र और कृति-व्यवहारशील होना स्वभाविक है, आशादायी है। लेकिन अन्ना के पीछे खड़ी भीड़ में एक वर्ग ऐसा भी है जो कि पब्लिसिटी का भूखा है, इस पब्लिसिटी की कला में यह वर्ग माहिर है। दूसरी ओर, भ्रष्टाचार उन्मूलन के लिए अर्थ एवं राजव्यवस्था में जो व्यापक बदलाव करने होंगे, इस बात से उन्हें लेना-देना नहीं है। काले धन पर खड़े राजनीति और सिनेमा के साम्राज्य के मुखिया जिस आस्था से अन्ना के आन्दोलन को मदद के लिए आगे आए हैं, उससे यह बात ध्यान में आती है।

भ्रष्टाचार उन्मूलन एक अत्यन्त उलझा हुआ बहुआयामी सवाल है। अन्ना आन्दोलन के बहाने जो अब यह मिलाप हुआ है तब तो इसकी गम्भीरता समझ लेनी होगी। अपवाद छोड़कर भारत की सभी देशव्यापी और राज्यव्यापी पार्टियाँ, वरिष्ठ अधिकारी, सेना के अधिकारी, शिक्षा संस्थान, धार्मिक काम करनेवाले संस्थान, इतना ही नहीं न्याय संस्था को भी भ्रष्टाचार की दीमक लगी है। यह सभी संस्थाएँ यहाँ पर राजनीति और समाजनीति, धर्मनीति को काले धन पर चलाती हैं, यह खुला रहस्य है। दूसरी ओर, समाज के अच्छे संस्थान, संगठन, दल भ्रष्टाचार खत्म होना ही चाहिए, ऐसी भूमिका ले रहे हैं। भ्रष्टाचार किसी को भी नहीं चाहिए लेकिन वही

भ्रष्टाचार चारों ओर व्यवस्था का एक भाग बनकर आराम से पनप रहा है। इस अनाकलनीय गुत्थी को सुलझाने के लिए अन्ना के आन्दोलन को सफलता मिलनी ही चाहिए। लेकिन भ्रष्टाचार उन्मूलन एक बिल के निर्माण से परे प्रवृत्ति और व्यवस्था को बदलने की गम्भीर चुनौती का एक भाग है। भ्रष्टाचार पूँजीवादी व्यवस्था की सन्तान है इसलिए परिपाटी, वृत्ति बदलने की जिम्मेदारी झटकना गलत है और जो व्यवस्था भ्रष्टाचार को जन्म देती है उसमें बदलाव का कोई भी आग्रह बिना किए नैतिक बरताव के गीत गाना भी ठीक नहीं है। भ्रष्टाचार करके खुद के जीने में थोड़ी सहजता लाई जा सकती है, खुद की प्रगति की जा सकती है, 'पैसों का लेन-देन करने को भ्रष्टाचार ना मानते हुए 'सुविधा शुल्क' क्यों न मानें', ऐसा विचार कर वैसे ही बरताव करनेवाले आज अधिकांश लोग व्यवस्था में बैठे हुए हैं। भ्रष्टाचार की प्रक्रिया में 'लेनेवालों' की तरह 'देनेवाले' भी जिम्मेदार हैं। इस व्यवहार प्रक्रिया में 'क्या बिगड़ेगा' यह सर्वमान्य हुई मानसिकता भ्रष्टाचार उन्मूलन में सबसे बड़ी बाधा है। आग्रही नैतिक व्यवहार-बरताव और इसके कारण अपरिहार्यता के साथ जिया जानेवाला साधारण जीवन का विचार पुराना, कालबाह्य हुआ है, ऐसा माना जा रहा है। यह सब ध्यान में लेते हुए भ्रष्टाचार उन्मूलन के लिए खुद के जीवन की पुनः रचना करने की चुनौती एकाध बिल मंजूर करने से अधिक विकट है।

देश में विगत दो दशकों में नव-उदारवादी पूँजीवाद वैश्वीकरण का ढोल पीटनेवाली व्यवस्था है। 'सरकार का नियंत्रण नहीं चाहिए। जिनको जो-जो करना है, उन्हें मुक्त रूप से करने दिया जाए। मार्केट के नियमों को ही नियंत्रित किया जाए', यह वैसा ही आर्थिक तत्व-ज्ञान है। यह पूर्ण रूप से मुनाफे पर आधारित बाजार व्यवस्था है। मुनाफा पाते समय 'प्रॉफिट विदाउट प्रोडक्शन' यानी बिना उत्पादन के मुनाफा मिलता है, यह इसका अगला चरण है। उदाहरण के तौर पर देखा जाए तो बिना किसी भी प्रकार का उत्पादन किए स्पेक्ट्रम के केवल वितरण पर 1 लाख 70 हजार करोड़ से मालामाल होना। इस व्यवहार में चिल्लर लगनेवाले ऐसे दो-पाँच हजार करोड़ लेनेवाले मंत्री, अधिकारियों के नाम घोषित होते हैं। अभी तक उन्हें सजा भी नहीं हुई है, जन लोकपाल बिल के बाद सजा होगी, ऐसा मानकर चलते हैं। लेकिन भ्रष्टाचार की माँग करनेवाले जब तक हैं तब तक वह माँग पूर्ण करनेवाले भी हैं। उन सबका क्या? यह एक व्यक्ति के लिए दंड या मामलों का निपटारा करने का सवाल नहीं है तो इस व्यवस्था को ही तमाचा दिए बगैर भ्रष्टाचार पर नियंत्रण पाना एक सपना ही रहेगा, इसका स्पष्ट एहसास निर्मित होने की आवश्यकता है।

अन्ना के आन्दोलन से भ्रष्टाचाररहित समाज की ओर लोक चेतना का एक कदम आगे बढ़ा है लेकिन भ्रष्टाचार उन्मूलन का यह निदान उसके लिए आवश्यक व्यापक एहसास से समग्र रूप से और व्यवहारशील तरीके से जोड़ना होगा।

[23 अप्रैल, 2011]

लोकतंत्र की मजबूती के लिए अन्ना हजारे का अनशन!

1 अगस्त से अन्ना हजारे आलन्दी में अनशन कर रहे हैं।

अहमदनगर जिले के रालेगण सिद्धि का उनका गाँव आदर्श रूप से विकसित होने के बाद अब किसी के परिचय का मोहताज नहीं रहा। उन्होंने 1990 के बाद भ्रष्टाचार के विरोध में जन-आन्दोलन शुरू किया। इस वजह से महाराष्ट्र के कई मंत्रियों को घर जाना पड़ा। अन्ना का नैतिक डर निर्मित हुआ। सूचना अधिकार कानून महाराष्ट्र में सबसे पहले लागू किया गया, इसका प्रमुख श्रेय अन्ना को ही जाता है। ईमानदार, सात्विक, फकीरी वृत्ति के इनसान के रूप में उनकी समाज में छवि है। गाँव में रहना, वारकरी होना, सीधे, सरल, बेबाक होकर बात करना, बैंक में खुद का खाता तक ना होना, मन्दिर के एक कमरे में रहना आदि कारणों की वजह से अन्ना के नाम का एक जादू चला है। अन्ना का आन्दोलन यानी उनके जन जागरण के लिए दौरे, उनका मौन या अनशन। लेकिन सत्ताधारी नेताओं को उनकी इस कृति का डर था (वैसे दिखाया तो जाता था)। अलग-अलग माँगों के लिए कई बार अलग-अलग संस्था-संगठनों की ओर से आन्दोलन हमेशा चलते रहते हैं। कई संस्था-संगठनों के जुलूस मुम्बई में आते हैं, धरना-आन्दोलन किया जाता है लेकिन उनसे सम्बन्धित विभागों के मंत्री मिलें, तो भी बेहतर। मुख्यमंत्री ने 5 मिनट दिए तो भाग्य की बात। लेकिन अन्ना की बैठक सीधे मुख्यमंत्री के साथ होती है। हर 3 महीने के बाद नियमित रूप से सचिवालय के द्वार पर मुख्य सचिव अन्ना के स्वागत के लिए स्वयं हाजिर रहते हैं। उनकी बैठक में आधा दर्जन मंत्री, सम्बन्धित सभी सचिव और अधिकारी उपस्थित रहते हैं। बैठक की कालावधि तीन-तीन घंटों तक होती है और बैठक के सारे मिनट्स लिये जाते हैं।

फिर भी बार-बार यह साबित हो रहा है कि सत्ता पर आसीन पार्टी का यह सब दिखावा है। वह सच्ची नहीं, झूठी है। अन्ना द्वारा फॉलोअप लिए जा रहे मामले सात-सात सालों से पेंडिंग हैं, एक-एक मामलों पर आठ-आठ बार बैठक हो चुकी है। आश्वासन और सिर्फ आश्वासन का चक्र चालू है। लेकिन कार्यान्वयन के आदेश अपूर्ण और कई बार ना के बराबर और केवल शब्दों का खेल। इस अनुभव

के सात्विक क्रोध से अन्ना अनशन पर बैठ रहे हैं। समाचारपत्रों में इस सम्बन्ध में पूरी जानकारी नहीं आती और अनशन के सन्दर्भ में राजनीतिक मुद्दों की चर्चा ही अधिक हो रही है इसलिए सीधे रालेगण सिद्धी जाकर अन्ना से मुलाकात की। विस्तार से बात हो गई। अन्ना ने सभी मामलों के बारे में फॉलोअप और प्रयासों के दस्तावेजों का एक बंडल दिया और अनशन क्यों करना पड़ रहा है, इस सम्बन्ध में मुख्यमंत्री को लिखा हुआ पत्र भी दिखाया। उसमें से महत्त्वपूर्ण मुद्दे इसी अंक में दिए गए हैं। इन सभी से अन्ना की प्रामाणिक वेदना और उनको भुगतनी पड़ रही आत्मवंचना स्पष्ट दिखाई देती हैं।

समाज में कई जन-आन्दोलन किए जाते हैं, वे आवश्यक भी होते हैं लेकिन वे आन्दोलन कामगार, कर्मचारी, प्राध्यापक, डॉक्टर आदि समाज घटकों द्वारा अपने ऊपर हो रहे अन्याय के निपटारे हेतु किए जाते हैं। कुछ आन्दोलनों के सवाल महत्त्वपूर्ण होते हैं लेकिन वह विशिष्ट मुद्दों पर आधारित होते हैं। उदाहरण के तौर पर देखा जाए तो शिक्षा, स्वास्थ्य, अन्धविश्वास निर्मूलन। इनमें से अधिकांश मामलों में सरकार की ओर से कुछ निर्णय लिए जाते हैं और आन्दोलन रुक जाते हैं। लेकिन अन्ना के अनशन के पीछे जो माँगें हैं, वे एकांगी नहीं हैं, वे माँगें बहुसंख्यक समाज घटकों के लिए हैं। इसमें महत्त्वपूर्ण बात यह है कि उन सभी मामलों में लोगों द्वारा हस्तक्षेप कर खुद को और समाज को न्याय दिलाने के लिए ऐसी व्यवस्था और कानून तैयार कराने का उनका प्रयास रहता है।

लोगों के मन में कई बार अन्याय के खिलाफ रोष दिखाई देता है लेकिन क्या करें, यह समझ में ना आने के कारण अधिकांश समय चुप्पी साधी जाती है, या कुछ हिंसक बन जाते हैं। लेकिन दोनों मार्गों से अन्याय के खिलाफ हमेशा के लिए उत्तर नहीं मिलता, उपाय नहीं मिलता। यह उपाय प्राप्त करने के लिए कानूनन प्रावधान होने चाहिए, जिसके द्वारा सामान्य इनसान को खुद के हित देखने और उसके लिए लड़ने का अवसर प्राप्त हो सकेगा। एक आसान उदाहरण ले सकते हैं। नई सड़कें तैयार होती हैं और तत्काल उन पर गड्ढे पड़ने शुरू हो जाते हैं। इन गड्ढों को भरने की जिम्मेदारी किसी की नहीं होती, ऐसा प्रतीत होता है। इसलिए इन गड्ढों से यात्रा करते हुए रोष व्यक्त करने के अलावा आम आदमी कुछ नहीं कर सकता। अन्ना की इस सम्बन्ध में माँग है कि सड़क का जिस कॉन्ट्रैक्टर ने निर्माण किया है, उसकी सभी जानकारी देनेवाला बोर्ड सड़क के दोनों ओर लगाया जाए और इसमें आगे कितने सालों तक सड़क की देखभाल की जिम्मेदारी है इसका उल्लेख किया जाए जिससे लोग सीधे उसको पकड़ सकते हैं और उसने टालमटोल किया तो कानून के आधार पर उसे न्यायालय में खींच सकते हैं। ऐसे कई मुद्दों का उल्लेख अन्ना के पत्र में किया गया है। सत्ता में कौन है, इसका महत्त्व होता है लेकिन सत्ता का स्थायी-भाव ही भ्रष्ट, संवेदनहीन और अकार्यक्षम कार्यक्रम

बनने की ओर होता है। जागरूक जनशक्ति के धक्के बार-बार दिए जाएँ तो ही सत्ता के स्वच्छ, संवेदनशील और कार्यक्षम रहने की सम्भावना बढ़ती है। जागरूक नागरिक की यह जिम्मेदारी भी है लेकिन उसे पूरा करने के लिए कानूनन स्थान भी होना चाहिए। सूचना अधिकार के कानून के आधार पर गैर-कानूनी प्रकरणों पर सीमित पैमाने पर प्रतिबन्ध लगाया जा सकता है। यह अनुभव महाराष्ट्र ने पिछले तीन-चार सालों में किया है। अन्ना के इस अनशन के उपलक्ष्य में यह जनशक्ति अधिक जागृत, संगठित एवं सक्रिय हुई तो लोकतंत्र की मजबूती की ओर एक कदम बढ़ाया जा सकेगा और मुझे लगता है कि लोकतांत्रिक समाजवाद के लिए यह राह अर्थपूर्ण साबित हो सकती है।

लोकतांत्रिक समाजवाद की निर्मिति का प्रयास *साधना* की जीवन निष्ठा है। लेकिन भारत में वर्तमान लोकतंत्र अधिकांश दिखावा करनेवाला और कमजोर है। चुनाव के दौरान शान्तिपूर्ण तरीके से मतदान होना, नियमित रूप से चुनाव होना ऐसे कुछ मुद्दे लक्षणीय हैं लेकिन ये प्रयास अधूरे हैं। चुनाव में कुछेक को छोड़कर अधिकांश धनिक जन खड़े होते हैं और चुनकर आते हैं। गम्भीर आपराधिक मामले दर्ज हो चुके लोगों के जनप्रतिनिधि के रूप में चुनकर आने का प्रमाण हाल में बढ़ गया है। चुनाव द्वारा सरकार बदली जा सकती है, बदलती है लेकिन विशेष कुछ फर्क नहीं पड़ता, जन-मानस की यह भावना दिनोंदिन बढ़ती जा रही है। जयप्रकाश नारायण कहते थे कि राज्यकर्ताओं में बदलाव केवल, 'नागराज' जाकर 'साँपराज' आया है, इस स्वरूप का है। लोकतंत्र में दूसरा महत्त्वपूर्ण घटक है प्रशासन। आज राज्यकर्ता और प्रशासन ये दोनों पहिये असंवेदनशील और अकार्यक्षम हैं। तथा, मीडिया भूमिका लेगी या नहीं लेगी, और अगर भूमिका लेती है तो कौन-सी भूमिका और कितनी तीव्रता के साथ लेगी, यह बताना भी अब मुश्किल होता जा रहा है। ऐसे समय में लोगों का सहभाग बढ़ाने के लिए जनशक्ति का अधिक जागरूक, अधिक संगठित होना जरूरी है। लेकिन सरकारी नीति में जनहितार्थ हस्तक्षेप करने का प्रावधान और उसका कानूनन आधार भी होना चाहिए।

कुछ चीजें इस मुद्दे को अधिक स्पष्ट करती हैं। गाँव में शराब की दुकानें बन्द करने के लिए महिलाओं द्वारा गुप्त मतदान करने का कानून था जो महिलाओं द्वारा एकत्रित होकर हाथ ऊपर कर बहुमत से प्रस्ताव पारित करने के स्वरूप में बदला गया। लिकर लॉबी के प्रभाव से यह कानून बदला गया। यह बदलाव गलत और अमल के लिए मुश्किल था। अन्ना के आन्दोलन से यह कानून फिर से पहले जैसे किया गया। इसी महीने में वाठार, जिला कोल्हापुर में शराबबन्दी का प्रस्ताव रखा गया। उसमें महिलाओं को सफलता नहीं मिली लेकिन नए कानून की वजह से अगले 15 दिनों में उन्होंने गुप्त मतदान से अपने गाँव की सातों शराब की दुकानें बन्द कर दीं। गाँव की महिलाओं द्वारा धनिकों की शराब की दुकानदारी

और शराबियों से बिना डरे किया गया बदलाव उन्हें 'रणरागिनी' बनाता है और लोकतंत्र को मजबूत करता है।

इस पार्श्वभूमि पर अन्ना का अनशन जिन कारणों के लिए है, उसे हम समर्थन देते हैं और यह अनशन लोकतंत्र की मजबूती के लिए ही होने से सभी स्तरों के सुजान नागरिकों की ओर से इस जनजागरण को मदद मिलेगी, ऐसी अपेक्षा करते हैं।

[01 अगस्त, 2009]

मुस्लिम सत्यशोधकों को चाहिए साथ

हमीद दलवाई का स्मृति दिवस और मुस्लिम सत्यशोधक मंडल का 40वाँ स्थापना दिवस पुणे में 3 मई को एक साथ ही संपन्न हुआ। हमीद दलवाई के कार्य के साथ *साधना* हमेशा सक्षम रूप में और अभिमानपूर्वक जुड़ी रही। हमीद दलवाई के अनोखे कार्य की विशिष्ठता दर्ज करते हुए पु.ल. देशपांडे ने कहा था, "महात्मा फुले द्वारा शुरू की गई समाज प्रबोधन की सम्पूर्ण इहवादी और 'मानवता को धर्म माननेवाले' विचार-वृक्ष पर लगा हुआ बीसवीं सदी का सबसे रसीला फल हमीद दलवाई हैं।" साथ ही नरहर कुरुन्दकर ने कहा, "दो चीजों का अचरज लगता है, एक तो हमीद को प्राकृतिक मृत्यु आई और दूसरे इतनी कम आयु में भी उनको 300-400 मुस्लिम अनुयायी मिले।" यह बातें हमीद दलवाई के कार्य की गम्भीरता और महत्ता को स्पष्ट करती हैं। उनके द्वारा स्थापित मुस्लिम सत्यशोधक समाज मंडल की राह धीमी रही और बहुत धीरे-धीरे जारी है। इसमें यह कार्य जारी रखनेवालों का दोष नहीं है। दिक्कतें और अड़चनें बहुत हैं। इस्लाम को 'सत्यशोधन' मान्य नहीं है। बाबरी मस्जिद टूटने और गुजरात दंगों के बाद सुरक्षा का सवाल मुस्लिम मानसिकता के लिए अव्वल दर्जे का बना हुआ है। रोजी-रोटी का सवाल तो गम्भीर है ही। ऐसे में मानसिक प्रबोधन कौन सुनेगा? लेकिन एक ओर सच्चर कमीशन द्वारा सामने रखी गई मुस्लिम समाज की पिछड़ों से भी पिछड़ी वास्तविकता और दूसरी ओर पड़ोसी पाकिस्तान में धर्म का तालिबानी रूप, ये मुद्दे यहाँ के मुस्लिम समाज-मन को नए विचारों की दिशा देनेवाले साबित हो सकते हैं।

मुस्लिम समाज के जातिवादी विचारों के सन्दर्भ में हमीद दलवाई की भूमिका अत्यन्त स्पष्ट थी। इसका विरोध करने के लिए आगे आनेवाले हिन्दू जातिवाद से भी उनका उतना ही विरोध था। लेकिन उदारवादी धर्मनिरपेक्ष विचारों के हिन्दुओं का एक समूह मुस्लिम जातिवादी विचारों का स्पष्ट रूप से विरोध नहीं करता, इसका उन्हें अफसोस था। ऐसा विरोध करने पर मुस्लिम समाज उन्हें हिन्दू जातिवादियों की लाइन में खड़ा कर देगा, ऐसा डर हिन्दू उदारवादियों को लगता था। उन्होंने यह डर नहीं रखना चाहिए, ऐसा हमीद दलवाई का आह्वान था। उन्हें लगता था कि मुस्लिम समाज देश के मुख्य प्रवाह में शामिल होना चाहिए। लेकिन उनका

यह प्रवाह हिन्दू धर्म के साथ इच्छित नहीं था बल्कि वह लोकतांत्रिक समाजवाद का था। यह प्रवाह मुसलमानों को समान न्याय देनेवाला है, ऐसी उनकी धारणा थी। इस प्रवाह को समानता का दान इस्लाम से मिल सकेगा, ऐसा भी उन्हें लगता था। समाज प्रबोधन का कार्य करना है तो रोजाना की राजनीति से दूर रहना ही बेहतर है, यह हमीद दलवाई ने पहचान लिया था। उदारवादी विचारों के व्यक्तियों का एक समूह जैसे हिन्दू समाज में है वैसे ही मुस्लिम समाज में निर्मित हो और उनके परस्पर सहयोग से प्रबोधन की ताकत व्यवहार में प्रगट हो, ऐसा उन्हें लगता था।

हमीद दलवाई के विचारों का सच्चा विद्रोह उनके द्वारा की गई इस्लाम की धर्मचिकित्सा में है। इस्लाम के 1300 वर्ष के इतिहास में ऐसी चुनौती इस्लाम को किसी ने नहीं दी थी। हमीद दलवाई के शब्दों में कहा जाए तो :

"मैं मुसलमान हूँ लेकिन मेरा ईश्वर (अल्लाह) पर विश्वास नहीं है। इसलिए मोहम्मद ईश्वर का अन्तिम प्रेषित था और कुरान दैवी संदेश है, इस बात पर भी मेरा विश्वास नहीं है। पैगम्बर के प्रति मुझे अत्यन्त आदर है। इतिहास में निर्माण हुए सर्वश्रेष्ठ व्यक्तियों में से वे एक हैं, ऐसा मैं मानता हूँ। लेकिन जैसे कि प्रेषित खुद बताते हैं, 'वह केवल एक इनसान थे' और मानवीय प्रकृति में पाई जानेवाली दुर्बलताएँ उनमें भी थीं। भारतीय मुस्लिम संस्कृति ने मुझे बड़ा किया है, इस अर्थ से मैं मुसलमान हूँ। इस संस्कृति ने जो अच्छी बातें निर्माण की है, उसका मुझे अभिमान है और उसमें जो गलत बातें हैं, उससे मुझे शर्म आती है। 800 सालों से इस संस्कृति के अन्य समाज पर हावी होने के इतिहास के कारण उसमें एक ओर बर्बरता महसूस होती है। उसे अन्तर्बाह्य साफ करने पर ही वह मानवता की सेवा में उपयोग आ सकेगी, ऐसा मुझे लगता है। स्वयं ही इस्लाम के प्रवक्ता-पद का अधिकार लेनेवाले व्यक्तियों ने पीढ़ी-दर-पीढ़ी अपने हिसाब से उसके अर्थ में जो बदलाव किए हैं, इस कारण भी मुस्लिम विवेक-बुद्धि अचेतन हुई है।

"यह देश समर्थ हो, विश्व के शक्तिमान राष्ट्रों में बराबरी का स्थान मिले, ऐसा हमें लगता है तो इस देश का समाजशास्त्रीय और वैज्ञानिक दृष्टिकोण पर आधारित, भौतिक श्रद्धा पालनेवाला और चैतन्यशील बनना चाहिए। इस पर किसी की दो राय होगी, ऐसा लगता नहीं। समाज को आधुनिक और प्रगतिशील बनाने के लिए जो धर्मश्रद्धा आड़े आती है, उसे दूर करने की प्रक्रिया आगे चलाना, यानी धर्मनिरपेक्षता की ओर जाना है।"

इस्लाम की बुनियादी श्रद्धा को चुनौती देना एक मार्ग है और धर्म के नाम पर किए जानेवाले शोषण, धर्मनिरपेक्ष विचारों का इनकार करनेवालों का विरोध करना दूसरा मार्ग है। दूसरे मार्ग से मुस्लिम सत्यशोधक मंडल ने अपनी राह पकड़ी है और वह उचित है। लोगों की जो समस्याएँ हैं, उन पर काम करना है तो मतभिन्नता होकर भी लोग साथ आते हैं, यह उसका अनुभव है जोकि आश्वासक है। तलाक पीड़ित

महिलाओं की समस्या मुस्लिम समाज की एक वास्तविक और विदारक समस्या है। इस समस्या पर मुस्लिम सत्यशोधक मंडल ने लखनऊ, दिल्ली, अहमदाबाद, कालीकट, बंगलोर, मंगलोर, मदुराई ऐसे पूरे भारत में सम्मेलनों का आयोजन किया। मुस्लिम महिलाओं को संरक्षण देनेवाले कानून की उसने माँग की। तलाक देने की वर्तमान पद्धति के विकल्प के रूप में नया निकाहनामा निर्मित किया। यह बुनियादी प्रयास था जो उपक्रम के स्तर पर ही रहा। उसे कानून का स्थान प्राप्त नहीं हो सका। लेकिन विकल्प की चर्चा तो शुरू हुई। सवालों के आधार पर चल रहे कार्यों की वजह से सीमित अर्थ में मंजूरी प्राप्त हुई। इसी वजह से पुणे के जिस मोमिनपुरा में हमीद भाई पर 40 साल पहले हमले हुए, उसी मोमिनपुरा में तलाक पीड़ित महिलाओं का केन्द्र स्थानीय सहयोग से खड़ा हो सका।

मुस्लिम मानस को धर्मनिरपेक्ष बनाने का काम बहुत मुश्किल है। जमात-ए-इस्लामी संगठन इस्लामिक राज्य का सपना देख रहा है। हिन्दू राष्ट्र अथवा इस्लामिक राष्ट्र, दोनों संकल्पनाएँ धर्मनिरपेक्षता, यानी आधुनिक राष्ट्र निर्मिति का गला घोंटनेवाली हैं। सच कहें तो राजनीति में धर्म नहीं लाना चाहिए, यही इस देश के आम मुस्लिमों की भावना है। इससे क्या हड़कम्प मचता है, यह पड़ोसी पाकिस्तान में रोजाना देखने को मिलता है। इस विचार को विकल्प मिलता है जमात-ए-तबलीगी का। तबलीगी दृष्टि से पारलौकिक विश्व का कल्याण ही सच्चा है, इसके लिए कर्मठ रूप से किए जानेवाले कर्मकांड यहाँ के रोजाना के जीवन का स्वरूप होने चाहिए, यह विचार भी धर्मनिरपेक्षता और आधुनिक राष्ट्र निर्मिति से मुस्लिम समाज को दूर ले जानेवाला है। इस सन्दर्भ में मुस्लिम सत्यशोधक मंडल द्वारा किया जानेवाला प्रबोधन अत्यन्त आवश्यक है। हमें अपने हिसाब से उसका साथ देना चाहिए। कल के सशक्त भारत का उससे ही निर्माण होगा।

[09 मई, 2009]

प्रबोधन मुहिम के बहाने

1 अप्रैल आदरणीय अन्ना तथा एसेम (एस.एम. जोशी) का स्मृति दिवस। जिन विचारों के लिए वे जिए, जिन्दगी-भर काम किया, वह विचार समूचे महाराष्ट्र में पहुँचाने के लिए एक विशेष अभियान आज से शुरू हो रहा है। धर्मान्धता का विरोध, धर्मनिरपेक्षता का आग्रह और राष्ट्रीय एकात्मता के निर्माण के उद्देश्य का यह अभियान अगले साल भर महाराष्ट्र में चलेगा। यही विचारधारा *साधना* का प्राण-तत्व होने से एस.एम. जोशी फाउंडेशन और नानासाहेब गोरे अकादमी की इस मुहिम में *साधना* समूह सहभागी हो रहा है।

अनेक जातियों और अनेक धर्म-पन्थोंवाले भारत ने स्वतंत्रता संग्राम में अभूतपूर्व एकता दिखाई। जाति-धर्म के संकुचित विचारों से परे जाकर कन्धे से कन्धा मिलाकर इस देश का हर आम व्यक्ति स्वतंत्रता के लिए लड़ा। उसे धर्मनिरपेक्षता शब्द का अर्थ भी पता नहीं होगा लेकिन उसका व्यवहार वैसा ही था। यह शब्द संविधान में शामिल करने के लिए संविधान समिति में बहुत चर्चा हुई। प्रत्यक्ष रूप से यह शब्द संविधान में वर्ष 1976 में अन्तर्भूत हुआ। संविधान में सेकुलर शब्द का उचित अर्थ क्या है? इहवाद? धर्मनिरपेक्षता? धर्मातीतता? या सर्वधर्म समभाव? खैर, ऐसी चर्चा होती है और होती रहेगी। लेकिन इस संकल्पना के दो आशय स्पष्ट हैं। एक तो हर भारतीय नागरिक को अपने धर्म के पालन और उपासना की पूरी स्वतंत्रता होगी। और दूसरा यह कि व्यक्ति का धर्म कोई भी हो या व्यक्ति किसी भी धर्म को माननेवाला ना हो, इससे उसके नागरिकत्व में बाधा नहीं आएगी। अर्थात, धर्म पालन की स्वतंत्रता अपवादस्वरूप नहीं है, विशिष्ट परिस्थिति में उसे नियंत्रित करने का अधिकार भी सरकार को है। सार्वजनिक जीवन में कई भौतिक व्यवहार तो खुलेआम धर्म के परे हो चुके हैं। इसके साथ ही, वयस्क मतदान पर आधारित लोकतंत्र भारत ने स्वीकारा है। इसका सार यह है कि प्रत्येक व्यक्ति का एक ही स्वतंत्र मूल्य है (one man—one vote—one value) और वह धर्म पर आधारित नहीं है।

राष्ट्रीय स्वयंसेवक संघ स्वतंत्रता मिलने के कई वर्ष पहले से हिन्दू राष्ट्र का सपना देख रहा है। अपना विचार सभी स्तरों तक फैलाने के लिए उसने सफल प्रयास किया है। उसका एक चेहरा आदिवासियों की सेवा करनेवाले वनवासी कल्याण

आश्रम का है, दूसरा आक्रामक बजरंग दल का, विश्व हिन्दू परिषद का है और एक भारतीय जनता पार्टी जैसी राजनीतिक पार्टी का है। शिवसेना-जैसे संगठनों की उसे मदद मिलती है। इन लोगों की विभिन्न प्रचार मुहिमों में जाने की यह जगह नहीं है लेकिन उनमें से एक शातिर मुद्‌दा अपनी मुहिम के सन्दर्भ में ध्यान में लेना अत्यन्त आवश्यक है।

वह कुटिल मुद्‌दा यह कि संघ परिवार ही सच्चा धर्मनिरपेक्ष है और बाकी सभी 'स्यूडो सेकुलर' हैं क्योंकि हिन्दू धर्म एक जीवन पद्धति है और बाकी के धर्म केवल उपासना पद्धति हैं। इसलिए हिन्दू धर्म यहाँ की संस्कृति का मूल स्रोत है, बाकी धर्मों को अपनी पहचान हिन्दू-मुस्लिम, हिन्दू-क्रिश्चियन माननी होगी और इस देश की परम्परा, संस्कृति को ध्यान में रखकर रहना होगा। इस तरह रहना ही सच्ची धर्मनिरपेक्षता है और इसे बतानेवाले संघी सच्चे सेकुलर।

अब सवाल यह है कि यह परम्परा और संस्कृति कौन-सी है? निश्चित ही संघियों के पवित्र मुख से जो आएगी, वही परम्परा और संस्कृति। यह इस देश के मुस्लिम, क्रिश्चियन को तो छोड़िए, बौद्ध, जैन, सिख बान्धवों को भी मान्य नहीं होगा। लेकिन यह मान्य होना ही चाहिए अन्यथा परिणामों को भुगतने के लिए तैयार रहें। परिणामस्वरूप हम मस्जिद गिराकर उसकी जगह पर मन्दिर खड़ा करने का संकल्प करेंगे, भावनाओं को भड़काएँगे, दंगे-फसाद करेंगे, सत्ता प्राप्त करेंगे, सत्ता मिलने के बाद शिक्षा का धार्मिकीकरण करेंगे। कुल मिलाकर बहुत सोच-समझकर और चालबाजी से दीर्घ नियोजन कर धर्मान्धता बढ़ाना और उसे तीव्र करना, यही कार्यक्रम बनाया गया। विचार जब समूह का रूप लेता है तब वह सामाजिक शक्ति बन जाता है, यह प्रसिद्ध वचन है। अफसोस कि धर्मान्धता को इसी तरीके से विघातक सामाजिक शक्ति बनाया गया। एक धर्म ने शुरू किया कि कम-ज्यादा पैमाने में यह सभी धर्मों में पहुँच जाता है। मुस्लिम, सिख, क्रिश्चियन, जैन आदि धर्मों के नागरिक धर्म के नाम से संगठित होने लगते हैं। वाणी में उदात्त भाषा और आधुनिक विचार होता है लेकिन व्यवहार में सैकड़ों तथा हजारों वर्षों से चले आ रहे धार्मिक तत्वज्ञान के आधार पर उत्तर ढूँढ़ने का प्रयास होता है। धर्मान्धता राजनीति में लाई जाती है। राजनीतिक स्वार्थ के लिए उसे हिंसा का तड़का दिया जाता है। इससे राष्ट्रीय एकात्मता तो भंग होती ही है, साथ ही आधुनिक संस्कृति के सार लोकतंत्र प्रणाली के भी ध्वस्त होने का खतरा उत्पन्न होता है।

अर्थात, राष्ट्रीय एकता को खतरा केवल धर्मान्धता से नहीं होता बल्कि तेजी के साथ बढ़ती आर्थिक विषमता से भी होता है। लेकिन यह आर्थिक विषमता का खतरा आम लोगों को महसूस ना हो इसलिए रूढ़ि, परम्परा और धर्म के नाम का नशा करवाया जाता है। विगत कुछ सालों में गणेश उत्सव, नवरात्र उत्सव और अब गुढीपाडवा के उपलक्ष्य में जुलूस निकालकर आयोजन की परम्परा इसका

उदाहरण है। प्रत्येक जाति और धर्म इस बारे में अन्धा अभिनिवेश, प्रशिक्षा धारण करेगा, ऐसा डर लग रहा है।

धर्मान्धता के विरोध में धर्मनिरपेक्ष राष्ट्रीय एकता हेतु प्रभावशाली प्रबोधन मुहिम ऐसे माहौल का डटकर मुकाबला करना चाहती है। युवाओं के साथ हमेशा सम्पर्क रखने से आज हम कह सकते हैं कि युवा पीढ़ी को मूल्य-विचारों को जानने की चाह नहीं है। कुल मिलाकर अनास्था है। इसलिए यह मुहिम आकर्षक रूप में आक्रामक तरीके से चलानी होगी जिससे युवाओं को एहसास हो सके। संविधान में दिए धर्मस्वातंत्र्य को राष्ट्रीय एकात्मता, सार्वजनिक स्वास्थ्य, सार्वजनिक नीतिमत्ता, कानून व्यवस्था, व्यक्ति स्वातंत्र्य के मूलभूत अधिकार से बहाल किया जा सकता है, यह लोगों तक पहुँचाना होगा। इसके लिए आग्रह करना होगा। महाराष्ट्र में सन्तों और समाज सुधारकों ने धर्मसंकल्पनाओं का एक उन्नत और कृतिशील आशय लोगों के सामने खड़ा किया है, उस कर्मशील अर्थ को जगाना पड़ेगा। ईश्वराधिष्ठित धर्म के ऊपर उठकर अखिल मानव जाति के लिए आवश्यक नैतिकता से भरा, एक मानवतावादी विवेकी आचार-विचारों का सपना दिखाना पड़ेगा। बढ़ती जानलेवा आर्थिक विषमता और उससे एकसंघ समाज-व्यवस्था के लिए निर्मित गम्भीर खतरे के विरोध में कृतिशील सभी लोगों के साथ दोस्ती के लिए रचनात्मक हाथ बढ़ाना होगा। उनका सामर्थ्य इकट्ठा करना होगा।

अपेक्षा यही है कि इन सभी बातों का चिन्तन, मनन और आचरण इस मुहिम के बहाने महाराष्ट्र के पटल पर होगा। यही आदरणीय एसेम (एस.एम. जोशी) को अभिवादन करने का सर्वोत्तम मार्ग है।

[03 अप्रैल, 1999]

व्यर्थ न हो बलिदान!

अन्याय और भ्रष्टाचार के खिलाफ लड़नेवालों की अलग पहचान होती है। लेकिन उसके साथ आनेवाली भयावहता तलेगाँव दाभाड़े में लड़ाकू कार्यकर्ता सतीश शेट्टी की हत्या से स्पष्ट हुई। भ्रष्टाचार के विरोध में लड़ने का मतलब घर-परिवार छोड़कर पूरी लगन के साथ काम करना होता है, शेट्टी को इसका एहसास था, फिर भी अपने देश के प्रति निष्ठा रख बड़े संकल्पपूर्वक वे अपनी राह पर डटे हुए थे।

कुछ सालों पहले सूचना अधिकार कानून आया। इस कानून का सबसे पहले और प्रभावशाली रूप से उपयोग करनेवालों में से एक सतीश शेट्टी थे। तलेगाँव और लोणावला क्षेत्र में भूमाफिया लोगों की करतूतें एक-एक कर उन्होंने उजागर कीं। शेट्टी का जन्म उसी क्षेत्र में हुआ। अपने इलाके को बदलते हुए वे देख रहे थे। मुलशी-मावल प्राकृतिक सम्पत्ति से भरा-पूरा क्षेत्र रहा है। वहाँ बाँध होने के कारण पानी भरपूर था। साथ ही मुम्बई और पुणे से भौगोलिक रूप से नजदीकी के कारण इस क्षेत्र की जमीनों का सोने का मूल्य था। अपनी जमीनों को बेचकर इस काले सोने का सफेद पैसों में रूपान्तरण करने की किसानों को हो रही जल्दबाजी और भूमाफियाओं द्वारा उनके साथ की जा रही धोखाधड़ी और लूट के कारण शेट्टी बेचैन थे। लवासा जैसा पूर्ण रूप से स्वावलम्बी पर्यटक शहर इसी क्षेत्र में खड़ा होने से राजनेता, अमीर लोग, भूमाफिया, वरिष्ठ प्रशासकीय अधिकारियों का एक अभद्र गठबन्धन इस क्षेत्र में तैयार हुआ है। अभिमन्यु-जैसा संकल्प लेकर इस चक्रव्यूह को भेदने के लिए सतीश शेट्टी उसमें घुसे थे। इस साहस के लिए कई लोगों ने उन्हें सराहा। लेकिन उनको खत्म कर हमेशा के लिए चक्रव्यूह को भेदने की सम्भावना नष्ट करनेवालों की संख्या कम नहीं थी। आज उन लोगों को सफलता मिली है।

सतीश शेट्टी के पास जाने के बाद अपना काम निश्चित रूप से होगा, यह आम लोगों की धारणा बन गई थी। वे तलेगाँव के षण्मुगम मंजूनाथ तथा सत्येंद्रनाथ दुबे थे। किसी ने सरकारी जमीनों को हड़प लिया, गैर-कानूनी निर्माण किया, अन्याय किया तो यह अकेला बन्दा जो चाहे कीमत लगाकर उसके खिलाफ लड़ने के लिए तैयार होता था। इस काम में कई मामलों का सामना करने के बाद भी वे कभी डरे नहीं। बड़े-बड़े लोगों को टक्कर देते समय अपना सिर कभी झुकाया नहीं।

डटकर लड़ने और धोखा खाए लोगों को न्याय दिलाने में ही उनको आनन्द मिलता था और वही उनके जीवन की सार्थकता थी। हाथ में एक कपड़े की थैली और उसमें सूचना अधिकार में पाए दस्तावेजों के रूप में हथियार, यही उनकी सम्पत्ति थी। आईआरबी कम्पनी का 1800 एकड़ जमीन का गैर-कानूनी व्यवहार, तलेगाँव नगरपरिषद का भ्रष्टाचार उन्होंने उजागर किया। एक नगर-अध्यक्ष द्वारा खुद के बंगले के गैर-कानूनी निर्माण का उन्होंने पर्दाफाश किया। उनका नगर-सेवक पद रद्द हुआ और बाद में नगराध्यक्ष पद भी गया। विशेष बात यह है कि गैर-कानूनी निर्माण किया हुआ बंगला भी गिराया गया। झूठी जन्म-तिथि दिखाकर सरकारी लाभ लेनेवाले अधिकारियों को निलम्बित करने के लिए प्रशासन को मजबूर किया। राशन केरोसिन की ब्लैकमेलिंग सामने लाए। यह सब करते समय कभी किसी से चाय भी मुफ्त के पैसों से नहीं पी।

एक व्रत के रूप में सतीश शेट्टी अपना काम कर रहे थे। यह आदमी अपने पर भारी पड़ रहा है, इसका एहसास जिन लोगों को हुआ, उन्होंने इन्हें अपनी ओर खींचने का प्रयास भी किया। साम-दाम-दंड-भेद सारे उपाय किए गए। हत्या होने के कुछ दिन पहले उन पर मोटरसाइकिल चढ़ाकर हत्या करने का प्रयास भी हुआ। लेकिन इससे जरा भी विचलित हुए बिना उन्होंने अपनी जनसेवा जारी रखी। यह काम अपनी जान पर भी आ सकता है, इसका उन्हें एहसास था। इसीलिए पुलिस को जानकारी देकर उन्होंने सुरक्षा की माँग भी की थी। यह सुरक्षा देनी है या नहीं देनी है, इसकी पुलिस छानबीन कर रही थी कि तब तक हत्यारों ने अपना काम कर दिया।

षण्मुगम मंजूनाथ तथा सत्येंद्रनाथ दुबे बड़े नाम थे। उनके द्वारा भंडाफोड़ किए भ्रष्टाचार भी बहुत बड़े थे। आम लोगों के दैनन्दिन उपयोगी केरोसिन में मिलावट कर खुद की तिजोरी भरनेवाले अधिकारियों पर षण्मुगम ने 2006 में सवाल उठाया था। इसी साल दुबे ने महामार्ग बनानेवाले ठेकेदारों और विभागों के सरकारी कार्यालयों का आपसी जुगाड़ उजागर किया था। तब उन दोनों की हत्या हुई। सीबीआई को दुबे का मामला सौंपा गया। सीबीआई ने दुबे की हत्या में ठेकेदार कम्पनियों और उनके प्रतिनिधियों का कोई सम्बन्ध नहीं है, सर्वोच्च न्यायालय में बताया। देश-भर में चर्चित सबसे बड़े भ्रष्टाचार के इस मामले का नतीजा कुछ इस तरह आया। गैर-कानूनी काम और भ्रष्टाचार से बेलगाम हुई इन शक्तियों ने सतीश शेट्टी की हत्या करके एक चेतावनी दी है कि हमारे खिलाफ खड़ा रहना है तो जान देकर ही कीमत चुकानी पड़ेगी। इसका प्रतिवाद हम किस तरह करेंगे? यह बड़ा सवाल है।

सरकारी जाँच और न्यायालय से सतीश शेट्टी को न्याय मिलेगा, ऐसी आशा करते हैं। ऐसा होना भी चाहिए। ऐसे आतंक से बिना डरे सूचना अधिकार के हथियार का उपयोग करनेवाले सभी संगठनों को मावल-मुलशी क्षेत्र में भूमाफियाओं की कालाबाजारी को उजागर करने के लिए मुहिम चलानी चाहिए और उनके विरोध में

खड़े होना चाहिए। शेट्टी की हत्या से सूचना अधिकार की यह मशाल बुझाने का प्रयास किया गया है। किसी भी हालात में यह मशाल बुझनी नहीं चाहिए। मानते हैं कि ऐसा होगा। लेकिन अव्वल दर्जे का सवाल तो आगे है कि सतीश शेट्टी पर जब हमला हुआ तब वे मदद के लिए पुकार रहे थे लेकिन हकीकत यह है कि उनकी मदद के लिए कोई नहीं गया। मानो वारदात पर मौजूद सभी लोग लंगड़े-लूले बन गए थे। असंवेदनशीलता, मोह और डर इस त्रिदोष ने समाज को घेर रखा है। यह उस भीषण वास्तविकता की भयसूचक घंटी है, इसकी आवाज अन्तर्मन तक ना पहुँचे, इतना बहरापन समाज में मौजूद है। हर सवाल की ओर 'मुझे क्या करना है, ऐसे होता ही रहेगा' इस तरह देखने की संवेदनहीनता अधिकांश समाज में, खासकर मध्यमवर्गीय लोगों के अन्दर निर्मित हुई है। संवेदनशीलता जागृत हुई तो भी बार-बार सामने आनेवाली उपभोक्तावादी प्रवृत्ति उस संवेदना को सिर उठाने नहीं देती। उससे भी वेदना ऊपर आ गई तो डर की भावना मन से जाती नहीं। इसका परिणाम एक ही होता है, मन-ही-मन में दुख व्यक्त करना और प्रत्यक्ष रूप में मौन धारण करना। यह दुख भी धीरे-धीरे कम हो जाता है। इस दोष के साथ कोई भी समाज लोकतांत्रिक व्यवस्था के नाते खड़ा नहीं हो सकता। फिर सीना तान के खुद का स्वत्व सँभालना तो दूर की बात है।

फौजी जवान, पुलिस दल के अधिकारियों का शहीद होना धीरोदात्त और आदर्शवादी होता है। उनकी स्वीकारी नौकरी का यह अपरिहार्य हिस्सा होता है। सूचना अधिकार के तहत यह काम करने का व्रत लिए सतीश शेट्टी अपना काम करते समय शहीद होते हैं, तब उसकी गम्भीरता अधिक बनती है। सोए हुए समाज के मन-मानस को इससे चेतना मिली तो ही उनका शहीद होना कृतार्थ होगा।

[23 जनवरी, 2010]

सज्जन शक्तियों का मौन

महाराष्ट्र की राजनीति के नियंत्रक श्री शरद पवार ने शराब का समर्थन करते हुए बड़ा खतरनाक और चौंकानेवाला बयान दिया। उन्होंने कहा, "वाइन के बारे में हमारे यहाँ काफी गलतफहमियाँ हैं। गलतफहमियाँ दूर कर शीतपेयों के साथ वाइन की बिक्री होनी चाहिए"। यह काफी चौंकानेवाली बात थी। "मुझे 12 घंटों के लिए देश का तानाशाह बना दिया, तो कोई राहत-मुआवजा दिए बिना मैं देश की सारी शराब को खत्म करूँगा क्योंकि चोरी और बलात्कार जैसे महापाप शराब के सेवन से एक ही बार में होने की अधिक सम्भावना होती है।" ऐसा कहनेवाले महात्मा गांधी दिन-ब-दिन अर्थहीन और कालविसंगत साबित हो रहे हैं।

शराब की आदत बड़े लम्बे समय तक न छूटनेवाली है, इससे बड़ा नुकसान होता है। यह बार-बार उत्पन्न होनेवाली गम्भीर बीमारी है, इससे फायदे की गुंजाइश बहुत कम है इत्यादि विश्व स्वास्थ्य संगठन का मानना है। शराबी होना एक ही समय में शारीरिक, बौद्धिक, भावनात्मक, पारिवारिक, सामाजिक, राष्ट्रीय ऐसे छह स्तरों पर महा-बीमारी है। शराब के जिस रसायन से इस बीमारी का निर्माण होता है, वह रसायन बीयर से दोगुनी मात्रा में वाइन में होता है। अब वाइन को ही खाद्य-पदार्थ बनाने के बाद कोने-कोने पर लगाए गए पान ठेलों पर कोका-कोला के साथ सहजता से वाइन भी मिलने लगेगी। वाइन हो या अन्य किसी भी स्वरूप की शराब के समर्थक शराबियों का मानना है कि शराब पीनेवाले कई लोग अपने सभी व्यवहार व्यवस्थित रूप से करते हैं, ऐसा हमें प्रतीत होता है। प्रत्येक व्यक्ति को खुद शराबी न बनने के लिए सावधानी बरतनी होगी।

वास्तविकता यह है कि शराब पीने की शुरुआत करनेवाले सौ में से 12 से 15 लोग पक्के शराबी होते ही हैं। इसके लिए विश्व का कोई भी देश, वंश, धर्म अपवाद नहीं है। इसके लिए कितना समय लगेगा और कितने पैमाने का शराबी होगा, बस इतना ही फर्क होगा। लेकिन शराब का गिलास मुँह को लगानेवाले व्यक्तियों में से कुछ लोगों में व्यसनाधीनता निर्मित होती ही है। यह किसी के भी साथ हो सकता है, इसके बारे में अब तक विज्ञान भी कुछ साबित नहीं कर सका है। इसलिए इस

खतरनाक रास्ते पर कदम रखना ही नहीं चाहिए। जो शराब से बीमार होते हैं, उनके ठीक होने का प्रमाण केवल 15 फीसदी है।

नैतिकता का मुद्दा उठाए बिना पहले से शारीरिक-मानसिक अस्वास्थ्य से ग्रसित इस देश को स्वास्थ्यपूर्ण रखने के लिए शराब मुक्ति की बड़ी आवश्यकता है। लेकिन यहाँ बिलकुल उलटी बात की जा रही है। जिस समाज में शराब की बाढ़ आती है, उस समाज में शराबियों का प्रमाण अपने-आप बढ़ता है। विगत 10 सालों में महाराष्ट्र सरकार के बजट में शराब-बिक्री से मिलनेवाला राजस्व ढाई सौ करोड़ से ढाई हजार करोड़ रुपये तक बढ़ गया है। सच है कि इस दौरान शराब की कीमतों में वृद्धि हुई है। लेकिन, कुल शराब की खपत बड़े पैमाने पर होने से राजस्व बढ़ेगा, यह बात तो स्कूली बच्चा भी बता सकता है। किसी को भी शराबी बाप, भाई, बेटा या दामाद नहीं चाहिए। जिस परिवार को शराब का शाप लगता है, वहाँ की महिलाओं को हाय लगती है, यह बात समाज के लोकनेताओं को समझ में नहीं आती, क्या ऐसा हो सकता है? ऐसे समय में समाज को व्यसनाधीनता की खाई में ढकेलनेवाली नीति का समर्थन नहीं किया जा सकता। 'वाइन खाद्य है, यह व्यसन की ओर नहीं ले जाता', ऐसी बातें करना बकवास है, ऐसा इस क्षेत्र में कार्यरत कार्यकर्ता के नाते हम निश्चित तौर पर कह सकते हैं। महाराष्ट्र में युवाओं की बरबादी रोकने के लिए 'डांसबार' बन्दी जरूरी थी लेकिन उसमें से 'बार' डांस से अधिक खतरनाक है और हो रहा है, इसका क्या करेंगे?

महाराष्ट्र सरकार को 'व्यसन विरोधी समग्र नीति' संकल्पपूर्वक स्वीकार कर उसपर समयबद्ध तरीके से अमल करना होगा, यह माँग इस आन्दोलन से जुड़े कार्यकर्ता कई सालों से कर रहे हैं। यह बात अलग है कि सरकार इस आन्दोलन को ज्यादा गम्भीरता से नहीं ले रही। लेकिन वाइन संस्कृति के इस प्रच्छन्न समर्थन के बाद भी महाराष्ट्र में जो शान्ति है, वह हमें अधिक भयसूचक लगती है। महाराष्ट्र में अब भी गांधीवादी, सर्वोदयी कार्यकर्ता बड़ी संख्या में बड़ी निष्ठा के साथ टिके हुए हैं। कामगारों के जीवन पर और उनकी कुल कार्य-संस्कृति पर शराब का घाव कितना जोरदार होता है, इसकी कल्पना कामगार आन्दोलन को है। खुद को परिवर्तन का अग्रदूत कहनेवाली कई एनजीओ आज मौजूद हैं। सबसे महत्त्वपूर्ण बात यह है कि सारी महिलाओं के मन में समाज में बढ़ती मद्य संस्कृति के लिए द्वेष पैदा हुआ है। फिर भी मद्य संस्कृति का खुला समर्थन करने के बाद गिने-चुने एक-दो समाचारपत्रों के सम्पादकीयों और राजनैतिक जरूरत के लिए लगाए आरोपों को छोड़ दिया जाए तो सब शान्तिपूर्ण था। इसलिए 'वाइन शॉप' दुकान का नाम बदलकर उसे 'लिकर शॉप' करना खुलेआम चल रहा है। वाइन संस्कृति शराब की व्यसनाधीनता से कुछ अलग बात है, ऐसा लोगों के दिमाग में चालाकी के साथ घुसाया गया; इसे सफलता भी मिल सकती है, ऐसा दिखाई दे रहा है। अब

गणेशोत्सव चल रहा है। श्री गणराज को सुखकर्ता, दुखहर्ता, बुद्धिदाता माना जाता है। ऐसे समय में 'सुखहर्ता, दुखकर्ता, बुद्धि विनाशी' निर्णय का महाराष्ट्र में उच्चारण किया जाता है और सज्जन शक्तियों के मौन के कारण उसे स्वीकारा भी जाता है, यह पीड़ाजनक है। दुर्जनों की सक्रियता से अधिक सज्जनों का मौन घातक होता है, यह बात हमेशा तीव्रता से महसूस होती है।

[10 सितम्बर, 2005]

सत्यशोधकों के सम्मुख वर्तमान चुनौतियाँ

सत्यशोधक समाज की स्थापना के लगभग 125 साल हो रहे हैं। इसके अधिवेशन अखंडित रूप से हो नहीं सके। तीन सालों तक हमारे मित्र श्री व्यंकटराव रणधीर ने पुरजोर तरीके से इस कार्य को संगठित करने का फिर से प्रयास किया। इसी की बदौलत औरंगाबाद, सांगली के बाद सोनाई (जिला : अहमदनगर) में 19 और 20 दिसम्बर को यह अधिवेशन होगा। सर्वोच्च न्यायालय के पूर्व न्यायमूर्ति और प्रेस काउंसिल के अध्यक्ष न्यायमूर्ति पी.बी. सावंत, नीलू फुले, डॉ. बाबा आढाव, एन.डी. पाटिल जैसे कई गणमान्य वहाँ मार्गदर्शन करेंगे। *साधना* की तरफ से समर्थित विचारों को आगे ले जानेवाले इस अधिवेशन को शुभकामनाएँ देते समय इसमें विचारमंथन के लिए कुछ मुद्दों को रखना हम अपना कर्तव्य मानते हैं।

महाराष्ट्र में कोई भी राजनैतिक, सामाजिक भाषण महात्मा फुले, डॉ. बाबासाहब आंबेडकर, राजर्षि शाहू महाराज के उल्लेख के बगैर होता नहीं है। इन विचारों से जिन्हें कोई लेना-देना नहीं है, विरोधी हैं, वे लोग तो कई बार विरोध में ही आगे रहते हैं। हमारे कुछ विचारों पर शिवसैनिक कई बार कड़ी टिप्पणियाँ करते हैं। लेकिन वे सभी शब्द शिवसेना प्रमुख बालासाहेब ठाकरे के पिता प्रबोधनकार ठाकरे के हैं और गठबन्धन की महाराष्ट्र सरकार ने उनका साहित्य प्रकाशित किया है, तो उनके लिए और अधिक मुश्किल हो जाती है। मतलबी लोगों की चाल हम छोड़ देते हैं। सत्यशोधक विचारों के सच्चे अनुयायी अपने विचार रखते समय सत्ता, सम्पत्ति, प्रतिष्ठा के सम्बन्धों में हो चुके बड़े बदलाव के लिए माँग करते हैं। जाति निर्मूलन के लिए आवाज लगाते हैं। प्रबोधन के स्तर से व्यवहार के मैदान में पहुँचते समय यह आक्रामकता प्रभावशाली रूप में कार्यान्वित नहीं होती है। मुश्किल हालातों को ध्यान में रखकर इस सम्बन्ध में जो कर सकते हैं, ऐसे तीन कार्यक्रम हमने इन मित्रों के सामने विचार-विमर्श के लिए रखे। महात्मा फुले तथा सत्यशोधक आन्दोलन के धरातल से इस कार्यक्रम का सीधा सम्बन्ध है।

धर्मग्रन्थ, रूढ़ि, प्रथा, परम्परा, कर्मकांड की निर्भय, कर्मशील चिकित्सा करना, उसकी अनिष्ट परम्पराओं का विरोध करना, उसमें यथासमय मानवतावादी बदलाव करना, उसमें से एक कार्यक्रम है। इसके बारे में जितना लिखा जाए, उतना कम है

लेकिन जिन स्थानों में सत्यशोधक अधिवेशन हो रहा है, वहाँ की केवल एक बात का नामोल्लेख आज का वास्तविक चित्र दिखाता है।

अधिवेशन स्थल के समीप ही शनि-शिंगणापुर का तीर्थस्थल है। शिंगणापुर गाँव की सीमा में कोई भी चोरी करने का प्रयास करता है तो दैवी प्रकोप से उसकी आँखें चली जाती हैं या वह भ्रमिष्ट बनता है। यह चमत्कार शनि-शिंगणापुर के नाम से दूर-दूर पहुँचा है। इस दैवी संरक्षण के कारण शिंगणापुर गाँव में मकानों में दरवाजे नहीं हैं। यहाँ पर महिलाओं के लिए शनि देव के चौथरे पर चढ़ने की पाबन्दी है। शनि को जिस पानी से अभिषेक कराते हैं, उस कुएँ के पानी को हाथ लगाने के लिए भी महिलाओं पर पाबन्दी है, ऐसा बड़ा बोर्ड लगा दिया गया है। इसके बारे में हमने आवाज उठाई थी तब बड़ा हंगामा हुआ। विषमतावादी अन्धविश्वास अगर देवताओं और धर्म के नाम से अस्तित्व में है तो उसका विरोध करना किस तरह जोखिम भरा और दिक्कतों भरा है, यह इसका एक उदाहरण है। इससे मानसिक गुलामी स्थापित हो रही है, महात्मा फुले बताकर गए हैं। मन्दिर, मस्जिद का निर्माण, बड़े-बड़े धार्मिक समारोह, मेलों का स्वरूप धार्मिक करने की चाह, गणपति, नवरात्र आदि त्योहारों का व्यापारीकरण और राजनीति, ये आज सत्यशोधक आन्दोलन के सामने प्रमुख चुनौतियाँ हैं। इसके लिए विकल्प ढूँढ़ने होंगे। यह काम मुश्किल तो है लेकिन आवश्यक भी है। इस सन्दर्भ में विचार प्रकट करनेवाला डॉ. आ.ह. सालुंके का लेख हमने *साधना* में प्रकाशित किया। महात्मा फुले की बताई हुई सत्यशोधक पद्धति से विवाह करना एक अच्छा प्रयास है। दहेज, झूठ बोलना, पैसा उड़ाना, सम्मान-अपमान, शुभ समय, जन्मपत्री, जाति-धर्म से परे जाकर विवेकपूर्ण, साधारण तरीके से समारोह का आनन्द लेकर आज ऐसे विवाह हो रहे हैं। लेकिन इस उपक्रम को आन्दोलन का स्वरूप प्राप्त होना चाहिए। यह बहुत जरूरी बना है और ऐसे अनेक उपक्रमों का एक परिपूर्ण विकल्प निर्माण करने की आवश्यकता है।

महाराष्ट्र में स्त्री शिक्षा सबके लिए स्वीकार्य और सबके अन्तरंग का विषय है फिर भी यह गम्भीर विषय रहा है। स्कूल की सीढ़ी तक न चढ़नेवाली कई युवा बहनों की संख्या कम नहीं है। उनके जीवन में शिक्षा का प्रकाश पहुँचाने का संकल्प सभी शासनकर्ता करते हैं और उसे अपने हिसाब से भूल भी जाते हैं। इसलिए इस माँग को जन-आन्दोलन का रूप देना होगा। अनौपचारिक पद्धति से महिलाओं तक शिक्षा पहुँचाने के लिए कई उपक्रम आज भारत भर में बिखरी हुई स्थिति में मौजूद हैं। अपने हक, स्वास्थ्य, आहार, खेती, बचत आदि कई मामलों में महिलाओं को सक्षम बनाने के प्रयास चालू हैं। आज अधिकांश स्वयंसेवी संस्थाओं के मार्फत ऐसा विधायक रचनात्मक कार्य हो रहा है। सत्यशोधक आन्दोलन इसके आसपास भी नहीं है। सत्यशोधक आन्दोलन ने इस ओर ध्यान दिया तो इसमें अधिक क्रान्तिकारी आशय डालना सम्भव होगा।

सार्वजनिक सत्यधर्म की प्रतिज्ञा में व्यसनाधीनता से, शराब से दूर रहने का उल्लेख है। इस समस्या ने भयानक रूप धारण किया है। बहुजनों का हित इसमें अमानवीय तरीके से कुचला जा रहा है। इस गम्भीर समस्या का एहसास होना महाराष्ट्र की खेदजनक वास्तविक स्थिति है। शराब बिक्री से मिलनेवाले राजस्व को ध्यान में रखा जाए तो सरकार इस सम्बन्ध में कुछ भी नहीं कर रही है, यह बात ध्यान में आती है। (बल्कि अधिक शराब की दुकानों को खोलने के लिए समर्थन दिया जा रहा है।) अकेले मुम्बई शहर में अब तक 40 लाख दर्जन बीयर की बोतलों का मार्केट है, ऐसा एक लिकर किंग ने कहा था। इसके साथ ही गुटखे से व्यसनाधीन लोग गाँव, कस्बों और बीहड़ों तक में देखे जा सकते हैं। बच्चे-बड़े, महिला-पुरुष का भेद मिटाकर यह व्यसनाधीनता सभी जगह पहुँच चुकी है। बहुजनों का निवाला छीननेवाली इस बढ़ती व्यसनाधीनता को रोकने के लिए एक सामर्थ्यशाली शक्ति की आवश्यकता है।

बहुजनों की मुक्ति के एहसास के विचार को कार्यशील करने का ऐतिहासिक कार्य सत्यशोधक समाज ने किया है। अधिवेशन के माध्यम से उसे फिर से दोहराया जाएगा, यही अपेक्षा है।

[19 दिसम्बर, 1998]

धर्म-चिकित्सा/जातिगत वास्तविकता

समता-संगर को वारी का सामर्थ्य प्राप्त हो!

महाराष्ट्र में पंढरपुर की वारी (पैदल यात्रा) की कुछ शतकों की परम्परा है। वारी के माध्यम से विराट जन-समुदाय सम्पूर्ण महाराष्ट्र से पंढरपुर के लिए पैदल जाता है। प्रति वर्ष शामिल होनेवाले लोगों की संख्या में इजाफा हो रहा है। युवाओं और महिलाओं की संख्या बढ़ती ही जा रही है। ऐसी सामाजिक शक्तियाँ अधिकाधिक रचनात्मकता की ओर कैसे परिवर्तित हो सकती है, इस पर चिन्तन करें तो वह समाज को आगे ले जानेवाला साबित हो सकता है। लाखों लोग तीन सप्ताह तक विभिन्न अड़चनों का सामना करते हुए बारिश में भीगते हुए, अपना काम छोड़कर ऐसे पैदल जाकर क्या हासिल करते हैं? यह सवाल उपस्थित करनेवालों को कह सकते हैं कि परम्परा और आधुनिकता का सामर्थ्य उन्हें समझ में नहीं आया है। किसी फल की अपेक्षा करते हुए मन्नत पूरी करने-जैसी किसी प्रथा का सम्बन्ध ना होते हुए लाखों का जन-समूह श्रद्धा के साथ विशिष्ट प्रकार का बरताव करता है। उस समय इसे उसके जीवन जीने की पद्धति के रूप में समझ लेना चाहिए। आधुनिकता से विचार किया गया तो प्रत्येक व्यक्ति अपने जीवन में कुछ चीजों को प्राथमिकता देता है। किसी को माउंट सरफिंग, किसी के लिए वन भ्रमण तो किसी को संगीत की महफिल या चित्रकला का संग्रहालय देखना आनन्द की अनुभूति दे सकता है। इसके लिए प्रत्येक व्यक्ति अपना श्रम, समय और पैसा आवश्यकता के अनुसार निवेश करता है। व्यक्ति की इस स्वतंत्रता का आदर तो करना होगा। लेकिन इतनी बड़ी संख्या में जन-समुदाय बाहर निकलता है, तब कुछ सवाल निश्चित तौर पर खड़े होते हैं। शरीर-धर्म के तहत स्वच्छता के जो कुछ सवाल उठते हैं, उसे नई तकनीकों के उपयोग से जनता, सरकार, उद्योग-समूहों के मार्फत निपटाना सहज सम्भव है जबकि महत्त्वपूर्ण मुद्दा इससे अलग ही है।

वारकरी सम्प्रदाय में जाति, धर्म आदि भेद नहीं माना जाता। वारकरी सम्प्रदाय आध्यात्मिकता का परिचय देनेवाला है। 'अध्यात्म' शब्द के ऊपर चर्चा करने से मतलब नहीं है। लेकिन सच्ची आध्यात्मिकता यह कहती है कि भौतिक सुखों से परे जीवन की एक श्रेष्ठता है जो भौतिक सुखों से अधिक महत्त्वपूर्ण है। इस एहसास को अपने अन्तरंग में लेकर चलनेवाला व्यक्ति संयमी और सदाचारी होता

है। वह व्यक्ति मानव-सापेक्ष व्यवहार करता है। इससे उसके जीवन में शुचिता और पावित्र्य आता है। इस मार्ग पर जाने की साधना का प्रारम्भ वारी के मार्ग पर चलने पर होता है, ऐसी इन भक्तों (वारकरियों) की भावना है। उत्तम खाना, निवास, आराम आदि सुविधाएँ भौतिक सुख के माध्यम हैं जबकि इसके विपरीत होकर वारी के समय में वारकरी रोज 20-20 किलोमीटर तक चलते हैं। यात्रा में जो मिलता है उसी भोजन, निवास और साथ ही बारिश, कीचड़ को भी वह स्वीकार करते हैं। वारकरी माळ (तुलसी की माला) धारण करते हैं। एक अर्थ से वे व्रती होते हैं। मांस भक्षण, धूम्रपान, शराब, दुर्व्यवहार आदि चीजों को वे वर्जनीय मानते हैं। जो चीजें करनी हैं, उसमें नामस्मरण, भगवद्गीता, पुण्यकर्म, सदाचार आदि का समावेश होता है। वारी का बुनियादी संदेश प्रेम, भक्ति, शान्ति की स्थापना और मानवता की समानता की भावना है इसीलिए आचार, विचार और उच्चारण में शुद्धता, पारदर्शिता और प्रामाणिकता के प्रतीक के रूप में वारकरी को देखा जाता है। पंढरपुर की वारी अन्धविश्वास है तो उसका विरोध क्यों नहीं किया जाता? अगर यह श्रद्धा है तो पुरोगामी, प्रगतिशील उसमें खुले दिल से शामिल क्यों नहीं होते? यह सवाल किया जाता है। एक बहुचर्चित सवाल है, श्रद्धा क्या है? 19वीं सदी में धर्म प्रबोधनकार न्यायमूर्ति म.गो. रानडे ने 'उत्कटता के साथ व्यवहारशील विवेकबुद्धि' के रूप में श्रद्धा की समर्पक व्याख्या की थी। इसमें उत्कटता और गतिशीलता ये दो बाते हैं जो वारकरियों में दिखाई देती हैं। उसके बगैर, बिन बुलाए स्वयं के खर्च से इतना बड़ा जन-समूह शान्ति के साथ आता ही नहीं। लेकिन इस व्याख्या में दिया गया तीसरा शब्द बहुत महत्त्वपूर्ण है। इनसान का मूल्य-विवेक उन्नत करनेवाली श्रद्धा है, और मूल्य-विवेक अवनत करनेवाली अन्धश्रद्धा, अन्धविश्वास है।

वारकरी सम्प्रदाय से सम्बन्धित मूल्य-विवेक के दो महत्त्वपूर्ण मुद्दे आज भी महाराष्ट्र के सामाजिक जीवन के सामने हैं। शराब-मुक्ति के सन्दर्भ में वारकरी आग्रह करते हैं, वारकरी सम्प्रदाय का प्रतीक तुलसी की माला गले में पहनने के बाद उसके प्रभाव से ही कई लोग व्यसनाधीनता से मुक्त होते हैं। यह उस माला की ताकत है। आज महाराष्ट्र में इस समस्या के बारे में क्या स्थिति है। विकास करने के लिए अधिकाधिक पैसा टैक्स के रूप में इकट्ठा करने के मोह में महाराष्ट्र सरकार शराब के लिए पूरक नीति बना रही है। महाराष्ट्र सरकार को शराब बिक्री से टैक्स स्वरूप में मिलनेवाली आय विगत 10 सालों में 250 करोड़ से 2600 करोड़ तक 10 गुना बढ़ी है। वारी की ओर आकर्षित होकर भक्तों की संख्या बढ़ रही है। इसलिए वारी सज्जन शक्ति के स्रोत का आविष्कार बन सकती है। ऐसी शक्ति द्वारा भूमिका लिए जाने पर सरकार होश में आ सकती है और दूसरी ओर लोगों को आनन्दपूर्वक जीवन जीने के लिए शराब सेवन की व्यर्थता और गम्भीरता समझ में आएगी।

इससे बड़ी चुनौती है समाज में समता को स्थापित करने की। लेकिन वारकरी सम्प्रदाय की नींव ही क्रान्तिकारी है। उसके तत्व-ज्ञान की रचना ही जाति-उन्मूलन की दिशा की ओर ले जानेवाली है। जब वारकरी सम्प्रदाय का निर्माण हुआ था उस समय समाज में जाति, उपजाति का वर्चस्व था। बाहरी अंगों के इशारों से लेकर जीवन के सभी व्यवहारों में हम अलग और श्रेष्ठ कैसे हैं, यह दिखाने का प्रयास जारी था। ऐसे समय में वारकरी सम्प्रदाय ने समता का विचार रखा और उसको आचरण में भी लाए। जिसके माथे पर तिलक और गले में तुलसी की माला है, जो मुरमुरा, बताशे (शक्कर से बनी एक मिठाई) का गोपाल-काला आनन्द से खाता है, वह व्यक्ति जाति, धर्म से कौन है, बिना इसकी पूछताछ किए वारी की परम्परा शुरू हुई।

वैष्णव ते जन। वैष्णवाचा धर्म। भेदाभेद भ्रम। अमंगळ॥ यानी वैष्णव जन है, वैष्णव के धर्म में भेदाभेद एक भ्रम है, अमंगल है, यह वारकरी सम्प्रदाय की प्रतिज्ञा थी। आज भी वारी में शामिल सभी वारकरी एक-दूसरे को 'माउली' कहकर पुकारते हैं। जाति-धर्म का विचार किए बिना एक-दूसरे के पैरों पर नतमस्तक हो जाते हैं। लेकिन चन्द्रभागा के तट पर बरसों से चलनेवाला यह समता का संग्राम अपने-अपने गाँव की जाति-पाँति की दीवार ध्वस्त करने में अभी भी प्रभावशाली साबित नहीं हुआ है। सामाजिक समता के आन्दोलन में यह काम आर्य समाज ने भी किया है। आर्य समाज की कुछ रचनाओं के सन्दर्भ में मत-भिन्नता दिखाई देती है। लेकिन जाति-निर्मूलन के सन्दर्भ में आर्य समाज ने एक ही समय प्रबोधन और आन्दोलन पुरजोर तरीके से चलाया था। जिस समय सहभोजन जाति निर्मूलन का प्रभावशाली उपक्रम होता था, उस समय विविध जातियों के हजारों नहीं बल्कि लाखों लोगों के सहभोजन आर्य समाज ने करवाए थे। मराठवाड़ा के कुछ क्षेत्रों में आर्य समाज का प्रभाव था। आज वहाँ 40 से 50 साल की आयु के कई व्यक्तियों के माता-पिता का विवाह 50 से 60 साल पहले अन्तरजातीय पद्धति से हुआ था। आज महाराष्ट्र में सामाजिक समता का प्रश्न समक्ष खड़ा है। एक जाति का व्यक्ति दूसरी जाति के व्यक्ति से उच्च या नीच है, यह जाति-व्यवस्था की मानसिकता कहती है। यह एक निखालिस जानलेवा अन्धविश्वास है। आधुनिक विज्ञान बताता है कि विश्व के सभी इनसानों का जीनोम पैटर्न 99.97 प्रतिशत एक ही है। लेकिन इस वैज्ञानिक सत्य को ऊँच-नीच की जातिगत भावना ने दबोच रखा है। सावरकर के सहभोजन, साने गुरुजी के अनशन, संविधान के प्रावधानों, एक गाँव एक जलस्रोत आन्दोलन, सरकार के प्रयासों के बाद भी जातिवाली मानसिकता बदलने में सफलता हासिल नहीं हुई है। जाति-व्यवस्था के रूपों में एक भौतिक अधिरचना भी है। इसलिए इस व्यवस्था से निर्मित हुई विषमता पर भौतिक ढाँचागत उपाय योजनाओं की आवश्यकता भी है। इसके साथ ही जन्माधिष्ठित उच्च-नीचता यह

भी एक मानसिकता है। नहीं तो अब तक जाति-निहाय बस्तियाँ दिखाई नहीं देतीं। भूकम्प से गिरे गाँवों में भी फिर से गाँव-निर्माण करते समय जाति-निहाय बस्तियों का आग्रह किया जाता है! अन्तरजातीय विवाह का आज भी जिस पैमाने में और जिस तरीके से विरोध होता है, यह देखकर सामाजिक आन्दोलन की असफलता और जाति-व्यवस्था का जहर कितना गहरा है, इसका दर्शन होता है। यह चुनौती विकट है। फिर भी इसे स्वीकारना अत्यावश्यक है।

जहाँ जाओ वहाँ मेरे भाई-बहन हैं। चारों तरफ मेरा अस्तित्व है। यह वारकरी सम्प्रदाय की मनोभूमिका है। इसलिए सामाजिक समता का परिवर्तन लाना है तो वारकरी सम्प्रदाय की भूमिका महत्त्वपूर्ण है। 21 वीं सदी में महाराष्ट्र के लिए यह बड़ा उपहार होगा।

[28 जुलाई, 2007]

उलटे पाँव की यात्रा रोकनी होगी!

'राजा, दुश्मनों की रात है, जागते रहो!' ऐसी चेतावनी आतंकवाद के सन्दर्भ में समाज में बार-बार दी जाती है। हालाँकि जागना जरूरी भी है। लेकिन जाति-व्यवस्था इस देश की सबसे बड़ी दुश्मन है। सन्त, समाज-सुधारकों, स्वंतत्रता संग्राम, संविधान ने अपने-अपने तरीकों से इस बात को बार-बार रेखांकित भी किया है। लेकिन आज इसी दुश्मन का कालीन बिछाकर, महासम्मेलन आयोजित कर स्वागत किया जाता है। पीढ़ी-दर-पीढ़ी कई शतकों से जिन्होंने ज्ञान-सत्ता का नेतृत्व किया, उस ब्राह्मण समाज का अखिल भारतीय बहुभाषिक सम्मेलन पुणे में हुआ। इसमें चोटी, तिलक, जनेऊ, सन्ध्या पठन आदि ब्राह्मणों के लक्षणों का गौरवगान किया गया। 'जाति में ही विवाह करें' यह मंत्र दिया गया। राजनैतिक विचारधारा से आगे बढ़कर ब्राह्मण जाति के उम्मीदवार सत्ता के सिंहासन पर विराजमान हो सकें, इसके लिए प्रयास करने के प्रस्ताव रखे, संकल्प किए गए। यह सब उलटे पाँवों की यात्रा है!

जाति-संगठन की वास्तविकता आज बहुआयामी और अत्यन्त पेचीदा बनी हुई है। सभी जातियाँ आरक्षण के लिए, सत्ता के लिए संगठित हो रही हैं। फिर ब्राह्मण महासम्मेलन को ही टार्गेट क्यों करें? ऐसा सवाल किया जा सकता है। इसलिए यह मामला समझ लेना चाहिए।

जाति-व्यवस्था के कारण हुए अन्याय को दूर करने के लिए एकसंघ राष्ट्र तैयार हो, इसके लिए सामाजिक न्याय की दृष्टि से आरक्षण का प्रावधान किया गया है। आरक्षण की सहायता से पिछड़े जाति-समूह आगे आएँगे, सामाजिक अभिसरण बढ़ेगा, जाति निर्मूलन की दृष्टि से कदम बढ़ेगा, यह उद्‌देश्य था। आरक्षण का सामाजिक न्याय में निश्चित ही लाभ हुआ लेकिन जाति निर्मूलन में नहीं हुआ। आरक्षण के समर्थन के लिए जाति पर आधारित संगठन तैयार हुए। चुनावी राजनीति के लिए इनका उपयोग प्रभावशाली रूप से होने लगा। संगठन को टिकाने के लिए समता के तत्व के बजाय जाति की अस्मिता अधिकाधिक धारदार बनाई जा रही है। इसी को लेकर फुले-शाहू-आंबेडकर के नाम का जप करते रहे और प्रत्यक्ष रूप में जाति के अन्त की भूमिका से दूर जाते रहे। साथ ही, आरक्षण का लाभ अधिकाधिक रूप में समस्याओं से घिरे जरूरतमन्द व्यक्तियों को हो इसके लिए सभी स्तरों पर

आरक्षण में क्रीमीलेयर के सूत्र लगाए गए 'लेकिन निर्धारित प्रवर्गों के पद भरते समय नॉन-क्रीमीलेयर उम्मीदवार ना मिलने पर उसी प्रवर्ग के क्रीमीलेयर उम्मीदवार के लिए आरक्षित रहेगा!' क्रीमीलेयर सूत्र की नीति की माँग दलित-ओबीसी नेतृत्व द्वारा स्वयं किये जाने के विचार का तीव्र विरोध हुआ। कार्यान्वयन के समय इस बड़ी कमजोरी ने आरक्षण-विरोधी मानसिकता को मजबूती प्रदान की और सामाजिक समता का प्रश्न आरक्षण के मुद्दे पर अटककर रह गया।

ज्ञान की प्रतिष्ठा सम्पादन करने के अवसर के साथ ही सत्ता हस्तान्तरण का भी सवाल था। महाराष्ट्र में ब्राह्मण समाज के राजनीतिक नेतृत्व द्वारा राजनीतिक सूत्र मराठा समाज के पास गए। यह उचित ही था। लेकिन इस परम्परा को आगे बढ़ाकर ओबीसी, दलित, भटके-विमुक्त आदि घटकों की ओर राजनीतिक सत्ता के जाने की सम्भावनाएँ निर्मित करना आवश्यक था। उसके बाद ही इसी क्रम में जाति और धर्म से परे जाकर कार्यक्षम और स्वच्छ छवि के उम्मीदवारों का चयन करने की सम्भावना बन सकती है। लेकिन प्रत्यक्ष रूप से जाति के संख्या-बल के दलगत दबाव के मैदान का स्वरूप राजनीति को प्राप्त हुआ। ओबीसी में से प्रबल जाति इसमें कुछ मायने में प्रभावशाली रही। लेकिन ओबीसी में समाई कई छोटी जातियाँ और दलित, भटके-विमुक्त में से कुछ तबके अधिकतर साधनविहीन, अज्ञानी, असंगठित ही रहे। राजनीति में उनका दलगत-दबाव निर्मित होना असम्भव हुआ। ब्राह्मणों-जैसी जातियाँ परम्परा से संगठित और सत्ताधीश रहीं, उनके द्वारा महासम्मेलन का आयोजन करना, किसी भी पार्टी के ब्राह्मण उम्मीदवार को ही वोट देने का आह्वान करना, इसका अर्थ यही है कि सत्ता के पुनर्वितरण को गम्भीर चोट पहुँचायी जा रही है। अर्थात, यह भी उल्टे पाँवों की यात्रा ही है।

एक बात ध्यान देने लायक यह भी है कि सम्मेलन में रखे प्रस्ताव न माननेवाला ब्राह्मण समूह भी बड़ा है। सम्मेलन में उपस्थित लोग चोटी रखने और जाति में ही शादी के विचार को स्वीकार नहीं करेंगे। फिर भी यह दिशा गलत है, इसका खुलेआम जिक्र होना चाहिए। सभी राजनीतिक पार्टियों के नेता बड़े उत्साह के साथ सम्मेलन में सहभागी होते हैं। जाति से परे जाकर सकल हिन्दू संगठित करना ही जीवन-कार्य माननेवाले संगठन, आगे बढ़ी जाति के ऐसे बेहूदा अलगाववादी प्रस्ताव पर मौन धारण करते हैं। जबकि ऐसे समय पर स्पष्ट बोलना अत्यन्त आवश्यक होता है। हमें पता है कि सम्मेलन में आए अधिकांश ब्राह्मण समुदाय को सम्मेलन में रखा गया प्रस्ताव मान्य नहीं है लेकिन आज उनका मौन उनकी मूक सहमति समझे जाने का बड़ा खतरा है। इसलिए हम यह जाति-प्रेमी, अलगाववादी विचारधारा राष्ट्रीय एकता के लिए स्पष्ट रूप से नकारते हैं। यह आवाज बुलन्द करने और इस पर संगठित होने की जरूरत है कि जाति निर्मूलन प्रमुख विषय है लेकिन ऐसा लगता है कि इसे माननेवाले समतावादी संगठनों के सामने यह बड़ी और महत्त्वपूर्ण चुनौती है।

अनेक सामाजिक सुधारों व राजनीतिक आन्दोलनों का नेतृत्व और प्रति भाग आधुनिक जमाने में ब्राह्मण जाति के व्यक्तियों ने किया है। इस सम्मेलन ने यह धरोहर अर्थहीन की है। ज्ञान और अध्यापन क्षेत्र में कई शतकों तक एकाधिकारशाही के कारण ब्राह्मणों को गुरुत्व मिला हुआ है। इसलिए ब्राह्मण समूह आरक्षण माँग ही नहीं सकता। आज भी प्रशासन, मीडिया, अर्थकारण जैसे कई धनी-मानी स्थानों पर लोक-संख्या की कुल प्रमाणता की तुलना में अधिक पैमाने पर ब्राह्मण हैं इसलिए उन्हें आरक्षण की जरूरत भी नहीं है। सम्मेलन में चल रहे भाषणों के सुर, प्रस्तावों के द्वारा व्यक्त होनेवाले भूमिका-विचार जिसका ब्राह्मणों को सार्थ अभिमान था, यह प्रगतिशील विचारधारा से मेल नहीं खाता। खुद को आध्यात्मिक नेता माननेवाले किसी 'बापू' द्वारा किया गया आह्वान 'विरोध करनेवालों को तोड़ दो' और 'लोगों की संख्या से अधिक महत्त्व मस्तक को है' यह वेदशास्त्र सम्पन्न संयोजकों का प्रतिपादन या तो 'लाचारी' है या फिर 'अति'वाद। विकसित जातियों के ऐसे संकुचित विचार भी उलटे पाँवों की यात्रा है।

सवाल केवल पुणे में हो रहे ब्राह्मण महासम्मेलन का ही नहीं है। सवाल यह है कि जाति निर्मूलन के लिए निश्चय की पहल कैसे होगी? सन्तों और समाजसुधारकों द्वारा जाति-प्रथा का किया विरोध सही है या गलत? इसका उत्तर 'सही' ही होगा। जन्मत: ऊँच-नीच का पालन करनेवाली व्यवस्था होनी ही नहीं चाहिए। राष्ट्रीय एकात्मता को भी जाति सहारा देनेवाली नहीं है। लेकिन इन सभी सवालों के जवाब देनेवालों को अगला सवाल पूछा गया, आपको अपनी जाति का अभिमान है? तो इसका उत्तर प्रमुखता से 'हाँ' आता है। सम्पूर्ण क्रान्ति आन्दोलन में तीस साल पहले जयप्रकाश जी ने घोषणा की थी 'जनेऊ तोड़ो, इनसान जोड़ो' और आज 'जनेऊ जोड़ो, इनसान तोड़ो' की राह पर लोग चल रहे हैं।

इस पर उपाय आसान नहीं है। स्व-जाति का कठोर टीकाकार बनना होगा। अन्तरजातीय विवाहों को बढ़ावा देना। जाति सम्पूर्णता में अवैज्ञानिक और राष्ट्रीय एकता के लिए घातक है। जाति-अन्त की यह लड़ाई बड़ी कठिन है क्योंकि यह लड़ाई मानसिक-परिवर्तन के साथ व्यवस्था-परिवर्तन का संघर्ष है। लेकिन जाति निर्मूलन का व्यवहारशील संवाद जारी रखना होगा। 50 साल पहले जिन पर सार्वजनिक स्थलों पर प्रतिबन्ध था, ऐसे वंश के व्यक्ति को अमेरिका ने राष्ट्राध्यक्ष बनाया। समय की महिमा का सम्मान करने की यह निशानी है। लेकिन हम पाँच हजार साल से की जा रही गलती को सुधारने के बजाय फिर से भूतकाल की ओर कदम बढ़ा रहे हैं। इसलिए अत्यन्त खेद के साथ कहना पड़ रहा है : 'हे वेदसम्मत ईश्वर, उन्हें क्षमा करें, क्योंकि वे क्या कर रहे हैं, यह उनकी समझ में नहीं आ रहा है।'

[07 फरवरी, 2009]

सोचिए तो सही?

श्रवणबेलगोला के विन्ध्यगिरी (इन्द्रगिरी) पहाड़ पर स्थित 58 फीट 8 इंच ऊँची मूर्ति के महा-मस्तकाभिषेक का औपचारिक उद्घाटन भारत के राष्ट्रपति द्वारा 22 जनवरी को किया गया। अब 8 से 19 फरवरी को प्रत्यक्ष अभिषेक होगा। भगवान बाहुबली की मूर्ति को इस वर्ष 1025 वर्ष पूरे हो रहे हैं, यह 86वाँ महामस्तकाभिषेक है। इसके लिए विश्व भर से 30 लाख भक्त उपस्थित रहेंगे। भारत के इतिहास में शायद पहली बार किसी समारोह के लिए इतनी बड़ी तादाद में उपस्थिति होना बताया जा रहा है। 8 फरवरी को पहला महामस्तकाभिषेक जल से शुरू होगा, बाद में गन्ने का रस, दूध, नारियल का पानी आदि पाँच द्रव्यों से भरे 108 कलशों से मूर्ति का अभिषेक होगा। 9 फरवरी को कलश की संख्या 508 होगी। आगे के सात दिनों में यह 1008 होगी। विविध 21 द्रव्यों से भरे हुए कुल 7668 कलशों से यह महामस्तकाभिषेक सम्पन्न होगा। इन द्रव्यों में जल, नारियल का पानी, गन्ने का रस, दूध, धान का आटा, हल्दी, पुष्प औषधि, मैसूर (म्हैसुर) चन्दन, रंगीत चन्दन, अन्य 8 प्रकार के चन्दन, केशर, स्वर्ण पुष्प, रजत पुष्प, आठ प्रकार के अमूल्य रत्न आदि का समावेश होगा। इस उपलक्ष्य में शहर में की गई विद्युत रोशनाई पर 9 करोड़ 57 लाख रुपये खर्च किए जाएँगे। (भक्त) भाविकों की सुविधा के लिए केन्द्र तथा राज्य सरकार की ओर से 100 करोड़ की निधि उपलब्ध करवाई गई है।

इस सन्दर्भ में श्रवणबेलगोला धर्मपीठ के प्रमुख चरुकीर्ति भट्टारक महास्वामी जी का साक्षात्कार प्रसिद्ध है। इसमें वह कहते हैं, "धर्मस्थल लोगों को वैज्ञानिक दृष्टि से दूर ले जाने और अन्धविश्वास फैलाने के कारण बन रहे हैं। ऐसा न हो, इसलिए विज्ञानवादी विचार बढ़ना चाहिए। उन्नत पश्चिमी राष्ट्रों से हम काफी पीछे हैं। धर्म के माध्यम से अच्छे इनसान का निर्माण करते समय हम वैज्ञानिक दृष्टिकोण बढ़ाने के बारे में भी सोचते हैं। प्रगति में धर्म की बाधा न हो, इसका खयाल रखते हैं। धर्म, चिन्तन आदि चीजें व्यक्तिगत स्तर पर रखने और सामाजिक सोच प्रगल्भ, प्रौढ़ बनाने का विचार आत्मसात करने की जरूरत है, ऐसा हम खासतौर पर बताते हैं।" लेकिन प्रत्यक्ष रूप में क्या हो रहा है?

पंडित जवाहरलाल नेहरू ने अपनी *डिस्कवरी ऑफ इंडिया* पुस्तक में कहा है, "सामान्य धर्म-कल्पना, धर्म के बारे में लोगों के भ्रम के कारण पालन की जा रही गलत धारणाएँ, कर्मकांडों के आडम्बर, पंडिताई और इनसे चिपककर बैठे हुए परम्परागत अधिकार पानेवालों के सम्बन्धों पर हल्ला करने का साहस महावीर के पास था।" आज क्या दिख रहा है? सारे समाज के सामने बेरोजगारी, दहेज-प्रथा, व्यसनाधीनता, निरपराध लोगों पर जुल्म, गरीब बच्चों का खाना और शिक्षा आदि सवाल खड़े हैं। यही सवाल आज जैन समुदाय के सामने भी हैं। ऐसे समय में अभिषेकनुमा विधि धर्म का आडम्बर होता है, यह भगवान महावीर के तत्व-ज्ञान से सुसंगत है या विसंगत? पूजा एक पैसे से और समाज के लिए निन्यानबे पैसे, क्या यह भूमिका उचित नहीं है? (यही नियम गणेश उत्सव और हज यात्रा के कर्मकांडों के लिए भी!)

अभिषेक के सन्दर्भ में वास्तविकता क्या कहती है? खाने की चीजों से अभिषेक के कारण मूर्ति का बड़ा नुकसान होता है। गोमटेश्वर की मूर्ति एक हजार साल पुरानी है। पुरानी होने के कारण मूर्ति में कई दरारें आई हैं। खाद्यान्न के कण उन दरारों में जाकर सड़ते हैं। महाभिषेक के बाद महीनों तक छोटे-मोटे अभिषेक होते ही रहते हैं। ये सारी चीजें भी उन दरारों में जाती रहती हैं। इस वजह से मूर्ति का पत्थर धीरे-धीरे अपनी मजबूती छोड़कर विघटित होता है। इसलिए उत्सव समाप्ति के बाद पुरातत्व संरक्षण विभाग की ओर से मूर्ति को साफ किया जाता है। फिर सवाल उठता है कि अभिषेक और खाद्यान्न की बरबादी क्यों? बढ़ती महँगाई के जमाने में खाद्यान्न से अभिषेक की यह प्रथा महावीर के 'त्याग से शान्ति और अध्यात्म से साधना' की फिलॉसोफी को साकार करती है या हमें कर्मकांडी बनाती है? खाद्यान्न का नुकसान जैन धार्मिक भाषा में अनर्थ दंड है। अनर्थ दंड यानी किसी प्रयोजन के बिना किया हुआ पाप। अब धर्म के शास्त्र पंडित दलील देते हैं कि यह धर्मकार्य है, इस क्रिया में जो नुकसान होता है उसे अनर्थ दंड नहीं कह सकते।

यह दलील तो वैदिकों की है। वे यज्ञ में तेल-घी-तिल-चावल जलाकर धर्मकार्य की बात करते हैं। उनका दावा है, 'ये चीजें जलाकर व्यर्थ नहीं होतीं बल्कि यज्ञ के मुख से भगवान तक पहुँचती हैं। इससे भगवान प्रसन्न होकर कई गुना अधिक धनधान्य वापस देते हैं।' लेकिन खाद्य पदार्थों का नुकसान कर धर्मकार्य नहीं हो सकता, इसी आधार पर महावीर ने यज्ञयाग का विरोध किया था। यज्ञ से समृद्धि प्राप्त होती है, यह विचार अवैज्ञानिक है। इसलिए भगवान महावीर इसके विरोध में थे। लेकिन अब उनके अनुयायियों द्वारा ही अन्धविश्वासात्मक, अवैज्ञानिक क्रिया-कांड जैन धर्म में धीरे-धीरे लाए जा रहे हैं। हिन्दूधर्मी खाद्य पदार्थ यज्ञ में जलाकर बेकार करते हैं, जैनधर्मी उसे अभिषेक द्वारा बहाकर व्यर्थ करते हैं। बस इतना ही फर्क है!

चारों तरफ जैसे होते हैं वैसे ही हित-सम्बन्ध निर्मित होते हैं। इन सम्बन्धों के लिए पवित्रता की कल्पनाओं का बहाना बनाकर कैसे लागू किया जाता है, यह

सोचने लायक है। जाति-पाँति से विघटित समाज में अन्तरजातीय विवाह उचित और समयोचित मानकर सरकार उसे पुरस्कृत करती है। लेकिन ऐसे विवाह करनेवाले व्यक्ति को धार्मिक कार्यों में अभिषेक विधि करने के अधिकार से वंचित रखा जाता हैं। मानवतावाद कहता है कि विधवाओं की कद्र करें। संविधान ने उसे नागरिकता के पूरे अधिकार दिए हैं। लेकिन अभिषेक का अधिकार नकारा जाता है जबकि विधवा होने में उसका कोई दोष नहीं होता।

जो राष्ट्रीय स्तर पर वही राज्य स्तर, वही शहर-ग्रामीण क्षेत्र और हर गली-गली में चल रहा है। दिसम्बर के महीने में अब गाँवों के वार्डों में दत्त जयन्ती के झूले झूलते हैं। फरवरी में गलियों में गणेश जयन्ती धूमधाम से मनाई जाती है। पिछले पाँच सालों में वैभव महालक्ष्मी का व्रत महानगरों से गाँवों-बस्तियों तक आग की तरह फैला है जिसका महाराष्ट्र को पहले पता भी नहीं था। 'पर्यावरण रक्षा जिन्दाबाद' के नारे लगाते हुए धार्मिक भावना के लिए पेड़ों के पत्ते, टहनियाँ और फल तोड़कर कलश पूजा की जाती है। इन सारी विरोधी भूमिकाओं में समाज के सुजान नागरिक अधिकतर 'हमें क्या करना है?' कहकर उदासीनता के साथ चुप्पी साधते हैं। मीडिया को तो यह जल्लोष चाहिए ही और राजनेताओं के लिए नया अवसर। लेकिन वैज्ञानिक राष्ट्रपति द्वारा श्रद्धा की जाँच को नकार देना, इतना ही नहीं, भक्ति-भाव से अभिवादन करने की बात क्या समाज को आगे ले जानेवाली है? श्रद्धा की जाँच नहीं होती तो क्या इनसान में परिवर्तन सम्भव था? मानव की प्रगति का इतिहास मूलतः श्रद्धा की जाँच का ही है। धर्म श्रद्धा सभी श्रद्धाओं का मूल है। क्या उसकी जाँच नहीं होनी चाहिए? क्या कालानुरूप आचार-विचारों का परिवर्तन नहीं होना चाहिए? दिल्ली में 23 जून, 1956 के भाषण में डॉ. बाबासाहब आंबेडकर ने कहा था, "जौहरी की दुकान में लिया जानेवाला सोना असली है या नकली, यह जानने के लिए गहनों को अच्छी तरह से परखा जाता है। वैसे ही धर्म को परखकर उसकी परीक्षा होनी चाहिए। धर्म-तत्वों की छानबीन कर सिद्धान्त और व्यवहारों की पड़ताल होनी चाहिए कि कौन-सा धर्म इनसान को सुख और समाधान दे सकेगा। कसौटी पर खरा न उतरे, तब तक गहनों की खरीदी नहीं होती, वैसे ही धर्म भी इनसान के लिए उपयोगी है या नहीं, इसका इसी कसौटी पर मूल्यांकन होना चाहिए। जब तक धर्म की ऐसी परीक्षा नहीं होगी तब तक वह अस्वीकार्य है।"

आज भगवान, धर्म, श्रद्धा और उनके पालन के बारे में लोग जागृत बने हैं, संवेदनशील हुए हैं। लेकिन कौन-सा धर्म सच्चा और कौन-सा झूठा? धर्म की उपयोगी रसमयता कौन-सी है और निरुपयोगी छिलके कौन-से हैं? गर्व किसका करें? किसका दुराभिमान छोड़ें? धर्म के अच्छे अंग का आग्रह करते समय अभिनिवेश की भूमिका हितकारी है या अहितकारी? सच कहें, तो इन सारे सवालों के जवाब महाराष्ट्र के सन्त और समाज सुधारकों ने दे रखे हैं। सन्त तुकाराम महाराज ने *तीर्थे धोंडा पाणी,*

देव रोकडा सज्जनी (यानी तीर्थों के नाम पर पत्थरों को पानी दिया जा रहा है, लेकिन भगवान तो सज्जन लोगों में है।) ऐसे ही नहीं कहा है। कर्मकांड, व्रत-जाप, मंत्र-तंत्र इसके परे जाकर मानवता की पुकार सभी धर्मों ने, उनके संस्थापकों ने, धर्मग्रन्थों ने और सन्तों ने दी है।

...खैर इस पर सोचिए तो सही?

[11 फरवरी, 2006]

चिकित्सा का धर्मकारण या पब्लिसिटी की राजनीति?

धर्म के अभिमान में अधिकाधिक तीव्रता और धर्म विचार में शिथिलता आज महाराष्ट्र का चित्र है। धर्म का अभिमान, अस्मिता, अभिनिवेश-आग्रह, अहंकार अधिकाधिक मजबूत करने का प्रयास सभी धर्मों में किया जा रहा है। मन्दिर जाना, यात्रा करना, धर्म के प्रवचन, कीर्तन, देवताओं और धर्म के उत्सवों की भरमार है। इस ओर सामान्य जनता ही नहीं बल्कि शिक्षित युवा पीढ़ी भी आकर्षित हो रही है। सन्तों ने धर्म की भावना से नैतिकता की दिशा दी, यह भावना अब धर्मान्धता की ओर मोड़ी जा रही है। साथ ही, यह अब अरबों रुपयों का व्यवसाय बन चुका है। धर्म भावना का व्यापारीकरण, बाजारीकरण, विकृतिकरण और राजनीतिकरण चालू है। लोगों की समस्याओं पर काम कर वोट माँगने के बजाय लोगों की धर्म भावना उद्दीप्त कर सत्ता की ओर जाने का राजनीतिक शॉर्टकट अपनाया जा रहा है।

धर्मनिरपेक्ष समाज निर्मिति के लिए धर्म-चिकित्सा अपरिहार्य है। इसी भावना से शनि-शिंगणापुर स्थित शनिदेव के चौथरे पर महिलाओं के लिए प्रवेश की पाबन्दी को उठाने के लिए वर्ष 2000 में महाराष्ट्र में सत्याग्रह किया गया। इस विचार का भाजपा और शिवसेना की ओर से तीखा विरोध हुआ। माहौल इतना गर्म था कि नगर से 50 किमी दूर शनि-शिंगणापुर जा रहे हजारों सत्याग्रहियों को 50 कदम चलने के बाद ही गिरफ्तार किया गया। इसमें प्रा. एन.डी. पाटिल, डॉ. श्रीराम लागू, डॉ. बाबा आढाव, प्रा. पुष्पाताई भावे जैसे दिग्गजों का समावेश था। इसलिए बाद में शनि-शिंगणापुर और कोल्हापुर के अम्बाबाई के मन्दिर में महिलाओं के प्रवेश पर मुम्बई हाईकोर्ट में जनहित याचिका दायर हुई।

ऐसे में महाराष्ट्र नवनिर्माण सेना के तत्कालीन विधायक राम कदम ने विधानसभा में अम्बाबाई के मन्दिर में महिलाओं के प्रवेश की माँग की और उसके दो दिन बाद भाजपा महिला प्रदेशाध्यक्ष सहयोगियों के साथ मन्दिर के अन्दर घुस गए। इसके पीछे पब्लिसिटी स्टंट था ही लेकिन स्त्री-पुरुष समानता के आग्रह की तात्विक झलक भी उसमें थी। लेकिन व्यापक और उद्यमी धर्म-चिकित्सा के अंग के रूप में यह घटना अधिक गम्भीरता से देखनी होगी।

अब एक सवाल सहज पूछा जा सकता है : महात्मा फुले, राजर्षि शाहू महाराज, विट्ठल रामजी शिंदे, न्यायमूर्ति रानडे, डॉ. बाबासाहब आंबेडकर, गाडगे बाबा आदि सब महानुभावों ने कड़ी धर्म-चिकित्सा करने के बाद भी धर्म भावना को क्यों नहीं नकारा? तो इसमें पाया यह जाता है कि इन सभी महापुरुषों ने धर्म का विचार आस्था व संशोधन-सुधार की बुद्धि से किया। इससे उन्होंने समाजविमुख धर्म को समाजसन्मुख किया। परलोकवादी धर्म इहलोकवादी किया। ईश्वर-केन्द्रित धर्म मानव-केन्द्रित किया। धर्म की भ्रष्टता और उसके साधन हो जाने का भय बढ़ गया है, ऐसे समय में इस स्वरूप की रचनात्मक धर्म-चिकित्सा को महत्त्वपूर्ण सवाल मानना चाहिए।

महाराष्ट्र में हो रहे प्रबोधन से यह सवाल लगभग गायब हुआ है। धर्मनिरपेक्षता के अंग के रूप में यह सवाल उपस्थित करने का प्रयास किया जाता है, फिर भी धर्म के अघोषित प्रवक्ता उसका तीव्र और हिंसक विरोध करते हैं। 'समाज को धारण करता है वही धर्म' धर्म की ऐसी आदर्श व्याख्या हुई। विश्व में ऐसा आदर्श धर्म कहीं भी नहीं है। फिर भी प्रत्येक धर्म खुद को आदर्श मानता है। समाज का कल्याण किस वजह से होता है, प्रत्यक्ष रूप में हो रहा है या नहीं, यह भी अपना-अपना धर्म तय करता है। प्रत्येक धर्म का ठोस सिद्धान्त 'हमारा धर्म धारणा करनेवाला है' होने से धर्म धारणा होती है या नहीं, ऐसी शंका उपस्थित करना धर्मद्रोह का लक्षण है। धर्म-सम्बन्ध में विवाद का मुख्य मुद्दा आदर्श धर्म की व्याख्या करना नहीं बल्कि बात यह है कि धर्म के आदर्श न होने पर कौन बताएगा और बदलाव कौन लाएगा। कोई भी धर्म ऐसे अधार्मिक और धर्मद्रोही सवाल उपस्थित करने नहीं देगा। भारत का संविधान आज समाज की धारणा करता है। इसलिए संविधान को धर्मग्रन्थ मानने और उसके आदेश को धर्म मानने के लिए कोई भी धर्म तैयार नहीं होगा। धर्म-चिकित्सा शुरू करने के बाद धर्म को माननेवाले बड़े जनसमूह को धर्म की चिकित्सा करना धर्मद्रोह लगता है।

व्यवहार में जो धार्मिकता होती है उसमें प्रथा, परम्परा, कर्मकांड, उपासना, पौरोहित्य और अहिंसा, सत्य, अपरिग्रह आदि मूल्य के साथ ही समाज-व्यवस्था का नियमन होता है। इन सभी के मिलाप से धर्म साकार होता है। ऐसा "धर्म" व्यक्ति, समाज-मन में एकत्रित रूप से घुल-मिल जाता है। धर्मनिरपेक्ष पद्धति से समाज निर्मिति करते समय धर्म के नाम से मजबूत हुई प्रथा-परम्परा सभी धर्मों की प्रगति में बाधा बन जाती है। समाज को गलत राह पर ले जाती है। कोल्हापुर की महालक्ष्मी के मस्तक पर नाग-लिंग-योनि का तकनीकी स्वरूप में चिह्न है। इस तरह की मूर्ति का पूजन महिलाओं को नकारा जाता है। इसे गलत मानकर वहाँ सत्याग्रह हुआ। यह अच्छा हुआ लेकिन, कन्या को दान का पात्र मानकर बड़े उत्साह के साथ कन्यादान किया जाता है। पेट में बच्चा सँभालनेवाली माँ के अधिकार विधवा होने के कारण

नकारे जाते हैं। हल्दी-कुमकुम के कार्यक्रम में विधवा पर अघोषित पाबन्दी होती है और शुभ कार्य में ध्यान रखा जाता है कि उसके अशुभ पाँव वहाँ न आ आएँ। रजस्वला होना एक शरीर-धर्म होने के बावजूद भी स्त्री सभी धार्मिक और मंगल कार्यों में अपवित्र मानी जाती है। ऐसी सभी बातों का विरोध होना आवश्यक है।

धर्म की चिकित्सा शुरू होने के बाद पौरोहित्य की जाँच करनी ही पड़ती है। ईश्वर को जो भी देना है, वह पुरोहितों के मार्फत दिया जाता है। प्रत्यक्ष व्यवहार में उसका उपभोग पुरोहित ही करता है, ऐसी यह दलाल-व्यवस्था है। भगवान का जिस तरह गुणगान किया जाता है, उसकी महानता का वर्णन जिस तरह किया जाता है, उस तरह से उसके साथ सम्पर्क करने के लिए किसी भी मध्यस्थता की कल्पना करना भी अनावश्यक और विसंगत लगता है। पुरोहित अपने फायदों को मजबूत करते हैं। महिलाओं के लिए महालक्ष्मी के मन्दिर में प्रवेश पर पाबन्दी लगानेवाले पुजारी अपने घर की महिलाओं को पूजा की जब अनुमति देते हैं, तब पौरोहित्य के दोगलेपन का पर्दाफाश हो जाता है। रचनात्मक धर्म-चिकित्सा के साथ पौरोहित्य को फटकाराना भी जरूरी है। समाज-मानस के दबाव के आगे पुजारी वर्ग भले ही पीछे हटे हों लेकिन यह उनका मत-परिवर्तन नहीं है। कोई और चारा न होने के कारण उन्हें यह करना पड़ा। अगर मत-परिवर्तन हुआ होता तो उन्होंने मुम्बई हाईकोर्ट में इस सम्बन्ध में दाखिल जनहित याचिका में महिलाओं की मन्दिर प्रवेश बन्दी का समर्थन करनेवाला प्रतिज्ञा-पत्र वापस लिया होता।

इसके बाद भी धर्म-चिकित्सा का एक गम्भीर पहलू है। सभी धर्मों में जिसे सच्चा धर्म माना जाता है उस धर्म में सभी बातों को पवित्र, अपवित्र और लौकिक के तीन समूहों में वर्गीकृत किया जाता है। उदाहरणार्थ, धर्मग्रन्थ, मन्दिर, पुरोहित; पवित्र। शव, रजस्वला स्त्री; अपवित्र। सब्जी-भाजी, कागज आदि; लौकिक वस्तु। सामान्य लौकिक तथा अपवित्र वस्तुओं का व्यवहार पवित्र चीजों से नियत किया जाना है, ऐसी धर्म कल्पना की ठोस धारणा होती है। जिसे सच्चा धर्म माना जाता है, उसमें अपरिहार्य रूप से पवित्रता की संकल्पना के कारण वस्तुओं के सन्दर्भ में धर्म की अन्धविश्वास पर आधारित विषमता तैयार होती है। इसी दाम्भिक पवित्रता की कल्पना से एक व्यक्ति जन्मजात इतना पवित्र बनता है कि उसके पाँव धोकर पानी लेने पर तीर्थ (चरणामृत) होता है। दूसरा व्यक्ति इतना अपवित्र होता है कि उसकी छाँव से भी छुआछूत होती है। इस विषमता पर आघात करना है तो जिस पवित्रता की कल्पना से धर्मनीति निर्मित हुई है, उसे ठुकराना पड़ेगा। उसे ठुकराने पर नीति यानी सच्चा धर्म है कहकर समाज जीवन खत्म हो जाने का डर दिखाया जाता है। इसलिए पवित्रता की संकल्पना और नीति-मूल्यों में अन्तर की स्पष्ट भूमिका को संज्ञान में लेना होगा। समाज धारणा के लिए पवित्रता की संकल्पना की आवश्यकता नहीं है जबकि नीति-मूल्यों की जरूरत समाज धारणा के लिए होती है। अर्थात,

इसका स्वरूप देश-काल सापेक्ष, परिवर्तनशील और न्याय-विवेक पर आधारित होता है, बल्कि होना भी चाहिए। सामाजिक नीति-मूल्य अगर नीति के नाम पर किसी के अन्यायी मुनाफे को बढ़ावा दे रहे हैं, किसी को श्रेष्ठ तथा कनिष्ठ साबित कर रहे हों तो उन नीति-मूल्यों को त्याज्य मानना पड़ेगा। संक्षेप में कहें तो किसी भी 'सच्चे धर्म' को 'सच्चा' और 'धर्म' विशेषण प्राप्त करने हैं तो पवित्रता की संकल्पना के आधार पर विषमता का समर्थन करनेवाले मूल्य स्वीकारने को वह नहीं कह सकता।

इस तरह, सभी धर्मों की चिकित्सा भारतीय जनता पार्टी ही नहीं बल्कि मनसे और दोनों कांग्रेसों के लिए हजम न होनेवाली बात है जोकि अच्छा नहीं है। महाराष्ट्र में अघोरी प्रथा और जादू-टोना विरोधी कानून को लगभग 16 साल से एक-दूसरे की ओर उँगली दिखाकर इन पार्टियों ने दबाकर रखा है। ऐसे समय में महिलाओं के मन्दिर प्रवेश हेतु निकाले गए मोर्चे के कारण एक कदम आगे बढ़ा होगा तो भी इसको चिकित्साजनक धर्मनीति की अपेक्षा पब्लिसिटी की राजनीति के रूप में ही देखना होगा।

[30 अप्रैल, 2011]

हक तो चाहिए ही, समता का संवाद भी हो

सामाजिक न्याय का प्रश्न उठाया जाता है कि आरक्षण-विरोधी बैताल अपना फण निकाल लेता है। उच्च शिक्षा संस्थानों में ओबीसी आरक्षण की उद्घोषणा से उठे तूफान ने एक बार फिर यह वास्तविकता रेखांकित की है। डॉक्टरों के मार्च निकले। खेतिहर मजदूर और कामगारों के मार्च तो रोजाना निकलते हैं लेकिन अभिजन डॉक्टरों के सड़क पर उतरने के कारण इसे खूब पब्लिसिटी मिली। भूमंडलीकरण के नगाड़े जब से बजने लगे हैं, तब से गुणवत्ता शब्द को बड़ा महत्त्व प्राप्त हुआ है। गुणवत्ता, योग्यता की इस प्रक्रिया के भारतीय समर्थक टाटा, बजाज, प्रेमजी आदि पूँजीपतियों द्वारा आरक्षण के विरोध में सुर लगाने से इस नाटकीय आन्दोलन को प्रतिष्ठा मिली। कुछ लोगों को इसमें मूल मुद्दों के बगैर तत्कालीन मानव संसाधन विकास मंत्री अर्जुन सिंह और प्रधानमंत्री मनमोहन सिंह को हराने पर ईर्ष्या दिखाई दी। सरकार ने हमेशा की तरह चार वरिष्ठ मंत्रियों की समिति का गठन किया। किसी को भी नाराज बिना किए आरक्षण के विरोध में और आरक्षण के समर्थन में उतरे संगठनों के आन्दोलन को शान्त करने का प्रयास किया गया। शिक्षण संस्थाओं में धीरे-धीरे पद बढ़ाने और जैसे-जैसे जगह बढ़ेगी, वैसे ही प्रमाणबद्ध आरक्षण लागू किए जाने के उपायों पर गम्भीरता के साथ विचार होता दिखाई दे रहा था। आरक्षण के मुद्दे को लेकर उठे इस तूफान को, सामाजिक न्याय और साथ ही, कुछ विशिष्ट पाठ्यक्रमों को मिल रहे अपरम्पार महत्त्व के लिए किए गए पुरजोर प्रयास के सन्दर्भ को, सामाजिक मानसिकता के निर्माण के लिए संवाद के अवसर के रूप में देखा नहीं गया।

भारतीय जाति-व्यवस्था शोषण और विषमता का अद्भुत उदाहरण है। कुछ बड़े जनसमूहों को ज्ञान अर्जन-सम्पादन और सम्पत्ति धारण करने की अनुमति ही नहीं थी। इन सामाजिक समूहों का तबका बड़ा और स्पष्ट था। इसी कारण उनके लिए सामाजिक न्याय का तत्त्व भारतीय संविधान में लिया गया। 'आरक्षण 10 साल तक ही रहेगा, ऐसा प्रावधान होने के बाद भी अब कितने दशकों तक जारी रखेंगे?' रोष के साथ यह सवाल पूछा जाने लगा जो अत्यधिक अनुचित है। केवल राजकीय आरक्षण 10 साल के लिए था। हर 10 साल के बाद इस आरक्षण को और

10 साल बढ़ाने का अधिकार संसद को है। लोकसभा, विधानसभा निर्वाचन क्षेत्रों में दलित-आदिवासियों को आरक्षण नहीं होगा तो स्वतंत्रता के 60 साल बाद भी इन समाज के घटकों के प्रतिनिधि का चुनकर आना असम्भव है। इस वास्तविकता के कारण हर बार अवधि को बढ़ाया जाता है। लेकिन शिक्षण संस्थाओं में प्रवेश और नौकरियों के सन्दर्भ में आरक्षण का इस कालावधि से कुछ भी सम्बन्ध नहीं है। कुछ हजार साल पहले बनी विषम सामाजिक संरचना से हो चुके नुकसान को एक समाज के रूप में हम कितनी कालावधि में भर सकते हैं, इस आरक्षण की कालावधि इसी से निर्धारित है। स्वतंत्रता के बाद यह ध्यान में आया कि लेहनादार और अन्य कुछ व्यवसायों से सम्बन्धित एक बड़ा बहुजन वर्ग सामाजिक न्याय के दायरे से बाहर ही रह गया है। ऐसे अन्य पिछड़े वर्गों के लिए मंडल आयोग की स्थापना हुई। इसी सम्बन्ध में लिए जानेवाले सामाजिक न्याय के प्रश्न पर अब तूफान उठा है, या उठाया गया है।

आरक्षण शिक्षा में प्रवेश के लिए है, पास होने के लिए नहीं, इतनी सी बात जान-बूझकर नजरअन्दाज की जाती है। आरक्षण का लाभ लेकर जो विद्यार्थी आगे अपने व्यवसायादि क्षेत्रों में दाखिल होते हैं, वहाँ पर वे अपना काम पूरी क्षमता के साथ करते हैं, इसकी पुष्टि हो चुकी है। नवरत्न के रूप में पहचानी जानेवाली सार्वजनिक कम्पनियों में सभी स्तरों पर आरक्षित जगह रखी गई है। इससे उन कम्पनियों की गुणवत्ता में किसी प्रकार की कमी नहीं आयी हैं। कमलनयन बजाज ने बजाज कम्पनी में पहले से ही आरक्षित पद रखे थे। वह कम्पनी कभी भी घाटे में नहीं गई। विश्व कीर्तिमान धारक संस्था इंडियन इंस्टिट्यूट ऑफ मैनेजमेंट, अहमदाबाद (IIM) के प्रा. बकुल ढोलकिया कहते हैं, "We have to work hard with this cetegory of students. But results are very good." 'हाल के कुछ दशकों में कृष्णवर्णीयों, काले लोगों के लिए बढ़ते अवसर अमेरिका की आर्थिक क्षेत्र में सफलता का एक प्रमुख कारण है'। इस तरह सुप्रसिद्ध कॉल ब्रेक का कथन आरक्षण के अर्थशास्त्री विरोधियों को अच्छी तरह से संज्ञान में लेना चाहिए। सच कहें तो किसी भी भारतीय पूँजीपति को मेरिट के आधार पर आरक्षण के विरोध में बोलने का नैतिक अधिकार नहीं है क्योंकि व्यवसायिक सुविधा, आरक्षण, एकाधिकार, इन सबका जितना लाभ इन पूँजीपतियों को हुआ है उतना किसी को भी नहीं हुआ है। उच्च शिक्षा में शिक्षा सम्राटों द्वारा स्थापित प्रच्छन्न बाजारीकरण पर गुणवत्ता का मुद्दा खड़ा करनेवाले लोग कभी भी व्याख्या नहीं करते। इन संस्थाओं में प्रवेश के लिए गैर-कानूनी मार्गों का उपयोग किया जाता है और डिग्री लेकर बाहर जानेवाला छात्र गलत तरीके से ही बाहर चला जाता है। अनेक स्थानों पर इन छात्रों का ज्ञान उनकी डिग्री की तुलना में अत्यन्त कमजोर होता है। इस प्रक्रिया के लिए केवल एक ही मेरिट है : वह अर्हता है अभिभावकों की आर्थिक ताकत। लेकिन इन लोगों

के सन्दर्भ में कभी गुणवत्ता का प्रश्न पूछा नहीं जाता। ना ही बाप की कमाई से मिलनेवाले आरक्षण के लिए कोई सवाल उठता है।

भविष्यकालीन दुनिया में गुणवत्ता महत्त्वपूर्ण है। यह झूठ है कि सामाजिक न्याय की प्रक्रिया से उस गुणवत्ता को नुकसान पहुँचता है। अन्तत: गुणवत्ता के आधार पर हो रही समाज निर्मिति अगर समानता के तत्व का बलिदान देकर होती है तो यह ठीक नहीं है। आर्थिक रूप से दुर्बल घटकों के लोगों के लिए कुछ आरक्षण रखना, सर्वोच्च न्यायालय द्वारा निर्देशित अन्य पिछड़े वर्ग के लोगों के आरक्षण में क्रीमीलेयर की संकल्पना करना, जिन पिछड़े वर्ग के लोगों की पहली पीढ़ी ने अभी भी शिक्षा जगत में प्रवेश नहीं किया है उन्हें अधिकाधिक अवसर देने पर विचार करना, इन बातों में तथ्य है। यह भी सच नहीं है कि शिक्षा से लाभ सिर्फ व्यक्ति को मिलता है, समुदाय को नहीं अथवा इससे समूह का स्तर ऊँचा होते हुए दिखाई नहीं देता। लेकिन यह सब ध्यान में आने के बाद भी व्यक्तिगत स्वार्थ के लिए 'गुणवत्ता का रक्षण और देशहित की नीति' कहना सरासर झूठ है। आरक्षण के मूल मुद्दों को स्पष्ट समर्थन देना चाहिए। केवल 25 फीसदी लोगों को 75 फीसदी अवसर! और उस पर 75 फीसदी लोगों के लिए 50 फीसदी तक बढ़ोतरी हो गई तो हंगामा क्यों? इस बारे में ठोस तरीके से पूछा जाना चाहिए।

स्वतंत्रता, समता, बन्धुता हमारे संविधान की त्रिसूत्री भले ही है फिर भी आज आर्थिक विषमता की खाई तो बनी ही है। सामाजिक विषमता पर हल्का-सा आघात करनेवाली आरक्षण की नीति को मान्यता देने की समझ भी दिखाने के लिए हम तैयार नहीं हैं। धर्म, मन्दिर निर्माण के आधार पर देश को बाँटने का कुकर्म लोगों के मन से निकल जानेवाला आशादायी चित्र बन रहा है। संकटमोचन हनुमान मन्दिर पर हल्ला, डोडा (कश्मीर) में हिन्दुओं के हत्याकांड को लेकर पूरे देश ने संयत और एकता से पूर्ण प्रतिक्रिया दी। लेकिन अब क्या जाति के आधार पर समाज के विभाजन का खूब जोरदार तूफान आनेवाला है? ऐसी आशंका मन में निर्मित होनेवाली परिस्थितियाँ हैं।

समता का संवाद खत्म हो चुके समाज में बन्धुता की व्यवहारशीलता और जाति-व्यवस्था का निर्मूलन तो बाद की बात है, उसका उच्चारण भी आज कोई नहीं कर रहा है। जाति-पाँति में बँट चुके भारत को सावधान होने का इशारा देनेवाली खतरे की घंटी आरक्षण से उठे तूफान के कारण पुन: एक बार बजी है। सभी समानतावादियों को इसका मुकाबला इकट्ठे होकर करना होगा।

[27 मई, 2006]

धम्मचक्र प्रवर्तन

'भारत में सामाजिक समता और न्याय स्थापित करना ही सर्वांगीण मुक्ति का मार्ग है और इसके लिए गौतम बुद्ध का धम्म स्वीकारना होगा' : सन 1936 से 1956 इन 20 सालों में समाज में क्रान्ति के लिए विविध मार्गों से प्रयास करने के बाद डॉ. बाबासाहब आंबेडकर इस निर्णय तक पहुँचे। 14 अक्तूबर, 1956 को 5 लाख लोगों का सामुदायिक धर्मान्तरण हुआ। इस महान सामाजिक धर्मान्तरण से क्या समाज में क्रान्तिकारक सामाजिक बदलाव हो गए? यह सवाल 14 अक्तूबर से शुरू होनेवाले स्वर्ण महोत्सवी वर्ष आयोजन को ध्यान में रखकर स्वाभाविकता से सामने आता है।

बाबासाहब ने स्पष्ट रूप से बताया है कि स्वतंत्रता, समता, बन्धुता के तत्वों की जड़ें उनके गुरु बुद्ध की शिक्षा में छिपी हैं। उन्होंने बताया है कि 'अपरिमित स्वतंत्रता से समता का नाश होता है और मुक्त समता स्वतंत्रता को अधिक अवसर नहीं देती। केवल बन्धनों से ही स्वतंत्रता और समता के सम्बन्ध में होनेवाले उल्लंघन के विरुद्ध काम हो सकता है, इस पर मेरा विश्वास बिलकुल नहीं है। इसीलिए मेरे तात्विक ज्ञान में बन्धुता का बहुत बड़ा स्थान है। स्वतंत्रता से समता को सुरक्षा केवल बन्धुभाव से ही दी जा सकती है। बन्धन निधर्मी होता है, उसे तोड़ा जा सकता है। लेकिन बन्धुता और धर्म पवित्र है।' संविधान में समानता का तत्व अन्तर्भूत है। फिर भी समानता के लिए डॉ. बाबासाहब को धर्मान्तरण की आवश्यकता क्यों पड़ी? उनके विचारों पर गौर से सोचा जाए तो उसका सम्भावित उत्तर यह होगा : संविधान, निर्बन्ध, कानून से मिली हुई समता अलग है और धर्म से मिली समता अलग है। धर्म के पीछे मन की पवित्रता का सामर्थ्य, कर्तव्य की भावना और स्वेच्छा से निर्णय की प्रेरणा होती है। जो चीज निर्बन्ध से मिलती है उसके पीछे मुख्यता दंडात्मक शक्ति खड़ी होती है। समता को पूर्णतया स्थापित करने के लिए उसे धर्म में ही रखना जरूरी है। जिस हिन्दू धर्म को चातुर्वर्ण्य, जातिभेद मान्य है उसी धर्म में समता को कभी बल प्राप्त नहीं होगा इसीलिए समता का उद्घोष करनेवाला बौद्ध धर्म ही चाहिए।

बाबासाहब द्वारा धर्म के सम्बन्ध में जो विचार रखे गए थे वे संक्षेप में इस प्रकार से थे : 'समाज में एकता बनाए रखने के लिए कानून, नीति का बन्धन आवश्यक

है। मानव के परस्पर सम्बन्धों में बन्धुता के बन्धन के लिए धर्म आवश्यक है। यह धर्म विज्ञान से जुड़ा होना चाहिए। स्वतंत्रता, समता, बन्धुता ये तीन मूल तत्व उस धर्म की नीति-संहिता में आवश्यक हैं। उस धर्म में दरिद्रता का उदात्तीकरण नहीं होना चाहिए। समृद्धि का त्याग भी आदर्श मानना गलत है। सभी दृष्टियों से विचार करते हुए प्रचलित सभी धर्मों में बौद्ध धर्म ही मानव का युगधर्म होने के लिए उचित धर्म है।'

बौद्ध धर्म स्वीकारते समय बाबासाहब ने कुल 22 प्रतिज्ञाएँ लीं। उनमें से 8 प्रतिज्ञाएँ हिन्दू धर्म के निषेध स्वरूप थीं। उनमें हैं : मैं ब्रह्मा, विष्णु, महेश, राम, कृष्ण, गौरी, गणपति आदि हिन्दू धर्म के किसी भी देवी-देवताओं को नहीं मानूँगा। ईश्वर ने अवतार लिया है, इस पर मेरा कतई विश्वास नहीं है। बुद्ध विष्णु का अवतार हैं, यह अत्यन्त झूठा और घिनौना प्रचार है, ऐसा मैं मानता हूँ। कोई भी क्रिया-कर्म ब्राह्मण के हाथ से नहीं करवाऊँगा। मैं श्राद्ध, पक्ष, पिंडदान नहीं करूँगा। मनुष्य को नीच, असमान माननेवाले और मनुष्य के उत्कर्ष के लिए हानिकारक हिन्दू धर्म का मैं त्याग करता हूँ। इसके साथ ही, नैतिक रूप से अन्य सटीक पर्याय भी शेष प्रतिज्ञाओं में थे। संक्षेप में बताया जाए तो : मैं समता संस्थापित करने का प्रयास करूँगा। सभी प्राणियों पर दया करूँगा। चोरी नहीं करूँगा। झूठ नहीं बोलूँगा। व्यभिचार नहीं करूँगा। शराब नहीं पिऊँगा। ज्ञान, शील, करुणा बौद्ध धर्म के इन तीन तत्वों को साथ में लेकर बुद्ध के अष्टांग मार्ग का अवलम्ब करूँगा। भगवन्त द्वारा बताई दस पारमिता का पालन करूँगा।

धर्मान्तरण के दूसरे ही दिन दीक्षा मंडप में बाबासाहब का एक भाषण हुआ। उसमें उन्होंने कहा कि 'धर्मान्तरण करने के लिए इतना समय क्यों लगा? ऐसा सवाल कुछ लोग पूछते हैं। महत्त्वपूर्ण बात यह है कि धर्म को समझाना आसान काम नहीं है, धर्म के बारे में सोचनेवाले किसी भी व्यक्ति को यह बात ध्यान में आ सकती है। मेरे ऊपर जितनी जिम्मेदारी है, उतनी जिम्मेदारी विश्व के किसी भी व्यक्ति पर नहीं है। मुझे और अधिक आयु मिली तो मैं निर्धारित सभी कार्य पूरा कर सकूँगा।'

उन्हें फुरसत कभी मिली ही नहीं। लेकिन यह जिम्मेदारी कौन-सी है? उसका महत्त्व क्या है? उसकी सीमा क्या है? ये जिम्मेदारियाँ कैसे निर्मित हुई हैं? ऐसे सवालों के सन्दर्भ में भी वैचारिक संघर्ष पूर्णतया रुक गया है। राजनैतिक-सामाजिक दृष्टि से विषय संवेदनशील बना और इसी कारण असुविधाजनक भी। धर्मान्तरण के स्वर्ण महोत्सवी वर्ष में यह सूरत बदलनी चाहिए। बाबासाहब बौद्ध धर्म के हीनयान और महायान इन प्रमुख दो पन्थों के सिवाय 'नवयान' का प्रयोग करना चाहते थे। लेकिन यह प्रयोग आरम्भ से ही कई कारणों से विवादित रहा। बाबासाहब ने जिनके हाथ से दीक्षा ली थी, उस महास्थवीर चन्द्रमणि ने एक पत्र निकालकर घोषित किया कि 'हिन्दू धर्म और बौद्ध धर्म एक ही वृक्ष की दो टहनियाँ हैं'। 'आंबेडकर ने बौद्ध

धर्म स्वीकार करते समय हिन्दू धर्म का जो धिक्कार किया है, वह बौद्ध धर्म के संस्कारों में कहीं नहीं है', यह उनके सहयोगी न्यायमूर्ति भवानीशंकर नियोगी ने कहा था। बाबासाहब की वे 8 प्रतिज्ञाएँ भले ही विवादित हुईं, पूर्व-वर्णाश्रमी अछूतों में इससे नवचैतन्य आया था, यह वास्तविकता है। इसी धिक्कार में ही उनकी मुक्ति के प्रारम्भ का अनुभव उन्हें मिलता था। लेकिन भारत को बौद्धमय करने के मार्ग में हिन्दू धर्म का निषेध करनेवाली यह 8 प्रतिज्ञाएँ निश्चित तौर पर अड़चनों के रूप में सामने खड़ी दिखाई देती हैं। बाबासाहब के मन-मस्तिष्क में जाति से पीड़ित जिन हिन्दुओं को बौद्ध कर उन्हें समता की शिक्षा देने की बात थी, उनसे हिन्दू संस्कार में पली-बढ़ी जनता का सम्बन्ध ही इन प्रतिज्ञाओं के कारण टूट गया। महाराष्ट्र में न्यायमूर्ति रानडे के प्रार्थना समाज ने, महात्मा फुले के सार्वजनिक सत्यधर्म ने, राजर्षि शाहू के आर्य समाज ने और डॉ. आंबेडकर के निरीश्वरवादी बौद्ध धम्म ने वंश-परम्परागत पौरोहित्य को नकारा। यह धर्म सुधार की लड़ाई का महत्त्वपूर्ण चरण है परन्तु यह धर्म सुधार का आरम्भ है। इसके विकास क्रम में इनसान का अपनी इनसानियत आधिकाधिक रूप से प्राप्त करना अपेक्षित था लेकिन यह नहीं हो सका। वरिष्ठ विद्वान डॉ. रावसाहेब कसबे कहते हैं, "डॉक्टर बाबासाहब आंबेडकर ने अपने अनुयायियों को हिन्दू देवी-देवताओं की शरण में जाने से रोका। भगवान बुद्ध की शरण जाने का उपदेश उन्होंने दिया। यह करते समय बुद्ध का धम्म कितना विज्ञाननिष्ठ, बुद्धिनिष्ठ है, यह बात प्रमुखता से बताई। लेकिन उनके आम अनुयायियों ने बुद्ध, धम्म और संघ की शरण में पारम्परिक भावना से ही मन:पूर्वक शरण में जाना पसन्द किया। आज तो आम कूवत के ऐसे लोग भी बौद्ध भिक्षु संघ में बड़े पैमाने पर भर्ती हो रहे हैं जिनके पास ज्ञान और सेवा भाव किंचित भी नहीं है। ऐसे भिक्षुओं के दर्शन के लिए लगी लम्बी कतारें बाबासाहब को निश्चित रूप से अभिप्रेत नहीं थीं। बौद्ध धर्मीय होने से निर्मित होनेवाली राह को 'सभी आन्दोलनों का विकास, इनसान के लिए केवल इनसान ही सर्वश्रेष्ठ है' की शिक्षा तक ले जाना और उसे आचरण का भाग बनाना आवश्यक था।"

भारत जैसे चमत्कारिक सामाजिक वास्तविकतावाले देश में समस्याओं का निपटारा क्या इस मार्ग से हो सकेगा? इस सवाल को कुछ देर के लिए छोड़ देते हैं। लेकिन जिन्हें ऐसा लगा और आज भी लगता है, उन्हें दीर्घकाल तक पुरजोर तरीके से जो कोशिश करनी होगी, उसकी दिशा और सूत्र कौन-से होंगे? विचार करने की जिम्मेदारी जिन्हें सँभालनी चाहिए वे लोग आज एक ओर यथास्थितिवादी, उपभोक्तावादी, संकुचित विचार के हो जाते हैं तो दूसरी ओर डरे हुए, असहाय, अकेले हो जाते हैं। हम अपनी इर्द-गिर्द की स्थिति को बदलने लायक सक्षम और बलवान नहीं हैं फिर भी, प्रवाह-पतित न होकर खुद को कायम रखने का स्वत्व परिश्रमपूर्वक सँभालना होगा। इनसान के जीने का प्रयोजन उसके अन्दर की सुप्त

शक्ति के प्रकटीकरण में है। खुद में छुपे हुए सामर्थ्य का प्रकटीकरण हम स्वयं ही कर सकते हैं। उसका उपयोग स्वहित के साथ सबके कल्याण के लिए कर पाना इनसान को समझ में आना ही सच्चा आत्मभान है। उसका प्रकटीकरण भौतिकवादी क्रान्तिकारी विचारों के प्रभाव से होता है या धार्मिक विचारों के प्रभाव से होता है, यह बात तुलनात्मक दृष्टि से कम महत्त्वपूर्ण मानी जानी चाहिए। 'धर्म राजनीति में नहीं चाहिए ऐसे कहनेवाले लोगों को ना धर्म समझ में आया है और ना ही राजनीति' ऐसा गांधी जी कहते थे। उस समय उनका अभिप्रेय धर्म इसी विवेकशील आत्मभान का रूप हो सकता है। 'विशेषज्ञों ने बताया है विश्व का स्वरूप कैसा है, मुद्दा तो विश्व को बदलने का है' यही मार्क्स का वचन *बुद्ध और उसका धम्म* ग्रन्थ में धर्म और धर्म के बीच का फर्क स्पष्ट करते हुए बाबासाहब ने बताया है। "धर्म का उपदेश विश्व की निर्मिति का स्पष्टीकरण देना है लेकिन धम्म का उद्देश्य इस विश्व की पुनर्रचना करना है," बाबासाहब ने कहा। विश्व बदलना कहें या उसकी पुनर्रचना कहें, उसका प्रयास करनेवाला इनसान और उसकी संगठित शक्ति महत्त्वपूर्ण है। यह प्रयास उसकी सुप्त शक्तियों के प्रकटीकरण के बिना असम्भव है। हमारे जीने का प्रयोजन प्रत्यक्ष रूप में जीने को प्रज्ञा की सहायता से सार्थक सुन्दर करना, उसे बन्धुता से सजाना, करुणा का जीता-जागता प्रत्यय करवाने-जैसा हो। यह करते समय अमंगल के विरुद्ध सीना तानकर खड़ा होना चाहिए, चाहे उसके लिए संघर्ष भी करना पड़े। यह किस तरह और कितने पैमाने में आज तक हुआ है और भविष्य में होगा, हमें लगता है इस पर धम्मचक्र प्रवर्तन के स्वर्णमहोत्सव का लेखा-जोखा तो होगा।

[15 अक्तूबर, 2005]

सराहनीय

हमेशा आनेवाली बारिश की तरह गणेश उत्सव भी आता है। यह चर्चा कि गणेश उत्सव का वर्तमान स्वरूप क्या लोकमान्य तिलक के मूल उद्देश्यों से सुसंगत है, आज भी होती है। जिस गणेश से आम लोगों को स्वतंत्रता प्राप्ति के लिए संघर्ष करने की बुद्धि देना अपेक्षित था, वही भगवान भारतीय गणतंत्र दिवस पर प्रासंगिक चुनौतियों को आज के समय में स्वीकार करने की बुद्धि क्यों नहीं देता? श्री गणेश बुद्धि देता है, यानी क्या? अपेक्षा तो ऐसी है, कि उनका स्मरण कर लोग विवाद और भेदभाव के बजाय समन्वय और सामाजिक समझौता निर्मित करने के लिए प्रेरित होंगे। कि लोग अपनी जाति, धर्म, प्रान्त, राजनीतिक विचारधारा से परे जाकर धार्मिक त्योहारों में राष्ट्रीय एकता का आदर्श गणेश उत्सव से हासिल कर सकेंगे।

वास्तविकता तो अलग ही है यह सब जानते हैं। सभी क्षेत्रों में बाजारवाद की व्यवस्था ने अपना वर्चस्व स्थापित किया है। उत्सव के इस क्षेत्र का भी उसके चंगुल से बचना सम्भव नहीं है और धर्म इस देश में बहुत बड़ी होती इंडस्ट्री है इसलिए गणेश उत्सव को इतना बड़ा स्वरूप मिलना सम्भव है। इस त्योहार में सार्वजनिक सड़कों पर खड़े किए गए बड़े मंडप, भव्य डेकोरेशन, एक-दूसरे के साथ स्पर्द्धा करते हुए लाई गई बड़ी-बड़ी गणेश मूर्तियाँ, विद्युत रोशनाई, दिन-रात बड़े शोर के साथ बजनेवाले लाउडस्पीकर, मनोरंजन, जुलूस में गुलाल उड़ाना, बेहोश होकर जुलूस में नाचनेवाली आज की युवा-शक्ति और साथ ही धार्मिक संकेतों की ऐसी की तैसी कर विसर्जन का समय गुजर जाने के लगभग एक दिन के पश्चात किया जानेवाला विसर्जन, ये सभी बातें लोगों के लिए आम बन गई हैं। बुद्धिदाता गणपति द्वारा उनके भक्तों को सद्बुद्धि देने के लिए प्रार्थना करना और इन दिनों में शान्ति पाने के लिए कहीं दूर जाकर रहने का ही विकल्प हमारे पास रह गया है, ऐसी आम लोगों की धारणा बन चुकी है। समाज में ऐसा होना, इस समाज के '(हम) जैसे थे' की धारणा से विचार करनेवाले लोगों के लिए सुविधाजनक था। गणेश उत्सव से शुरू होनेवाले और अधिकतर लोगों की बुद्धि भ्रष्ट करनेवाले धार्मिक त्योहारों की शृंखला लोगों को वास्तविकता पर विचार करने से दूर रखने के लिए सुविधाजनक थी। विरोध करनेवाले सुजान अल्पसंख्यकों के इस धार्मिक जुनूनी आग्रह से दबकर

चुपचाप रहने की बेचैन असहायता 'जैसे थे'-सोचवालों के लिए सुविधाजनक भी थी। हमेशा धर्म में लोगों को जकड़कर रखना इसका दूसरा रूप है। यह राजनीतिक चाल भी थी, इस देश में अधिकांश लोग धार्मिक हैं लेकिन धर्माभिमानी, धर्माग्रही नहीं हैं। धर्मान्ध तो हैं ही नहीं। लेकिन लोगों की यह धार्मिकता राजनीति के लिए कच्चा माल मानी जाती है। धार्मिक उत्सव के निरन्तर होनेवाले हंगामों के द्वारा उन्हें धर्मान्धता की ओर ले जाने की प्रक्रिया और उसके द्वारा वोट बैंक सँभालकर सत्ता प्राप्ति का पक्का माल बाहर निकलने की राह देखना, एक राजनीतिक चाल थी और आज भी है। यहाँ का आम आदमी, समझदार समाज यह सब जानता है। और इस स्थिति को बदलने के लिए उसे सफलता भी मिल रही है, यह आशादायी चित्र है। अब इस प्रक्रिया की गति बढ़नी चाहिए।

एक गाँव में एक ही सार्वजनिक गणपति बिठाने का विचार कोल्हापुर जिले में खुद पुलिस अधीक्षक (एसपी) ने रखा। इस बात पर उनके अंडर ऑफिसर भी उन पर हँस पड़े। इसके लिए आयोजित बैठकों में सहभाग के लिए उन्होंने उत्साह नहीं दिखाया। फिर भी स्वयं एसपी द्वारा आगे आकर किए इस प्रयास को पहले साल पूरे जिले में केवल 30 गाँवों ने सहयोग किया। यह लगभग 18 साल पहले की बात है। आज महाराष्ट्र के हजारों गाँवों में 'एक गाँव एक गणपति' होता है। जिन स्थानों पर उत्सव का आयोजन होता है, वहाँ के समाज घटकों को वह सुखदायक लगता है। इस वजह से वह आज भी जारी है। आधुनिक और खुद को सुधारवादी माननेवाले शहरों में अब भी 'एक वार्ड एक गणपति' का विचार नहीं किया जाता। इस उपक्रम से हुई बचत के पैसों से छोटे-बड़े सामाजिक कार्यों को भी मदद होती है। कुछ साल पहले मूर्ति विसर्जन के साथ पानी में डाला जानेवाला पूजा-पाठ का सामान इकट्ठा करने की कोल्हापुर में शुरुआत हुई। महाराष्ट्र के कई जिलों में पूजा-पाठ का सामान पानी में न डालने की बात अब बतानी नहीं पड़ती। स्वयंसेवी संस्थाओं से लेकर कई स्थानीय स्वराज्य संस्थाएँ विसर्जन स्थल पर पूजा-पाठ के सामान हेतु कलश रखती हैं। महाराष्ट्र में कुल मिलाकर सैकड़ों टन पूजा-पाठ के सामान से उत्तम खाद बनती है। उसका खेती के लिए उपयोग किया जाता है। विसर्जन के जुलूस में बोरियों में भरकर उड़ाया जानेवाला गुलाल भी आजकल ज्यादा नहीं उड़ाया जाता। गुलाल का उपयोग अब केवल माथे पर लगाने के लिए होता है और कई जगह उसके अलावा फूलों की पंखुड़ियों की वर्षा की जाती है। गणपति के सामने कृत्रिम सन्दर्भहीन पौराणिक झाँकियाँ दिखाने की बजाय स्थानीय कार्यकर्ता, कलाकारों को बढ़ावा देने के लिए सामाजिक समस्याओं पर जीवन्त झाँकियों की मात्रा बढ़ी है। एड्स की बीमारी के सन्दर्भ में प्रचार-मुहिम के रूप में गणेश उत्सव के जरिये परिवर्तन झाँकियाँ प्रस्तुत करनेवाले मंडलों को हर जिले में 60 हजार रुपयों का इनाम सरकार की ओर से दिया जाता है। इस विचार को अच्छा

प्रतिसाद भी मिल रहा है। गणेश उत्सव में ध्वनि प्रदूषण धार्मिक दृष्टि से संवेदनशील विषय बना हुआ था। हमेशा आनेवाली असहनीय आवाज से परेशान होकर इस बारे में शिकायत करें तो गणेश भक्तों के प्रकोप का सामना करना पड़ता था। सर्वोच्च न्यायालय ने अब ध्वनि प्रदूषण के सन्दर्भ में सख्त आदेश दिए हैं और उस पर पुलिस द्वारा कड़ा अमल करने के प्रयास से अब इस स्थिति में बदलाव हुआ है।

महाराष्ट्र में लगभग एक करोड़ से अधिक परिवारों में गणेश की प्रतिष्ठापना होती है। प्रत्येक मूर्ति कुल मिलाकर दो किलो की होती है। मूर्तियाँ प्लास्टर ऑफ पेरिस से बनी होती हैं। यह पीओपी पानी में गलता नहीं बल्कि पत्थर-जैसा मजबूत हो जाता है। इन मूर्तियों के कारण बननेवाला कीचड़ बड़े पैमाने में जलस्रोतों में जमा हो जाता है और उनकी गहराई कम करता है। इससे जीवन्त पानी के स्रोत नष्ट होते हैं। इसके अलावा मूर्तियों में होनेवाले विषैले रासायनिक रंगों के कारण पानी में गम्भीर प्रदूषण होता है। लेकिन फिर सीधे धर्मभावना से जुड़े इस परम्परा-पालन के मुद्दे पर बोलना भी मुश्किल है। 1999 में महाराष्ट्र अन्धश्रद्धा निर्मूलन समिति ने पर्यावरण-संगत विसर्जन के लिए उत्तर-पूजा के बाद गणेश-मूर्तियों का दान माँगना शुरू किया। देखते-देखते इसे जन-आन्दोलन का स्वरूप प्राप्त हुआ। 'समिति ने लोगों के मन की बात उठाई', उस वक्त ऐसी भावना थी। दान में मिली ये मूर्तियाँ गाँव के बाहर पत्थरों की खदानों में जमा हुए पानी में छोड़ दी जाती थीं। इस आन्दोलन से प्रेरित होकर पुणे महानगरपालिका ने नदी के किनारों पर विसर्जन स्थल पर लगभग 80 अस्थायी वाटर टैंकों का निर्माण किया। इसका अनुकरण ठाणे, सोलापुर-जैसी कई महानगरपालिकाओं ने किया। मूर्ति को पानी में डालना ही नहीं तो उसे पानी के स्रोत तक ले जाने का समय, श्रम और खर्च क्यों? ऐसा सोचकर श्री गणेश के 'स्वीकृति-केन्द्र' कई शहरों में निर्मित हुए। इस उपक्रम को भी लोगों ने सराहा और अच्छी प्रतिक्रिया दी। इससे आगे जाकर चाँदी की, धातु की गणेश मूर्तियाँ स्थायी रूप में बिठाने का विकल्प सामने आया। इसे भी कई लोगों ने स्वीकार किया। मिट्टी और वनस्पति के रंगों से बनाई श्री गणेश की मूर्ति होने का धर्मशास्त्रीय संकेत है। इसकी याद दिलाने और आग्रह करने के बाद धीरे-धीरे मिट्टी की मूर्तियों की माँग बढ़ने लगी। कागज के लुगदी का उपयोग कर गणेश मूर्तियाँ तैयार की जाने लगीं। गोवा उच्च न्यायालय ने तो गोवा राज्य में गणेश की सभी मूर्तियाँ मिट्टी की होने का आदेश दिया और उस पर अमल भी जारी है। बंगलुरु महापालिका ने शहरी तालाबों में गणेश-मूर्तियों का विसर्जन करने पर पाबन्दी लगाई तो चेन्नई हाईकोर्ट ने समुद्र में भी गणेश विसर्जन करने पर पाबन्दी लगाई।

इस सारी प्रक्रिया का विरोध भी हुआ कि धर्म पर आघात हुआ है, क्या अन्य कारणों से पानी प्रदूषित नहीं होता? रात 10 से 6 बजे तक की ध्वनि-बन्दी

का आदेश तोड़ देने की भूमिकाएँ कुछ लोगों ने लीं। लेकिन इसे आम लोगों का साथ नहीं मिला।

इस राह का क्या अर्थ है? धर्म-भावना को जान-बूझकर उकसाने का प्रयास जारी रहने के बावजूद समाज के कुछ समझदार वर्गों ने स्वयं की ताकत के अनुसार इस सबके बीच सक्रिय सहभाग लेकर उपक्रमों के लिए डटकर सहयोग दिया। यह माहौल में बड़े बदलाव की तसवीर है, ऐसा मुझे लगता है। यह निश्चित ही आशादायक है।

[17 सितम्बर, 2005]

फिर एक बार रचनात्मक संघर्ष

सद्भावना के स्तर पर 'सबका मंगल हो' के शब्दों का प्रयोग करनेवालों की संख्या बहुत अधिक है। इसका प्रतिनिधिक तौर पर उदाहरण है कोल्हापुर जिले में अप्पासाहब धर्माधिकारी को मिला एक बड़ा पुरस्कार। उस समय उनके द्वारा दिए भाषण का सार कुछ इस तरह है : 'धर्म और जाति को न माननेवाली मानवता सर्वश्रेष्ठ मूल्य है। धर्म और जाति की दीवारें खड़ी करने से समाज में दरारें पड़ती हैं और राष्ट्र अस्थिर होता है। अन्धविश्वास मानवीय समाज के बदलाव की प्रक्रिया के सामने सबसे बड़ी चुनौती है। कर्मकांड करने से मानव के जीवन में सुधार होगा, यह भावना दूर करनी होगी। यह मानने कि जो कुछ करेगी वह सरकार ही करेगी के बजाय खुद प्रयास करना होगा।' इस भाषण के समय खाली बंजर जमीन पर तपती हुई धूप के बीच बैठे और खुद के खर्चे से आए लगभग 2 लाख श्री परिवारों के सदस्य बड़े अनुशासन के साथ उपस्थित थे। आज किसी भी राजनीतिक पार्टी या किसी भी नेतृत्व के लिए यह सम्भव नहीं है।

उनके यह विचार सुनने के बाद और उन्हें मिल रहे समर्थन को देखने के बाद इस मार्ग से जाने में गलत क्या है? भले ही यह मार्ग सम्प्रदाय का हो लेकिन विचार तो आज समाज की जरूरतों के हिसाब से ही हैं, ऐसा कइयों को लगने लगा। इसके लिए सद्भावना के स्तर पर किए गए ऐसे नैतिक आह्वान का स्वरूप, सामर्थ्य और सीमाएँ समझ लेनी होंगी। इन लोगों को यह भाषा बोलनी पड़ती है : इसी में समाधान है। लेकिन, इसके बारे में अधिक जोर लगाकर सोचा नहीं जाता। भाजपा जिस तरह धर्मनिरपेक्षता का समर्थन करती है और फिर हिन्दू धर्म के ही धर्मनिरपेक्षता का सच्चा आधार होने का मुद्दा बड़ी चालाकी से सामने लाती है, यह सब उसी तरह तो नहीं हो रहा, इस बात को जानना जरूरी है। अत्यन्त उदात्त भाषा बोलनेवाले ये लोग जाति के सम्मेलनों, धर्म आधारित संगठनों पर कभी बात नहीं करते। उसके विरोध में वैचारिक संघर्ष करना तो काफी दूर की बात है। व्यापक परिवर्तन के लिए एक शब्द भी उनसे निकलता नहीं। शराब न पीने के सन्दर्भ में उपदेश दिया जाता है लेकिन शराबवर्द्धक नीति चलानेवाली सरकार के सम्बन्ध में मौन पसन्द किया जाता है। प्रत्यक्ष रूप से कभी संघर्ष होता ही नहीं। शोषण,

अन्याय के विरुद्ध सीधी लड़ाई टाली जाती है। धर्म और जाति के नाम पर इस देश में कदम-कदम पर मानवता अपमानित होती है लेकिन इस स्थिति में सुधार लाने के लिए हस्तक्षेप करने का विचार भी इन लोगों के मन में नहीं आता।

महत्त्वपूर्ण बात तो इससे आगे है। इसे परिवर्तन का मार्ग नहीं माननेवाला भी एक वर्ग है। इन लोगों द्वारा की जानेवाली टिप्पणियों के सन्दर्भों की वास्तविक स्थिति को समझना होगा। अग्रगामी आन्दोलन में आई दुर्बलता से पैदा हुई दुविधा इससे स्पष्ट होती है। 'वे केवल बातें बनाते हैं' पहला आरोप समता के लिए संघर्ष करनेवाले अग्रगामी लोगों पर किया जाता है। यह बात लोगों को सच भी लगती है क्योंकि परिवर्तन की जो भाषा बोली जाती है, उसके लिए संघर्ष उन्हें कहीं नजर नहीं आता। इससे पुरो-अग्रगामी लोगों का गतिरोध होता है। प्रत्यक्ष लड़ाई से पहले वैचारिक संघर्ष करना पड़ता है। वह लिखना, बोलना ही होता है परन्तु शब्दों का खेल नहीं बल्कि लड़ाई का तर्कपूर्ण हथियार होता है। लेकिन मीडिया द्वारा किसी भी क्षेत्र में चल रहा वैचारिक संघर्ष दिखाना लगभग बन्द हो गया है। विगत कुछ सालों में महाराष्ट्र या देश भर में समाज-नीति और राजनीति में प्रमुख समस्याओं पर मीडिया द्वारा सशक्त रूप से कितने पैमाने में वैचारिक संघर्ष दिखाया गया है, इस बारे में सोचें तो वास्तविकता आपके समक्ष होगी। खुली सभाओं का आयोजन करना और श्रोताओं को इकट्ठा करना भी आजकल मुश्किल होता जा रहा है। इस कारण वैचारिक संग्राम होता ही नहीं है।

इसका अगला चरण आता है प्रत्यक्ष लड़ाई का। वह होती तो है लेकिन केवल भौतिक सवालों पर अथवा भावनाओं को उद्दीप्त कर। यह संघर्ष उस परिस्थिति के दबाव से या किसी के द्वारा निर्मित विस्फोट होता है, यह प्रासंगिक होता है। संघर्ष जितना भड़कीला और हिंसक होगा, उतना ही अधिक मजबूत हो जाता है। सवालों की आँच कम होने पर संघर्ष की शक्ति लगभग खत्म हो जाती है। रचनात्मक संघर्ष का जो तत्वज्ञान रखा जाता है, वह यह संघर्ष नहीं होता। वैसे संघर्ष होते ही नहीं हैं क्योंकि उसके लिए जनशक्ति का आधार नहीं मिलता। लोग, और विशेष रूप से मध्यमवर्ग परिवर्तन के आन्दोलन का आधार माना गया है। उसकी असंवेदनशीलता, उपभोक्तावाद का प्रभाव, संघर्ष से समाज बदलने की बात पर से उठ चुका विश्वास और अस्थिर जीवनशैली से निर्मित असहायता ऐसे कई कारण इसके लिए बताए जाते हैं। नई आर्थिक नीति इस देश में आने के बाद विगत कुछ सालों में यही कारण बार-बार गिनाए जाते हैं। लेकिन इससे निजात पाने के लिए प्रयोग-भूमि पर खुद को साबित करनेवाले संगठन और आन्दोलन अपवादस्वरूप ही दिखाई देते हैं। स्वयं के लिए या समाज के लिए कुछ अच्छा हो रहा हो तो उसे खुद से जोड़ लेने की एक स्वाभाविक इच्छा इनसान के मन में होती है। इस इच्छा को साकार करनेवाला संगठन, विचार और व्यवहार इन लोगों के पास दिखाई नहीं देता। ऐसे समय में

उन्हें, स्वयं अनुशासन के साथ तपती धूप में आनेवाले लाखों लोग और समाज के बदलाव की भाषा अच्छी लगना तो कोई अचरज की बात नहीं है। साथ ही, उस जत्थे में शामिल होने के लिए सोच-विचारकर खुद को बदलने की आवश्यकता भी नहीं है, यह बड़ी सुविधाजनक बात होती है।

इस वास्तविकता से हम एक भयावह सच तक पहुँचते हैं। इसका साकार रूप चुनावों में अब अधिकाधिक स्पष्ट रूप से दिखाई दे रहा है। विश्व में सबसे बड़े लोकतंत्र के नाते भारत का सम्मान होता है। यहाँ पर चुनाव नियमित और शान्तिपूर्ण होते हैं। इसकी सराहना भी होती है। किसी भी आम इनसान को सत्ताधीश को चुनौती देने की आजादी है, ऐसे शब्दों में इस लोकतंत्र को नवाजा जाता है। लेकिन यह बात ध्यान में आ रही है। अब अधिकाधिक लोगों के लिए यह सब दिखावा है। प्रत्यक्ष चुनाव पैसा, सत्ता, जाति और गुंडागर्दी की चतुरंग सेना का खेल हुआ है। आम आदमी उसका केवल मूक रूप से गवाह बन सकता है। यही बात सत्संग से लेकर सभी प्रकार के धर्माधिष्ठित कार्यक्रमों में जानेवाली भीड़ के सन्दर्भ में और वहाँ व्यक्त होनेवाले उपदेशों के सन्दर्भ में भी लागू हो रही है। प्रत्यक्ष बदलाव की चुनौतियाँ टालकर आभास निर्मित किए जा रहे हैं। ऐसे समय परिवर्तनवादी शक्तियों को क्या करना चाहिए? यह विकट प्रश्न है।

इसके उत्तर के रूप में कारगर उपाय करनेवाले गांधी बाबा इस देश में होकर गए। उन्हें समझने और उनका अनुकरण करने में भी इस देश के परिवर्तनवादी सफल नहीं हुए। प्रबोधन और संघर्ष पृथक होकर खड़े नहीं हो सकते, उसके लिए संगठन चाहिए और संगठन निर्माण करने के लिए रचनात्मक काम करना होगा। संक्षेप में कहें तो रचनात्मक काम दैनन्दिन कार्य होता है, उससे संगठन तैयार होता है, टिकता है, स्थिर होता है और उसका विकास भी होता है। वह शक्ति बाद में प्रबोधन, सम्मेलन और मोर्चों के लिए उपयोगी साबित होती है।

ऐसे संगठन का निर्माण करने का एक मार्ग धर्म से होकर गुजरता है। दूसरा मार्ग सहकारी संस्थाएँ और शिक्षा संस्थाओं का जाल खड़ा करने से तैयार होता है। तीसरा मार्ग अधिकतर पैसों की सहायता से नृत्य, गीत, क्रीड़ा जैसे सांस्कृतिक समारोहों के संयोजन से तैयार किया जाता है। धर्म का मार्ग परिवर्तनवादी लोगों को स्वीकार्य नहीं है। संस्थाओं के आधार पर प्रारूप तैयार करने का समय बीत चुका है। कथित सांस्कृतिक समारोह तो केवल पैसों का खेल है। जीवन में प्रत्यक्ष संघर्ष से इनसानों को जोड़ना ही सबसे अच्छा मार्ग है। लेकिन संघर्ष के लिए लोग आते नहीं हैं और आ भी गए तो सवाल हल्का-सा सुलझने पर व्यापक रूप से भाग लेने के बजाय अपने जीवन में फिर से मगन हो जाते हैं, यह वास्तविकता है। इसका दबाव खत्म करने के लिए रचनात्मक कामों का प्रारूप तैयार करना होगा। उसमें व्यक्ति का फायदा होगा, निरन्तरता होगी और उसे करते-करते विचारों का एक

धागा भी तैयार होगा। गांधी जी के चरखे में वह सामर्थ्य था। खुद के स्वास्थ्य के लिए इष्ट लगनेवाले योगासनों का व्यायाम हरेक व्यक्ति को बताकर उन्हें जकड़कर रखनेवाले संगठन देखते-ही-देखते भारत भर में खड़े हो जाते हैं, यह हाल के उदाहरणों से ध्यान में आ सकता है। इससे संज्ञान लेकर पुरोगामी लोगों के नेतृत्व को अधिक प्रतिभा-सम्पन्नता दिखानी होगी। इसके लिए फिर से गांधी के विचारों का सहारा लेगा पड़ेगा।

मुश्किल सवालों के आसान जवाब देने का लोकप्रिय खेल परिस्थिति का लाभ उठानेवाले लोग खेलते ही रहेंगे। उससे सवालों का निपटारा करना और कठिन होगा, सवाल खत्म नहीं होंगे। लेकिन सवाल निपटाने के सच्चे मार्ग की जानकारी रखनेवाले परिवर्तनवादियों का जनसमूह अब गलत राह पर जा रहा है। यह भूलभुलैया अधिक खतरनाक है। रचनात्मक संघर्ष के हथियार से इसका उत्तर प्रत्यक्ष रणभूमि में साकार करना पड़ेगा।

[28 फरवरी, 2009]

अन्धविश्वास/पर्यावरण

मुख्यमंत्री की सामाजिक इच्छाशक्ति की परीक्षा

राजनीति का निर्माण आर्थिक-सामाजिक हित-सम्बन्धों के टकराव से होता है। महाराष्ट्र की वर्तमान प्रमुख राजनीतिक पार्टियाँ ऊपरी तौर पर एक-दूसरे से लड़ रही हैं लेकिन वे जिस वर्ग के आर्थिक हित-सम्बन्धों की रक्षा कर रही हैं उसमें उनकी अन्दरूनी छुपी मिलीभगत है, यह बात किसी भी सुविज्ञ व्यक्ति को समझ में आती है। सामाजिक हित-सम्बन्धों की वास्तविकता कुछ अलग है। धर्मनिरपेक्षता की विरासत, संविधान में उसका स्पष्ट उल्लेख और चुनाव में राजनीतिक वोटों का गणित आदि के सम्बन्ध में कांग्रेस और उसके विरोधी पक्षों के बीच फर्क किया जा सकता है। इसलिए राजनीतिक विरोधी कांग्रेस का मजाक स्यूडो (छद्म) सेक्युलर कहकर उड़ाते हैं। इस देश के प्रमुख सामाजिक प्रश्नों में धर्म-चिकित्सा को नजरअन्दाज नहीं किया जा सकता। अप्रत्यक्षत: धर्म की जाँच की जाए तो धर्मरक्षक आक्रामक हो जाते हैं और धर्मनिरपेक्ष सत्ताधारी पार्टी तुरन्त ही बचाव की भूमिका ले लेती है। जादू-टोना विरोधी कानून के कालहरण की टालमटोल यात्रा इसकी वास्तविकता को दर्शाती है।

अन्धश्रद्धा उन्मूलन कानून लागू करने का विधेयक सर्वसहमति से विधान परिषद में बहुमत से पारित हुआ, वह भी 7 जुलाई, 1995 को संयुक्त सरकार के कार्यकाल में। उसकी सत्ता थी, तब इसके सन्दर्भ में कुछ न होना स्वाभाविक था। लेकिन, 1999 को सत्ता में आई वर्तमान सरकार ने ऐसा कानून एक वर्ष में लागू करने का आश्वासन दिया। यह विधेयक 13 अप्रैल, 2005 को विधानसभा में प्रस्तुत किया। मुख्यमंत्री की उपस्थिति में उस विधेयक का सत्तारूढ़ पार्टी के विधायकों ने ही विरोध किया। तब मुख्यमंत्री ने अचानक मौन धारण कर लिया। बाद में विधेयक के मसौदे में बदलाव करते हुए वह 16 दिसम्बर, 2005 को पारित हुआ। आगे चार साल वह परिषद में लटकता रहा। 2009 के चुनाव के बाद वह अपने-आप रद्द् हो गया। 'अगर यह कानून सम्मत हुआ तो हिन्दुओं के सभी धार्मिक-कार्य गैर-कानूनी और संज्ञेय अपराध साबित हो सकते हैं', ऐसा बेलगाम और पूरी तरह से झूठा प्रचार उसके विरोध में किया गया। सत्ताधीशों ने भी उसका वैचारिकता से मुकाबला करते हुए प्रगतिशील प्रबोधन करने के बजाय चुप रहना ही पसन्द किया।

अप्रैल 2011 में वर्तमान मुख्यमंत्री ने विधेयक का मसौदा मंत्रिमंडल में पुन: पारित किया। कोई गलतफहमी न हो, इसलिए उसका नाम 'नरबलि, अमानुष, अघोरी, अनिष्ट प्रथा और जादू-टोना प्रतिबन्ध और उनका समूल उच्चाटन अधिनियम' रखा। इसके बाद वारकरी सम्प्रदाय ने इस कानून का कड़ा विरोध किया। उनका यह विरोध किसी भी वास्तविकता पर आधारित नहीं था। यह बात उनको समझाने के लिए दो सालों में वारकरियों के प्रतिनिधि मंडल के साथ सामाजिक न्याय मंत्री, गृहमंत्री, उप-मुख्यमंत्री तथा मुख्यमंत्री ने चार बार बैठक का आयोजन किया। सर्वसहमति से मसौदा बने इसलिए उनकी ओर से जो बीस सूचनाएँ आई थीं, उनको भी स्वीकार किया गया। उसी के अनुसार मसौदे में बदलाव करके उसे अप्रैल 2013 में मंत्रिमंडल में स्वीकृत किया गया और उसे इस मानसून सत्र में स्वीकृत करने का मुख्यमंत्री जी ने खुलेआम आश्वासन दिया। इसी दौरान वारी शुरू हुई। जादू-टोना विरोधी कानून के सन्दर्भ में वारकरियों के साथ चर्चा नहीं की गई तो उसके विरोध में वारी रोकने की घोषणा हुई। मुख्यमंत्री ने तुरन्त चर्चा का आश्वासन दिया। अब फिर से आगे चर्चा चालू होगी। ऐसा है तो पिछली चार मीटिंग में क्या किया? न्याय के लिए विलम्ब करने का अर्थ न्याय को अमान्य करने जैसा है, इस बात की समझ राजनेताओं में होनी चाहिए। प्रजातंत्र में संवाद होना ही चाहिए लेकिन दो साल में सरकार ने वारकरी प्रतिनिधियों के साथ जो जिम्मेदारीपूर्वक विचार-विमर्श किया, उसको लोगों के समक्ष रखना भी जरूरी है। डॉ. सदानन्द मोरे तुकाराम महाराज के वंशज हैं। वे साहित्य के बड़े विद्वान और वारकरी सम्प्रदाय के अग्रणी हैं। 'इस कानून को अधिकांश वारकरी भाइयों का समर्थन है, जो इस कानून का विरोध करता है वह या तो वारकरी सम्प्रदाय का नहीं है या उसके मन में किसी ने गलत बातें भर दी हैं', उनका यह विचार निश्चित रूप से चर्चा करते समय महत्त्वपूर्ण साबित होगा। कानून बनाने का लिखित आश्वासन देने के बाद 14 साल बीत गए। वारकरी भाइयों के साथ हुई चर्चा को भी दो साल पूरे हो गए। और कितना समय लेंगे, इसकी सीमा शासन तय करेगा या नहीं?

इस कानून के विरोध में दो प्रमुख राजनीतिक पार्टियों द्वारा आपत्ति उठाई गई जो, इस कानून का विरोध कर वे सामाजिकता को कौन-सी विरोधी दिशा में ले जाना चाहते हैं, इसका प्रतीक है। भाजपा का कहना है कि कानून का दुरुपयोग किया जाता है; साथ ही, इसके बारे में कई कानून पहले से मौजूद हैं इसलिए फिर से नए कानून की जरूरत नहीं है। खैर, लोकतंत्र का अर्थ कानून का राज्य होने की परिभाषा की जाती है, तो नए कानून न बनाए जाएँ, ऐसा कहना कितना उचित होगा? इसका दुरुपयोग न होने के लिए प्रयास करना ही इसका सही इलाज है। आज बुवाबाजी, जादू-टोने के विरोध में एक भी कड़ा कानून नहीं है। पुलिस महासंचालक (सेवानिवृत्त) श्री भास्करराव मिसर और मुम्बई उच्च न्यायालय के पूर्व न्यायमूर्ति चन्द्रशेखर

धर्माधिकारी की सहायता इस कानून को बनाने में लिए जाने से यह बात स्पष्ट होती है। इस सन्दर्भ में आन्दोलन करनेवालों का भी यही अनुभव है। शिवसेना के प्रवक्ता इसके भी आगे जाकर यह आरोप लगते हैं कि "इस कानून में जादू-टोना, मंत्र, शरीर में देवी आना (व्यक्ति के शरीर में किसी देवी का प्रवेश होना) आदि स्पष्ट नहीं किया गया है बल्कि यह कानून सिर्फ हिन्दुओं के लिए ही है।" कानून के परिशिष्ट में दर्ज किया गया है कि जादू-टोने के माध्यम से होनेवाले शोषण का बरताव अपराध है। इसे बारीकी से शब्दबद्ध किया गया है। इसलिए इसको अलग से स्पष्ट करने की जरूरत नहीं है, इस बात की ओर जान-बूझकर ध्यान नहीं दिया जाता। यह कानून केवल हिन्दुओं के लिए ही क्यों? यह सवाल केवल मजाक ही है। इस देश में इस तरह का कोई भी कानून नहीं है, हो भी नहीं सकता और स्वाभाविक ही यह कानून भी सभी धर्मियों के लिए है।

हिन्दू जनजागरण संस्था पहले से ही इस कानून का तीखा विरोध कर रही थी लेकिन अब वह खुलेआम ऐसी भूमिका ले रही है कि वारकरी भाइयों की सूचना के अनुसार बदलाव किया गया कानून और भी भयावह है इसलिए यह कानून पूर्णरूप से हिन्दू विरोधी है और यह पूरा कानून निरस्त किया जाए। "मैं हिन्दू रक्षक हूँ, मुझे चुनिए" कहनेवाले मोदी और "जादू-टोना विरोधी कानून हिन्दू हितभक्षक है, इसलिए उसका विरोध कीजिए तथा ऐसा कानून लानेवाली सरकार को भी सबक सिखाओ" का प्रचार करनेवाले उनके सगे-सम्बन्धी एक-जैसा एजेंडा अपनाते आए हैं। यह एजेंडा समाज को खुलेआम धर्मनिरपेक्षता के साथ-साथ न्याय की संकल्पना से भी दूर लेकर जा रहा है। महाराष्ट्र के सामाजिक जीवन को विपरीत दिशा में लेकर जा रहा है। फुले-शाहू-आंबेडकर का नाम लेनेवाले सत्ताधारी इसकी ओर कैसे देख रहे हैं?

इस सम्बन्ध में सत्ताधारियों का मौन अचम्भित करनेवाला है। समाज को आगे ले जाने के लिए यह एक अच्छा कदम है, इसे दृढ़ता से कहने में वे इतना क्यों हिचकिचा रहे हैं? उनके पास प्रसार माध्यमों की ताकत है, वे उसके माध्यम से जन-समुदाय के साथ विस्तृत संवाद स्थापित कर सकते हैं और धर्म-चिकित्सक एवं धर्म-निरपेक्ष बनने के मौके का लाभ उठा सकते हैं लेकिन वे अपने उत्तरदायित्व से क्यों भाग रहे हैं? अब भी किया जानेवाला कालहरण, हीलाहवाली क्या उनकी विचलित सामाजिक इच्छाशक्ति का लक्षण नहीं है? सौ साल पहले सामाजिक न्याय से सम्बन्धित प्रश्नों पर अपनी दो-टूक भूमिका लेनेवाले तथा उसकी कार्यशीलता से कठोर धर्म-चिकित्सा करनेवाले राजर्षि शाहू महाराज की विरासत का यह सरकार बखान करती है; क्या यह केवल शब्दों का लफ्फाज खेल है? माना कि सभी वारकरी भाइयों की सभी गलतफहमियों को राजनेता दूर नहीं कर सके, यह हिम्मत कि 'हम जो निर्णय ले रहे हैं, उसमें समाज का व्यापक हित शामिल है और वह

निर्णय हम लेकर रहेंगे और लोगों को भी यह बात समझाएँगे', सत्ताधारी पार्टियाँ क्यों नहीं जुटातीं? जादू-टोना विरोधी कानून बनाना अब मुख्यमंत्री की सामाजिक इच्छाशक्ति की परीक्षा बन गया है।

[27 जुलाई, 2013]

सत्य (साईंबाबा) का स्मरण करते हुए...

सौ से भी अधिक देशों में खुद का आध्यात्मिक और आर्थिक आडम्बर करनेवाले सत्य साईंबाबा का निधन हो गया। अत्यन्त साधारण ग्रामीण परिवार में जन्मे, केवल तेलुगु भाषा बोलनेवाले और अपने राज्य की सीमाएँ शायद ही लाँघनेवाले बाबा के प्रभाव का यह विस्तार अचम्भित करनेवाला है। हजारों गाँवों को कुएँ, फाइव स्टार दर्जे की शिक्षा संस्थाएँ, उसी दर्जे की निशुल्क स्वास्थ्य सुविधा देनेवाले अस्पताल, ऐसी कई सुविधाएँ सत्य साईंबाबा के ट्रस्ट द्वारा उपलब्ध कराई जाती हैं। उनकी कुल सम्पत्ति 40 हजार करोड़ से एक लाख करोड़ रुपये तक होने की सम्भावना है। राष्ट्रपति, प्रधानमंत्री, सर्वोच्च न्यायालय के न्यायमूर्ति, बॉलीवुड के सितारे, सिलेब्रेटी के भी सिलेब्रेटी माने गए क्रिकेट के भगवान आदि का समावेश सत्य साईंबाबा के भक्तगणों में होता है। पिछले तीन-चार दशकों में सत्य साईंबाबा ने कई बार अपने भक्तों के सामने चमत्कार किए हैं। विभूति, रुद्राक्ष, सोने की अँगूठी-चेन, महँगी घड़ियाँ इस तरह की कई चीजें उनके खाली हाथ में खुली हवा में घुमाने पर आ जाती थीं। भक्तों को उनका प्रसाद मिलता था। चमत्कार करने की शक्ति मुझे भगवान द्वारा दिया गया 'विजिटिंग कार्ड' है, ऐसा वे कहते थे। 'मानवी उद्धार के लिए भगवान द्वारा भेजा गया महापुरुष यही है' यह बात आम जनमानस में बस जाए, इसके लिए जगन्नियन्ता ने दैवी शक्ति का आविष्कार करनेवाले चमत्कार करने की अद्‌भुत शक्ति उनको प्रदान की है, ऐसा उनका दावा था। वे खुलेआम कहते हैं कि "मेरी असीम शक्ति का केवल सीमित बाह्य आविष्कार ही 'चमत्कार' है। ऐसी कुछ उच्च दर्जे की शक्तियाँ मुझमें हैं जिनके द्वारा मैं अपने मन के संकल्प या इच्छा द्वारा वस्तु का निर्माण कर सकता हूँ। (मेरे जैसा) जो मनुष्य ईश्वरीय शक्ति के अनुसार काम करता है उसकी शक्तियाँ खत्म होने का सवाल ही नहीं उठता है, उसके माध्यम से ईश्वरीय शक्ति ही काम करती रहती है। जिससे वेद निकले हैं उससे मेरे आध्यात्मिक वैभव की तुलना करें तो मेरे चमत्कार किसी महाकाय हाथी पर बैठे हुए मच्छर की तरह हैं।" सत्य साईबाबा का यह प्रतिपादन आज के वैज्ञानिक जगत के मूलाधार कार्य-कारण सम्बन्ध को खारिज करनेवाला है। अगर इनके 'सत्य' की खोज की जाए तो? परन्तु, इनके सन्दर्भ में की गई वैज्ञानिक जाँच-पड़ताल की

सभी चुनौतियों को सत्य साईंबाबा ने साफ नजरअन्दाज किया। उनके भक्त महान वैज्ञानिक तथा पूर्व राष्ट्रपति डॉ. अब्दुल कलाम, बहुश्रुत प्रधानमंत्री पी.वी. नरसिंह राव, विज्ञान-तकनीकी विभाग के पूर्व केन्द्रीय मंत्री शिवराज पाटिल जैसे दिग्गजों को भी सत्य साईंबाबा के चरणों में लीन होते समय इन चमत्कारों पर सवाल उठाने की बात मन में नहीं आई। इसलिए उनके देहान्त पर संवेदना जताने के साथ-साथ कुछ सवाल उठाना भी जरूरी है। कृपया इसे औचित्यभंग न समझा जाए।

इस देश के अधिकांश लोग मानसिक रूप से चमत्कार की शरण में जा चुके हैं। विज्ञान की उच्च उपाधि लेनेवाला व्यक्ति गणित और वैज्ञानिक विचार-पद्धति का उपयोग करता है लेकिन यह कह नहीं सकते कि वह 'यह विश्व स्वायत्त कार्य-कारण सम्बन्ध से बद्ध है' के 'वैज्ञानिक दृष्टिकोण' को स्वीकार करता ही होगा। उसे मन-ही-मन ऐसा लगता है कि कार्यकारणभाव को लाँघनेवाली दैवीय शक्ति अस्तित्व में है। सामान्यत: असम्भव, अतार्किक लगनेवाली घटना या व्यवहार को चमत्कार कहा जाता है। यह घटना मानवीय बुद्धि के आकलन की सीमाओं को लाँघती है इसलिए वह अलौकिक समझी जाती है। जनमानस में उसके प्रति बहुत अधिक जिज्ञासा और उत्सुकता होती है। चमत्कार करनेवाले व्यक्ति के प्रति लोगों के मन में आदर, पूज्यभाव और श्रेष्ठत्व की भावना होती है। लोगों को लगता है कि ये लोग प्रत्यक्ष में परमेश्वर के ही अंश हैं और उन्हें भूत-भविष्य को जानने की शक्ति प्राप्त होगी। चमत्कारों पर विश्वास रखने की यह मानसिकता एक तरह से 'विश फुलफिलमेंट' (कामनाओं की पूर्ति) होती है। चमत्कारों के बारे में प्रश्न पूछा जाए तो यह दलील सुनाई जाती है कि चमत्कार करनेवाले 99 प्रतिशत लोग बदमाश होते हैं, यह बात सच है लेकिन चमत्कार करनेवाले 100 प्रतिशत लोग नकली होते हैं, क्या ऐसा कहना भी अवैज्ञानिक नहीं है? इसका सरल जवाब यह है कि चमत्कार करनेवाले 99 प्रतिशत लोग पाखंडी हैं, ऐसा जिस तर्क या जाँच के आधार पर पता चलता है, उसी आधार पर बाकी के 1 प्रतिशत की जाँच करनी चाहिए। अगर इस जाँच में कुछ सन्दिग्धता मिलती है तो ऐसा मानना पड़ेगा कि इन कथित चमत्कारों का विरोध करनेवाला ठोस सबूत आज भी उपलब्ध नहीं है। उस समय समझदारी इसी में होती है कि उस सबूत को ढूँढ़ने की कोशिश जारी रखी जाए लेकिन व्यवहार तो साबित होनेवाली बातों के आधार पर ही करना है। इस कथित अद्भुत चमत्कार के पीछे का सत्य, आजतक असंख्य चमत्कारों के रहस्य जिस प्रकार से खुले हैं उसी प्रकार से, आज या कल खुल जाएगा, यह विश्वास रखना होगा। ऐसा मानना और उसी प्रकार से आगे बढ़ना, यही आधुनिक मानव का लक्षण है।

बाबा के चमत्कारों पर रखा गया विश्वास अनुभव का हिस्सा नहीं बल्कि श्रद्धा का मामला होता है। जिन बाबाओं पर उनके अनुयायियों की श्रद्धा होती है

वे अनुयायी खुद का कल्याण बाबा के हाथ में सुरक्षित मानकर निश्चिन्त होते हैं। छोटे बच्चों की अपने माता-पिता पर जैसी श्रद्धा होती है, वैसी ही यह बात होती है। मानव कल्याण का अन्तिम दर्शन किसी बाबा या महाराज के माध्यम से होने और उनकी सूचना के अनुसार आचरण करने में ही जीवन का परमकल्याण होने की श्रद्धा बाबा के प्रति भक्तों की होती है। इन्द्रियों से आगे सत्य एवं परतत्व का स्पर्श करनेवाले इन महापुरुषों की निशानी क्या है? ऐसा माना जाता है कि ये असाधारण पुरुष साधारण पुरुषों से दो प्रकार से भिन्न होते हैं। एक : उनके पास दैवीय शक्ति होती है, विज्ञान के नियम उनपर लागू न होने के कारण वे चमत्कार कर सकते हैं; भविष्य के बारे में वे जो भाष्य करते हैं, वे सच साबित होते हैं, उनके द्वारा कहा गया हर शब्द सत्य होता है। दूसरा : ऐसे व्यक्ति बड़े ही सत्यवादी, सद्गुणी और सज्जन होते हैं; उनका जीवन अलग स्तर का होता है। तुकाराम, विनोबा, गाडगे बाबा, ये इस स्वरूप के उदाहरण हैं। उपर्युक्त दोनों स्वरूपों के निशान खोजने का अजब आकर्षण अधिकांश लोगों में होता है। उस मानसिकता से ही जाँच के लिए राजी न होनेवाली, चिकित्सा के लिए ना कहनेवाली श्रद्धा का जन्म होता है। चमत्कार का शिकार बना यह मन मानसिक गुलामी को जन्म देता है। भारतीय समाज का ताना-बाना मूलतः दैववाद पर आधारित है। कोई भी छोटा-मोटा संकट लोगों को अपने नसीब का भोग लगता है। दैवीय शक्ति द्वारा चमत्कार करनेवाला बाबा इससे हमें मुक्ति दिलाएगा, ऐसी उनकी (अन्ध) श्रद्धा होती है। आत्मविश्वास के साथ प्रयासों द्वारा किसी समस्या का मुकाबला करके उसे निर्भयता से हल करने के बजाय कठोर वास्तविकता से डरकर अधिकांश लोग अपनी बुद्धि बाबा के पास गिरवी रख देते हैं।

'सभी चमत्कार सिद्धि के कारण सम्भव होते हैं, उस सिद्धि का मोह नहीं रखना चाहिए, वे सिद्धियाँ क्षुद्र होती हैं' ऐसा साधु-सन्तों तथा धर्म-परम्परा का मत है। जिनके पास शुद्ध नैतिक धर्मभावना है, वे हर समय चमत्कार करने के विरोध में खड़े रह चुके हैं। जो व्यक्ति चमत्कार करके शिष्यों को इकट्ठा करता है, उसका सन्तवाङ्मय में धिक्कार किया गया है। हाथ से सोने की चेन सहजता से कई बार निकालनेवाले सत्य साईंबाबा की अद्भुत शक्ति को कुछ क्षण के लिए सच मान लिया जाए तो स्वाभाविक ही एक प्रश्न मन में उपस्थित होता है कि देश की कंगाली को दूर करने और भारत को (तथाकथित) सुवर्णभूमि का पूर्ववैभव प्राप्त कराने के लिए कुछ करने विचार उनके मन में कभी क्यों नहीं आया? बंगलुरु विश्वविद्यालय के पूर्व कुलपति वरिष्ठ गांधीवादी तथा वैज्ञानिक एच. नरसिंह ने सत्य साईंबाबा के चमत्कारों की सूक्ष्मता से जाँच करने के सन्दर्भ में तीन बार विनती की थी, तीनों बार सत्य साईंबाबा की ओर से कुछ भी प्रतिक्रिया नहीं आयी। बाबा द्वारा सोने की अँगूठी देने के बाद उसी मुठ्ठी को बन्द करके बाबा को रसगुल्ला देनेवाले

सुप्रसिद्ध जादूगर पी.सी. सरकार को बाबा के भक्तों ने धक्का देकर बाहर निकाला था। प्रधानमंत्री नरसिंह राव की उपस्थिति में भक्तों को खाली हाथ से चेन देते समय चेन बाबा के हाथों में स्मृतिचिह्न के नीचे से दूसरे भक्त द्वारा हस्तान्तरित करने की स्पष्ट शूटिंग की रिकॉर्डिंग उपलब्ध होने के बाद भी बाबा ने मौन क्यों धारण किया?

चमत्कार करनेवाले बाबा के पास लोग क्यों जाते हैं? वासना और स्वार्थ को त्यागने तथा उदात्त और पवित्र बनने के लिए शायद ही कोई बाबा के पास जाता है। उनमें से हर किसी को कुछ-न-कुछ आधार या लाभ चाहिए होता है। चाहे सुप्रसिद्ध अभिनेता हो, खिलाड़ी या सफल राजनेता हो उसे स्पर्द्धात्मक जीवन से आनेवाली असहायता और अस्थिरता बाबा के दैवीय आश्रय में जाने के लिए बाध्य करती हैं। विलक्षण गतिमान सामाजिक जीवन में कई अदृश्य डर से मन आतंकित होता रहता है। बाबा को अदृश्य भी दिखाई देता है, वे उसे समझ भी सकते हैं, समय आने पर वे उसे बदल भी सकते हैं; इसकी पहचान है उनके दैवीय चमत्कार इसलिए मन उनकी शरण में जाता ही है। आत्मा, परमात्मा, ब्रह्म, परब्रह्म, मोक्ष, मुक्ति, विश्व को नियंत्रित करनेवाली कोई अलौकिक शक्ति होती है और वह अवतार लेती है, ये सभी कल्पनाएँ इस देश के अधिकांश लोगों के मन में पक्की बसी होती हैं। स्वाभाविक ही चमत्कार करनेवाला बाबा साक्षात परमेश्वर का अवतार और प्रारब्ध बदलनेवाला तारणहार लगता है। अचिकित्सक सामाजिक मन, बाबा की राजमान्यता और लोकमान्यता, सामाजिक प्रतिष्ठा, पैसा, सत्ता, प्रसार माध्यमों का समर्थन आदि बातें इस मानसिकता को बढ़ाने का कारण बन जाती हैं। इसके कारण ही दैवीय शक्ति का करिश्मा दिखानेवाले तथा उच्च आध्यात्मिक उद्घोष करनेवाले बाबा को मजबूत अधिष्ठान प्राप्त होता है।

बाबा की बुवाबाजी तथा चमत्कारों का विरोध करने पर सन्तों द्वारा किए गए चमत्कारों का उदाहरण दिया जाता है। सौ सालों पहले ये घटनाएँ घटित हुई हैं, ऐसा जब कहा जाता है जिनका कोई भी ठोस प्रमाण उपलब्ध नहीं है और जिस कारण उनकी विज्ञानशास्त्रीय जाँच भी असम्भव है, तो ऐसे चमत्कारों को सत्य न माना जाए। इन मंडलियों को आधुनिक काल के सन्त तुकडोजी महाराज ने चमत्कार की अनिष्ठा के बारे में जो विचार प्रस्तुत किए हैं, उनको देखना चाहिए। वे कहते हैं, "चमत्कार की झोली भरने से कई लोग बरबाद हो गए हैं। सज्जनो, इसके आगे सन्तों के चमत्कारों का वर्णन मत कीजिए! लोगों की भावनाओं का फायदा लेकर कई पाखंडी लोग गाँव में आते हैं और ऐसे ढोंगी बाबा लोगों को लूटते हैं। वे मेहनत किए बिना ही लाभ की अपेक्षा रखते हैं। सपेरा जिस तरह से भूलभुलैया करता है, वैसे ही वे लोगों को चमत्कारों में फँसाते हैं।"

चमत्कारों पर विश्वास रखना और चमत्कार करनेवाले बाबा को मान्यता देने से यह हानि होती है कि इससे लोग प्रयास और पुरुषार्थ पर से विश्वास खो बैठते

हैं, साथ ही दूसरे लोग भी खो बैठें, ऐसा माहौल बनाते हैं। चमत्कारों के सन्दर्भ में पलायनवादी भूमिका अधिक स्पष्टता से दिखाई देती है।

चमत्कारों की महत्ता बढ़ने से व्यक्तिगत और सामाजिक जीवन में कई हानियाँ होती हैं। ऐसी स्थिति में चमत्कारों की शास्त्रीय जाँच करने की चुनौती दावा करनेवाले बाबाओं को देनी चाहिए। इसके कारण यह बात पता चलेगी कि वैज्ञानिक दृष्टिकोण अर्थात कार्य-कारण सम्बन्ध को छोड़कर कोई भी चमत्कार घटित नहीं होता है।

मनुष्य का सबसे प्रभावशाली हथियार होता है, उसकी बुद्धि। 'बुद्धि द्वारा जाँच-पड़ताल करके जो साबित होगा उसी का स्वीकार करूँगा' यह वैज्ञानिक दृष्टिकोण की प्रतिज्ञा होती है। उसका विस्मरण किए बिना चमत्कारों पर विश्वास नहीं रखा जा सकता। अपनी इच्छाओं की पूर्ति के लिए, अज्ञात का दर्शन किसी के माध्यम से चमत्कारों के दैवीय सामर्थ्य द्वारा होता है, ऐसा मानकर उसके सामने नतमस्तक होने की इस बात को मनुष्य जरूर टाल सकता है। वैज्ञानिक दृष्टिकोण शिक्षा नीति का महत्त्वपूर्ण अंग है, मूल्य-शिक्षा में भी उसका समावेश किया गया है, वैज्ञानिक दृष्टिकोण चमत्कारों के विरोध में कैसे खड़ा है, यह बात ही छात्रों को नहीं बताई जाती, संस्कार देना तो दूर ही रह जाता है। चमत्कारों को सत्य मानना और कोई भी सन्देह जताए बिना चमत्कारों की शरण में जाना मानसिक गुलामी की शुरुआत होती है। चमत्कार करनेवाले बाबा की अपेक्षा जादूगर अधिक प्रभावशाली चमत्कार करते हैं लेकिन उसी वजह से अचम्भित होकर कोई उनके पैरों पर माथा रखकर जीवन की समस्याओं का हल नहीं पूछता। जादूगर मनोरंजन करनेवाला कलाकार होता है। चमत्कार करनेवाले बाबा की अलग ही बात होती है। खाली हैट से जिन्दा कबूतर निकलनेवाला जादूगर पेटार्थी व्यक्ति होता है लेकिन खाली हाथ से चुटकीभर विभूति निकलनेवाला बाबा परमपूजनीय व्यक्ति होता है! जिस चमत्कार के कारण बाबा भस्म तैयार करता है, उसी वजह से कार्य-कारण सम्बन्ध को अस्वीकार करने की दैवीय शक्ति उसे प्राप्त होती है; यह कैसे सम्भव है, यह प्रश्न पूछना पाखंड का लक्षण माना जाता है। इसका कारण यह है कि चमत्कार के प्रभाव से प्राप्त मानसिक गुलामी मनुष्य की बुद्धि को दुर्बल, अपाहिज और अन्धी बनाती है। सबसे खतरनाक यह होता है कि इस मानसिक गुलामी का समर्थन, संगठन, संरक्षण, संवर्द्धन और उदात्तीकरण किया जाता है और उसके विरोध में आवाज उठानेवाले लोगों को मुजरिम के कटघरे में खड़ा किया जाता है।

चमत्कार-जैसे विवादास्पद विषय को सामने लाकर बाबा के अद्भुत सेवा-कार्य को नजरअन्दाज किया जाता है, ऐसा एक आक्षेप होता है। यह बात तो सच है कि सत्य साईंबाबा ने स्कूल, अस्पताल आदि समाज-हित के लिए सुविधाएँ शुरू कीं, बात अच्छी भी है लेकिन इस तरह के कई कार्य इससे भी बड़े पैमाने पर कोई भी राज्य या केन्द्र सरकार करती रहती है। उनकी प्रशंसा कोई नहीं करता क्योंकि लोगों

द्वारा इकट्ठा किए गए टैक्स से यह सब किया जाता है। बाबा के सेवा-कार्य पर भी यह नियम क्यों न लागू किया जाए? कई प्रकार के सेवा-कार्य करनेवाली सरकार से आम आदमी प्रश्न पूछता है, चिकित्सा करता है, पाँच साल बाद पदच्युत भी कर सकता है, वह उसका अधिकार माना जाता है। बाबा के ट्रस्ट को बहुत सारा चन्दा मिलने का कारण उनके चमत्कार हैं; अगर ऐसा है तो उन चमत्कारों के बारे में प्रश्न पूछने या उनकी चिकित्सा करने में बाबा का अपमान क्यों समझा जाता है?

कोई भी बाबा कितना भी 'सत्य' हो, वह व्यवस्था परिवर्तन के बारे में कुछ भी नहीं बोलता। मनुष्य-मनुष्य को प्रेम के साथ जोड़ना अच्छा है लेकिन यहाँ की जाति व्यवस्था, विषमता, भ्रष्टाचार, भ्रूण-हत्या आदि के कारण जो प्रेम खत्म हो जाता है उसके प्रति मौन क्यों धारण किया जाता है? भक्त बाबा की शरण में आ जाएँ, ऐसा अघोषित फरमान निकाला जाता है। कहा जाता है कि उसमें ही भक्तों का परम-कल्याण। बाबा का हर शब्द ब्रह्म-वाक्य होता है और उसमें नैतिकता होती है। बाबा के चरणों में लीन होनेवाले व्यक्ति को कल्याण का यकीन दिलाया जाता है। शर्त एक ही होती है कि बुद्धि का उपयोग न किया जाए। इसी वजह से विज्ञान-तकनीकी विभाग के पूर्व केन्द्रीय मंत्री शिवराज पाटिल बाबा के चमत्कारों को अद्भुत शक्ति का आविष्कार समझ सकते हैं।

ऐसा निश्चय करना चाहिए कि मैं चिकित्सक बुद्धि पर होनेवाले विश्वास को कम नहीं होने दूँगा। खुद की और समाज की क्या समस्याएँ हैं, उनको कैसे और कहाँ तक हल किया जा सकता है, इसकी समझ मनुष्य को वैज्ञानिक दृष्टिकोण और विवेकवाद द्वारा मिलती है। खुद के दायरे में मानवता के आधार पर प्रामाणिकता तथा धैर्य से जीवन जीने में ही मनुष्य की प्रतिष्ठा होती है। चमत्कारों की भूलभुलैया से खुद को दूर रखना, दूसरों को मानसिक गुलामी से दूर रखना, इसी में ही जीवन की सार्थकता है।

[07 मई, 2011]

अध्यात्म : असली और नकली

भारत के बड़े नामी मृत्युप्राप्त हुए आध्यात्मिक बाबा (श्री पद्‌भनाभ स्वामी मन्दिर, तिरुअनन्तपुरम) के एक छोटे कमरे में करोड़ों या अरबों रुपयों की जो सम्पति मिली है, उसकी या ऐसे कई बाबाओं के और कितने खजाने छुपे होंगे, इसकी चर्चा अभी चालू है। इस वजह से कई बाबा, गुरु, बापू, कथित सन्त-महन्तों के आर्थिक साम्राज्य की खबरें भी सामने आ रही हैं। ये सभी बातें उनके करोड़ों भक्तों की समझ के बाहर की हैं। लेकिन इसमें प्रमुख बात 'अर्थ' की नहीं है बल्कि बात है अध्यात्म की क्योंकि इस उन्नति के व्यापार की मूलभूत पूँजी अध्यात्म है। आत्मा के बारे में सोचना ही अध्यात्म है। जो बात अवलोकन और प्रयोग के लिए उपलब्ध नहीं है, उसके सन्दर्भ में वैज्ञानिक दृष्टिकोण भी कोई टिप्पणी नहीं करता। वैज्ञानिक भूमिका ली जाए तो अध्यात्म खारिज हो जाता है और आध्यात्मिक बुवाबाजी सन्दर्भहीन हो जाती है परन्तु यह प्रस्तुति वैचारिक चालाकी लग सकती है। इसी वजह से इस देश के करोड़ों लोगों के मन में जो आध्यात्मिक विचार हैं उनको नहीं निकाला जा सकता। परम्परा से आया यह विचार कहता है कि : आत्मा भौतिकता से अलग एक चेतन तत्व है जो कि अज्ञान में पाया जाता है और अशुद्ध बनता है, बन्धनों में अटकता है, दुखी हो जाता है। परमात्मा यानी परमेश्वर। आत्मा और परमात्मा का मिलन यानी जीव-शिव का मिलन होना तथा उसे सच्चिदानन्द स्वरूप प्राप्त होने जैसा है। सत् यानी सत्य, चित् यानी चिरस्थायी आनन्द। इनके अलावा जीवन में क्या चाहिए? विनोबा जी का एक वाक्य यह है कि 'अन्ततः धर्म जाएगा, अध्यात्म रहेगा।' लेकिन, धर्म में नीति होती है और साथ ही शोषण, पुरोहित, कर्मकांड भी होते हैं। अध्यात्म का अर्थ है अन्तिम विजय मांगल्य और करुणा की ही होगी, यह श्रद्धा होती है। यह धार्मिक श्रद्धा का अगला कदम है, ऐसा विनोबा जी का कहना था। इस प्रस्तुति में कार्य-कारण सम्बन्ध नहीं है लेकिन उसमें जो दिलासा है, वह करोड़ों लोगों को कई शताब्दियों तक प्रभावित करती है।

इसके लिए एक बहुत बड़ी संरचना का इस देश में अस्तित्व है। भगवान अवतार लेते हैं जो कि उसने बाबा, गुरु, स्वामी के रूप में लिया है, यह बात हमारे देश के अधिकांश लोगों के मन में बैठी है। इसके अलावा ब्रह्म, परब्रह्म, संचित, नियति,

माया, मोक्ष, इन शब्दों के अर्थ को जाने बिना ही वे शब्द उनको अपने लगने लगते हैं। कभी-कभी विज्ञान को भी अध्यात्म में घसीटा जाता है। 'रुद्राक्ष पहनने से सुप्रा पार्टिकल संदीप्त हो जाते हैं और एक्स्ट्रा एनर्जी लिबरेट हो जाती है' यह वाक्य सुनकर अकारण ऐसे लगने लगता है कि यह वाक्य अर्थहीन नहीं है और वैज्ञानिकता ही अध्यात्म का मूल होने की सन्तुष्टि मिलती है। ये आध्यात्मिक गुरु क्या करते हैं? इसके बारे में आसाराम बापू ने एक साक्षात्कार में बताया है कि एक तो वे भौतिक जरूरतों को पूरा करने में सहायता करते हैं। जैसे, कोई भी व्यक्ति बड़े आध्यात्मिक गुरु के पास अपने दैनन्दिन जीवन में नौकरी, कोर्ट-कचहरी, शादी, घर-गृहस्थी सम्बन्धी समस्याओं का हल ढूँढ़ने के लिए जाता है। बाबा समस्याओं को हल करने का आश्वासन भी देता है और उसके आगे जाकर वह यह भी दावा करता है कि वह अपनी आध्यात्मिक शक्ति से भक्तों की तकदीर भी बदल सकता है और जन्म-मृत्यु के चक्र से भी मुक्ति दिला सकता है। कहा जाता है कि साक्षात ब्रह्मदेव भी इस तकदीर को बदल नहीं सकते तो इसी वजह से उनसे भी अधिक सामर्थ्य रखनेवाले बाबा का आश्रय का स्थान बन जाना स्वाभाविक है। इसके भी आगे जाकर आसाराम बापू का कहना है कि आध्यात्मिक गुरु के प्रभाव से वासना-व्याधि भी दूर हो जाती है और दया-क्षमा-करुणा के दैवीय गुणों की वृद्धि हो जाती है। इन सब पर विचार किया जाए तो आध्यात्मिक गुरु साक्षात परमेश्वर का दूसरा रूप बन जाता है।

यह दावा किया जाता है कि योगसाधना, सत्संग, प्रवचन और शरीर से बाहर निकलनेवाले स्पन्दनों के द्वारा अध्यात्म घटित होता है। यह कितना फिजूल है, यह आजकल दिखाई दे रहा है। योग-संाधना करनेवाले विश्वविख्यात आध्यात्मिक गुरु कितने क्षुब्ध होते हैं, महिलाओं का वेष धारण करके कैसे भाग जाते हैं और ऊपर से इसी बात का समर्थन करते हैं, यह सब लोगों ने हाल ही में देखा है। गुरु के शरीर से निकलनेवाले स्पन्दन की बात पूरी तरह से बकवास है। प्रमुख गम्भीर आपत्ति है प्रवचन के आशय पर। आत्मा को प्रेमस्वरूप बतानेवाली ये महान आत्माएँ व्यवस्था परिवर्तन के बारे में बात तक नहीं करतीं। उनके अनुसार, महँगाई, बेरोजगारी, दंगे, भ्रूण हत्या जैसी गम्भीर समस्याएँ अस्तित्व में ही नहीं होतीं।

इन आध्यात्मिक गुरुओं के भक्तों का कहना होता है कि वे भक्ति केवल भक्ति के लिए ही कर रहे हैं, उनको कुछ भी हासिल नहीं करना है। अधिक कुछ पूछा जाए तो इसी भक्ति से आध्यात्मिक कल्याण प्राप्त होता है, ऐसा जवाब मिलता है। इसके सबूत के बारे में पूछा जाए तो यह प्रश्न उन भक्तों को निरर्थक लगता है। उनके मतानुसार इसका सबूत माँगना ही सबसे बड़ी गलती है। अध्यात्म शब्द का प्रभाव इतना है कि गुरु हर समय कहते रहते हैं कि 'वत्स, तुम्हारा कल्याण किसमें है, यह मैं जानता हूँ और उसे तुम नहीं समझ पाओगे, यह भी मैं जानता हूँ।' क्या मानसिक गुलामी इससे अलग हो सकती है?

ऐसे अध्यात्म को इतनी सहजता से स्वीकार नहीं किया जा सकता, इसकी समझ इन चतुर गुरुओं में होती है। इसके लिए पूरी व्यवस्था तैयार की जाती है। भक्तों को खास रंगों के कपड़े, गले की मालाएँ, मंत्र, छाती पर प्रतीक चिह्न, शर्ट में लगाए गए पैन पर भी वही फोटो होता है। सभी जगह पर बाबा ही दिखें, यह इसका उद्देश्य होता है। इससे एकता की भावना तैयार हो जाती है, थोड़ी देर के लिए शक्ति आ जाती है और सन्तुष्टि भी मिलती है। बाद में इसकी आदत हो जाती है और आगे जाकर उसकी सख्ती की जाती है। तब भक्त निष्ठावान सैनिक बन जाता है। 'सब कुछ बाबा के लिए' उसका घोषवाक्य बन जाता है। बाबा के विरोधी उसके शत्रु बन जाते हैं। ये सारी प्रक्रियाएँ आध्यात्मिक उन्नति के नाम पर की जाती हैं लेकिन बाद में ये विवेक-भ्रष्ट मानसिकता की ओर ले जाती हैं।

अध्यात्म का और एक व्यवहारिक अर्थ होता है। सच्चे आध्यात्मिक व्यक्ति का मानना होता है कि लौकिक सुख से आगे जीवन की एक सार्थकता है और लौकिक सुख से कई गुना वह महत्त्वपूर्ण होती है। इसी समझ के कारण जीवन में संयम, सीधापन, अपरिग्रह आ जाता है। करुणा से व्यवहार मानवीय होता है। उसके कारण जीवन में शुचिता और पवित्रता आ जाती है। जो भी आचरण में आ जाता है वह अध्यात्म होता है, बाकी सब बकवास है। नैतिकता की दृष्टि से नामस्मरण ही उन्नत बनाता है, बाकी केवल नाम जप है। सौभाग्य से गाडगे बाबा, विनोबा, गांधी जैसे असली आध्यात्मिक पुरुष इस देश ने देखे हैं। गाडगे बाबा ने करोड़ों रुपये की जायदाद जमा की। अशिक्षित बाबा ने हर एक पैसे का हिसाब रखा। जीवनभर खुद की जायदाद के रूप में केवल शरीर पर पहने फटे कपड़े, हाथ में लाठी और सिर पर ठीकरा था। पंढरपुर गए लेकिन विट्ठल का दर्शन किए बिना सबसे पहले उन्होंने लोगों द्वारा चन्द्रभागा में जो गन्दगी फैलाई गई थी, उसको झाड़ू से साफ किया। इसी काम में आपने भगवान को देखा। खुद जमा किए हुए पैसे से धर्मशालाएँ बाँधी। उसी एक धर्मशाला में लोगों ने एक बार उनकी अपनी बेटी, जो समस्या में थी, को रखा। जब यह बात उनको पता चली तब उन्होंने उसे धर्मशाला से बाहर निकाल दिया और कहा कि यह धर्मशाला है जो केवल यात्रियों के ठहरने की जगह है। एक बार जब वे कीर्तन कर रहे थे तो उसी समय उनके एक भक्त ने रोते हुए बाबा के इकलौते बेटे के निधन का सन्देश हाथ पर रखा। उन्होंने बस उस पर एक बार देखा और आगे कीर्तन शुरू करते हुए कहने लगे, 'ऐसे करोड़ों लोग आकर चले गए, मैं क्यों रोऊँ एक के लिए, बोलो गोपाला देवकीनन्दन गोपाला...'। इसके लिए बहुत उच्चकोटि की साधना आवश्यक होती है।

विनोबा 16 सालों तक पूरा देश दो बार पैदल घूमे। लोगों से आह्वान करके 40 लाख एकड़ जमीन इकट्ठा की और उसको बाँट दिया। यह पैदल यात्रा उनकी बीमारी के कारण कभी नहीं रुकी। विनोबा 18 से 20 भाषाएँ बोलते थे। गाडगे

बाबा और विनोबा की आध्यात्मिकता के पास पहुँचने की योग्यता भी आज के आध्यात्मिक गुरुओं की नहीं है।

राजनीति करने के बाद भी उच्च स्तर की आध्यात्मिकता को गांधी जी ने जीवित रखा। इंग्लैंड की ठंड में भी केवल धोती का परिधान किया और उसी वेश-भूषा में इंग्लैंड के सम्राट को मिलने जाते समय राज-शिष्टाचार की परवाह नहीं की। नौआखली में हुए दंगे के पीड़ित लोगों को सांत्वना देते हुए पदयात्रा शुरू की। एक क्रोधित हिन्दू ने उनको कहा, "मेरे सामने मेरे बेटे की मुस्लिमों ने हत्या की, मेरा मन प्रतिशोध लेने के लिए जल रहा है। इसके लिए आपके पास क्या उत्तर है?" गांधी जी ने कहा, "उत्तर है। तुम ऐसे लड़के को ढूँढ़ निकालो जो तुम्हारे लड़के की उम्र का हो, जिसके पिता जी दंगे में मारे गए हो। उसी को तुम अपना लड़का मान लो। उस पर अपने बच्चे-जैसा प्रेम करो। धर्म बदलने की जबर्दस्ती उससे मत करना तभी तुम्हारे मन की आग बुझ जाएगी।" इस तरह के विचार मन में आने के लिए भी आध्यात्मिक मानसिकता की लम्बी पहुँच की जरूरत होती है।

तुकाराम महाराज कहते हैं :

ऐसे कैसे हो गए भोंदूबाबा। कर्म करके कहते हैं साधू॥
तन पर भस्म लगाकर। आँखें कर बन्द करते हैं पाप॥
संन्यासी का चोला पहनकर। करते हैं सभी सुखों का भोग॥
तुका कहता क्या-क्या बताएँ। छोड़ दें ऐसों का साथ-संग॥

अभी वारी जारी है। तुकाराम 'जिनका साथ-संग प्राप्त न हो' ऐसा कहते हैं; 'उनकी ही संगति प्राप्त हो' के लिए एड़ी-चोटी का जोर लगानेवालों को और उसे ही आध्यात्मिक कल्याण समझनेवालों को अन्तर्मुख होकर क्या इसके बारे में नहीं सोचना चाहिए?

[09 जुलाई, 2011]

सत्य का आग्रह किया जाए तो कैसे?

हिंसक आन्दोलन का महाराष्ट्र ने हाल ही में अनुभव किया है। सभी का कहना था कि वेदना प्रखरता से लेकिन शान्ति के साथ व्यक्त कीजिए अर्थात सत्याग्रही मार्ग से। लोकतंत्र में प्राणभूत साबित होनेवाली सत्याग्रह की संकल्पना राष्ट्रपिता ने प्रदान की है, उसका शताब्दी वर्ष चल रहा है। सत्याग्रह का व्यक्तिगत मार्ग अनशन का होता है। सत्याग्रह में दो बातें स्पष्ट होनी चाहिए। पहली बात, यह कि मेरा आग्रह सत्य है और दूसरी, उसे मैं शान्तिपूर्ण तरीके से ही व्यक्त करूँगा। पहले निकष के सन्दर्भ में मतभेद होने की सम्भावना है। गन्ने को कितना भाव दिया जाए या सूखे में अल्पभूधारक किसानों का ऋण माफ किया जाए या नहीं, इसके बारे में अलग-अलग सत्य प्रतीत होते हैं। निर्णय लेना भी कठिन हो जाता है। इसके अलावा आरोप होता है कि सत्याग्रह करना कालबाह्य, हास्यास्पद और परिणामशून्य हो गया है। यह सत्य है कि कानून-व्यवस्था की समस्या गम्भीर हो जाने के बाद ही भावना-शून्य सरकार विचार करती है। अर्थात, जिनको लगता है कि लोकतंत्र के लिए अहिंसा का पथ अत्यावश्यक उनके लिए गिरोहबन्दी कभी-कभी प्रभावकारी सिद्ध होती दिखाई देने के बाद भी उसे कठोरता से नकारना पड़ता है।

दोनों पहलुओं से सत्य का आकलन एक ही है, इसके बाद भी अक्षम्य विलम्ब किया जा रहा है। सत्याग्रही मार्ग से कैसे लड़ा जाए, इसके एक तप (बारह वर्ष) का मुझे अनुभव है लेकिन सत्य आज भी प्रतीक्षा में है। महाराष्ट्र विधान परिषद ने जुलाई 1995 में 'जादू-टोना विरोधी कानून' बनाने का बहुमत से निर्णय लिया था। आगे साढ़े चार सालों के संयुक्त गठजोड़ के कार्यकाल में भी हर अधिवेशन में कानून बनाने का सरकार द्वारा आश्वासन दिया गया। इसके बाद 'प्रगतिशील' की सरकार बनी। उसके न्यूनतम समान कार्यक्रम में यह वचन दिया गया था कि सत्ता में आने के बाद एक साल के अन्दर यह कानून बनाएँगे। लेकिन 3 साल ऐसे ही बीत गए। दिनांक 15 अगस्त, 2003 को केवल मंत्रिमंडल में यह कानून मंजूर होते ही 'ऐसा कानून बनानेवाला भारत का पहला राज्य' इस तरह के विज्ञापन महाराष्ट्र सरकार ने सभी समाचारपत्रों में छापे। फिर सत्ता में आनेवाले नेताओं ने 2004 का आश्वासन दिया। मंत्रिमंडल में 2005 के अप्रैल महीने में तीसरी बार कानून

मंजूर हुआ। उसे विधानसभा में पेश करते समय सत्ताधारी पार्टी के विधायक ने गलतफहमी के कारण उसका कड़ा विरोध किया। मुख्यमंत्री ने भी उस समय मौन धारण किया। बाद में विस्तृत सहमति के लिए कानून के प्रारूप को शिथिल किया गया। सभी विरोधियों के साथ सरकार की पहल से चर्चा की गई। दिसम्बर 2005 को विधानसभा ने यह विधेयक मंजूर किया। आगे के अधिवेशन में विधान परिषद में कानून सम्मत होना केवल औपचारिकता थी। परन्तु उसके बाद करीबन तीन अधिवेशन हो गए लेकिन वह सम्मत नहीं हो सका। इस पूरे कालखंड में सत्याग्रह के सभी तरीके कई बार विस्तृत रूप में अपनाए गए। धरना-आन्दोलन किए गए, लाक्षणिक उपवास किए गए। मुख्यमंत्री, उप-मुख्यमंत्री को कई तार भेजे गए। लेख लिखे, आकाशवाणी और दूरदर्शन पर कई कार्यक्रम किए गए। कई प्रचार सभाएँ हो गईं। वरिष्ठ विद्वानों ने मुख्यमंत्री तथा उप-मुख्यमंत्री को व्यक्तिगत पत्र लिखे। जादू-टोने के कारण महिलाओं का शोषण होता है इसलिए 15 हजार महिलाओं के दस्तखत मुख्यमंत्री को भेजे गए। समान विचारधारा की पार्टियों का समर्थन मिला। सभी विधायकों से व्यक्तिगत रूप से चर्चा की। मुख्यमंत्री, उप-मुख्यमंत्री से कई बार मुलाकात की गई। अन्ततः, आनेवाले नागपुर के शीतकालीन सत्र के पहले दिन विधेयक पेश किया जाए तथा उसे तुरन्त मंजूर किया जाए अन्यथा अनशन करना पड़ेगा, इस तरह का पत्र शासनकर्ताओं को दिया गया। स्पष्ट आश्वासन मिला कि पहले दिन ही विधेयक पेश किया जाएगा, दूसरे दिन उसे स्वीकृत करेंगे। पहले दिन विधेयक कामकाज पत्रिका में था लेकिन उस पर चर्चा नहीं की गई। दूसरे दिन तो वह कामकाज पत्रिका से ही गायब हो गया।

पूर्व-सूचना के अनुसार लातूर में अनशन शुरू किया गया। भूमिका बिलकुल स्पष्ट थी और सत्याग्रह का उद्देश्य भी सही था। यह अनशन किसी के खिलाफ नहीं था। मुख्यमंत्री के खिलाफ तो बिलकुल भी नहीं था। राजनीतिक इच्छाशक्ति की जो कमी थी उसे सामाजिक इच्छाशक्ति की जोड़ देने का वह प्रयास था। अनशन द्वारा आत्म-क्लेश करके सरकार तथा समाज की विवेक-बुद्धि को चुनौती देने का उद्देश्य था। इसी की माँग करनेवाली जो विशाल दृढ़ निश्चय यात्रा निकली, वह भी मौन थी। पुणे में समर्थन के रूप में डॉ. श्रीराम लागू, न्यायमूर्ति कोलसे-पाटिल, बाबा आढाव, विद्या बाळ, रा.ग. जाधव जैसों की वरिष्ठ मंडलियों ने पत्रकार परिषद आयोजित करके लाक्षणिक अनशन किया। बाबा आमटे, ग.प्र. प्रधान, सदाशिव अमरापुरकर आदि लोगों ने मुख्यमंत्री कार्यालय में सम्पर्क किया। समर्थन देनेवाले लोगों में समाज के हर स्तर के लोग पंडाल में उपस्थित थे। सभी समूह तथा पार्टी को भूलकर कार्य अपना ही है, इसी भावना से कई दलित संगठन इकट्ठा हुए थे। मराठवाड़ा विभाग के सभी समाचारपत्रों ने पूरे दस दिन इन प्रश्नों तथा अनशन को अपने समाचारपत्रों में जगह दी। बाकी प्रसार माध्यमों ने भी पूरा सहयोग

दिया। यह पूरी कमाई संगठन के कामकाज की नहीं है बल्कि यह अनशन नाम का नैतिक कार्य आज भी लोगों को हिला सकता है, इसकी निशानी थी। हमारी माँग यह थी कि 21 वीं शताब्दी में समाज सुधारकों के महाराष्ट्र में जादू-टोना, डायन प्रथा, तंत्र-मंत्र, टोना-टोटका से होनेवाले शोषण को रोकने के लिए कानून बनाया जाए जिसको विधानसभा ने पहले ही मंजूर किया है। इसकी अपेक्षा दूसरी सहज माँग क्या हो सकती है?

अनशन के 10 दिनों में सरकार की ओर से किसी भी तरह का सम्पर्क नहीं किया गया। जिलाधिकारी तो दूर, कोई क्लर्क या हवलदार भी पंडाल की ओर नहीं आए। दोनों सत्ताधारी पार्टियाँ खुद की सरकार द्वारा बनाए गए कानून का अनुशीलन करनेवाले अनशन को नजरअन्दाज कर रही थीं। दिशाभ्रम करनेवाला झूठा प्रचार करके कानून का विरोध करनेवाले लोगों ने लाक्षणिक आन्दोलन के विरोध में प्रति-आन्दोलन खड़ा किया। 'अगर यह कानून बना तो हिन्दुओं का धर्माचरण करना कठिन हो जाएगा, ऐसा करने पर जेल जाना पड़ेगा' इस तरह का खुला अपप्रचार पर्चे बाँटकर किया गया। सरकार ने इस झूठ का अधिकृत प्रतिवाद भी नहीं किया; उलटा, जब जिला पुलिस प्रमुखों को यह बात बताई गई तब उन्होंने आन्दोलनकर्ताओं से 'कानून बनने से पहले ही उसमें क्या है, यह बात आपको कैसे पता चली?' इस तरह का अजीब सवाल पूछा। अखबार स्थानीय बन गए हैं, यह बात प्रखरता से पता चली क्योंकि मराठवाड़ा मंडल में किए गए अनशन की खबरें अन्य मंडलों में बहुत कम मात्रा में छापी गईं तथा कुछ जिलों के समाचारपत्रों में तो उन्हें छापा ही नहीं गया। विधान परिषद में इस विधेयक का कड़ा विरोध करनेवाले शिवसेना को न प्रबोधनकार ठाकरे की याद आई, न ही भाजपा को सावरकर के संदेश का स्मरण हुआ। सत्ताधारी पार्टियाँ केवल वोट इकट्ठा करनेवाले यंत्र बन गई हैं। अपनी ही पार्टियों ने, परिवर्तन का एक कदम धीमी गति से आगे बढ़ाया है, हर समय फुले-आंबेडकर की विरासत की बात करनेवाले हम लोगों को उसका अनुरोध करना चाहिए, यह बात उनके जेहन में ही नहीं थी। यह बात समझ में आ गई है कि परिवर्तन के विचार को पार्टियाँ भूल गई हैं और सामाजिक प्रश्नों के प्रति वे बहुत ही असंवेदनशील बन गई हैं। इस देश के साथ जिनका किसी भी प्रकार का सम्बन्ध नहीं था बल्कि केवल व्यापार के लिए आए हुए, धर्म से क्रिश्चियन, लॉर्ड बेंटिक ने सती प्रथा विरोधी कानून को कड़े विरोध को नकारते हुए 175 साल पहले बनाया था लेकिन जादू-टोना विरोधी कानून की यात्रा एक तप पूरा होने के बाद आज भी जारी है।

हमारे देश के लोकतंत्र की प्रशंसा सभी जगह की जाती है, उसी के साथ महाराष्ट्र की सामाजिक विरासत का जिक्र भी गर्व से किया जाता है लेकिन इस 'कथनी' और 'करनी' में अन्तर हो तो इस स्थिति को बदलने के लिए सत्य का

आग्रह कैसे किया जाए? सत्याग्रही संकल्पना का यह शताब्दी वर्ष है। पुराने दृष्टान्त देकर अमूर्त चिन्तन किया जाता है लेकिन इन विचारों की आज की सम्बद्धता पर, वास्तविकता तथा उसमें बदलाव लाने के लिए किए जानेवाले प्रयासों की, चर्चा होनी आवश्यक है। अन्यथा, समर्थ जैसा कहते हैं 'सभी अज्ञानी हैं। पर सभी ज्ञान बाँट रहे हैं।' ऐसी स्थिति हो जाएगी।

[30 दिसम्बर, 2006]

चमत्कार को नमस्कार या विवेक का स्वीकार

माहिम का समुद्र अचानक मीठा होने की वजह से जो उन्माद आया हुआ था वह अब कम हो गया है, इस घटना की वैज्ञानिक मीमांसा समझ में आती है लेकिन उस घटना की ओर दैवीय चमत्कार की श्रद्धा से देखनेवालों (उनकी संख्या बहुत है) को इससे कोई फर्क नहीं पड़ता। संविधान में नागरिकों का कर्तव्य माने गए वैज्ञानिक दृष्टिकोण को हम भूल ही जाते हैं, इससे उनको कोई लेना-देना नहीं है। कथित चमत्कार से पनपा 'मास हिस्टेरिया' सूचना और तकनीकी के विस्फोट वाली 21वीं शताब्दी, विश्व में सूचना-तकनीक में भारत का चौथा स्थान, महाराष्ट्र में समाज-सुधारकों की विरासत, हर समय विकसित विज्ञान के आधार पर जीनेवाला मुम्बई महानगर, इन सब बातों को झुठलाता है, यह बात जनमानस के ध्यान में नहीं आती है। सरकार और समाजवादी भी इसकी ओर कानून-व्यवस्था की समस्या तथा बीमारी न फैलने के दृष्टिकोण से ही देखते हैं। व्यापक दृष्टिकोण क्या कहता है?

विश्वकोश में चमत्कार की व्याख्या इस तरह से दी गई है : 'प्रकृति का कार्य-कारण सम्बन्ध जिन घटनाओं पर लागू नहीं होता, ऐसी घटनाओं को अद्‌भुत कहते हैं। वैज्ञानिकता से जिन घटनाओं की उत्पत्ति नहीं होती, उसे चमत्कार कहते हैं।' चमत्कार का आडम्बर बहुत बड़ा और प्राचीन है। विश्व के सभी धर्मग्रन्थों में या धर्मों के इतिहास में उसके कई उदाहरण भरे पड़े हैं। व्रत-कैवल्य तो उपासना का मार्ग होता है लेकिन उसके साथ भी चमत्कारों को प्रभावशाली रूप से चिपकाया गया है। शिरडी के श्री साईंबाबा या शेगाँव के श्री गजानन महाराज के नाम पर कई चमत्कार दर्ज हैं। उनकी जाँच करना आज सम्भव नहीं है। उनके श्रद्धालु भक्त भी उनके सन्दर्भ में कुछ नहीं सुनना चाहते हैं। यीशु की प्रार्थना करने से बीमारी ठीक होती है या मकदूम बाबा या इस तरह की दरगाहों तथा पीर बाबा के कृपा-आशीर्वाद से घटित चमत्कारों के बारे में बतानेवाले लोग जगह-जगह पर मिलते हैं। बुद्ध के एक भक्त ने चमत्कार करके भिक्षा-पात्र का निर्माण किया था। बुद्ध ने उस पात्र को तोड़ दिया और शिष्यों को साफ-साफ कह दिया कि 'आप कभी चमत्कार न करें।' लेकिन आज भी चमत्कार-बुवाबाजी तथाकथित दैवीय शक्ति के सामर्थ्य का, और उससे मानसिक गुलामी को जन्म देने की इच्छा रखनेवाले लोगों का, बड़ा

हथियार है। चमत्कार की सत्यता जाँचने के लिए उत्सुकता न दिखानेवाले भक्तगण हर समय इसके सामने माथा टेककर खड़े रहते हैं। इस विश्वनिर्माता की लीला अगाध है और उसके अथाह सामर्थ्य के आगे विज्ञान के सभी नियम 'किस झाड़ की पत्ती हैं' साबित होते हैं, ऐसा उन कई लोगों का विश्वास होता है। मनुष्य के जीवन में ऐसे कई प्रसंग आते हैं, इनसे सीधे भिड़ने की क्षमता बहुत कम लोगों के पास होती है। इन प्रश्नों के उत्तर चमत्कार के द्वारा मिल जाएँ, ऐसी उनकी इच्छा होती है। इस फैंटेसी के आधार पर जीवन जीना मनुष्य के जीने की एक पद्धति होती है। ज्ञात कार्य-कारण से आगे जानेवाली प्रकृति और मन की शक्ति पर कई लोगों का विश्वास होता है। विज्ञान के कई नियम उनको पता होते हैं लेकिन उनके उपनियम, सूक्ष्मता, परिधि और वैविध्य का ज्ञान नहीं होता है। नियमों के अपवाद का ज्ञान भी उनको नहीं होता है। इसी अज्ञान के कारण चमत्कार का जन्म होता है।

वैज्ञानिक दृष्टिकोण यानी कार्य-कारण सम्बन्ध; चमत्कार का मतलब है वैज्ञानिक दृष्टिकोण का अभाव। यह नाता उजाले-अँधेरे जैसा है। एक का होना अर्थात दूसरे का न होना। विज्ञान में चमत्कारों के लिए बिलकुल जगह नहीं होती। रासायनिक-भौतिक-यांत्रिक करामात या हाथ की सफाई को चमत्कार कह सकते हैं। यह बदमाशी भी हो सकती है और कभी-कभी प्रकृति के अनसुलझे रहस्य भी चमत्कार कहे जाते हैं। जीवन में वैज्ञानिक दृष्टिकोण को स्वीकार करने का मतलब है कि ये अज्ञात कार्य-कारण सम्बन्ध आज या कल वैज्ञानिक विचार-पद्धति द्वारा समझ में आएँगे, यह विश्वास। हमने विज्ञान की जगह जादू-टोने को जगह दी और विचार-पद्धति को दूर रखा, इसी वजह से विसंगति ने जन्म लिया। चमत्कारों को चुनौती देना, झूठ साबित करना आदि से सम्बन्धित भूमिका को ठीक से समझना चाहिए। हर व्यक्ति को संविधान ने उपासना, पारलौकिक जीवन, आध्यात्मिक कल्याण का स्वातंत्र्य दिया है। उसका आदर करना चाहिए परन्तु चमत्कार पर विश्वास रखना, उसकी जाँच-पड़ताल के लिए इनकार करना और ऐसे चमत्कारों का प्रसार करना : यह धर्म का हिस्सा हो ही नहीं सकता। वे संविधान में दिए गए वैज्ञानिक दृष्टिकोण के कर्तव्य से विसंगत हैं; साथ ही इसके कारण व्यक्ति और समाज की बुद्धि-श्रम-समय-पैसा आदि की बरबादी हो जाती है। चमत्कार के कारण ही रहस्य का माहौल बन जाता है और प्रश्नों को हल करने की मनुष्य की समझ भी विलुप्त हो जाती है।

इसी तरह गणेश मूर्ति के दूध पीने का चमत्कार 1995 में घटित हुआ था। उस समय महाराष्ट्र अन्धश्रद्धा निर्मूलन समिति ने महाराष्ट्र के कई मान्यवर लोगों द्वारा लिखे गए व्यक्तिगत पत्र इकट्ठा करते हुए प्रधानमंत्री पी.वी. नरसिंह राव को भेज दिए थे। उसमें यह आशय था : 'दिनांक 21 सितम्बर को पूरे भारत में भगवान की मूर्तियों द्वारा दुग्ध प्राशन का चमत्कार घटित हुआ। कुछ ही समय में पूरे देश में भ्रम

की स्थिति पैदा हो गई। मुझे लगता है कि यह सब नियोजित कार्यक्रम था। लोगों के पैसे, श्रम, समय और विवेक की उसमें बलि चढ़ाई गई, यह एक गम्भीर बात है इसलिए इसकी सी.बी.आई. जाँच की जाए।' पत्र लिखनेवालों में जयंत नारलीकर, वसन्त गोवारीकर, पु.ल. देशपांडे, श्रीराम लागू, नीलू फुले, जयंतराव तिलक, मोहन धारिया, ग.प्र. प्रधान, बाबा आढाव आदि का समावेश था। प्रधानमंत्री कार्यालय से कोई जवाब नहीं आया। यह घटना जब घटित हुई तब उड़ीसा के मुख्यमंत्री जे.बी. पटनायक ने मन्दिर बन्द करने का आदेश पुलिस को दिया और जरूरत पड़ने पर पुजारियों को गिरफ्तार करने के लिए कहा। कर्नाटक की विधानसभा में भी मुख्यमंत्री देवेगौड़ा ने इस बात से साफ इनकार करते हुए मन्दिरों की भीड़ को हटाने के आदेश दिए। इस प्रकार की कोई भी तत्परता और जोश पानी मीठा होने के प्रकरण में महाराष्ट्र के राजनीतिक नेतृत्व द्वारा नहीं दिखाया गया।

भारतीय समाज बहुत सहजता से डरपोक बन जाता है। दैववादी मानसिकता के कारण वे मानते हैं कि आया संकट नसीब का ही हिस्सा है। समस्याओं का डटकर निर्भयता से सामना करने के बजाय कई लोगों को लगता है कोई दैवीय शक्ति प्राप्त बाबा या धार्मिक स्थल हमें समस्याओं से सहज बाहर निकालेगा। ऐसी विचारधारावाला समाज हमेशा स्वाभिमानशून्य, डरपोक, भगोड़ा और बुद्धि गिरवी रखनेवाला होता है। स्वाभिमानी, प्रयत्नवादी और निर्भय समाज का निर्माण करना हो तो चमत्कार का विरोध करना आवश्यक है। वैज्ञानिक दृष्टिकोण का मानना है कि इस विश्व का स्वतंत्र अस्तित्व है। किसी भी अच्छी-बुरी शक्ति की उपासना करने से कोई भी अच्छा-बुरा घटित नहीं होता। घटना घटित होने के पीछे कोई-न-कोई कार्य-कारण सम्बन्ध होता है। इस समय यथार्थ ज्ञान प्राप्ति का यही सबसे भरोसेमन्द और प्रभावशाली मार्ग है।

मनुष्य का सबसे प्रभावशाली शस्त्र है उसकी बुद्धि। इनसानी संस्कृति का सम्पूर्ण विकास इनसानी प्रज्ञा के विकास से जुड़ा हुआ है। 'बुद्धि से परखूँगा, जो सिद्ध होगा उसी का स्वीकार करूँगा', यह वैज्ञानिक दृष्टिकोण की प्रतिज्ञा होती है। इस प्रतिज्ञा को भूले बिना चमत्कारों पर विश्वास नहीं रख सकते हैं। किसी भी प्रकार से सन्देह जताए बिना चमत्कारों को सत्य मानकर उनकी शरण में जाना मानसिक गुलामी की शुरुआत होती है। लोग सहजता से क्यों भटक जाते हैं, इसका एक व्यापक स्पष्टीकरण दिया जाता है कि समाज जीवन में कई बार शोषण, विवशता, भौतिकवाद के कारण टूटा हुआ मन ऐसी मूर्खताओं पर सहज विश्वास रखता है। इसका अर्थ यह है कि जब तक व्यापक समतावादी परिवर्तन नहीं होता है तब तक ऐसा ही चलता रहेगा, इस प्रतिपादन में तथ्य है। परन्तु सम्पूर्ण समाज परिवर्तन जब तक नहीं होता है तब तक 'धोखाधड़ी का तुरन्त प्रतिकार करो' के सूत्र को दूर रखने की जरूरत नहीं है। भविष्यकालीन लम्बे उद्देश्यों के प्रति सजगता होनी ही चाहिए

लेकिन शोषण के साथ द्रुत संघर्ष भी आवश्यक है। चमत्कारों से शरणागत मन संघर्ष के लिए खड़ा नहीं हो सकता। अगर मनुष्य के हाथ-पैरों में बेड़ियाँ हों और उसी वजह से उसे उनपर गुस्सा आता हो तो उसे कह सकते हैं कि 'उठ पागल, तोड़ दो बेड़ियाँ।' लेकिन इन बेड़ियों को ही लोग फूल-मालाएँ समझने लगें तो इस मानसिकता के कारण गुलामी के विरोध में शुरू की गई जंग कठिन बन जाती है। मानसिक गुलामी की सबसे भयानक बात यह है कि ऐसी अवस्था में मनुष्य की बुद्धि द्वारा प्रश्न नहीं पूछा जा सकता, उसको स्वीकार करना तो दूर की बात है। चमत्कार मनुष्य की बुद्धि को दुर्बल, अपाहिज और अन्धा बना देते हैं तथा वे मानसिक गुलामी का हथियार बन जाते हैं। इसी वजह से मनुष्य का पुरुषार्थ ही खत्म हो जाता है और वह खुद को चमत्कार करनेवाली उस तथाकथित अलौकिक शक्ति के सामने समर्पित कर देता है। व्यक्ति का बुद्धि-वैभव, निर्णय-क्षमता, विवेक, विचार करने की शक्ति ये सब बातें चमत्कार के आगे गिरवी रख दी जाती हैं और व्यक्ति पराधीन बन जाता है।

चमत्कार को सत्य मानना इस पराधीनता की शुरुआत है। चमत्कार झूठे होते हैं परन्तु वे परिवर्तन के लिए आवश्यक मानसिकता के ही खिलाफ खड़े हो जाते हैं, यह बात इसलिए बहुत ही घातक है। इसी वजह से परिवर्तन की जंग बहुत ही कठिन बन जाती है। इसीलिए जनमानस को सत्य शोधक, निडर तथा व्यवहारशील बनाकर परिवर्तन की जंग के लिए तैयार करना चाहिए। इसके लिए यह संकल्प करना चाहिए कि 'मैं अपने ऊपर के विश्वास को खोने नहीं दूँगा और चमत्कार पर भी विश्वास नहीं रखूँगा।' खुद की सीमाओं में मानवता का आधार लेकर ईमानदारी और धैर्य के साथ जीने में ही मनुष्य की प्रतिष्ठा होती है। अपनी कौन-सी समस्याएँ हैं, उनको कैसे हल किया जाए और वे किस हद तक हल हो सकती हैं? इसकी समझ हमें अपने वैज्ञानिक दृष्टिकोण और विवेकवाद का उपयोग करने से आती है।

सबसे आवश्यक बात यह है कि जीवन के रण-संग्राम में लड़ने की हिम्मत और ताकत जुटाना। इसमें चमत्कारों की कोई उपयोगिता नहीं है बल्कि चमत्कार पर रखी गई श्रद्धा व्यक्ति के कामकाज को अपाहिज बना देती है। खुद को सजग, सामर्थ्यशाली, समझदार बनाने के लिए विवेक-बुद्धि के नाते एक गुरु सबके पास होता है। उससे पाथेय लेकर आगे बढ़ना, इसी में ही मनुष्य के जीवन की सार्थकता और स्वस्थ समाज-धारणा की सम्भावना है!

[26 अगस्त, 2006]

पर्यावरणपूरक विसर्जन : आदेश और कार्यान्वयन

पर्यावरणपूरक गणेश विसर्जन और उत्सव के लिए महाराष्ट्र अन्धश्रद्धा निर्मूलन समिति तथा अन्य संस्थाओं के डेढ़ दशक से चल रहे अथक प्रयासों के बाद सरकार के पर्यावरण विभाग ने 3 मई, 2011 को विस्तृत आदेश निकाला। असल में, 2005 में ही सर्वोच्च न्यायालय ने देश के सभी प्रदूषण नियंत्रण मंडलों को एक परिपत्र भेजा था। किसी भी कारण से पानी के स्रोतों का प्रदूषण दंडनीय अपराध है, यह बात लोगों को बताने का स्पष्ट आदेश था। फिर भी गणेश विसर्जन के लिए अलग आदेश न्यायालय महाराष्ट्र सरकार को दे, इसके लिए महाराष्ट्र अन्धश्रद्धा निर्मूलन समिति ने उच्च न्यायालय में याचिका दाखिल की। उसका फैसला इस साल फरवरी में सुनाया गया। बाद में पर्यावरण विभाग ने एक विस्तृत पत्रक सभी स्थानीय पंचायती स्वराज्य संस्थाओं को भेज दिया। उसमें जो सूचनाएँ दी गई थीं, वे नई नहीं थीं। पर्यावरणपूरक विसर्जन के लिए प्रयास करनेवाली संस्थाएँ पिछले कई वर्षों से वही सूचनाएँ दे रही थीं, वे उसी के लिए सक्रिय थीं। उसे अच्छा सहयोग और प्रतिक्रिया मिली लेकिन सरकार की अनास्था के कारण व्यवस्था का अभाव दिखाई दिया।

सरकार के निर्णय के कारण स्थिति अनुकूल बन गई। लेकिन सरकार के आदेश और कार्यान्वयन में काफी अन्तर होने से वे निर्णय कई बार अर्थहीन बन जाते हैं। गणेश विसर्जन के सन्दर्भ में यह आशंका अधिक थी। उसका एक कारण यह था कि यह विषय संवेदनशील धर्म-चिकित्सा का है। दूसरी बात यह कि प्रश्नों की व्याप्ति बड़ी है। महाराष्ट्र के दो करोड़ परिवारों में से कम-से-कम एक करोड़ परिवार श्री गणेश की प्रतिष्ठापना और विसर्जन करते हैं। ये मूर्तियाँ प्लास्टर ऑफ पेरिस की होती हैं। वे पानी में नहीं घुलतीं। हर मूर्ति के साथ विसर्जित किया जानेवाला पूजा-विधि का सामान, आधा किलो के हिसाब से करीबन 50 लाख किलो, पानी में डाला जाता है। ये मूर्तियाँ पारे और सीसे से बने जहरीले रासायनिक रंगों से रँगी होती हैं। इसकी वजह से पर्यावरण की बहुत बड़ी हानि होती है।

मूर्तियों के लिए जहरीले रासायनिक रंग के उपयोग पर पाबन्दी लगाई जाए, न्यायालय ने यह आदेश फरवरी में ही दिया था। उसे कार्यान्वित करना सम्भव था

क्योंकि उस समय मूर्तियों को रंग देना शुरू नहीं हुआ था। प्रत्यक्षत: वैसा नहीं हो पाया क्योंकि इस साल बाजार में लाई गई अधिकांश मूर्तियाँ रासायनिक रंगों से रँगी हुई थीं। सरकारी स्तर पर 'इको-फ्रेंडली' मूर्तियों के लिए भी प्रयास नहीं किया गया। सूचना यह थी कि महाराष्ट्र के साढ़े-आठ हजार स्कूलों में इको-क्लब (हरित सेनाएँ) हैं। उनमें चार लाख छात्र हैं। ये हरित सेनाएँ पर्यावरण विभाग के साथ आधिकारिक तौर पर जुड़ी हुई हैं। इन छात्रों को कागज की लुगदी या खड़िया मिट्टी से बनी मूर्तियाँ बनाने का कार्यानुभव उनके शिक्षकों को प्रशिक्षित करके दिया जाए। बच्चों द्वारा बनाई गई मूर्तियों की प्रतिष्ठापना हर घर में होगी। पर्यावरणपूरक गणेश-मूर्तियों का अच्छा माहौल बन जाएगा। इसके प्रति सरकार की उपक्रमशून्यता दिखाई दी। मई में पर्यावरण विभाग ने मंत्री तथा सचिव के साथ बैठक ली। इससे सम्बन्धित कार्य करनेवाले संगठनों से विनती की गई कि इस साल कम-से-कम निम्नलिखित तीन बातों की सख्ती से योजना बनाई जाए :

1. भाविक परम्परा के अनुसार मूर्तियाँ पानी में विसर्जित करते हैं। भक्तों से विनती करने के लिए हर विसर्जन स्थल पर स्वयंसेवक होने चाहिए। नगर निगम के कर्मचारी, होमगार्ड के साथ-साथ राष्ट्रीय सेवा योजना, पर्यावरणवादी संस्थाएँ, स्वयं प्रेरित जनान्दोलन की मदद इसके लिए ली जाए।
2. विसर्जन की वजह से टैंक में टूटी हुई मूर्तियों को बाहर निकालना कठिन बन जाता है। इसलिए विसर्जन-स्थल पर ट्रक खड़े किए जाएँ। यह अनुभव है कि भाविक मूर्ति को तीन बार ऊपर-नीचे करके हाथों से ट्रक में रख देते हैं।
3. पूजा-विधि का सामान भगवान का होता है। इसलिए उसे इकट्ठा करने के लिए अच्छे पात्र का उपयोग किया जाए अन्यथा पूजा-विधि का सामान पानी में ही फेंका जाता है।

ये सूचनाएँ देने के बाद भी अन्तत: निराशा ही हाथ लगी।

इस साल महाराष्ट्र में जो अनुभव मिला, वह बताता हूँ। सरकार द्वारा जो प्रबोधन की मुहिम थी, वह बहुत काफी अधूरी थी। वह केवल चैनल पर दिखाए जानेवाले विज्ञापन या समाचारपत्र में किए जानेवाले आह्वान तक ही सीमित थी। जिला प्रदूषण नियंत्रण मंडल, नगर निगम, पुलिस आदि सरकारी संस्थान कई बार एक-दूसरे की ओर इशारा करते थे और 'पत्र भेज दिया है' का स्पष्टीकरण देकर हाथ पर हाथ धरे बैठते थे। इन तीनों संस्थानों की गाँव की स्वयंसेवी संस्थाओं के साथ जो समन्वय समितियाँ स्थापित होनी चाहिए थीं, वह स्थापित ही नहीं हो पाईं।

कोल्हापुर में पहले से ही प्रशासन और आन्दोलन के सहयोग से पर्यावरणपूरक विसर्जन के लिए अनुकूलता बनी हुई थी। 'कोल्हापुर पैटर्न' कहा जाए, इस तरह का कार्य वहाँ हुआ। रंकाला, कोटितीर्थ, कलंबा जैसे बड़े तालाबों में मूर्तियों को विसर्जित करने से रोका गया। पंचगंगा के किनारे 60 प्रतिशत मूर्तियाँ दान के रूप में प्राप्त हुईं। सभी जगह विसर्जन के लिए सजाई गई पानी से भरी कड़ाहियाँ, सजाए गए वाहन तथा महानगर निगम के कर्मचारी तैनात थे। नासिक में गोदावरी के किनारे दूसरी कोई भी व्यवस्था नहीं थी। लेकिन भाविकों ने स्वयंसेवकों को सहयोग देते हुए मूर्तियाँ नदी में विसर्जित किए बिना ही सजाए गए ट्रकों में खुद रख दीं। महानगर निगम ने वाहनों का इंतजाम किया। रिकॉर्ड रखा। वैसे ही गणेश विसर्जन के पश्चात गोदावरी नदी के किनारे 28 केन्द्रों पर 73,809 मूर्तियाँ दान में मिल गईं। करीबन उतनी ही मूर्तियाँ पानी में विसर्जित हो गईं। पुणे में विसर्जन-स्थल पर प्रबोधन करनेवाले बहुत कम थे। विसर्जन के लिए बनवाए गए टैंक भर जाने के बाद, मूर्तियों को नदी में विसर्जित करने के अलावा दूसरा चारा नहीं था। पुणे में नासिक का अनुकरण क्यों नहीं किया गया? कृष्णा नदी के किनारे मुख्यमंत्री का जिला है। उन्होंने खुद पर्यावरणपूरक विसर्जन के लिए आह्वान किया था। इस पृष्ठभूमि पर उनकी झोली में 100 प्रतिशत नाकामी डालनी होगी। न ही पूजा-विधि के कलश थे, न ही टैंक। प्रबोधन की कमी इतनी थी कि सातारा और कराड़ में गौरी गणपति विसर्जन के बाद पानी कम होने की वजह से फैली हुई हजारों मूर्तियाँ नगर निगम के कर्मचारियों ने फिर से पानी में फेंक दीं। 'मूर्ति विसर्जन धर्म के अनुसार बहते पानी में ही करें' ऐसा आह्वान करनेवाले पोस्टर्स और फलक सातारा में सभी जगह लगाए गए थे। शिकायत करने के बाद वे फलक निकाले गए। लेकिन पोस्टर्स रखे गए। सरकार और न्यायालय के आदेश के विरोध में धर्म के नाम पर खुली चेतावनी देनेवाला यह काम पिछले छह सालों से जारी है। क्या सरकार उसे रोक नहीं सकती, या रोकना नहीं चाहती है?

भारत में सबसे प्रदूषित नदियों में गिनी जानेवाली महाराष्ट्र की नदियों के किनारे इस साल किए गए गणेश विसर्जन का पर्यावरणपूरक कसौटियों के आधार पर जायजा लिया जाए तो निराशा ही हाथ लगेगी। सर्वोच्च न्यायालय के निर्देश के बाद प्रदूषण नियंत्रण मंडल और पर्यावरण विभाग द्वारा पिछले छह साल तक परिपत्र निकालने के बाद भी अगर यह स्थिति है तो उस पर सर्वोच्च न्यायालय तथा मुख्यमंत्री ध्यान दें। अभी से ध्यान दिया जाए तो इस स्थिति में आगे चलकर बहुत बड़ा बदलाव आ सकता है। भाजपा की सत्ता वाले नागपुर महानगर निगम ने इस साल प्लास्टर ऑफ पेरिस की मूर्तियाँ शहर में बेचने पर पाबन्दी लगानेवाला प्रस्ताव पास किया। ऐसा प्रस्ताव विभिन्न स्थानीय स्वराज्य संस्थाओं द्वारा पास होगा तो बहुत बड़ा काम हो जाएगा। गणेश-मूर्ति के लिए रासायनिक रंगों का इस्तेमाल

करने पर पाबन्दी की घोषणा करेंगे और पर्यावरणपूरक रंग की बाजार में उपलब्धता पर सावधानी बरतेंगे तो पानी के प्रदूषण की बहुत बड़ी समस्या हल हो जाएगी। लोगों को भी इसमें शामिल किया जाना चाहिए। यह सब सम्भव है। न्यायालय ने भी इसे निर्देशित किया है तथा सरकार ने इसे स्वीकृत किया है; केवल कार्यान्वयन के लिए आवश्यक सामाजिक, राजनीतिक इच्छाशक्ति, सोच-विचार और व्यवस्था सरकार के पास होनी चाहिए।

[24 सितम्बर, 2011]

गणेश विसर्जन, पर्यावरण और धर्म-व्यवहार

पर्यावरणपूरक गणेश विसर्जन के लिए औरंगाबाद खंडपीठ द्वारा सुनाए गए फैसले का स्वागत हुआ है। प्लास्टर ऑफ पेरिस से मूर्तियाँ बनाने पर कोई भी पाबन्दी इस फैसले में न होने के कारण तनाव ही खत्म हो गया। लेकिन प्लास्टर ऑफ पेरिस की मूर्तियाँ बनाने का काम जारी रखकर पर्यावरण का संरक्षण करते समय आनेवाली समस्या तथा समयोचित धर्म-चिकित्सा का कथित धर्मरक्षकों द्वारा किया जानेवाला विरोध, इन दो पहलुओं को ठीक से समझने की जरूरत है। धर्म के आधार पर राजनीति करनेवाले लोगों द्वारा कड़ी आपत्तियाँ इस निर्णय को लेकर उठाई गईं। नीति, शोषण, कर्मकांड और पुरोहित ये धर्म के चार हिस्से हैं। जहाँ तक नीति के आचरण का सम्बन्ध है, हमारा व्यवहार मात्र शाब्दिक ही रह जाता है। खुलेआम शोषण का समर्थन करना कठिन ही होता है लेकिन मन में जातिगत ऊँच-नीच की भावना रखना एक तरह से धार्मिक बातों का ही समर्थन करने-जैसा होता है। पुरोहितों की सूचना के अनुसार कर्मकांडों का आचरण करना व्यवहार में धर्म का ही रूप होता है। उसकी चिकित्सा शुरू हुई कि जनमानस में धर्म की अधिमान्यता कम हो जाती है। धार्मिक राजनीति की नींव खोखली बन सकती है। ऐसा प्रचार किया जाता है कि समस्या भले ही पर्यावरण की हो लेकिन वह धार्मिक आचरण पर किया जानेवाला हमला है।

भाद्रपद महीने में गणेश चतुर्थी के दिन प्रतिष्ठापित की गई गणेश मूर्ति का विसर्जन करना एक शास्त्रोक्त विधि है। कुछ दशकों पहले ऐसी स्थिति थी कि जनसंख्या कम थी, मिट्टी की मूर्तियाँ थीं जिसकी वजह से उनका आकार भी छोटा था और वे बिना रंगवाली थी या उनको प्राकृतिक रंग दिया जाता था, पानी भी विपुल मात्रा में उपलब्ध था। आज बिलकुल इसके विपरीत स्थिति है। अत्यधिक जनसंख्या, बड़ी-बड़ी मूर्तियाँ, जहरीले रंग, प्रदूषित पानी तथा उनके स्रोतों की कमी है। समस्या सार्वजनिक गणेशोत्सव मंडलों की नहीं है। उनकी संख्या महाराष्ट्र में 70 हजार है। बड़ी मूर्तियों के साथ एक छोटी मूर्ति भी रखी जाती है, उसका विसर्जन किया जाता है। प्रमुख समस्या है घरों में प्रतिष्ठापित की गई मूर्तियों की। महाराष्ट्र के दो करोड़ परिवारों में से कम-से-कम एक करोड़ परिवारों में 2 किलो प्लास्टर ऑफ पेरिस

से बनी मूर्ति की पूजा की जाती है। उस मूर्ति के लिए हजारों टन जहरीले रंगों का उपयोग किया जाता है। विसर्जन की वजह से कुएँ, तालाब, नहर आदि में बहुत बड़ी मात्रा में कीचड़ जमा हो जाता है, पानी की वजह से प्लास्टर ऑफ पेरिस पत्थर की तरह कड़ा बन जाता है। पानी के नैसर्गिक स्रोत बन्द हो जाते हैं। जहरीले रंगों की वजह से जल-वनस्पति, जलचर, मानव स्वास्थ्य को हानि पहुँच सकती है। बहते पानी में ही मूर्ति विसर्जित हो, इस प्रकार की लोकभावना का आदर करने के लिए बाँधों का अनमोल पानी नदी में छोड़ा जाता है। उसकी वजह से मूर्तियाँ पानी में बह जाती हैं। आगे उनका क्या होता है, यह बात सभी को पता ही है। लेकिन उसे नजरअन्दाज किया जाता है। साथ ही धर्मभावना इतनी संवेदनशील होती है कि विसर्जन के बाद नदी या समुद्र के किनारे फैली टूटी हुई मूर्तियों की तसवीरों को समाचारपत्र में छापने पर भी पाबन्दी होती है।

प्लास्टर ऑफ पेरिस की मूर्तियाँ बनाने पर न्यायालय द्वारा पाबन्दी नहीं है। लेकिन, पानी के सार्वजनिक स्रोतों में कुछ भी फेंकने के विरोध में न्यायालय ने 2003 में स्पष्ट निर्देश दिए हैं। (जनहित याचिका सं. 657/95, ऑर्डर दि. 14/10/2003) इसका पालन नहीं किया जाता इसलिए पुनः 2005 में ताकीद दी गई है। तब से आज तक पिछले 5 वर्षों से 'पानी के सार्वजनिक स्रोतों में कुछ भी फेंकना कानूनन दंडनीय अपराध है', ऐसी सूचना सर्वोच्च न्यायालय के आदेश का सन्दर्भ देते हुए महाराष्ट्र राज्य प्रदूषण नियंत्रण मंडल गणेश उत्सव के समय सभी स्थानीय स्वराज्य संस्थाओं को देता है। इस सन्दर्भ में प्रशासन किसी भी प्रकार से सक्रियता दिखाता नहीं है अतः जनता इस आदेश का बिलकुल भी पालन नहीं करती है। इसे कभी-न-कभी लागू करना ही होगा। उस समय क्या किया जाएगा? एकमात्र विकल्प है, विसर्जन के लिए अस्थायी टैंक बनाए जाएँ। कहीं-कहीं महानगर निगम द्वारा ऐसे टैंक भी बनवाए जाते हैं। लेकिन इन टैंकों से टूटी हुई मूर्तियाँ निकालते समय भक्तों की भावनाओं को ठेस पहुँचती है। ये मूर्तियाँ दूर ले जाकर उन्हें खदान के पानी में छोड़ना पड़ता है। समय, श्रम, पैसा, मनुष्य बल, पानी की उपलब्धता वाली जगह की कमी के कारण यह सब खर्चीला और अधिक कठिन हो जाता है। महाराष्ट्र में विसर्जित की जानेवाली मूर्तियों में से दो प्रतिशत मूर्तियों के लिए भी इन टैंकों में जगह कम पड़ जाती है। अगर ऐसी स्थिति है तो सभी मूर्तियाँ टैंकों में जमा होने के लिए आ जाएँगी तब क्या होगा? गणेशोत्सव के समय कानून-व्यवस्था का पालन करने से भी यह बड़ा काम हो जाएगा। पानी की कमी को ध्यान में रखते हुए वह असम्भव है। मिट्टी की मूर्तियाँ भी इसी पानी में विसर्जित करनी पड़ेंगी। लेकिन जब मूर्तियाँ गल जाएँगी तब यह टैंक पूरी तरह से मिट्टी से ही भर जाएँगे। मूर्तिकार इस मिट्टी को खुद के खर्चे से ले जाएँगे। सच कहा जाए तो घर में होनेवाली मिट्टी की मूर्तियाँ घर के भीतर ही टब में विधिवत तरीके से विसर्जित की जा सकती हैं।

वह पानी और मिट्टी घर के बगीचे में डालने से प्रकृति का अंश प्रकृति को ही प्रदान किया जा सकता है। इसकी वजह से विसर्जन विकेन्द्रित हो जाएगा। भीड़ और कानून-व्यवस्था की समस्या भी बहुत हद तक हल हो जाएगी। यह सच है कि इसकी वजह से प्लास्टर ऑफ पेरिस की मूर्तियाँ बनानेवाले मूर्तिकारों के रोजगार की समस्या खड़ी होगी, उसे हल करना पड़ेगा। न्यायालय के आदेश को कुछ समय के लिए दूर रख दिया जाए लेकिन हमें यह बात ध्यान में रखनी होगी कि श्रद्धालु गणेश भक्त पर्यावरण जागृति के कारण प्लास्टर ऑफ पेरिस की मूर्तियों के बजाय मिट्टी या धातु की मूर्तियाँ पूजा के लिए रखेंगे तो उस समय भी यह रोजगार की समस्या खड़ी हो जाएगी। गणेशोत्सव मंडलों की बड़ी मूर्तियों की भी समस्या है लेकिन उसे चर्चा के माध्यम से हल किया जा सकता है, यह कोल्हापुर का अनुभव है। अर्थात, सर्वोच्च न्यायालय के निर्णय का अपमान करते हुए पानी के स्रोतों को प्रदूषित करना हितकारक नहीं है। महाराष्ट्र की सभी नदियाँ बहुत अधिक प्रदूषित हुई हैं, इस स्थिति में ऐसा करना खतरनाक साबित हो सकता है।

गणेश मूर्ति पार्थिव अर्थात पृथ्वी से, प्राकृतिक घटकों से बनाई जाने का धर्मशास्त्रीय नियम है। लेकिन धर्मरक्षक उसे भूल जाते हैं। उनकी यह जिद होती है कि नदियों का प्रदूषण साल में कई तरीकों से होता है, उसके बारे में आप बात क्यों नहीं करते? वह प्रदूषण गलत ही है लेकिन उसके लिए कानून है। धार्मिक कर्मकांडों से होनेवाले प्रदूषण के लिए कोई कानून नहीं है। सिवाय यह प्रदूषण बहुत बड़ी मात्रा में केवल दो-चार दिनों में ही होता है। गणेश मंगल कामना करनेवाला बुद्धि का देवता है। अमंगलकारी प्रदूषण करनेवाली प्रथा भी उन्हें मान्य नहीं होगी, ऐसा मानने में क्या बुराई है? 'सनातन' वृत्ति से धर्मरक्षक की भूमिका करनेवाले व्यक्ति का प्रतिपादन होता है : 'गणेश चतुर्थी के दिन ब्रह्मांड से गणेश तरंग बड़ी मात्रा में पृथ्वी पर आती हैं...गणेश विसर्जन होना ही चाहिए। वह भी बहते पानी में क्योंकि पूजा-पाठ शास्त्रोक्त पद्धति से (उसके लिए पुरोहित आवश्यक है) नहीं हुआ तो क्रोधित गणेश उस घर में क्लेश उत्पन्न करता है। आज के कलयुग में ऐसा होने की आशंका अधिक है। पूजा के कारण मूर्ति में पवित्रता आ जाती है। बहते पानी में उस मूर्ति को बहा देने से पवित्रता चारों ओर फैल जाती है। पानी के वाष्प से वह पूरे वातावरण में घुल-मिलकर चारों तरफ सात्विकता फैल जाती है। इसलिए गणेश विसर्जन नदी या समुद्र के पानी में किया जाए।' इस आशय के कई पर्चे विसर्जन स्थल पर बाँटे जाते हैं। सर्वोच्च न्यायालय के आदेश के विरोध में यह खुली चेतावनी है। यह धार्मिक राजनीति का हिस्सा है। एक ओर सभी प्रकार के धार्मिक त्योहार-उत्सव मनाए जा रहे हैं। अब जनवरी में गणेश जयन्ती भी बड़े उत्साह के साथ मनाई जा रही है। दस साल पहले जिसका कोई अस्तित्व नहीं था वह वैभव लक्ष्मी का व्रत भी महानगरों से लेकर छोटे-छोटे गाँवों तक पहुँच चुका

है। इसके लिए यह प्रतिवाद किया जाता है : 'आज बहते पानी में विसर्जन के लिए मना करते हैं, कल जाकर विसर्जन घर में ही कीजिए, ऐसा कहेंगे। बाद में तो गणेश प्रतिष्ठापना के लिए ही मना कर सकते हैं। वट-सावित्री के दिन बरगद की डाली तोड़ने से पर्यावरण की हानि होती है, नागपंचमी को जीवित साँप की पूजा करने के लिए साँप लानेवाले सपेरे को गिरफ्तार किया जाता है। यह सब हिन्दू धर्म पर किया जानेवाला हमला है। इसलिए सावधान...'

यह एक प्रकार से शोर-शराबा है। भारतीय संविधान ने अनुच्छेद 25 के अनुसार हर व्यक्ति को उपासना तथा धर्मपालन का स्वातंत्र्य दिया है, उसका विरोध नहीं है; अगर किसी ने उसका विरोध किया भी तो वह न्यायालय में टिक नहीं पाता। लेकिन यह धार्मिक स्वातंत्र्य निरपवाद नहीं है। समाजहित तथा सार्वजनिक स्वास्थ्य के लिए उसे नियंत्रित करने का अधिकार भी इस अनुच्छेद ने सरकार को दिया है। इसलिए जो बरगद की पूजा करना चाहते हैं वे अवश्य करें लेकिन उसको कोई हानि नहीं पहुँचाएगा। साँप की पूजा करें लेकिन वह उसके चित्र या मिट्टी की मूर्ति की; उसे पकड़ने का अधिकार किसी को नहीं है। गणेश पूजन खुशी से भक्तिपूर्वक किया जाए लेकिन पानी प्रदूषित करके सार्वजनिक स्वास्थ्य की हानि को रोका जाए।

व्यवहारशील कालोचित धर्म-चिकित्सा समाज को आगे लेकर जाती है तथा वह हितकारक होती है। महाराष्ट्र के समाज-सुधारकों की विरासत भी यही कहती है। धर्म के आधार पर राजनीति करनेवाले स्वयंघोषित धर्मरक्षकों को वह मान्य नहीं होगी। पर्यावरणपूरक गणेश प्रतिमा विसर्जन के सन्दर्भ में न्यायालय द्वारा दिए गए फैसले के कारण यह पुनः साबित हुआ है। पर्यावरणपूरक गणेश-विसर्जन विवेकशील है। उसका विरोध करनेवाले लोगों को बुद्धिदाता गणेश सद्बुद्धि दें, इतना ही हम कह सकते हैं।

[26 फरवरी, 2011]

श्री श्री रविशंकर का अज्ञान

"सरकारी स्कूलों में, पढ़ाने तथा कामकाज की पद्धति को देखते हुए वहाँ पढ़ानेवालों की विचारधारा एकदम कट्टर बनती जा रही है। सरकारी स्कूलों में अच्छे संस्कार नहीं दिए जाते इसलिए ऐसे स्कूलों से नक्सलवादी तथा आतंकवादी पैदा हो रहे हैं। सरकारी स्कूल की अपेक्षा निजी स्कूलों में अच्छे संस्कार दिए जाते हैं, निजी स्कूलों के बच्चों में जीवन की ओर देखने की दृष्टि आध्यात्मिक और प्रगतिशील होती है। उनमें जीवन-मूल्य और समर्पण की भावना होती है।", ऐसे विचार आध्यात्मिक गुरु श्री श्री रविशंकर ने जयपुर में बोलते समय व्यक्त किए। इस घटना के बाद जयपुर में उनका पुतला जलाया गया तो उन्होंने राजनेताओं की तरह लीपापोती की।

किसी भी एक क्षेत्र में सफलता प्राप्त कर चुके व्यक्ति को जीवन के सभी क्षेत्रों का ज्ञानी मानने की मानसिकता हमारे देश में है। ये लोग भी ऐसे मामलों को बढ़ावा देते हैं। आजकल आध्यात्मिक गुरु होना बरकत हासिल वाला धन्धा बन गया है। उसका सफल अन्तरराष्ट्रीय व्यवसाय करनेवाला साम्राज्य श्री श्री रविशंकर, रामदेव बाबा ने खड़ा किया है। यह सच है कि सम्राट सर्वज्ञ होते हैं। इसलिए अर्थनीति, राजनीति, भ्रष्टाचार, इन सभी विषयों पर भाष्य करते हुए ऐसे लोग रामबाण उपाय बताते रहते हैं। शिक्षा क्षेत्र तो संस्कार देनेवाला क्षेत्र है और अपनी आध्यात्मिक ऊँचाई के कारण वे इसे अपना अधिकारिक क्षेत्र मानें तो आश्चर्य नहीं।

सच्चा आध्यात्मिक व्यक्ति संयमी, सरल, अपरिग्रही होता है। वह किसी भी प्रकार के समारोह आयोजित नहीं करता है। वे करुणा से मानव-केन्द्रित व्यवहार करते हैं। उसकी वजह से जीवन को शुचिता और पावित्र्य प्राप्त होता है। जिस महाराष्ट्र ने गाडगे बाबा और विनोबा को देखा है, उसे यह बताने की जरूरत नहीं है। अँगूठा-छाप गाडगे बाबा ने करोड़ों रुपए जमा किए। कई धर्मशालाएँ बनवाईं, पूरा हिसाब रखा। लेकिन महत्त्वपूर्ण बात यह है कि कर्मवीर भाऊराव पाटिल से मिलने के बाद बाबा ने सादगीपूर्वक कहा, "भाऊराव हमसे गलती हो गई, आपसे पहले ही मुलाकात हो जाती तो धर्मशालाओं की जगह मैं पाठशालाएँ शुरू करता।" श्री श्री रविशंकर के 'आर्ट ऑफ लिविंग' का प्रसार बड़े पैमाने पर हुआ है तब भी उनका समर्थक वर्ग उच्चवर्गीय या उच्च-मध्यवर्गीय है। उसके बाद मध्यम वर्ग

आता है जो अमीर होने के सपने देख रहा है। अपने समर्थक वर्ग को खुश करनेवाले वाक्य चाणाक्ष राजनीतिक गुरुओं द्वारा कहा जाना कोई आश्चर्य की बात नहीं है। 'जो निजी है वह अच्छा है, और जो सरकारी है वह बेकार है', ऐसा माननेवाला यह बातूनी वर्ग है। आम लोगों के हित का तो छोड़िए उन्हें न्यूनतम जरूरतों की भी फिक्र नहीं है। लेकिन आज शिक्षा की वास्तविकता क्या है?

शिक्षा का निजीकरण शुरू होने के बाद भी प्राथमिक और माध्यमिक शिक्षा की जिम्मेदारी जान-बूझकर सरकार को सौंपी गई है। अनुदान-रहित पाठशालाओं की फीस आम आदमी भरने में असमर्थ है। कम फीस में पढ़ने की सुविधा अन्य जगहों पर उपलब्ध नहीं है। शिक्षा का मौलिक अधिकार सरकार द्वारा प्रदान करने की वजह से पढ़ने की इच्छा रखनेवाले हर छात्र को शिक्षा देने की जिम्मेदारी सरकार की ही है। पिछले तीन सालों में शिक्षा पर किए जानेवाले खर्च में सरकार ने बढ़ोतरी की है। सर्व शिक्षा अभियान जैसी योजनाओं के लिए इस साल 55 हजार करोड़ रुपए का प्रावधान किया गया है। भारत में सरकारी शिक्षा ही आज बहुसंख्यांक लोगों का आधार है। फाइव स्टार शिक्षा संस्थान बढ़ने के बाद भी उन पर कुछ मुट्ठीभर लोगों का आधिपत्य है। हमारे देश में आज भी 92 प्रतिशत प्राथमिक शिक्षा सरकार के अधिकार क्षेत्र में है। अकेले महाराष्ट्र में 20 हजार माध्यमिक तथा 80 हजार प्राइमरी स्कूल हैं। छह लाख शिक्षक हैं। स्कूल में जानेवाले छात्रों की संख्या दो करोड़ से भी ज्यादा है। शिक्षा के क्षेत्र में सरकार एक संस्था के नाते मजबूती के साथ खड़ी है अत: वहाँ निजी संस्थाएँ हस्तक्षेप नहीं कर पातीं। रविशंकर के विचारों को सच मानें तो निजी संस्थाओं को इसकी जिम्मेदारी सौंपना असम्भव और अयोग्य है क्योंकि बाद में वह आम लोगों की शिक्षा नहीं रहेगी।

साधना के पाठकों को नक्सलवाद बढ़ने तथा उसे न रोक पाने के कारण बताने की जरूरत ही नहीं है। *साधना* में प्रकाशित देवेंद्र गावंडे की लेखनमाला *दंडकारण्यातून* (दंडकारण्य से) और उनकी *नक्षलवादाचे आव्हान* (नक्सलवाद की चुनौती) किताब इन बातों पर प्रकाश डालती है। उन उपायों के सन्दर्भ में श्री श्री रविशंकर की सलाह गैरजरूरी और अनुचित है।

असल समस्या अलग ही है। दो दशकों पहले महाराष्ट्र के राजनेताओं के मन में कर्मवीर भाऊराव पाटिल के शैक्षिक विचारों का आदरयुक्त डर था। वे शिक्षा से किसी-न-किसी रूप में जुड़े थे। आज के राजनेता और कल के जो संभाव्य राजनेता हैं, उनमें से अधिकांश लोगों की अपनी निजी विनानुदानित शिक्षा संस्थाएँ हैं। सरकार के आशीर्वाद से ही उनमें बढ़ोतरी हुई है। कुछ संस्थाएँ अब उन्नत हो चुकी हैं। उनका हित उसी में है। बहुजनों में शिक्षा का प्रसार बड़ी मात्रा में हो और उनका हुनर सामने आ जाए, यह राजनेता नहीं चाहते, ऐसा हम कह सकते हैं। सरकार से पूरा अनुदान लेकर भी 50 प्रतिशत से भी कम छात्रों की संख्यावाले

स्कूल महाराष्ट्र में पाए गए हैं। प्रत्यक्ष में उनकी संख्या अधिक हो सकती है। उन पर सख्त कारवाई होगी या नहीं, इससे ही शिक्षा के प्रति सरकार के राजनीतिक निश्चय का साक्षात दर्शन जल्द हो जाएगा।

अमेरिका-जैसे देश में भी कुछ गिने-चुने अमीर लोगों को छोड़ा जाए तो सभी लोगों के बच्चे सरकारी स्कूल में ही जाते हैं। फिनलैंड में सभी स्कूल सरकारी हैं। वहाँ की शिक्षा व्यवस्था को अन्तरराष्ट्रीय रैंकिंग में विश्व में पहला स्थान है और सफलता का मिसाल माना जानेवाला एक महत्त्वपूर्ण वाक्य यह संस्था विशेष रूप से रेखांकित करती है। वह वाक्य है : 'हम योग्यता से अधिक महत्त्व समता को देते हैं'। भारत के संविधान की उद्देशिका में सामाजिक न्याय शब्द को जो प्रथम स्थान दिया गया, वह ऐसे ही नहीं है। शिक्षा क्षेत्र का परिवेश प्राथमिकता से बदलना, बनाना या प्रभावशाली रूप से परिचालित करना ही श्री श्री रविशंकर का सार्थक प्रतिवाद साबित हो सकेगा।

[07 अप्रैल, 2012]

चिन्तन/भाष्य

समता-संगर की पंचसूत्री

दिनांक 28 नवम्बर समता के अग्रणी महात्मा जोतिबा फुले का स्मृति-दिन है। महाराष्ट्र के विचार-विश्व में विशेष स्थान रखनेवाले इस साल के विचारवेध सम्मेलन की शुरुआत इसी दौरान सोलापुर से हो रही है। इसका विषय है, 'इस शताब्दी का समता विचार'। महाराष्ट्र के वरिष्ठ विद्वान डॉ. भा.ल. भोले ने समानता के विषय पर अपने अध्यक्षीय भाषण में विस्तार से विचार व्यक्त किए। उसमें से कुछ अंश हमने *साधना* के पाठकों के लिए इस अंक में दिया है।

समता का विचार *साधना* की दृष्टि से हमें बहुत महत्त्वपूर्ण लगता है। यह *साधना* का वैचारिक प्राणतत्व है, ऐसा भी कह सकते हैं। आजकल इन विचारों को नजरअन्दाज किए जाने का चित्र समतावादियों की तरह हमें भी बेचैन कर रहा है। हमें महसूस होनेवाली समता-संगर की जो पंचसूत्री है, उसके व्यवहारशील अनुग्रह से समता की आज जो धीमी गति से यात्रा जारी है, हमें लगता है वह गतिशील होगी।

जाति-संस्था पर आधारित विषमता का उन्मूलन करना; पारिवारिक स्तर की प्रबल स्त्री-पुरुष विषमता को दूर करना; केवल सद्भावना या करुणा पर समता की कार्यान्विति आधारित रखे बिना प्रत्यक्ष जीवन में, विशेषत: आर्थिक रूप से, सहायता और समता प्राप्त करना और जरूरत पड़े तो उसके लिए संघर्ष करना; समता को लेकर जो बार-बार बोलते रहते हैं लेकिन जिनकी कथनी और करनी में अन्तर होता है उन तथाकथित समरसतावादी-विषमतावादियों का प्रतिरोध करना; और, इसके लिए समतावादियों में जो बिखराव आया है, उनको एक करके मजबूत संगठन खड़ा करना : समता-संग्राम के यह पाँच सूत्र हमें महत्त्वपूर्ण लगते हैं। इनमें से हर एक की प्रस्तुति लेखन का स्वतंत्र विषय है। उनमें से केवल कुछ महत्त्वपूर्ण बातें यहाँ सूत्रबद्ध तरीके से स्पष्ट करना सम्भव है।

जाति-संस्था के कारण समता को कैसे ठेस पहुँचती है, इसका स्पष्ट, दाहक और सर्वांगीण विवेचन जोतिबा फुले ने किया है। धार्मिक रूढ़ि, परम्पराएँ, पौरोहित्य, ब्राह्मणी षड्यंत्र, शिक्षा, खेती, ऐसे जीवन के विविध पहलुओं से जाति व्यवस्था निर्मित विषमता के विचार तथा उससे सम्बन्धित उपाय जोतिबा फुले ने बताए हैं। कुछ समय पहले ही मराठवाड़ा विश्वविद्यालय नामान्तरण के समय या मंडल

आयोग लागू करते समय समाज में जो खलबली मची थी, उससे यह पता चलता है कि और कितना सफर तय करना है। जाति के आधार पर जिनको सामाजिक कनिष्ठता प्रदान की गई है, उन्हें उसके खिलाफ आन्दोलन करते हुए देखकर हम मानते आए आन्दोलन का निर्माण जाति-संगठन के माध्यम से ही होगा और इस प्रकार का संगठन अयोग्य नहीं है। ऐसा लगता था कि आगे चलकर इससे जाति उन्मूलन होगा और समता स्थापित होगी। लेकिन आज की सामाजिक स्थिति भ्रमित करनेवाली है। जाति-संगठन राजनीति का मूलाधार बन रहा है। उससे क्रमशः लेकिन निश्चित रूप से, जाति की कल्पना का उन्मूलन होगा या जातिगत हित-सम्बन्ध दृढ़ हो जाएँगे, इसके बारे में संभ्रम दिखाई देता है।

परिवार के भीतर बच्चों में सहजता और सूक्ष्मता से स्त्री-पुरुष विषमता का पोषण किया जाता है। लड़का-लड़की में किए गए भेदभाव से वह पनपती है। यह तथ्य है कि उनको दी जानेवाली शिक्षा, प्रगति के अवसर, सम्पत्ति के उत्तराधिकार आदि में किया जानेवाला भेदभाव आज हर परिवार में दिखाई देता है और यह वास्तविकता है। महिलाओं को विधानसभा और संसद में एक-तिहाई सीटें दिए जाने का विरोध करना इसी पुरुष प्रधान विषमतावादी मानसिकता का राजनीतिक आविष्कार है और उसके (कु)संस्कार घर में ही दिए गए हैं। समतावादियों को यह लड़ाई बहुत ही मेहनत से लड़नी होगी।

इस देश में आर्थिक विषमता भी चरम सीमा तक पहुँच चुकी है लेकिन उससे भयानक बात यह है कि उसके प्रति संवेदनशीलता को धनिक वर्ग और सत्ताधारी वर्ग तेजी से खो बैठा है। जो ताकतवर होता है वो तो किसी भी हाल में अपना हक छीन लेता है। उसके विरोध में शिकायत तो छोड़िए, ईर्ष्यायुक्त प्रशंसा की भावना समाज में दिखाई देती है। विषमता की बलि चढ़नेवाले दरिद्रता-रेखा के नीचेवाले करोड़ों लोगों को राशन दुकान में आधी कीमत में अनाज देने से मानो कर्तव्यता ही इति-समाप्तम् हो जाती है। घृणास्पद उपभोक्तावाद को वैश्विक परिमाण प्राप्त होने से इस विषमता का विरोध और भी कठिन बन गया है। अगर स्थिति ऐसे ही रही तो औपचारिक लोकतंत्र का ढाँचा टूटने की बहुत बड़ी कीमत आम आदमी को चुकानी पड़ सकती है। इसके कारण समता स्थापित करना कठिन बन जाता है।

समता का विरोध करनेवाली शक्तियों के प्रभावशाली होने के कारण ही विषमता बढ़ जाती है। ये शक्तियाँ सक्षम तो हैं ही लेकिन मायावी भी हैं। फुले-आंबेडकर के साथ ये शक्तियाँ हेडगेवार और गोलवलकर का नाम ले सकती हैं। सत्ता और समाज पर सर्वांगीण प्रभुत्व के कारण उनको महत्त्व प्राप्त हो गया है। उनका विरोध करना और इन शक्तियों की सच्चाई आम लोगों को बताना भी बहुत जरूरी है।

मुश्किल सही मगर आखिर में, उपर्युक्त सभी मुद्दे कुछ अंश तक जिन लोगों को मान्य हैं उनमें कई कार्यकर्ता और उनके नेता लोग भी हैं। ये सभी लोग असंगठित

हैं जिसकी वजह से उनका और उनकी समता के दर्शन का प्रभाव समाज में दिखाई नहीं देता। समता की आस जिनको है उन लोगों को उससे कुछ भी प्राप्त नहीं होता और आधार भी नहीं मिलता। ग्रामीण विकास की नई दिशा दिखानेवाले और भ्रष्टाचार का विरोध करनेवाले अन्ना हजारे, पर्यावरण तथा जीने के लिए जल-जंगल-जमीन के अधिकारों का प्रश्न उठानेवाली मेधाताई पाटकर, असंगठित श्रमिकों के लिए जीवन जीनेवाले बाबा आढाव, पानी का समताधिष्ठित वितरण करने की माँग को सफल बनानेवाले विलासराव सालुंखे और बापू उपाध्ये, सबकी समृद्धि सम्भव है, ऐसा आश्वासन प्रयोग के माध्यम से देनेवाले प्रयोग परिवार के श्री अ. दाभोलकर, आदिवासियों के स्वास्थ्य से लेकर शराबबन्दी के लिए प्रभावशाली रचनात्मक संघर्ष करनेवाले डॉ. अभय बंग, आदि सभी महान लोग समता-समर के लिए वन्दनीय हैं। इन लोगों के असंगठित होने से उनकी वेदना अधिक महसूस होती है। जिस समय ये सब संगठित हो जाएँगे तभी समता-संगर की पंचसूत्री में संगठित संग्राम के पंचप्राण आ जाएँगे। इसके लिए खुद को समर्पित करना *साधना* अपना कर्तव्य समझती है।

[28 नवम्बर, 1998]

समता-संगर संवाद

साधना के संस्थापक-सम्पादक साने गुरुजी ने खुद के प्राण जोखिम में डालकर पंढरपुर का विट्ठल-रुक्मिणी मन्दिर अछूत लोगों के लिए खोल दिया था। उस घटना को 10 मई, 2007 को 60 साल पूरे हो गए। इस उपलक्ष्य में *साधना* साप्ताहिक, राष्ट्रसेवा दल तथा एम.एस. जोशी सोशलिस्ट फाउंडेशन के संयुक्त तत्वावधान में 'जाति-अन्त संवाद का कृति-कार्यक्रम' आयोजित करने का कार्य हाथ में लिया जाना औचित्यपूर्ण है। जाति के खात्मे के लिए व्यवहारिक कार्यक्रम पूरे देश के लिए एक आन्दोलन साबित होगा। इसके बजाय उस दिशा में एक महत्त्वपूर्ण कदम के रूप में, वैयक्तिक जीवन और व्यवस्था में जाति-उन्मूलन के लिए कम-से-कम संवाद कैसे शुरू किया जा सकता है तथा वह व्यवहारशील कैसे बन सकता है, इसके लिए रूपरेखा और कार्यान्वयन करना, यह भी इस यात्रा का महत्त्वपूर्ण पड़ाव बन सकता है। समाज सुधारकों की श्रेय-नामावली को लेकर इठलानेवाले महाराष्ट्र की मानसिकता आज जाति व्यवस्था का अन्त हो जाने का विश्वास दिखाने के बजाय 'जाति व्यवस्था रहेगी ही लेकिन उसमें जितने हो सके, सुधार करने चाहिए' की रक्षात्मक भूमिका लेने तक पहुँच गई है। ऐसे समय में जाति-अन्त का पक्का इरादा और उसे व्यवहारिक-कार्यक्रम का आधार देनेवाला संकल्प आदि बातें हमें आवश्यक और तसल्लीबख्श लगती हैं। इस समस्या की ओर दलित-दलितेतर की संकुचित दृष्टि से बिना देखे 'जाति व्यवस्था' के व्यापक दृष्टिकोण से देखना उचित रहेगा।

लेकिन संवाद के लिए आकलन समग्र होना जरूरी है। जन्म पर आधारित विवाह, जन्म पर आधारित सम्पत्ति के अधिकार, जन्म पर आधारित श्रम-विभाजन तथा उसकी सख्ती और श्रम किए बिना भी प्रतिष्ठा के साथ प्रदत्त जीवनयापन की स्वतंत्रता, यह जाति व्यवस्था की विशेषताएँ भारत देश के सिवाय किसी भी अन्य देश में नहीं पाई जाती हैं। 'आपने किस जाति में जन्म लिया है', यह बात यहाँ आपका जीवन-कार्य निश्चित करती है। योग्यतम उत्तरजीविता तथा स्पर्द्धा को यहाँ उतना महत्त्व नहीं है बल्कि जाति व्यवस्था ने समता के इन विचारों का विधिवत तरीके से सदियों से गला घोंटा है। लाहौर के 'जाति-पाँति तोड़ दो मंडल' के 1936 में आयोजित वार्षिक अधिवेशन के लिए डॉ. बाबासाहब आंबेडकर द्वारा लिखा

गया भाषण सम्मेलन के श्रोताओं के लिए असहनीय होगा, इसी वजह से स्वागत समिति ने अधिवेशन ही रद्द कर दिया। डॉ. बाबासाहब आंबेडकर द्वारा वहाँ न दिया हुआ भाषण उपलब्ध है। "जब तक सामाजिक संरचना में बदलाव नहीं आता तब तक कोई भी सुधार लाना असम्भव है। जाति के आधार पर किसी भी योजना की रचना नहीं कर सकते। आप जाति व्यवस्था का आधार लेकर राष्ट्र या शीलवान पीढ़ी नहीं तैयार कर सकते। अमानुष या बुद्धिहीन होने के कारण नहीं बल्कि अधिक धर्मपरायण होने के कारण हिन्दू जातिभेद मानते हैं। विषमता के बीज बोना सिखानेवाले धर्मशास्त्रों को नष्ट कीजिए...जाति छोड़ने का मतलब है बुनियादी धार्मिक श्रद्धा के विपरीत व्यवहार करने के लिए सीख देना।" ऐसा प्रतिपादन उस भाषण में डॉ. बाबासाहब आंबेडकर ने किया है। विज्ञान का प्रसार, आधुनिकीकरण, सार्वभौमिक शिक्षण, वैश्वीकरण, को छोड़कर आधारहीन अवैज्ञानिक जाति सभी के मन में बसी हुई है। उसका सम्बन्ध इन हजारों धार्मिक (अन्ध) श्रद्धाओं के साथ है; उसके बारे में संवाद शुरू करना भी महाराष्ट्र में कठिन हो गया है, यह वास्तविकता है। 'जाति को वैज्ञानिक आधार नहीं' के सिद्धान्त का संस्कार और मनुष्य-मनुष्य के बीच ऊँच-नीच मानना किसी भी धर्म का धागा नहीं हो सकता : यह विचार जितना हो सके उतनी जल्दी और प्रखरता से पहुँचाए जाने आवश्यक हैं।

लेकिन इसके साथ यह समझ पक्की होनी चाहिए कि जाति व्यवस्था केवल मानसिकता नहीं है, उसको भौतिकता की मजबूत नींव हासिल है और इसलिए ही यह व्यवस्था तोड़नी होगी। जाति व्यवस्था के विरोध में निर्मित यह आन्दोलन कई पड़ावों से गुजरा है। ब्राह्मण जाति के सनातनी प्रभुत्व को उखाड़ फेंकना, शिक्षा का अधिकार स्थापित करना, कानून द्वारा छुआछूत को खत्म करना, काश्तकर को जमीन देना आदि बातें पहले पड़ाव में थीं। पूँजीवादी लोकतांत्रिक संरचना के आधुनिक पार्टी संगठन में ब्राह्मणी नेतृत्व को दूर करके, सहकार क्षेत्रों-जैसी नई सत्ता का निर्माण करके उनमें ब्राह्मणेतर लोगों को हिस्सा देना, दलितों को आरक्षण देकर इस नई सामाजिक-आर्थिक संरचना में जाति व्यवस्था का विरोध हुआ, यह दूसरा पड़ाव था। हाल ही में मंडल आयोग के कार्यान्वयन के व्यापक आन्दोलन तथा उत्तर भारत में नए सिरे से बननेवाले मध्यम वर्गीय किसानों के और दलित नेतृत्व में खड़े होनेवाले पार्टी-संगठनों द्वारा इस दूसरे पड़ाव का सार्वभौमिकरण हो गया है। अब जाति व्यवस्था अन्त का आन्दोलन तीसरे और अन्तिम पड़ाव में प्रवेश कर रहा है। इसमें बौद्धिक और शारीरिक श्रम करनेवालों में मौजूद विषमता को खत्म करना होगा। विकेन्द्रित आधुनिक कृषि-उद्योगों का विस्तार करना होगा। परम्परागत जातिबद्ध व्यवसायों से असम्बन्धित, विकेन्द्रित और विकसित उत्पादन प्रक्रिया द्वारा जाति व्यवस्था तथा उसके आधार पर बढ़नेवाली आर्थिक विषमता को कम करना होगा। इसके साथ ही जाति, धर्म, लिंग, भेद आदि का अन्त करनेवाली

विचारधारा को सार्वभौमिक करनेवाला सांस्कृतिक आन्दोलन नए साहित्य, उत्सव तथा त्योहारों के माध्यम से शुरू करना होगा। कंप्यूटर का बहुआयामी उपयोग, आर्थिक दृष्टि से योग्य होने के कारण ज्ञान की सहायता से दूसरे के शोषण को प्रभावशून्य बनाया जाना सम्भव है। इन सभी बदलावों के साथ ही जाति-आधारित अलग बस्तियाँ बन्द करने तथा अन्तरजातीय-अन्तरधार्मिक विवाह को सार्वजनीन करने की सामाजिक परिवर्तन की मुहिम को हाथ में लेना आवश्यक है।

आज जाति व्यवस्था के विरोध में वैचारिक मुहिम का अभाव है। वारकरी परम्परा का जाति-विरोधी स्वर क्षीण हो गया है इसलिए वारकरी सम्प्रदाय-जैसी सामाजिक शक्तियों को जाति-अन्त के संवाद में सहभागिता के लिए अधिक सजग होना होगा। इसके लिए कुछ चुनौतियों का सामना करना पड़ेगा। परम्पराओं से जो जाति-भावनाओं के शिकार हैं, उन पिछड़े समाज घटकों को प्रबोधन के माध्यम से समता की शिक्षा देना जरूरी है। दूसरी बात यह कि परम्पराओं से चले आ रहे जातिगत हित-सम्बन्धों को खतरा होने से जो 'गुणवत्ता', 'समान अवसर', 'इतिहास में जो हुआ इसकी सजा हमें क्यों?' इस तरह का चालाक बुद्धिभेद करनेवाले शिक्षित मध्यम वर्ग की दलीलों का स्पष्ट विरोध करना होगा। इसके साथ ही बहुसंख्य दलित, पिछड़े, काश्तकार भूमिहीन जनता के लिए जीवन-मृत्यु का प्रश्न बना भूमि सुधार, जमीन के पुनर्वितरण की जंग को भी नजरअन्दाज नहीं किया जा सकता।

एक और महत्त्वपूर्ण लेकिन कठिन चुनौती है : जातीय अस्मिता की राजनीति। जातियों का संगठन बनानेवाली राजनीति को नाकाम करना चाहिए। ऊपरी तौर पर देखा जाए तो यह राजनीति प्रगतिशील लगती होगी लेकिन अन्ततः यह शोषित जातियों के हित-सम्बन्धों की रक्षा करनेवाली है। वर्तमान पूँजीवादी मुकाम पर देश में हर जाति में एक वर्ग जन्म ले रहा है। यह वर्ग अपने वर्गीय हित-सम्बन्धों के लिए जातिगत भावना का उपयोग करके पूरी जाति को बन्धक बना रहा है और उसे ही वे 'बहुजनवाद' कह रहे हैं। जाति-अन्त की लड़ाई को दबानेवाला बनिया-पूँजीपति जाति-वर्ग, ब्राह्मण-बुद्धिजीवी जाति-वर्ग और बढ़े-चढ़े किसान जाति-वर्ग में किसान अभिजन का अघोषित मिलाप इस देश में हुआ है। इतना ही नहीं, तो शोषित जाति-वर्ग का नेतृत्व करनेवाला स्थापित वर्ग इस जाति-वर्ग की सत्ता संरचना में अपने ही जाति-बान्धवों के मुक्ति मार्ग के विरोध में खड़ा हो जाता है। खैरलांजी में नवबौद्ध परिवार पर जातिगत अत्याचार किया गया, उस घटना को दबाने का कार्य करनेवाला स्थानीय पुलिस प्रशासन और स्वास्थ्य विभाग के प्रमुख अधिकारी भी नवबौद्ध ही हैं, इस बात पर गम्भीरता से ध्यान देना चाहिए। आरक्षण के कारण जो शोषित जाति का मध्यम वर्ग बन गया है, वह जाति-अन्त की लड़ाई का नेतृत्व करनेवाला शक्तिशाली विद्रोही घटक बनने के बजाय स्थापित जाति-वर्गगत संरचना में 'को-ऑप्ट' हो गया है।

इन सभी जटिलताओं की वास्तविकता को ध्यान में रखते हुए जाति-अन्त के संवाद के व्यवहारशील कार्यक्रम का आयोजन करना होगा। उसके लिए पहली बात यह है कि परिवर्तन की लड़ाई के क्षेत्रों में खड़े हो रहे संगठन तथा आन्दोलनों को इसे अपने कार्य का हिस्सा समझकर जाति-समस्या की समझ और समता की चुनौती को प्रबोधन के क्षेत्र में अलग-अलग स्तरों पर जगाना चाहिए। जाति विषमताजन्य अत्याचार की घटनाएँ जहाँ भी घटित हों वहाँ तुरन्त पहुँचकर उस घटना की वास्तविकता को लोगों तक पहुँचाना चाहिए तथा सामूहिक काम करना होगा। अपने पारिवारिक सम्बन्ध जाति-चेतना से भरे होते हैं जिनमें धीरे-धीरे लेकिन दृढ़ता से बदलाव लाना होगा। जातियों में राजनीतिकरण की प्रक्रिया तेजी से हो रही है लेकिन जाति के अन्तर्गत लोकतंत्र की प्रक्रिया रुक गई है, उसे हर जाति के नेता को बाकायदा चालू करना होगा। जाति में कालबाह्य शोषण की बातों का विरोध करना होगा। व्यवस्था परिवर्तन और उसके लिए आवश्यक व्यक्तिगत जीवन में परिवर्तन के बीच संवाद स्थापित करना चाहिए तथा उसके लिए व्यवहार-कार्य भी करनी चाहिए। यह किस हद तक सफल हुआ, इसी से सेनानी साने गुरुजी द्वारा चलाए गए समता-संगर के लिए उनके अनुयायियों ने कितनी निष्ठा से कार्य किया है, यह साबित होनेवाला है।

[12 मई, 2007]

समस्याओं का हल निकालना सम्भव है?

'दशहरा उत्सव बड़ा, रहे खुशियाली सदा' इस तरह से जिस त्योहार का वर्णन किया गया है, वह विजयादशमी उत्सव नजदीक आ रहा है। देश या प्रदेश में कुछ भी चल रहा हो लेकिन एक ऐसा वर्ग होता है जिसके घर हर समय दशहरा-दीपावाली मनाई जाती है। आम लोगों के जीवन-मरण के प्रश्न उसके लिए मायने नहीं रखते, यह अलग बात है लेकिन बहुजन समाज का क्या? सीमोल्लंघन के पारम्परिक अर्थ के अनुसार, सैनिक अपनी सीमाओं को लाँघकर पराक्रम करने के लिए बाहर निकलते थे। समय के अनुसार उसका अर्थ बदलना लाजिमी है लेकिन आकांक्षाओं तथा कर्तृत्व की नई शुरुआत होनी चाहिए, उनकी पूर्ति के लिए आगे बढ़ना चाहिए, यह आशय-सूत्र कायम रहेगा। लेकिन महाराष्ट्र की वर्तमान वास्तविक स्थिति क्या है?

राजनीतिक विरोध में एक गैंगवार मुम्बई और कोंकण में चालू है। वर्तमान मंत्रिमंडल में प्रमुख पद पर स्थानापन्न तथा एक समय मुख्यमंत्री रहा शख्स आतंक और हिंसा का खुलेआम खेल खेल रहा है तथा उसका समर्थन भी कर रहा है। 'अभी जो शुरू है, वह राज्य के लिए शोभनीय नहीं है। इस गुंडागर्दी में पुलिस पर हमला किया जा रहा है और उसका मुँहतोड़ जवाब देंगे', ऐसा गृहमंत्री को कहना पड़ रहा है। प्रत्यक्षतः कई जगहों पर 'हंगामा' शुरू है।

कांग्रेस प्रदेश कार्यकारिणी की नियुक्तियाँ करते समय आर्थिक व्यवहार हुआ है, ऐसे आरोप महाराष्ट्र के पार्टी-अध्यक्ष पर किए गए हैं। इसके प्रति-उत्तर में "सरकार में बैठकर करोड़ों रुपयों का घोटाला किया जाता है लेकिन उसके खिलाफ कोई भी आवाज नहीं उठाता," ऐसा ताना पार्टी-अध्यक्ष ने अपनी ही पार्टी को सुनाया। नेताओं के ऐसे आरोप-प्रत्यारोप चलते ही रहते हैं; ऐसे में भ्रष्टाचार करके करोड़ों रुपयों की सम्पत्ति जुटाने के कारण वरिष्ठ आई.ए.एस अधिकारी मुम्बई के आयकर आयुक्त को सी.बी.आई ने अरेस्ट किया। उनके पास से करोड़ों रुपयों की सम्पत्ति बरामद की गई। प्रमुख अट्ठारह जगहों पर भूखंड पाए गए। बैंक के लॉकर खोलने तो बाकी ही थे। जिस विधायक सुरेश जैन को भ्रष्टाचार के आरोप के कारण इस्तीफा देना पड़ा है, उनको कार्य-अहवाल में क्लीन चिट दिए जाने की खबर है। वर्तमान

मंत्रिमंडल के मंत्री गणेश नाईक के खिलाफ बैंक के पैसों का घोटाला करने के कारण फौजदारी मुकदमा दर्ज करने की बात सामने आई है।

'भ्रष्टाचार कौन-सी नई बात है?' यह जनमानस की मानसिकता बन गई है लेकिन जो अहम प्रश्न है, उसकी स्थिति क्या है? इस साल गन्ने की अच्छी फसल होने की तथा भाव भी अच्छा मिलने की सम्भावना है, केन्द्र सरकार द्वारा मदद मिलने की भी सम्भावना है : ऐसा होने के बाद भी कई कारखानों के लिए दशहरे के मुहूर्त पर बॉयलर, भट्टी प्रज्वलित करना सम्भव नहीं होगा। खेतिहर मजदूरों की वेतन वृद्धि की माँग 25 से 100% तक है; तो दूसरी ओर गन्ने को प्रतिटन एकमुश्त 1500 रुपयों की पहली किस्त मिले, यह माँग किसान संगठन कर रहे हैं। उनका दावा है कि भारत में सबसे कम भाव महाराष्ट्र सरकार द्वारा दिया जाता है। इसलिए पूरे राज्य में 'रास्ता रोको, रेल रोको' किया जानेवाला है। गन्ने के आन्दोलन में जीत हासिल करनी है तो बिजली का बिल और लोन की किस्त भी मत भरिए, ऐसा उनका आदेश है। महाराष्ट्र के किसान-संगठन जब खुली अर्थव्यवस्था का गुणगान कर रहे थे तो उसी समय महेंद्र सिंह टिकैत के नेतृत्व में पचास हजार किसान 'किसान पंचायत' के लिए मुम्बई में इकट्ठा हुए थे। विश्व के सभी विकासशील या अविकसित देशों को ग्लोबलाइजेशन का पाठ पढ़ानेवाले अमेरिका और यूरोपीय देशों को अपने देश में वीजा बन्द करना चाहिए : विकासशील और अविकसित देशों के लोगों को उनके देश में आने-जाने के लिए खुली इजाजत मिलनी चाहिए। आने-जाने की आजादी दी जाए तो ही पूँजी की लेन-देन हो सकती है, ऐसा उन्होंने प्रतिपादन किया। यह निश्चित है कि दिसम्बर महीने में हांगकांग में होनेवाली विश्व व्यापार संगठन की बैठक में भारतीय कृषि माल पर लिया जानेवाला टेरिफ कम करने के प्रस्ताव पर केन्द्रीय उद्योग मंत्री दस्तखत करनेवाले हैं। कृषि उत्पाद के निर्यात की मात्रा पर लगाए गए निर्बन्ध सरकार ने इससे पहले ही हटाए हैं। अगर टेरिफ-टैक्स भी बन्द किया जाए तो किसानों के सामने आत्महत्या से बढ़कर कोई विकल्प ही नहीं बचता, ऐसा टिकैत को लगता है। केन्द्र सरकार, सहकार क्षेत्र, खेतिहर मजदूर तथा विभिन्न किसान संगठन एक ही समस्या को लेकर अड़े हुए हैं, इसका यह एक उदाहरण काफी है।

सामाजिक जीवन का कोई भी क्षेत्र ऐसी कभी न हल होनेवाली समस्याओं की पक्की गाँठ बनकर सामने आ रहा है। प्रदूषण की मात्रा में चौगुनी बढ़त होने के कारण 15 साल पुराने ऑटो को आउटडेटेड बनाने या उनको सीएनजी गैस किट बिठाने के लिए कहा जाए तो ऑटो चालकों का हल्ला-बोल शुरू हो जाता है। अगर यह नहीं हुआ तो प्रदूषण बढ़ता ही रहता है। इस समस्या को हल करने से पहले ही पुणे में प्रति वर्ष लाखों वाहन सड़कों पर उतारे जाते हैं। विकास की अपरिहार्यता कहकर उसका समर्थन किया जाता है और सड़कों पर बने गड्ढों की

ठीक से मरम्मत न कर पानेवाले महानगर निगम प्रशासन की वजह से समस्याओं में और भी जटिलता आ जाती है। सभी शहरों की स्थिति ऐसी ही है।

आधुनिक स्वास्थ्य सुविधा के कारण वृद्ध लोगों की संख्या में बढ़ोतरी हुई है। कई लोगों को लगता है कि वृद्ध लोगों की बढ़ती संख्या सुनामी की तरह खतरनाक साबित हो सकती है। निवृत्त होने के बाद प्रदीर्घ जीवनकाल रह जाता है। इनकी जिम्मेदारी उठाने की कई लोगों की क्षमता नहीं होती है। वह जिम्मेदारी होती है बच्चों की। लेकिन वे दूसरी जिम्मेदारियों को ढोकर थके होते हैं। इन वृद्धों का कौन खयाल रखेगा? कुछ दिन पहले महाराष्ट्र सामाजिक न्याय विभाग के मंत्री ने कहा, "बच्चे अगर अपने माता-पिता के साथ अच्छा व्यवहार नहीं करते हैं तो दंड संहिता 125 में प्रावधान के अनुसार बच्चों पर फौजदारी मुकदमा चलाया जा सकता है। साथ ही अपनी कमाई से माता-पिता को कुछ राशि देनी चाहिए, ऐसे प्रावधान का विधेयक विधिमंडल में लाया जाएगा।" प्यार-भरे रिश्ते का ऐसे कठोर और वैधानिक बन जाना, इसमें कौन-सी हानि है? लाभ-हानि कैसे नापी जाएगी?

सामाजिक जीवन को सदमा पहुँचे ऐसी स्थिति बन गई है। टिके रहने के लिए कड़ी मेहनत करनी पड़ती है। अधिक हिस्सा प्राप्त करने के लिए किसी भी मार्ग का अवलम्ब करना जीवन का मंत्र बन गया है; उसमें भ्रष्टाचार कौन-सी बड़ी बात है! खेतिहर मजदूर, किसान, सहकारी उद्योग-धन्धे, सरकार, इन सबके हित का कोई मार्ग मिलेगा या नहीं? क्या दहशत और हिंसा का उपयोग लोकतंत्र के सत्ताकारण के लिए किया जाए? माता-पिता जन्मदाता हैं ना!, ऐसे कई प्रश्न फिजूल लग रहे हैं और दूसरी ओर 'कुछ भी कीजिए, यह ऐसे ही चलता रहेगा' यह भगौड़ी वृत्ति आ गई है। यह समाज के लिए अच्छे संकेत नहीं हैं। सही मायने में दशहरा मनाना हो तो इन सभी समस्याओं को हल करने का साहस दिखाना चाहिए तथा ऐसा व्यवहार भी करनी चाहिए।

[08 अक्तूबर, 2005]

प्रतिशोध और विवेक

लोहिया ने कहा था कि बीसवीं शताब्दी ने निर्णायक दो महत्त्वपूर्ण बातें विश्व को प्रदान की है : 'पहली, महात्मा गांधी और दूसरी, अणु बम'। जब आतंकवाद का उग्र चेहरा पूरे विश्व के सामने आ रहा है तो गांधी जयन्ती के उपलक्ष्य में इस सत्य की याद आना स्वाभाविक है।

मानवीय संस्कृति के आशय से सम्पन्न विकास के लिए हिंसा त्याज्य है। मनुष्य प्राणी की विकसित प्रज्ञा की असफलता की यह निशानी है। उसके बाद भी मानव संस्कृति के सभी कालों में हिंसा दिखाई देती है, इतना ही नहीं बल्कि धार्मिक और अन्य परम्पराओं में भी उसे एक अधिमान्यता मिलती है। अन्याय के प्रतिकार का वह अन्तिम मार्ग माना जाता है, इसके साथ ही सुसंस्कृत विश्व के आज के शासन-नियमों में अन्तिम उपाय के रूप में हिंसा की विधिमान्यता है।

इस हिंसा का रौद्र रूप युद्ध के जरिए दिखाई देता है। आज ऐसे ही कुछ देखना पड़ेगा, यह भयचकित करनेवाली आशंका पूरे विश्व के लोगों को महसूस हो रही है। लेकिन इस हिंसा का स्वरूप अधिक संकट में डालनेवाला है इसलिए प्रतिकार करना कठिन है। युद्ध में हिंसा आमने-सामने होती है। राष्ट्र अधिकृत रूप से युद्ध की घोषणा करता है, उसके बाद शस्त्र चलाए जाते हैं। दूसरे विश्वयुद्ध में जापान ने अमेरिका की नौसेना पर जो पर्ल हार्बर में हमला किया, वह अघोषित था और इसलिए ही पारम्परिक युद्ध संकेतों का भंग भी उसमें किया गया था। आतंकियों ने जो युद्ध शुरू किया है, उसका स्वरूप पूरी तरह भिन्न है जो पूरे विश्व में एक-जैसा है। कारगिल युद्ध में भारत ने उसका अनुभव किया है। श्रीलंका के लोग रोज उसके शिकार बन रहे हैं और अमेरिका पर जो हमला हुआ था उसके कारण आतंकवाद विश्व के किसी भी कोने में कभी-भी अपने जड़ें जमा सकता है, यह चेतावनी है।

आतंकवाद का यह तंत्र चुनिन्दा होता है। किसी भी प्रमुख जगह को वह चुन सकता है। किसी एक हादसे में सफलता मिले, यह उसके लिए जरूरी नहीं होता है। हमेशा उसका उद्देश्य दुश्मन का मानसिक सन्तुलन बिगाड़ने का होता है। इन हमलों के मानसिक सामर्थ्य को ध्यान में रखते हुए चिन्ता, डर और असुरक्षा के अन्तर पर ध्यान देना होगा। खतरा होने की चिन्ता मनुष्य को सताती है। इसके आगे

जाकर उसके मन में वजह से या बेवजह का डर पैदा हो सकता है। लेकिन, सम्पूर्ण बुद्धि का प्रगल्भता से उपयोग करके चिन्ता और डर का निवारण करना सम्भव है। आतंकवाद इससे भी खतरनाक होता है। वह समाज में निरन्तर असुरक्षा की भावना पैदा करता है, अपने दुश्मनों में हमेशा अविश्वास और सम्भ्रम की स्थिति पैदा करता है। आधुनिक राजनीतिशास्त्र की नींव रखने में हॉब्ज का महत्त्वपूर्ण योगदान है। उनके अनुसार, द्विपाद प्राणी मृत्यु के साथ-साथ सबसे ज्यादा अनिश्चितता से डरता है क्योंकि इससे उसे हमेशा तनाव में रहना पड़ता है। घर में जहरीला साँप है, दिखता है लेकिन पकड़ में नहीं आता, मारना तो दूर—इस प्रकार के तनाव में घर के लोग रहते हैं; उसी प्रकार का तनाव समाज में आतंकवाद के कारण पैदा होता है। प्रचंड मानसिक असुरक्षा समाज में बनी रहती है। कई उपायों के बाद भी त्रुटियाँ रह जाती हैं। इसके कारण आतंकवाद का सामना करनेवाली सत्ता भी डर जाती है (ऐसी स्थिति आज श्रीलंका में बनी हुई है), अविवेकी बन जाती है। हिंसा का हिंसा से ही मुकाबला करने का विचार सबसे पहले मन में आता है और वह उचित भी लगता है। मेरे हाथ में एक दिन हुकूमत दीजिए, ऐसी गर्जना करनेवाले ठाकरे लोगों को अच्छे लगने लगते हैं। कश्मीर में एक बार भी कदम ना रखनेवाले बड़ी-बड़ी बातें करते हैं। प्रक्षुब्धता निर्मित होती है। दोनों गुटों के लोगों को अकारण जान गँवानी पड़ती है। आतंकवाद यही चाहता है क्योंकि आतंकवादी कार्रवाइयों को धक्का न पहुँचाते हुए इस गुस्से का उपयोग आतंकवादी कार्रवाइयों को बढ़ावा देने के लिए किया जाता है।

आतंकवाद से निर्मित प्रक्षुब्ध जनमत का अनादर किए बिना दीर्घकालीन विवेकी उपाय कैसे किए जा सकते हैं, यह आज का मुख्य प्रश्न है; और वह पूरे देश के सामने खड़ा हो गया है। महात्मा गांधी भी निरंकुश अहिंसावादी नहीं थे। आजादी मिलने के बाद कश्मीर पर जब अचानक हमला हुआ तब राज्य की न्यायपूर्ण माँग के कारण वहाँ जवान भेजने के लिए उनकी अनुमति थी। उन्होंने 1942 की क्रान्ति में भी 'भारत छोड़ो' आन्दोलन के लिए 'करेंगे या मरेंगे' इस कृति-कार्यक्रम में अहिंसक मार्ग होना चाहिए, यह अनुरोध किया था। कायर लोगों की अहिंसा मुझे मान्य नहीं है, यह उनका सुप्रसिद्ध वाक्य है लेकिन जैसे-को-तैसा यह प्रति-उत्तर देने के बाद भी, आतंकवाद की समस्या हल करने का जो दीर्घकालीन उपाय है उसके साथ इस हिंसा का सन्तुलन कैसे रखा जाए, यह बहुत ही कठिन लेकिन प्रमुख मुद्दा है। इसके लिए क्या और कैसे किया जाए, इसके बारे में मार्गदर्शन करना है तो गांधी जी जैसे ही महान व्यक्तित्व की जरूरत है। परन्तु इसके बाद भी कई बातें ध्यान में ली जा सकती हैं।

आतंकवाद का विरोध करते समय अमेरिका की आज तक क्या भूमिका रही है (इतना ही नहीं बल्कि श्रीलंका में जो आतंकवाद बढ़ गया है उसके लिए भारत

भी जिम्मेदार है या नहीं) इस पर भी विचार करना जरूरी है। इसके आगे जाकर यह बात ध्यान में रखनी होगी कि इन घटनाओं के प्रति जो प्रतिसाद होगा, वह हिंसात्मक नहीं होना चाहिए। यह कठिन है लेकिन क्रोध के लिए क्रोध और दुश्मनी के लिए दुश्मनी यह उत्तर सही नहीं होता, यह बात विश्व में कई बार साबित हो चुकी है। आतंकवाद के विरोध में प्रतिक्रिया तीव्र हो लेकिन वह अन्धी नहीं होनी चाहिए। आतंकवाद का विरोध करने का सही तरीका विवेकी और सत्य पर आधारित होना चाहिए। अपरिहार्यता के कारण युद्ध उसका अन्तिम उत्तर हो सकता है लेकिन वह स्थायी नहीं हो सकता, इसकी समझ होनी चाहिए।

युद्ध करनेवाले अपने देश के लोगों की अनुमति है, ऐसा मान लेते हैं। इसके कारण युद्ध न्यायसंगत है, ऐसा आभास होता है परन्तु कोई भी समाज किसी भी विकार के अधीन नहीं जा सकता। जब लोगों का समर्थन कम हो जाता है तब युद्ध के साथ वाली नैतिकता नष्ट हो जाती है। वियतनाम के युद्ध में अमेरिका को इसका अनुभव हुआ है। आतंकवाद तो घोषित युद्ध नहीं होता है। इसलिए आतंकवादी लोग ही समाज, राष्ट्र या धर्म के प्रवक्ता हैं (हालाँकि वे खुद को वैसा मान रहे हों तब भी), ऐसा मानना अविवेकी साबित हो सकता है। जब तक आतंकियों तथा उनके आतंकवाद को समाज, राष्ट्र और धर्म से अलग नहीं रखते हैं, तब तक आतंकवाद को दूर नहीं किया जा सकता। कम-से-कम स्वहित के लिए आतंकवाद को दी जानेवाली मान्यता मन से निकालनी चाहिए। ओसामा बिन लादेन हो या उसको समर्थन देनेवाला तालिबान हो, वे आतंकी कार्य करते हैं तथा उसका समर्थन करते हैं, इसके लिए समग्र अफगानिस्तान को आतंकी नहीं समझना चाहिए। युद्ध की आग में 25 साल तक झुलसनेवाले, और प्रबल बने तालिबान के सामने असहायता के कारण, कई अफगानी लोगों ने आत्मसमर्पण किया है। अमेरिका को बढ़ावा देने के लिए तथा इस्लाम को खत्म करने के लिए वर्तमान स्थिति का उपयोग करना आत्मवंचना और आत्मघाती साबित हो सकता है। न्यायपूर्ण, सन्तुलित, विवेकी और हिंसा-रहित मन से आतंकवाद की समस्या को हल करने के लिए दीर्घकालीन अनुशीलन का पालन करना इष्ट और उचित होगा।

[29 सितम्बर, 2001]

महाराष्ट्र राज्य 'महा' हो सकेगा?

मराठी भाषी महाराष्ट्र अब स्वर्ण-महोत्सवी वर्ष की दहलीज पर खड़ा है। आधी शताब्दी की यह कमाई है। ऐसे समय खुश होना लाजिमी है लेकिन आत्मपरीक्षण भी करना होगा, इससे आत्मक्लेश होगा तो आत्मभान को सजग रखने का एक प्रयास मानना पड़ेगा।

संयुक्त महाराष्ट्र आन्दोलन से ही महाराष्ट्र राज्य की निर्मिति हुई है। यह राज्य मराठों का नहीं बल्कि मराठी भाषियों का होगा, ऐसा भरोसा दिलाया गया। राज्य में सम्मिलित सभी विभागों के विकास का भरोसा दिलाया गया। 'समाजवादी भारत में पहला समाजवादी राज्य महाराष्ट्र बनेगा' यह संकल्प बड़ी उम्मीद के साथ किया गया। महाराष्ट्र राज्य के निर्माण के लिए संघर्ष करनेवाले विपक्षी हों या मंगल कलश लानेवाले सत्ताधीश, दोनों की ही स्वतंत्रता संग्राम की पृष्ठभूमि रही है, उसे राष्ट्रीय-अन्तरराष्ट्रीय समझ थी। इसी वजह से महाराष्ट्र के विकास की शुरुआत सही दिशा में थी। जिला परिषद की निर्मिति के माध्यम से पंचायती राज का प्रयोग शुरू हुआ। औद्योगिकीकरण शुरू हुआ। बिजली प्रचुर मात्रा में थी, सहकारिता में नई ऊर्जा थी और शिक्षा पर कर्मवीर भाऊराव पाटिल और पंजाबराव देशमुख के विचारों का प्रभाव था। साथ ही साहित्य-संस्कृति विषयक नीति में उदारता थी।

लेकिन आज महाराष्ट्र की किसी भी पार्टी के नेतृत्व के पास ऐसा 'विजन' नहीं दिखाई देता। एक ओर विकास की पूरी मानसिकता 'एलपीजी' (उदारीकरण, निजीकरण, वैश्वीकरण) नीति के समर्थन में खर्च होती है; तो दूसरी ओर धर्म, जाति, प्रान्त, भाषा आदि का क्षुद्र अभिनिवेश जगह-जगह पर दिखाई देता है। वे भी आक्रामकता तथा उद्धतता से व्यक्त होते हैं। राजनीति भी बहुत संकीर्ण दृष्टि से की जाती है। 'विजन' तो होता ही नहीं है; साथ ही उसकी जरूरत ही नहीं है, ऐसी मनोधारणा दिखाई देती है। ऐसा लग रहा है जैसे महाराष्ट्र ने व्यापक विचार करने की विशेषता को खो दिया है।

महाराष्ट्र के विकास के नारों का ढिंढोरा पीटा जाता है। लेकिन वास्तव में विकास का प्रादेशिक असन्तुलन गम्भीर समस्या बन गया है। महाराष्ट्र से अलग होने की विदर्भ की माँग तीव्र हो गई है, लेकिन प्रश्न की गम्भीरता इतनी-सी बात

से स्पष्ट नहीं होती। मुम्बई, पुणे, ठाणे, नासिक, कुछ मात्रा में नागपुर, औरंगाबाद आदि महानगरों में कुछ क्षेत्रों में अत्यधिक विकास हो रहा है। आईटी के क्षेत्र का लाभ मध्यवर्गीय छोटे समूह को हुआ है। फायदे में रहनेवाली शुगर फैक्टरियों के कुछ ही प्रमुख केन्द्र हैं। बचे हुए विस्तृत महाराष्ट्र में विकास और रोजगार सम्बन्धी भयानक स्थिति है। ऊपर जिन विभागों का जिक्र किया गया है, उनको छोड़ा जाए तो समृद्धि के प्रतिशत में महाराष्ट्र भारत में सबसे नीचे है; पिछड़े राज्यों से भी पिछड़ा दिखाई देता है। खेती कमाई का प्रमुख स्रोत है। उसमें भी सिंचन-रहित खेती की ओर ध्यान दिये बिना केवल सिंचित खेती पर ज्यादा ध्यान दिया गया है, उसमें भी शुगर उद्योग-व्यवसाय सरकारी मदद के कारण टिके हुए हैं। अंगूर-उत्पादक किसान संकट में हैं। तिलहन उत्पादन लाभदायक साबित नहीं हुआ है। विदर्भ में कपास उत्पादन क्षेत्र में सबसे अधिक आत्महत्याएँ ऐसे ही नहीं हुई हैं, इसके कई कारण हैं। औद्योगिकीकरण में खेती को ही शिकार बनाया जाता है, इस नीति का यह नतीजा है। इसी कारण से सबसे ज्यादा 'सेज' (SEZ) महाराष्ट्र में आते हैं और जल संभरण के लिए भी खेती की अपेक्षा उद्योग-धन्धों को प्रधानता दी जाती है। उद्योगों की स्थिति भी अच्छी नहीं है। कपड़ा मिलें भी खत्म हो चुकी हैं। औद्योगिक क्षेत्र के कई कारखाने बन्द हो गए हैं। आर्थिक विकास की परिधि संकुचित हो रही है। शहरीकरण और काले धन में बढ़ोतरी हो रही है। उसके साथ ही विषमता और सामाजिक जीवन में अस्थिरता बढ़ रही है। राज्य की आमदनी बढ़ती दिख रही है लेकिन लोगों की जीवन-स्तरीयता (Quality of life) में गिरावट आ रही है। इस अन्तर्विरोध में धर्मान्ध जातिवादी शक्तियों की ताकत बढ़ रही है। जाति, धर्म के आगे जाकर महाराष्ट्र निर्माण का आन्दोलन खड़ा हुआ था। उसकी ताकत के लिए उसे गौरवान्वित किया गया। उसी राज्य में आज धर्म, जाति-उपजातियों की सख्त हिमायत की जा रही है। उसके बारे में बात करना कठिन बन गया है बल्कि इसका उपयोग सत्ता की राजनीति में फायदेमन्द और लाभदायक साबित हो रहा है।

लोकतंत्र की ताकत उद्देश्यवादी राजनीतिक पार्टियों पर आधारित होती है। ऐसी पार्टियाँ महाराष्ट्र में थीं। उनमें से कुछ पार्टियों को धीरे-धीरे सत्ता ने निगल लिया है। बची हुई पार्टियाँ लोक-केन्द्रित राजनीति के अभाव के कारण प्रभावहीन हो गईं। महाराष्ट्र में आज की प्रमुख राजनीतिक पार्टियाँ सूबेदारी की टोलियों के रूप में बची हुई हैं। केवल कोई सूबेदार अर्थात विधायक जीते, यह इन पार्टियों का मुख्य उद्देश्य होता है। उसके लिए पार्टी के नाम पर कई बार सत्ता, जाति, पैसा, गुंडागर्दी की 'चतुरंग' सेना को बढ़ावा दिया जाता है। वैचारिक ध्येयवाद, प्रतिबद्धता, उक्ति के अनुसार कृति, ये शब्द अर्थहीन और सीमा पार हो रहे हैं। जीत हासिल करना ही प्रधान कसौटी समझी जाती है। परिवारवाद के कारण अनुकूलता बढ़ जाती है इसलिए सौ-दो सौ परिवारों में पूरे महाराष्ट्र की राजनीति सीमित हो रही है।

महाराष्ट्र उद्यम, खेती, व्यापार के लिए ही प्रसिद्ध नहीं था बल्कि वह प्रगतिशील विचारों तथा उसके लिए समर्पित आचरण करनेवाले 'कार्यकर्ताओं के समूह' के लिए भी प्रसिद्ध था। महात्मा फुले, रानडे से लेकर डॉ. बाबासाहब आंबेडकर तक की उज्ज्वल वैचारिक विरासत को हम भूल गए हैं लेकिन इसका खेद या अफसोस हमारे मन में बिलकुल नहीं है। ऊपर से अलग विचार प्रस्तुत किए जाए तो 'राडा' करेंगेवाली संस्कृति बढ़ रही है। तोड़ देंगे, जला देंगे, उखाड़ फेकेंगे, भगा देंगे—इस तरह की भाषा के प्रयोग से 'नवनिर्माण' करने की इच्छा रखनेवाले तथा सहिष्णु परम्परा की लम्बी विरासत का वास्ता देनेवाले भी ऐसा करते हैं लेकिन सरकार और लोग स्तब्ध रह जाते हैं।

महाराष्ट्र के निर्माण हेतु कुछ ठोस कार्य सत्ता की परिधि के बाहर पचास वर्षों के इस कालखंड में दिखाई दिए। दलितों का विद्रोही आन्दोलन खड़ा हुआ, दलित साहित्य सामने आ गया (फुले-आंबेडकर विचारों से प्रेरित राजनीति उत्तर प्रदेश में की गई।) स्त्री-मुक्ति के विचार, अनुरोध, उपक्रम तथा आन्दोलनों के लिए महाराष्ट्र हमेशा आगे रहा है। मराठी का जो भी साहित्य हिन्दी में अनूदित होता है, वह वहाँ के पाठकों को मराठी लेखकों की समझ की परिधि देखकर कुछ नई बातें समझने का आनन्द देता है। अन्धविश्वास उन्मूलन जैसा आन्दोलन केवल महाराष्ट्र में खड़ा हो सकता है। स्वयं-सहायता समूह के माध्यम से किए गए महिलाओं के विद्रोह के लिए अभी सरकार का समर्थन मिल रहा है लेकिन उसकी शुरुआत स्वयंस्फूर्ति से ही हुई थी।

आज के युवा यह सवाल करते हैं : महाराष्ट्र में मुझे और राज्य को 'महा' बनने या बनाने के लिए कल कौन से अवसर होंगे? क्या यह सम्भवनीय है? उसका उत्तर किसी के पास नहीं है। परन्तु चुनौतियों से भरे इस काल में जन्म लेकर अपनी सार्थकता समझनी चाहिए और कर्तृत्व से इन समस्याओं का सामना करना चाहिए।

[25 अप्रैल, 2009]

लोकतंत्र को समाजवाद ही बचाएगा!

'लोकतांत्रिक समाजवाद' के उद्देश्य को ध्यान में रखकर *साधना* साप्ताहिक की यात्रा जारी है। ऐसे समय में वरिष्ठ साम्यवादी नेता कॉ. ज्योति बसु ने 'समाजवाद कालबाह्य हो गया है। यह सच है कि समाजवाद राजनीतिक दर्शन है लेकिन पूँजीवाद ही आज की वास्तविकता है,' ऐसा प्रतिपादन किया। बाद में इसके बारे में स्पष्टीकरण दिए गए। फिर भी समाजवाद को नष्ट करने की प्रतिज्ञा लेकर उस दिशा में काम करनेवाली पार्टियों, संगठनों और प्रसार माध्यमों में ज्योति बसु द्वारा दिए गए उस वक्तव्य के कारण आनन्द की लहरें उठीं। ऐसे समय में *साधना* के लिए अपनी वैचारिकता को पुनः एक बार स्पष्ट करना आवश्यक है, ऐसा हमें लगता है। भारतीय संविधान के अभिलेख में समाजवादी राष्ट्र का निर्माण करने का संकल्प है। समाजवाद का आशय क्या है और उसमें कालोचित बदलाव कैसे किया जा सकता है, इसके बारे में मतभेद, चर्चा और नया आकलन होना सम्भव है, उसका हम स्वागत भी करते हैं। लेकिन सामाजिक न्याय समाजवादी विचारों का सारतत्व है। इसलिए जिस देश में प्रदीर्घ समय तक सभी प्रकार की विषमता का विरोध करने की आवश्यकता है, उस देश में समाजवाद कालबाह्य नहीं होता, वह अपरिहार्य रहता है।

मार्क्सवाद की दृष्टि से 'समाजवादी लोकतंत्र' या 'जनता के लोकतंत्र' की मजबूत नींव 'श्रमिकों की अधिसत्ता' ही होती है। लोकतांत्रिक समाजवाद से यह प्रस्तुति अलग है। कॉमरेड लेनिन ने *शासन-व्यवस्था और क्रान्ति* प्रसिद्ध ग्रन्थ में इसकी प्रस्तुति की है। वह संक्षिप्त में इस तरह : "पूँजीवादी समाज के लोकतंत्र का अर्थ होता है अत्यन्त अल्पसंख्यक अमीर वर्ग का लोकतंत्र होना। प्रत्यक्ष में देखा जाए तो हर जगह पर जनसमूह के लोकतंत्र पर कई बन्धन दिखाई देते हैं...समग्रता से देखा जाए तो ये बन्धन गरीबों को राजनीति से दूर रखते हैं और उनको लोकतंत्र में हिस्सा लेने से रोक देते हैं। इस पूँजीवादी लोकतंत्र का विकास मौकापरस्त मध्यम वर्ग जिस तरह से कहता है, उसी प्रकार से कदम-ब-कदम अधिकाधिक लोकतंत्र की ओर शान्तिपूर्ण मार्ग से अपने-आप नहीं होता है। ऐसा विकास मजदूर वर्ग की अधिसत्ता के बिना नहीं होता है। पूँजीवाद का विकास आगे चलकर उपनिवेशवाद, साम्राज्यवाद में हुआ। [और अब वैश्वीकरण के नाम से 'नव-उपनिवेशवाद' के मार्ग

से हुआ है। अमेरिका-जैसे पूँजीवादी देश के नियंत्रणवाले विश्व बैंक, अन्तरराष्ट्रीय मुद्रा कोष, विश्व व्यापार संगठन, बहुराष्ट्रीय कम्पनियाँ आदि संस्थाएँ निर्णय लेती हैं और उसका कार्यान्वयन हमारे अपने देश के सत्ताधारी करते हैं।] ऐसा लोकतंत्र एक प्रकार का दिखावा है। शासन-संस्था एक वर्ग से दूसरे वर्ग पर नियंत्रण रखने के लिए बनाई गई वर्ग संस्था होती है। राजसत्ता निष्पक्ष होती है, यह धारणा पूर्णत: गलत है। लोगों की वैसी धारणा बनाई जाती है। ऐसी धारणा समाज में फैलाना शोषकों की शासन व्यवस्था के लिए आवश्यक और उपयुक्त होता है इसलिए अमीर शोषक पूँजीपति लोग खुद की शासन व्यवस्था को 'लोकतंत्र' का झूठा नाम देते हैं।"

उपर्युक्त पूरी प्रस्तुति आज भी मार्क्सवादी पार्टी की अधिकृत प्रस्तुति है। लेकिन व्यवहार में भारत के सभी समाजवादी विचार नाकामयाब हो रहे हैं। दो राज्यों की सत्ता कम्युनिस्टों के हाथ में होने के बाद भी पूँजीवाद की घुड़दौड़ को वह रोक नहीं पाए। बल्कि, अपरिहार्य पूँजीवाद में रोजगार वृद्धि के लिए उनको टाटा के छोटी मोटरगाड़ियों के कारखाने का निर्माण या सेज का निर्माण आवश्यक लगने लगी है। इस विदारक वास्तविकता के कारण 'समाजवाद कालबाह्य बन गया है' ऐसा लोगों द्वारा कहना लाजिमी है। पूँजीवाद की चौखट तोड़कर कुछ समय के लिए मजदूर वर्ग की अधिसत्ता का आधार लेते हुए सच्चे समाजवादी लोकतंत्र की ओर बढ़ने की कोई भी सम्भावना दिखाई न देने से उनको ऐसा लग सकता है।

लोकतांत्रिक मूल्यों को मान्यता देने में ही लोकतांत्रिक समाजवाद का शक्ति-स्थल है। ये मूल्य हर व्यक्ति में कम-ज्यादा मात्रा में होते हैं, वे प्रकट हो सकते हैं और उसके आधार पर समाजवाद की दिशा में आगे बढ़ सकते हैं, यह हमारी धारणा है। जिस समय देश को आजादी मिली उस समय देश के हर शिक्षित-अनपढ़, अमीर-गरीब, स्त्री-पुरुष, कथित उच्च-नीच इन सभी भेदों को मिटाकर हर व्यक्ति को मतदान देने का अधिकार संविधान ने दिया है। हर व्यक्ति को एक वोट देने का अधिकार होने का मतलब है, हर एक व्यक्ति का एक ही मूल्य है और वह भारत का भाग्यविधाता बन सकता है। मानव इतिहास में समाज के सभी घटकों के बारे में ऐसा कभी घटित नहीं हुआ था। सभी प्रकार की विषमताओं से ग्रसित और शोषित साधारण मनुष्य ने अपने इस पूँजीवादी लोकतंत्र के आधार पर कई चमत्कार किए हैं। ऊपरी अनुकूलता के बाद भी आपातकाल के पश्चात संपन्न हो चुके चुनाव में कांग्रेस को जो हार मिली थी और राष्ट्रीय जनतांत्रिक मोर्चा (NDA) द्वारा किए गए 'इंडिया शाइनिंग' प्रचार के बावजूद भी उनको मतदाताओं ने जिस तरह से हराया था, वह भारतीय जनमानस की समझ की निशानी है। जब भारत के पड़ोसी सभी देशों में लोकतंत्र को पूर्णत: नजरअन्दाज किया जा रहा हो तब यह बात सबसे महत्त्वपूर्ण है। यह सच है कि भारत में चुनाव पैसा, जाति, सत्ता का दुरुपयोग तथा गुंडागर्दी जैसे दुश्चक्रों में अटका हुआ

है लेकिन श्रमिकों के जन-आन्दोलन द्वारा धनी वर्ग तथा शोषितों के पूँजीवाद को खत्म करने की कोई भी सम्भावना दिखाई नहीं देती है। ऐसे समय में समाजवाद का उद्देश्य कालबाह्य हो गया है, ऐसा कहने की अपेक्षा उपलब्ध लोकतंत्र में जो कुछ कर सकते हैं उसकी प्रस्तुति करनी चाहिए तथा उसके लिए संघर्ष करना चाहिए। इसके लिए आगे की त्रिसूत्री का सुझाव दिया जा सकता है :

पहला सूत्र : शोषण के विरोध में लड़ने के लिए व्यक्ति की समझ बढ़ानेवाले प्रबोधन की जरूरत है। प्राकृतिक संसाधनों की अमर्यादित लूट करके आज का कथित विकास खड़ा है। पूँजीवादी लोकतंत्र का रास्ता हो या साम्यवाद का, इसके आगे इस पद्धति से अमर्यादित उपभोग मानव नहीं कर पाएगा। अगर ऐसा नहीं हुआ तो आज की पीढ़ी का भविष्य खतरे में आ जाएगा और आनेवाली पीढ़ियों के लिए केवल रेगिस्तान बचेगा। अमेरिका में प्रति व्यक्ति ऊर्जा का उपयोग भारत से बीस गुना तथा चीन में तिगुना ज्यादा है इसलिए इस तरह के विकास के मार्ग अपनाने नहीं चाहिए। सौभाग्य से महात्मा गांधी जी जैसा जीता-जागता आदर्श हमें प्राप्त हुआ है। उनकी तरह फकीर बनने की आवश्यकता नहीं है, वह आसान भी नहीं है लेकिन उस दिशा का स्वीकार करना चाहिए।

दूसरा सूत्र है : जो कानून बनाए गए हैं उनका प्रभावशाली कार्यान्वयन करें। पूँजीवादी लोकतंत्र को खत्म करनेवाली क्रान्ति जब चाहे हो जाए लेकिन मौजूदा चौखटे में भी कई साधारण बातें आश्वस्त कर सकती हैं। मसलन, घर-घर सम्पत्तिपत्रों में पत्नी का नाम जोड़े जाने के कानून को बने चार साल हो गए हैं। उसका कार्यान्वयन करने से कई महिलाओं को आत्मसम्मान और सुरक्षा मिल सकती है। ग्राम पंचायतों को कई अधिकार प्रदान करनेवाले संविधान-संशोधन को डेढ़ दशक हो गया है। अगर उन कानूनों के प्रावधानों के लिए संघर्ष हो जाए तथा प्रत्यक्ष में उसका कार्यान्वयन किया जाए तो सत्ता का विकेन्द्रीकरण और लोकतंत्र को प्रभावशाली तरीके से मजबूत किया जा सकता है।

तीसरा सूत्र है : रचनात्मक संघर्ष। इसमें रचनात्मकता दो प्रकार की है। पहली बात यह कि मनुष्य को खुद में बदलाव लाना होगा, पर्यावरण विरोधी आत्मघाती जीवनशैली का त्याग करके पर्यावरण-संगत आत्मविकासशील जीवनशैली को स्वीकार करना होगा। दूसरी बात यह कि सामूहिक स्तर पर किए जानेवाले निर्मल ग्राम जैसी योजनाओं के माध्यम से लोगों की जीवनशैली में काफी बदलाव आ जाता है, इस वास्तविकता को स्वीकारना होगा। हर परिवार में बनाया गया शौचालय महिलाओं का सम्मान बढ़ाता है तथा गाँव में आनेवाली बीमारियों पर भी प्रतिबन्ध लगाता है। रचनात्मक संघर्ष भी कई जगहों पर सम्भव है तथा जनता के जीवन में अच्छे बदलाव भी ला सकता है। मतदान के द्वारा शराबबन्दी से लेकर जमीन के पुनर्वितरण की माँग और पानी के समान वितरण तक के सभी संघर्ष इसमें आते हैं।

हमें ऐसा लगता है कि उपर्युक्त प्रस्तुति के द्वारा खुद को कालबाह्य करनेवाली समस्या हल हो सकती है। लेकिन एक बात स्पष्टता से कहनी होगी कि केवल कानून तथा सच्चे कार्यकर्ताओं के द्वारा समाजवादी परिवर्तन नहीं हो सकता। लोकतांत्रिक समाजवाद ने राज्य-संस्था के स्वरूप के सन्दर्भ में निर्मित समस्याओं को अपने तत्व-विचारों में हल नहीं किया है। राज्य-संस्था की मदद लेना अपरिहार्य होने के बावजूद भी उसके विरोध में समाजवादी राजनीति को प्रमुखता से संघर्ष करना होगा। इसके लिए राज्य-संस्था पर नियंत्रण रखकर उसमें सुधार करना तथा पराजित करने का प्रयास एक ही समय करना होगा। मार्क्स, गांधी और आचार्य जावड़ेकर ने भिन्न तरीके से सुझाव दिए हैं। पूँजीवादी राज्य-संस्था पक्षपाती होती है इसलिए उसके विरोध में मार्क्सवाद ने मजदूरों के सत्ताग्रहण के रास्ते का सुझाव दिया। यह रास्ता समाजवाद के आर्थिक उद्देश्य से संगत है, उसके बावजूद भी नैतिक उद्देश्य से संगत नहीं मानकर भारत के लोकतांत्रिक समाजवादी साम्यवाद से अलग हो गए। इसके विपरीत मान लिया कि गांधी के सत्याग्रह से समाजवाद के नैतिक उद्देश्य तक पहुँचने का अहिंसक क्रान्ति-तंत्र मिला है।

मार्क्स के समाजवाद को अहिंसा का साथ, यह समीकरण आकर्षक लगता है लेकिन उसका कार्यान्वयन करना बहुत ही कठिन है। लोकतांत्रिक समाजवाद ने गांधी जी के अहिंसा और सत्याग्रह का प्रमुखता से रणनीतियों के स्तर पर मार्क्स के हिंसक राजनीति के पर्याय के रूप में उपयोग किया है। सच में देखा जाए तो, हिंसा और अहिंसा के निकष पर हिंसा के प्रत्यक्ष उपयोग से सम्बन्धित ना रहते हुए, उपलब्ध सत्य के प्रकाश में, सबसे अन्यायग्रस्त और निम्न स्तर के समूह के द्वारा किए गए राजनीतिक हस्तक्षेप ही इस अहिंसा का स्वरूप हैं, ऐसा *साधना* के पूर्व सम्पादक आचार्य जावड़ेकर ने लिखा है। इसके सम्बन्ध में आदर्श आकलन ना होने से लोकतांत्रिक समाजवाद का मतलब राज्य-संस्था पर कब्जा करने की सत्ता की लड़ाई हो गया है। वैश्वीकरण के तूफान में भारत की राज्य-संस्था द्वारा कल्याणकारी नकाब फेंक देने के बाद लोकतांत्रिक समाजवादी आन्दोलन के कई कार्यकर्ता राज्य-संस्था के साथ हो रहे संघर्ष को छोड़कर स्थानीय स्तर पर सीमित संघर्ष की ओर मुड़ गए अथवा कल्याणकारी कार्य करनेवाली संस्थाओं में शामिल हो गए। इस पृष्ठभूमि को ध्यान में रखकर लोकतांत्रिक समाजवाद द्वारा वंचित समूहों की कई समस्याओं से सम्बन्धित आन्दोलनों में उन जनसमूहों की सहभागिता का जोड़ देना जरूरी है। इससे ही लोकतांत्रिक समाजवाद का विचार, जनाधार और राजनीतिक बदलाव आगे बढ़ सकता है। इस मर्यादा में आज की प्रतिकूल परिस्थिति में कार्य करने के लिए कई अवसर हैं इसलिए ही लोकतांत्रिक समाजवाद के लिए आनेवाला समय अनुकूल होगा।

[26 जनवरी, 2008]

समाजकार्य की राजनीति

फातिमाबी...आन्ध्र प्रदेश के करनूल जिले के कल्वा गाँव की अनपढ़ मुस्लिम महिला। भारत के अधिकांश पिछड़े इलाकों में से एक गाँव। सुविधाओं की कमी, लड़कियों की शिक्षा पर पाबन्दी, नाबालिग विवाह, जातिभेदों के विचारों से ग्रसित।

फातिमाबी कभी स्कूल नहीं गई न ही कभी गाँव के बाहर कदम रखा था। पति फल बेचने का काम करता था। कभी-कभार वह फल बेचने के लिए गाँव के बाहर भी जाता था। अपने पति से थोड़ा-बहुत बाहरी ज्ञान भी मिलता था। अपने बच्चों के साथ गृहस्थी सँभालनेवाली फातिमाबी जैसे एक भारतीय प्रतिनिधिक महिला थी। पुरुषों के सामने बोलने की उसकी हिम्मत नहीं थी। महिलाओं के लिए ग्राम पंचायत में आरक्षित सीटें थीं इसलिए वह चुनाव में खड़ी हो गई। खुद की उम्मीदवारी अर्जी पर हस्ताक्षर करने तक भी उसके पास ज्ञान नहीं था।

अन्तरराष्ट्रीय स्तर पर प्रशंसा

फातिमाबी...औद्योगिकता को बढ़ावा देकर दरिद्रता दूर करनेवाले सरपंच के रूप में संयुक्त राष्ट्र संघ की ओर से दिए जानेवाले पुरस्कार के लिए उसका चयन हो गया। संयुक्त राष्ट्र संघ के मुख्यालय में अध्यक्ष कोफी अन्नान ने एक बड़े समारोह में उसको पुरस्कार प्रदान किया। उसका नाम है, 'गरीबी के विरुद्ध जंग'। संयुक्त राष्ट्र संघ ने इसके लिए पूरे विश्व से पाँच कर्तृत्ववान लोगों को चुना। एशिया-प्रशान्त विभाग का प्रतिनिधित्व फातिमाबी ने किया। डोमिनिक प्रजासत्ता की सोनिया बेलद्रे, फ्रांस की निकोल रोवेट, जॉर्डन की नियस्सर अलसाबी और युगांडा की एदिख वाक्मीर अन्य पुरस्कार विजेता थे।

सरपंच बनी फातिमाबी द्वारा बिना अधिक प्रचार किए समर्थता तथा सहजता से तीन साल में किया गया विकास अचम्भित करनेवाला था। गाँव की महिलाओं को संगठित करके उसने कार्य शुरू किया। इस संगठन का नाम तेलुगु में है, 'प्रॉड्डू' : गाँव की महिलाओं के छोटे-छोटे गुट बनाए गए हैं। हर गुट में 12 से लेकर 14 सदस्य होते हैं। सप्ताह में एक बार बैठक का आयोजन किया जाता है। खुद की समस्याएँ, ऋण लेना, गाँव का विकास आदि विषयों पर वे खुली चर्चा भी

करती हैं। कृति-कार्यक्रम का आयोजन करती हैं। एक-दूसरे को मदद करनेवाले, आधार देनेवाले महिला गुट बहुत महत्त्वपूर्ण साबित हुए हैं। गाँव में बदलाव लाने की शुरुआत उन्होंने की है।

- गाँव में शादी के लिए लड़कियों की उम्र बारह से बढ़ाकर अट्ठारह कर दी।
- गाँव के बच्चे विशेषत: लड़कियाँ जानवर चराने के लिए जाती थीं। शिक्षा से उनका कुछ भी सम्बन्ध नहीं था। इस पर रोक लगाई गई। दिन में उनको बुनाई का प्रशिक्षण दिया गया। उससे अर्थार्जन की व्यवस्था हो गई। रात में उनको शिक्षा दी जाने लगी।
- गाँव में सीमेंट के रास्ते बनाए गए। पीने का साफ पानी तथा बिजली की सुविधा दी जाने लगी।
- बचत कैसे की जाए? इसके बारे में गाँववालों को बताया गया। बचत कितनी भी हो, वह करनी होगी, यह नियम बनाया गया। आगे चलकर हर परिवार से 30 रुपए से बचत शुरू करके 30 लाख रुपए की निधि जमा हो गई। गाँव के जिन लोगों को ज़रूरत है, उन लोगों को खेती, छोटे-बड़े उद्योग, व्यवसाय, घर बनाने के लिए निश्चित कर्ज दिया जाने लगा, वह भी दो प्रतिशत ब्याज पर। बाँग्लादेश की तरह ग्रामीण बैंक की धरातल पर सस्ती ब्याज योजना के कारण क्रान्ति आ गई।
- खेती तथा मजदूरी पर जानेवाली महिलाओं के बच्चों के लिए पालनाघर शुरू किए गए।
- किसी परिवार के मुखिया का अचानक निधन होने पर सरकारी मदद की राह देखे बिना उसे 10 से 15 हजार रुपए दिए जाने का प्रबन्ध किया गया।
- इस सक्रिय पहल का सम्मान करते हुए यूनो द्वारा 10 लाख रुपए की मदद गाँव को मिली। इसी वजह से मुर्गीपालन, होटल शुरू करने तथा बोरवेल खोदने जैसे कार्यों के लिए थोड़ी-बहुत रकम देना सम्भव हो गया।

गाँव की समस्याएँ गाँव में ही हल की जानी चाहिए, इस सिद्धान्त को फातिमाबी प्रत्यक्ष में लाई। गाँव के विकास के लिए गाँव की ताकत का उपयोग किया। गाँव का भरोसा जीत लिया। कोई भी महिला अपने घर की देखभाल आत्मीयता और दृढ़ता से करती है; परिवार के साथ-साथ गाँव का भी विकास हुआ। उनमें समस्याओं को हल करने की दृढ़ता आ गई और उसने उन्नति के आन्दोलन का रूप ले लिया।

वैश्वीकरण के साथ मानवी विकास भी होना चाहिए

अवसर मिलने पर महिलाएँ कितना कुछ कर सकती हैं, इसका एक उदाहरण फातिमाबी है। आंध्र की महिलाओं ने हाल ही में शराबबन्दी का कार्य करते हुए सरकार को भी शराबबन्दी करने के लिए मजबूर किया था। पूरी शराब बन्द करके

भारत के सामने एक नया आदर्श स्थापित करने के लिए महिलाओं के आन्दोलन ने राज्य सरकार को बाध्य किया था। (आगे जाकर इसके प्रति सरकार की पूरी सजगता और निश्चय नहीं होने से शराबबन्दी उठ गई। शराबबन्दी उठने के बाद भी महिलाओं के आन्दोलन का महत्त्व कम नहीं हो जाता।)

विशेष बात यह है कि 'वैश्वीकरण के साथ-साथ मानवी विकास के लिए भी महत्त्व दिया जाना चाहिए', ऐसा विचार जिस समय अर्थशास्त्र के नोबेल पुरस्कार प्राप्त पहले भारतीय अमर्त्य सेन अपनी पहली संवाददाता वार्ता में व्यक्त कर रहे थे उसी दिन अविकसित देश के अल्पसंख्यक मुस्लिम समाज की ग्रामीण महिला को अपनी 'ग़रीबी के विरुद्ध जंग' के लिए पुरस्कार दिया जा रहा था। प्राकृतिक आपदाओं के समय भी स्त्री-पुरुष भेद कैसे किया जाता है और महिला तथा लड़कियों को कैसे हानि पहुँचती है, इसको अमर्त्य सेन ने प्रमाणित किया है। इसके कारण स्त्री-साक्षरता और स्त्री-स्वावलम्बन आदि बातें विकास का सार साबित होती हैं। मानव संसाधन विकास मंत्रालय बहुत महत्त्वपूर्ण विभाग समझा जाता है। नरसिंह राव एक समय में उस मंत्रालय के मंत्री थे, आज वह मंत्रालय मुरली मनोहर जी के पास है। प्रशासकीय चौखट में जो चाहे घटित हो लेकिन दरिद्रता का हल नोबेल विजेता सेन बताते हैं और भारत के सुदूर क्षेत्र में मौजूद गाँव की महिला-सरपंच को उस प्रकार के कार्य के लिए पुरस्कार मिलता है, इस कारण देश की उम्मीदें बढ़ जाती हैं। देश का विकास दिल्ली पर नहीं बल्कि स्थानीय नेतृत्व पर निर्भर है, इसे इस उदाहरण ने पुनः स्पष्ट किया है। मानव विकास का मतलब उस गाँव का विकास नहीं है बल्कि वहाँ के लोगों का विकास है, यह संदेश फातिमाबी के कर्तृत्व के कारण सामने आया है। ग्रामीण भारत के समाज सेवकों को इस बात को समझना चाहिए या उनको यह समझाना चाहिए।

ग्राम-विकास की वर्तमान कल्पना

ग्रामीण बदलाव की आज प्रचलित राजनीतिक कल्पना कौन-सी है और जो भी है, उसे कुंठित अवस्था कैसे प्राप्त हुई, इसको इस अवसर पर स्पष्ट किया जा सकता है। गाँव के विकास के लिए कुछ मानदंड 'कांग्रेसी' राजनेताओं ने बनाए और सत्ताधारी पार्टियों के बदलने के बाद भी उसे मान्यता मिली रही। इन मानदंडों के अनुसार गाँव का विकास करने का मतलब है : गाँव तक सड़क लाना, गाँव में बसों की ज्यादा-से-ज्यादा सुविधाएँ बढ़ाने के लिए प्रयास करना, गाँवों में बिजली की व्यवस्था करना, प्राथमिक आरोग्य केन्द्र या कम-से-कम उप केन्द्र शुरू करना, माध्यमिक पाठशाला या कम-से-कम प्राथमिक पाठशाला शुरू हो इसकी माँग करना, बाँधों का पानी गाँव में आ जाए और रासायनिक खाद की कीमत में छूट मिल जाए, तो यह नेताओं द्वारा किया गया बहुत बड़ा कार्य हो जाएगा।

इन सभी बातों की जरूरत थी, जहाँ इसकी पूर्ति नहीं हुई, वहाँ आज भी जरूरत है। परन्तु गाँवों के इस विकास के साथ मानव-विकास को साथ नहीं जोड़ने से कौन-सी आफत आ गई है, इसके लिए महाराष्ट्र के उपर्युक्त कई तथाकथित 'विकसित' गाँव गवाह हैं। भारत में सभी जगहों पर यह स्थिति है। गाँव की सड़कें पक्की हों, ऐसा तीखा आग्रह करनेवाले गाँववाले अपने गाँव की सड़क स्वयं के प्रयासों से ठीक से नहीं बनवाते हैं, ना ही अच्छी रखते हैं। सच कहा जाए तो यह सड़क हर व्यक्ति के घर तक जाती है और गाँव में आनेवाली सड़क से भी अधिक बार उसका उपयोग किया जाता है। राजनीतिक दबाव से बसों की संख्या बढ़ाई जाती है और यात्रियों की संख्या कम होने के कारण बस को घाटा सहना पड़ता है। स्वाभाविक ही टिकट का किराया बढ़ जाता है। गाँव में प्राथमिक आरोग्य केन्द्र बनने के बाद नेताओं का दायित्व खत्म हो जाता है। नेता के परिवार को मुफ्त में दवाइयाँ मिलने के बाद, क्या सरकारी डॉक्टर निजी प्रैक्टिस करता है या गाँव में रहने के बजाय शहर से आना-जाना करता है, यह भी नहीं देखा जाता। स्कूल में अध्यापक कितने समय तक होते हैं और वह कितनी ईमानदारी से काम करते हैं, यह भी खोजबीन का विषय है। महाराष्ट्र के स्कूलों में तीसरी-चौथी के छात्र दस्तखत भी नहीं कर पाते, यह कड़वी सच्चाई है। गाँव में बिजली होनी ही चाहिए लेकिन खेती के लिए चोरी करके मुफ्त में बिजली का उपयोग किया जा रहा है। महाराष्ट्र में बिजली आपूर्ति में से करीबन 30 प्रतिशत की चोरी होती है। यह सच है कि गाँव में राशन दुकान में माल अपर्याप्त आता है लेकिन जितना भी आता है, वह भी मिलीभगत से गायब होता है, यह एक खुली वास्तविकता है। बाँध का पानी गाँव में आता है लेकिन उस पानी की भी चोरी होती है और उपयोग भी अमर्यादित है। खेती में रासायनिक खाद का विपुल उपयोग करने की वजह से उर्वर जमीन अन-उपजाऊ बन जाती है। सांगली जिले में हजारों एकड़ सिंचित जमीन अनउपजाऊ बन गई है, यह गम्भीर हकीकत सामने आई है। परन्तु सिंचन-समृद्धि के कारण जो दुष्प्रभाव पड़ जाते हैं, उसकी आदत-सी हो जाती है। दहेज, धूमधाम से की जानेवाली शादियाँ, व्यसनाधीनता, इन सिंचित गाँवों की समस्याएँ हैं।

गाँव के विकास का ठेका लेनेवाले नेताओं के पास इस बरबादी का उत्तर नहीं है। नेता इसकी जिम्मेदारी नहीं लेते हैं। दुर्भाग्य से मतदाता भी उनसे सवाल पूछने की हिम्मत नहीं दिखाते हैं। केवल मतदान के द्वारा अपनी नाराजगी व्यक्त करते हैं। चुनाव में बड़ा नुकसान नहीं हो इसलिए नेता पैसा, जाति, गुंडागर्दी का उपयोग करता है। इसके बाद जो भी चुनाव जीतता है, दुर्भाग्य से वह भी "विकास" के इसी प्रतिमान को दोहराता है।

परिवर्तनवादी शक्तियाँ गाँव के विकास की ओर अलग दृष्टि से देखती हैं। रोजगार गारंटी योजना के अन्तर्गत कार्य करना, खेतिहर मजदूर को जमीन दिलाना

या थोड़ा-बहुत रोजगार दिलाना, दलित या पिछड़े वर्गों की समता के प्रश्न उठाना, महिलाओं पर किए जानेवाले अत्याचार तथा गाँवों में हो रहे भ्रष्टाचार के विरोध में आवाज उठाना, इस तरह के प्रयास होते हैं। इस तरह के प्रयासों को पहले भी सफलता नहीं मिली थी और दिन-ब-दिन उसके सन्दर्भ ही बदल रहे हैं। रोजगार गारंटी योजना के अन्तर्गत किए जानेवाले कार्य बहुत तेजी से कम हो रहे हैं। जमीन का क्रान्तिकारी पुनर्वितरण जैसे प्रश्न एजेंडे से हट गए हैं। दलित-पिछड़े वर्ग के प्रश्नों को मंडल आयोग ने राजनीतिक परिमाण दिलाया है। संक्षेप में, गाँव के प्रश्नों को लेकर संघर्ष कठिन बन गया है। परिवर्तनवादियों की असफलता का यही एक कारण है।

फातिमाबी की राह : समाजकार्य की राजनीति

कार्य करने की जो खासियत है, वह फातिमाबी की सफलता की कुंजी है। गाँव का विकास, अर्थात वहाँ के लोगों की आत्मनिर्भरता और सहभाग का एक उदारहण फातिमाबी ने पेश किया है। ऐसा नहीं कि सरपंच बनने के बाद केवल फातिमाबी ही अपनी बुद्धि से सोचने लगी बल्कि उन्होंने पूरे गाँव के लोगों को आदत लगाई। आर्थिक और सामाजिक सुधार एक साथ होने चाहिए, यह विचार न्यायमूर्ति महादेव गोविंद रानडे द्वारा रखने के बाद भी तिलक-आगरकर के अलग-अलग पन्थ बन गए जिसकी वजह से सामाजिक सुधार रुक गया। विकास के क्षेत्र में विश्वविख्यात कार्य करनेवाली फातिमाबी के उदाहरण से कहा जा सकता है कि उसने सामाजिक संगठन, दरिद्रता उन्मूलन, महिला स्वावलम्बन जैसे जस्टिस रानाडे के दर्शन को बिना पढ़े भी समझ लिया।

महाराष्ट्र के कई गाँवों में किसी-न-किसी रूप से फातिमाबी की राह पर लोग चल रहे हैं, उसमें भी महिलाएँ आगे हैं। महाराष्ट्र में मानव विकास और समाज-कार्य की स्थिति पर नजर डाली जाए तो थोड़ी आशाजनक स्थितियाँ है।

महाराष्ट्र की स्थिति

गाँव में कई महिला मंडल बन रहे हैं। महिलाएँ एक साथ आकर अपनी समस्याओं को हल कर रही हैं, यही एक राजनीतिक घटना है। एक ओर, वे पारिवारिक जिम्मेदारियाँ सँभालते हुए पुरुष प्रधान सामाजिक संरचना, परम्परा और संस्कृति का पालन आदि बातों को शिकस्त देकर उससे बाहर निकल रही हैं। दूसरी ओर, महिला मंडल की एकता से उनको संगठन की ताकत मिल जाती है। तीसरी बात, यह कि कानून के द्वारा उनको ग्राम पंचायत में जगह मिल रही है। यह अवसर मिलने पर महिलाएँ कैसे सोचती हैं और क्या करती हैं, इसके मार्गदर्शक आदर्श सामने आ रहे हैं।

स्वयं सहायता समूह का आन्दोलन महाराष्ट्र में बहुत फैला हुआ है। महिलाओं में बचत का महत्त्व, ताकत तथा विनियोग की समझ आ गई है। ग्रामीण क्षेत्र में आज भी अधिक ब्याज पर गैर-कानूनी साहूकारी अस्तित्व में है। छोटी-बड़ी बीमारियाँ तथा पारिवारिक समस्याएँ जब आती हैं तब साहूकार के पास न जाकर अपनी बचत से ही जरूरतें पूरी हो सकती हैं, यह सीख उनको मिल रही है। पैसा कमाना जितना जरूरी है उतना ही महत्त्वपूर्ण है कि उसकी बचत कैसे की जाए। ग्रामीण महिलाओं की दरिद्रता और दुख का प्रमुख कारण उसका शराबी पति और उसके लड़के हैं। इसलिए व्यसाधीनता के विरोध में किसी भी कार्य के लिए समूह, पन्थ, पार्टी, धर्म, जाति को बगल में रखकर उनका समर्थन मिलता है। अच्छा नेतृत्व मिल जाए तो ये महिलाएँ देसी-शराब की दुकान को कानून की सहायता से प्रस्ताव-सम्मत करके बन्द करवाती हैं। रणरागिनी बनकर गैर-कानूनी दारू की भट्टी को भी ध्वस्त कर देती हैं। शराब पीकर घर पहुँचनेवाले पति को संगठन की मदद से रातभर घर के बाहर ही खड़ा कर देती हैं। शराब उन्मूलन हो न हो, लेकिन प्रभावशाली नियंत्रण होने से भी घर में सुख आएगा और समाज का विकास होगा, इसका विश्वास इन महिलाओं को है। काउंसिलिंग सेंटर (समझौता केन्द्र) जैसा एक और सामाजिक उपक्रम शुरू किया जा रहा है जिसमें तलाक से सम्बन्धित समस्याएँ होती हैं, परित्यक्ता महिलाओं की समस्याएँ होती हैं, शादीशुदा महिलाओं पर अन्याय-अत्याचार किया जाता है, पारिवारिक कलह होते हैं, इसके साथ ही पड़ोसियों के बीच होनेवाले झगड़ों की समस्याएँ हैं। आज इनका एक ही रास्ता है : पुलिस या न्यायालय का। पहला रास्ता भ्रष्टाचार है और दूसरा रास्ता विलम्ब का। ये झगड़े परिवार तथा परिवार में शिकार हो रही स्त्री का मानसिक, भावनात्मक और आर्थिक स्वास्थ्य बरबाद करते हैं। न्याय प्राप्ति का भरोसा नहीं है। इसके लिए समझौता-केन्द्र का विकल्प सही साबित होता है। जिन लोगों को झगड़ा करने का शौक होता है, ऐसे लोगों को दूर रखकर दोनों पक्षों के लोगों को एक साथ बिठाकर बहुत कम समय में समझौता होता है। वह सबके लिए अच्छा साबित होता है।

महाराष्ट्र में कई जगहों पर अनपढ़ महिलाओं को अनौपचारिक लेकिन वैज्ञानिक पद्धति से खेती का प्रशिक्षण दिया जा रहा है। यह अनुभव रहा है कि अनपढ़ फातिमाबी जितनी कुशलता से सरपंच की जिम्मेदारी सँभालती है, उतनी ही कुशलता से अनपढ़ महिला छोटे बगीचों की जैविक खेती समझ लेती है। ग्रामीण क्षेत्र में अधिकांश लोगों के पास दो-पाँच 'गुंठे' खुली जमीन होती है, उसमें स्थानीय उपकरणों की सहायता से और विज्ञान का आधार लेकर आधुनिक खेती कैसे की जाए, उसका प्रयोग महिलाओं को नई जीवन दृष्टि प्रदान करता है जिससे उनका थोड़ा-बहुत आर्थिक स्वावलम्बन भी होता है। खान-पान में सुधार करने से अच्छा स्वास्थ्य भी प्राप्त होता है। मुख्यत: अर्थकारण से सम्बन्धित नया आत्मविश्वास बढ़ता है। कुछ जगहों

पर अनौपचारिक शिक्षा की प्रक्रिया महिलाओं के जीवन के सभी प्रश्नों में लागू की जाती है इसलिए बन्धनों से मुक्त करनेवाला विवेक महिलाओं में आ जाता है।

वर्तमान राजनीति

ऐसी उथल-पुथल में उनमें से कुछ महिलाएँ ग्राम पंचायत के चुनाव जीतती हैं। यह सच है कि उनके वर्गीय, जातिगत हित-सम्बन्ध होते हैं परन्तु गाँव में अगर उनका संगठन अच्छा है तो ग्राम पंचायत का कारोबार अधिक जनोन्मुख होता है। सरकारी योजनाएँ गरीबों तक पहुँचने की सम्भावना बढ़ जाती है। सफाई का स्तर भी बढ़ जाता है। लड़कियों की शादी की उम्र बढ़ जाती है। गाँव के झगड़े गाँव में ही सुलझाए जाते हैं। परन्तु यहाँ वर्तमान संरचना की सीमा आ जाती है। चुनकर आनेवाली प्रतिनिधि महिलाओं को प्रशिक्षण देने के बाद भी ये त्रुटियाँ दूर नहीं हो सकतीं क्योंकि समस्या मूल ढाँचे में ही है।

वर्तमान विकास-कल्पना ऊपर से लेकर नीचे तक ऐसी ही है। इस वजह से दो नुकसान होते हैं। एक तो, गाँव के लोगों से बिना पूछे ही कार्य किए जाते हैं और उसे ही "विकास" का नाम दिया जाता है। गाँव में एक बड़ा समाज-मन्दिर बनाने पर एक कदम आगे बढ़ाया है, ऐसी धारणा बन जाती है मगर इस समाज-मन्दिर का सर्वांगीण उपयोग करने की योजना, प्रशिक्षण देने तथा क्षमता बढ़ाने का सम्बन्ध विकास में नहीं होता है। दूसरी बात, यह कि आर्थिक डोर आज भी बड़े लोगों के हाथ में होती है। जवाहर योजना के अलावा अन्य योजनाओं की निधि सीधे गाँव में नहीं आती है और जवाहर योजना की निधि भी डी.आर.डी.ए. के माध्यम से दी जाती है। तो क्या होना चाहिए?

समाज-कार्य के राजनीति की त्रिसूत्री

1. गाँव के विकास का नियोजन गाँव के स्तर पर हो।
2. गाँव की साधन-सम्पत्ति का गाँव के नाम से पंजीकरण होना चाहिए।
3. सरकार द्वारा मिलनेवाली आर्थिक मदद सीधे गाँव में आनी चाहिए और उसे खर्च करने का अधिकार ग्राम पंचायत और ग्रामसभा को मिलना चाहिए।

सच कहा जाए तो इसमें अलग और कठिन क्या है? प्रमुख उलझन यह है कि गाँव स्वयंपूर्ण बनने से तहसील-सभापति, विधायक, सांसद द्वारा मदद मिलने के लिए इंतजार करने की जरूरत नहीं होगी। फातिमाबी को यूएनओ द्वारा 10 लाख रुपए मिलने से आर्थिक ताकत बढ़ गई। अगर खुद के हक के पैसे गाँव में आ जाएँगे तो विदेशी मदद की जरूरत नहीं पड़ेगी।

अधिकार प्राप्त ऐसी ग्राम पंचायत, विशेषत: उसमें महिलाओं की प्रमुख सहभागिता होगी तो ऐसा मान सकते हैं कि वह फातिमाबी की राह पर चलेगी।

आज जो कानून अस्तित्व में हैं उनके आधार पर बहुत कुछ किया जा सकता है। गाँव का ग्राम-रक्षक दल गैर-कानूनी शराब और शराबियों पर रोब जमा सकता है। शिक्षक स्कूल में समय पर आते हैं या नहीं? वे क्या पढ़ाते हैं? इसके बारे में गाँव की शिक्षा समिति पूछताछ करेगी। राशन सुरक्षा समिति (राशन की दुकान से सम्बन्धित समिति) राशन से सम्बन्धित घोटालों पर रोक लगाएगी। आज यह दल और समितियाँ नाममात्र हैं तथा उनके पास आर्थिक और प्रशासनिक अधिकार ना के बराबर हैं। अगर उनको अधिकार मिलेंगे तो बड़ा परिवर्तन हो सकता है! महिला मंडल और युवा मंडल सक्षम हो जाएँ तो ग्रामसभा अधिक प्रभावशाली बन सकती है। कुल मिलाकर फातिमाबी की राह पर चलने से हर गाँव में कुछ बदलाव हो सकता है। अगर ऐसा हुआ तो आज की राजनीति की रूपरेखा ही बदल सकती है। फातिमाबी को पुरस्कार मिलने का मतलब उनके विचारों को अन्तरराष्ट्रीय स्तर पर स्वीकृति मिलने-जैसा है।

और इसमें नया क्या है? क्या मोहनदास करमचंद गांधी जैसे इस शताब्दी के महामानव ने यही सपना भारतवर्ष के सामने नहीं रखा था?

[31 अक्तूबर, 1998]

गोलवलकर की सत्ता आ जाए तो...

राष्ट्रीय स्वयंसेवक संघ का राष्ट्र-निर्माण का विचार प्रतिगामी, संकुचित और राष्ट्रीय एकता को बड़ी हानि पहुँचानेवाला है। भारतीय संविधान में जिस संकल्प का जिक्र किया गया है उस लोकतांत्रिक समाजवादी धर्मनिरपेक्ष वैज्ञानिक दृष्टिकोण को स्वीकारने के रास्ते का अड़ंगा है, यह बात कई बार स्पष्ट हुई है। राष्ट्रीय स्वयंसेवक संघ का वैचारिक पोषण प्रमुखता से सरसंघचालक गोलवलकर की विचारधारा से हुआ है। लेकिन अपना सच्चा चेहरा लोगों के सामने न आ जाए इसलिए संघ की मंडली कई नकाब पहनकर जनता को गुमराह करती रहती है। गोलवलकर 1940 से लेकर 1973 तक सरसंघचालक थे और उनके विचारों की विरासत पर संघ को आज भी गर्व है। इसलिए गोलवलकर गुरुजी की जन्मशताब्दी के अवसर पर उनके विचारों के विघातक, विपरीत, विद्वेषी विचारसूत्रों को समझना चाहिए।

'कट्टर हिन्दुत्ववादी होना' संघ की दृष्टि से और गुरुजी की प्रस्तुति के अनुसार प्रमुख मुद्दा है। गोलवलकर गुरुजी का हिन्दुत्व सीधा जातिगत, धार्मिक और वांशिक अहंकार पर आधारित था। मुसलमान, क्रिश्चियन, साम्यवादी और समाजवादी आदि के विरोध पर आधारित नकारात्मक हिन्दुत्व गोलवलकर ने अपने शिस्तप्रिय अनुयायियों में बीजारोपित किया तथा बढ़ाया। आक्रामक विस्तारवादी तथा प्रखर द्वेष पर आधारित राष्ट्रवाद की रचना की। चातुर्वर्ण का खुलेआम समर्थन करके ब्राह्मणी मूल्यों का आधार और वर्ण-श्रेष्ठत्व का रंग हिन्दुत्व को दिया।

इसी समय, वैश्विक मूल्यों के साथ जुड़कर खुद को सनातन हिन्दू मानकर गांधी जी उच्च प्रकार के हिन्दुत्व का आचरण करते थे; खुद को हिन्दू कहते समय वे अच्छे मुसलमान, क्रिश्चियन बनने का प्रयास करते थे। अस्पृश्यता की बात करनेवाले धर्मग्रन्थों के प्रमाणों को नकारते हुए हिंसा और शत्रुभाव को त्याज्य मानकर सभी धर्मों के मनुष्यों के प्रति प्रेम और मित्रभाव रखना तथा अहिंसा का पालन करना, इस तरह का गांधी जी का हिन्दुत्व था। इसी कारण वे बहुसंख्यक समाज की अल्पसंख्यक समाज के प्रति जो जिम्मेदारी है, उसे वे स्पष्ट रूप से बता सके। अस्पृश्यों पर होनेवाले अत्याचार के प्रति वे कृतिशील कार्य कर सके। हिन्दुत्व के लिए उन्हें हिन्दू संगठन की आवश्यकता महसूस नहीं हुई, इसी वजह

से वे हिन्दुत्ववादी नहीं बन सके। खुद बलिदान देकर हिन्दू-मुस्लिम एकता और धर्मनिरपेक्षता को मजबूत बनाया।

यह सब कुछ लिखने का कारण यह है कि गोलवलकर गुरुजी के हिन्दुत्व के सही रंग को लोग समझ सकें। उनका यह विवेचन देखिए : "अपने पूर्वज बहुत ही व्यावहारिक थे। उन्होंने इस तरह की व्यवस्था की थी कि जन्म लेते ही मनुष्य के लिए रोटी की व्यवस्था हो जाए इसलिए भिन्न व्यवसाय करनेवाले लोगों को इकट्ठा करके जाति व्यवस्था के रूप में 'सोशल इंश्योरेंस स्कीम विदाऊट गवर्मेंट इंटरफिअरॅन्स' उन्होंने बनाई। आजकल जाति-व्यवस्था टूटने के कारण यह सोशल इंश्योरेंस स्कीम खत्म हो गई है।" (*श्री गुरुजी समग्र दर्शन*, खंड 4, पृष्ठ 27)

"अपने पूर्वजों ने जो चतुर्वर्ण की रचना की है उसमें व्यक्ति के सन्तोष और अनुशासन सूत्र का स्वेच्छा से स्वीकार और समन्वय किया गया है। इसलिए विश्व के अन्य समाज पर जितने आघात नहीं हुए उनसे कई गुना आघातों को सहन करने के बाद भी हम जिन्दा हैं, यह अपने समाज के इलैस्टिक डिसिप्लिन का फल है।" "...गर्भावस्था से लेकर आगे की सभी अवस्थाओं में सद्गुणों का संस्कार करने की योजना हमारे यहाँ बनाई गई है।... इसी कारणवश कुछ सद्गुणों की निर्मिति हुई है और उससे ही हिन्दू 'हिन्दू' बन गया है।" (*श्री गुरुजी समग्र दर्शन*, खंड 4, पृष्ठ 19 और 27)

ये विचार क्या कहते हैं? जिन संस्कारों की बात गुरुजी करते हैं वे सोलह संस्कार सभी के लिए नहीं हैं। कौन-से संस्कार किसने और कैसे तथा किसने नहीं करने चाहिए, यह धर्म के आधार पर नहीं बल्कि जाति-उपजातियों के आधार पर तय होता है। इस तरह के विषमतावादी सिद्धान्त की रचना करनेवाला तथा उसे समाज पर थोपनेवाला धर्म गोलवलकर को एकात्म राष्ट्रजीवन का आधार लगता है। यह वैचारिक दरिद्रता या धूर्तता है, इसके बारे में किसी भी प्रकार का सन्देह पैदा नहीं हो, ऐसी रचना गोलवलकर ने की है। "ब्राह्मण मुख से, राजा भुजाओं से, वैश्य जांघों से और दलित पैरों से, इस तरह के चातुर्वर्ण्य व्यवस्था वाला 'हिन्दू विराट पुरुष' हमारा देवता है।" (*बंच ऑफ थॉट्स*, दूसरा संस्करण, पृष्ठ 48)

गोलवलकर प्रणीत संघ की दृष्टि से 'जो लोग इस भूमि को पितृभू-पुण्यभू मानते हैं, यहाँ की परम्पराओं का स्वीकार करते हैं, हिन्दू धर्म तथा उसकी संस्कृति का अच्छी तरह से पालन करते हैं, वे हिन्दू कहलाते हैं और हिन्दुत्व का अर्थ है राष्ट्रीयता।' यहाँ के अधिकांश क्रिश्चियन, मुसलमान मूलत: यहाँ के ही हैं। कष्टदायक जाति व्यवस्था के कारण धर्मान्तरित हुई उनकी कई पीढ़ियाँ यहीं बसी रही हैं तथा उन्होंने देश के लिए कार्य किया है। 'यह मुसलमान, क्रिश्चियन लोगों का पुण्यभू देश नहीं है क्योंकि उनके धार्मिक पवित्र स्थान इस देश के बाहर हैं', इस तरह का प्रचार करके संघ उन्हें अराष्ट्रीय साबित करता है। उनको कैसा आचरण करना

चाहिए, इससे सम्बन्धित स्पष्ट आदेश देते समय गोलवलकर गुरुजी लिखते हैं, "उन्हें हिन्दू संस्कृति और भाषा को स्वीकार करना चाहिए, हिन्दू धर्म का सम्मान करना चाहिए, हिन्दू राष्ट्र के उत्कर्ष के अलावा अन्य कोई भी कल्पना मन में नहीं लानी चाहिए, खुद के स्वतंत्र अस्तित्व को भूलकर हिन्दुओं में घुल-मिल जाना चाहिए। अगर ऐसा नहीं किया तो किसी भी अतिरिक्त सहूलियत और नागरिकत्व के मूलभूत अधिकार माँगे बिना पूर्णतः हिन्दू राष्ट्र के अधीन रहना होगा। तीसरा कोई भी विकल्प उनके लिए नहीं है तथा होना भी नहीं चाहिए।" (*आम्ही कोण?,* पृष्ठ 51)। इन सभी बातों का अर्थ यह है कि मुसलमान और क्रिश्चियन गौण दर्जे के नागरिक बनेंगे; साथ ही साथ हिन्दू धर्म के अत्याचारों से मुक्त होने के लिए बौद्ध धर्म स्वीकारने वाले बन्धुजनों को अपने अधिकारों से वंचित रहना पड़ेगा तथा आज जो स्थिति है उससे भी बदतर स्थिति में जीना पड़ेगा। ब्राह्मणी मूल्यों पर श्रद्धा रखनेवाली, शोषण का खुला समर्थन करनेवाली तथा राष्ट्र खत्म हो जाए लेकिन धर्म जीवित रहना चाहिए, इस प्रकार की भूमिका लेनेवाली प्रतिगामी राष्ट्रीयता, यही गुरुजी के विचार तथा संघ की विरासत है। इसका स्पष्टीकरण देते हुए गोलवलकर जाति के आधार पर सामाजिक न्याय के लिए दी जानेवाली सहूलियत का विरोध करते हैं और यह सहूलियत आर्थिक आधार पर दी जाए, यह माँग करते हैं। इसके आगे वे लिखते हैं, "हमारे देश में राजाशाही (राजतंत्र) बहुत ही हितकारक साबित हुई है। हजारों सालों से चली आ रही इस शासन-व्यवस्था के चलते जीवन के हर क्षेत्र में आजादी थी और सभी ओर शान्ति तथा समृद्धि का साम्राज्य था...एक देश, एक राज्य, एक विधानमंडल, एक शासन-संस्था आदि के महान जयजयकार में प्रादेशिक, जातीय, भाषिक तथा अन्य पृथक अभिनिवेश को यत्किंचित भी स्थान ना देना...उसके अनुसार घटना का पुनर्विचार करके उसकी पुनर्रचना करनी चाहिए।" (*विचारधन,* पृष्ठ 21, 193)। स्वाभाविकतः गुरुजी के अनुसार, "अपने राष्ट्र को संपन्नता के शिखर तक पहुँचाने के लिए देश के लोगों को सजग, संगठित तथा आक्रमण का प्रतिकार करने जितना शक्तिशाली बनाना चाहिए। राष्ट्र इसकी मजबूत नींव पर खड़ा रहता है। लोगों के लिए रोटी, कपड़ा, मकान, स्वास्थ्य तथा दवाइयाँ जरूरी होने के बाद भी वे गौण हैं।" (*बंच ऑफ थॉट्स,* पृष्ठ 64)।

समाज में भिन्न विचारधाराओं के समूह होते हैं; उनको अपने हित-सम्बन्धों के लिए संगठित होकर सत्ताधीश बनने का प्रयास करना चाहिए, यह लोकतांत्रिक राजनीति का सूत्र है। समाज के शोषित, पीड़ित, अन्यायग्रस्त लोकसमूह तथा जाति-जमातियों की समस्याओं को लेकर संघर्ष करनेवाली लोकतांत्रिक समाजवाद, साम्यवाद जैसी विचारधाराओं विदेशी होने के कारण जिस प्रकार गोलवलकर ने उनका विरोध किया है वैसे ही उनके लोकतांत्रिक अधिकारों के लिए सच्चे संघर्ष का विरोध उन्होंने विघटनकारी और अराजक समझकर किया है।

गोलवलकर गुरुजी के जन्म शताब्दी वर्ष में रा.स्व. संघ (RSS) ने उनके विचार जनता तक पहुँचाने पर जोर देने की घोषणा की थी। उनमें से कई पहलू समय की कसौटी पर खरे उतरते हैं और समस्याओं को हल करनेवाले साबित होते हैं, ऐसा उनका दावा है। गोलवलकर के उपर्युक्त विचार संघ को स्वीकार नहीं हैं, ऐसा कभी भी उसने नहीं कहा है। भले ही संघ को वे मार्गदर्शक लगते हों परन्तु भारतीय संविधान को अभिप्रेत लोकतांत्रिक, समाजवादी, धर्मनिरपेक्ष और राष्ट्र के निर्माण के लिए वे मार्गदर्शक नहीं हैं बल्कि मारक हैं। जिन-जिन लोगों को समाजवादी भारत निर्माण पर आस्था है, उन्हें रा.स्व. संघ द्वारा बनाई गई भूलभुलैया में फँसना नहीं है। 'गोलवलकर की सत्ता आ गई तो...' सरसंघचालक गोलवलकर गुरुजी के मन के ढाँचे को समझना होगा और उसके माध्यम से आम जनता को सतर्क करने का कार्य 'राष्ट्रकार्य' के रूप में निरन्तर करना होगा।

[24 फरवरी, 2007]

विविधा

संस्कारशील राजनेता

राजनीति हित-सम्बन्धों का खेल है। अनुभवी राजनेता उसका सूत्रधार होता है। हम अपना तथा समाज का प्रतिनिधित्व करते हैं, उन हित-सम्बन्धों की रक्षा करने का काम सूत्रधार को करना पड़ता है। उसके प्रति राजनेता कठोर होते हैं। दयाभाव दिखाना उनके लिए आसान नहीं होता है। सफल होनेवाले हर राजनेता के पास हर स्तर पर हो रही राजनीति के लिए आवश्यक गुण महत्त्वपूर्ण होता है।

यशवंतराव चौहान सुसंस्कृत राजनेता थे। विलासराव देशमुख ने भी इन संस्कारों को स्वीकार किया था। इसका मतलब इतना ही है कि राजनीति में वे पक्के राजनेता थे लेकिन उसके आगे समाज-जीवन की एक परिधि होती है, इसकी समझ उनको थी। राजनीतिक हित-सम्बन्धों का सीधा टकराव इस क्षेत्र में नहीं है, यह प्रतिभासंपन्नता थी। हमारी वजह से अगर इस क्षेत्र में अच्छा घटित हो रहा हो (और अपनी सत्ता की राजनीति पर इसका कोई असर न पड़ता हो) तो उसे होने देना चाहिए, ऐसी उनकी धारणा थी। ऐसा घटित होने के लिए अन्य क्षेत्र में किसी व्यक्ति या संस्था द्वारा खुद उनके विरोध में आन्दोलन किया गया है, इसको नजरअन्दाज करने की उनकी यह उदारता उनकी राजनीतिक परिपक्वता का आविष्कार थी। अर्थात, यह करने के लिए वे सत्ता का उपयोग करते थे, उसके लिए अधिक प्रयास नहीं किया जाता था लेकिन हम भलाई चाहते हैं, ऐसा समाज को लगे इस तरह का व्यवहार किया जाता था।

इसके सन्दर्भ में अन्धश्रद्धा निर्मूलन समिति का कार्यकर्ता और *साधना* पत्रिका के सम्पादक के रूप में भिन्न नहीं बल्कि परस्पर विरोधी भूमिका निभाते समय मुझे जो विलासराव को लेकर अनुभव आया वह इस तरह :

विलासराव सत्य साईंबाबा के परम भक्त थे। बाबा के चमत्कारों पर उनकी श्रद्धा थी। सत्य साईंबाबा लातूर जिले में आनेवाले थे, उनके विरोध में लातूर जिला अन्धश्रद्धा निर्मूलन समिति ने बड़ा आन्दोलन खड़ा किया। तनावपूर्ण स्थिति पैदा हो गई थी। सत्य साईंबाबा के आने से दो दिन पहले लातूर ही नहीं बल्कि आसपास के कई जिलों के कार्यकर्ताओं को पुलिस ने हिरासत में ले लिया था। विलासराव की उपस्थिति में बाबा का कार्यक्रम संपन्न हुआ। उन्होंने खाली हाथों (हवा से) सोने की चेन निकालकर विलासराव तथा उनके भाई दिलीपराव को दी।

इसके कुछ दिन बाद की बात है। महाराष्ट्र सरकार का मुझे पत्र मिला, 'आपकी *लढे अन्धश्रद्धेचे* (जंग अन्धविश्वासों से) किताब को सरकार द्वारा सर्वोत्कृष्ट ग्रन्थनिर्मिति का पुरस्कार मिला है। वह पुरस्कार मुख्यमंत्री विलासराव देशमुख के हाथों से स्वीकार करने के लिए आप आ जाएँ...।'

इसके सम्बन्ध में मैंने मुख्यमंत्री को पत्र लिखा :

सेवा में,
मा. विलासराव देशमुख
मुख्यमंत्री, महाराष्ट्र राज्य

सादर प्रणाम,

महाराष्ट्र सरकार द्वारा दिया जानेवाला सर्वोत्कृष्ट ग्रन्थनिर्मिति का पुरस्कार आपके हाथों से स्वीकार करने के सन्दर्भ में सांस्कृतिक मंत्रालय का पत्र मिला। यह पुरस्कार आपके हाथों से नहीं लेने का निर्णय मुझे खेद के साथ लेना पड़ रहा है। पुरस्कार प्राप्त किताब में इस आन्दोलन के कई संघर्षों का वर्णन है। इसको ध्यान में रखते हुए मुझे लगता है कि अन्धविश्वास का खुला आचरण तथा समर्थन करनेवाले मुख्यमंत्री के हाथों से पुरस्कार को स्वीकार करना उचित नहीं होगा। जब विधानसभा का अधिवेशन चालू था तब आपका सत्य साईंबाबा से मिलने जाना, उनके दर्शन लेना, उनके द्वारा हवा में हाथ घुमाकर सोने की चेन निकालनेवाली घटना को चमत्कार न मानते हुए दैवीय कृपा-प्रसाद का आविष्कार समझना; और इसके बारे में शान्तिपूर्वक विरोध करनेवाले लातूर जिले के मेरे साथियों तथा आपके मतदाताओं को हिरासत में लेना आदि बातें अन्धविश्वास का खुला समर्थन करनेवाली हैं। मुझे लगता है कि ऐसी स्थिति में आपके हाथों से पुरस्कार को स्वीकार करने का अर्थ किताब में व्यक्त किए गए विचारों का धिक्कार करने-जैसा होगा। इस वजह से अगर मेरा पुरस्कार खारिज भी किया जाए तो मेरी कोई भी शिकायत नहीं होगी। लेकिन अगर आप बुवाबाजी या चमत्कार विरोधी भूमिका लेते हैं तो मुझे आपके हाथों से पुरस्कार लेते समय खुशी ही होगी।

स्पष्टता से लिखने के लिए क्षमाप्रार्थी हूँ।

आपका,
नरेन्द्र दाभोलकर

अर्थात, इस पत्र का उत्तर नहीं मिला और पुरस्कार लेने के लिए मुझे औरंगाबाद जाने की जरूरत ही नहीं पड़ी।

इसके बाद विलासराव के साथ फिर एक बार विवाद का कारण घटित हुआ। जब वे 1999 में मुख्यमंत्री थे तब सरकार ने न्यूनतम-समान कार्यक्रम की घोषणा की थी। उसमें एक साल के अन्दर शोषण करनेवाले अन्धविश्वास विरोधी कानून बनाया जाए, इसके सन्दर्भ में एक धारा थी। उसका विधेयक दिनांक 13 मार्च, 2005 को विधानसभा में पेश करने के लिए उस समय के सामाजिक न्यायमंत्री ना. चन्द्रकान्त हंडोरे खड़े हो गए और एक अभूतपूर्व घटना घटी। कांग्रेस और राष्ट्रवादी के विधायकों ने ही इसका कड़ा विरोध किया और विधानसभा में उपस्थित रहकर भी विलासराव ने मौन धारण किया। स्वाभाविक ही इसके बारे में गहमागहमी हुई। उन्होंने विधेयक में सुधार करने की भूमिका ली तथा उसी के अनुसार सुधार किया गया विधेयक 16 दिसम्बर, 2005 को पारित हुआ। उसके बाद विधान परिषद में मंजूर होने के लिए एक ही अधिवेशन काफी था। लेकिन पूरे तीन अधिवेशनों तक यह विधेयक विधान परिषद में पड़ा रहा। इसके कारण मैंने *महाराष्ट्र टाइम्स* में 'विलासराव, कानून पर जादू-टोना किसने किया?' ऐसे तीखे शब्दों में लेख लिखा। नागपुर में जब शीतकालीन अधिवेशन जारी था तब विलासराव के चुनाव क्षेत्र (लातूर) में 11 दिन का अनशन किया। वहाँ कांग्रेस पार्टी के अलावा अन्य सभी पार्टियों का समर्थन मिला। लेकिन कानून नहीं बना, इसके विपरीत हुआ यह कि सरकार ने जो वादा किया था, उसे तोड़कर केवल समय की बरबादी करते हुए विधेयक संसदीय संयुक्त चिकित्सा समिति के पास भेज दिया। इस लड़ाई के कारण विलासराव के साथ जो सम्बन्ध थे, वे खराब होने लाजिमी थे।

ऐसी स्थिति में *साधना* पत्रिका के हीरक-महोत्सव के लिए महाराष्ट्र सरकार एक करोड़ रुपए दे, इस माँग के लिए प्रा. ग.प्र. प्रधान, सदानन्द वर्दे सर तथा किशोर पवार के साथ मैंने विलासराव से मुलाकात की। उन्होंने आश्वासन दिया कि '*साधना* जैसी पत्रिका को मदद नहीं करनी है तो मेरी सरकार किस काम की?' विनती पत्र पर तुरन्त टिप्पणी लिखी। मुझे लगा यह बहुत बड़ा काम हो गया और अब केवल आकर एक करोड़ रुपए का चेक लेकर जाना है। लेकिन उसके बाद डेढ़ साल तक मैंने कई बार मंत्रालय के चक्कर लगाए और नीचे से लेकर ऊपर तक कई लोगों से मिला, इस पर एक लेख नहीं बल्कि एक किताब लिखी जा सकती है। बहुत प्रयास करने पर एक साल के बाद केवल 51 लाख रुपए *साधना* को मिल सके। इस दौरान एक ओर 'नौकरशाह कैसे काम करते हैं' तो दूसरी ओर 'मुख्यमंत्री कैसे मुलाकात का मौका नहीं देता' इसका पूरा अनुभव मुझे मिला। जो 51 लाख रुपए की निधि मंजूर हुई थी वह भी दो किस्तों में दी गई।

सच कहा जाए तो यह बात यही पर खत्म होनी चाहिए थी। लेकिन हुआ यह कि सितम्बर 2008 में *साधना* के हीरक-महोत्सव के समाप्ति-कार्यक्रम के लिए पुणे में राष्ट्रपति प्रतिभाताई पाटिल आई थीं। स्वाभाविक ही उनके साथ मुख्यमंत्री थे।

मैंने प्रस्तावना में कहा, "*साधना* पत्रिका के हीरकमहोत्सव के लिए हमने मुख्यमंत्री से 1 करोड़ रुपए माँगे थे। उन्होंने कहा 'दिए'। मुझे लगा 'मिल गए'। बाद में मुझे पता चला कि वह मेरा अन्धविश्वास था क्योंकि मुझे यह बात नहीं पता थी कि सरकार जितना आश्वासन देती है, उससे आधी ही रकम मंजूर करती है। इसलिए मैं राष्ट्रपति की उपस्थिति में मुख्यमंत्री से अनुरोध करता हूँ कि मुझे अपने अन्धविश्वास के लिए माफ किया जाए तथा बाकी की रकम हमें प्रदान की जाए।" इस निवेदन पर लोगों ने जोरदार तालियाँ बजाईं। मेरी प्रस्तावना के तुरन्त बाद विलासराव बोल रहे थे। उन्होंने कहा, "दाभोलकर ने जो कुछ कहा, वह सच है। कैसे माँगा जाता है, यह बात आप लोग नहीं जानते हैं। लेकिन नियमों के अपवाद भी होते हैं और *साधना* इसके लिए अपवाद है। *साधना* को जो रकम मिली है, वह पहली किस्त है, दूसरी किस्त अभी मिलनी बाकी है।"

इस आश्वासन के बाद पुनः मेरा कई बार मंत्रालय में आना-जाना चालू हुआ। उस कार्यक्रम के बाद डेढ़ महीने में विलासराव को मुख्यमंत्री पद छोड़ना पड़ा। परन्तु उन्होंने मूल पत्र पर जो एक करोड़ रुपए की सिफारिश की थी और राष्ट्रपति महोदय के सामने जो बात की थी, उससे सम्बन्धित समाचारपत्र में छपी रिपोर्ट के आधार पर मैंने वह मुहिम सफल बनाई और अगले एक-डेढ़ साल बाद *साधना* को बाकी की रकम मिल गई।

विलासराव के मुख्यमंत्री पद छोड़ने के बाद मेरी और उनकी कभी मुलाकात नहीं हो पाई। इसी वजह से एक करोड़ रुपए मिलने के कारण उनको प्रत्यक्ष धन्यवाद नहीं कह सका। जादू-टोना विरोधी कानून अब तक नहीं बन पाया। विलासराव जैसे अनुभवी राजनेता के लिए इसकी प्रक्रिया को समझना उतना कठिन नहीं था। जादू-टोना विरोधी कानून के लिए मैं अन्दर-ही-अन्दर लेकिन कटुता से उनके विरोध में संघर्ष कर रहा था; और *साधना* का सम्पादक तथा साधना ट्रस्ट का विश्वस्त सचिव होने के नाते उसी समय एक करोड़ रुपए की निधि प्राप्त करने के लिए कार्यरत था। मेरी दोनों भूमिकाएँ अलग-अलग थीं और राजनेता के रूप में विलासराव के जवाब भी अलग-अलग थे। दोनों भूमिकाओं में उन्होंने उत्तर दिया। इससे राजनीतिक सुसंस्कृतता का दर्शन हुआ। उनकी स्मृति को *साधना* द्वारा आदरांजली।

[01 सितम्बर, 2012]

आदरणीय प्रिय एसेम...

1 अप्रैल आपका स्मृति दिन। आप सांसारिक दृष्टि से हमारे बीच नहीं हैं, इस बात को एक वर्ष से भी अधिक समय हो गया। आपके जाने से सबको अपनी छत्रछाया देनेवाला चिन्तामणि नहीं रहा। एक प्रकार से हम अनाथ हो गए। ध्येयवाद को प्रखरता से प्रज्वलित करनेवाली समाजवादी पार्टी की कमी, कम-से-कम समन्वय द्वारा सामर्थ्य का साक्षात्कार करनेवाले मंच की कमी, वैश्वीकरण-निजीकरण का मँडरानेवाला संकट, धर्मान्ध शक्ति के कुटिल षड्यंत्र को मिली हुई सफलता, जिनसे आशा थी उनका विरोधी गुट का सूत्रधार बन जाना, ऐसी मन को निराश करनेवाली स्थिति पैदा हो गई है। लेकिन इतना होने के बावजूद अन्ना हम निराश नहीं हैं, हताश नहीं हैं, निष्क्रिय भी नहीं हैं। ऐसी स्थितियाँ जीवन का स्थायीभाव ही है। आन्दोलन में तो ऐसे चलता ही है, यह बात आपने ही हमें समझाई है। अन्ना, नामान्तरण के लिए जो आपने लड़ाई लड़ी है, वह विश्वविद्यालय अब 'डॉ. बाबासाहब आंबेडकर मराठवाड़ा विद्यापीठ' बन गया है। मंडल आयोग की पूर्ति के लिए आपके नेतृत्व से जाति-जमातियों में अस्मिता, अधिकारों की समझ जागृत हुई है। समाज और राजनीति के स्तर पर उसका प्रभाव स्पष्टता से दिखाई दे रहा है। जाति-जमातियों का संगठन जाति उन्मूलन की दिशा में आगे बढ़ रहा है या उनकी जाति (उन्नयन) की समझ अधिक बढ़ रही है, यह प्रश्न कई बार सामने आता है, लेकिन जबर्दस्त सामाजिक मंथन चालू है, यह दिखाई देता है। जाति व्यवस्था के कारण कई सालों से पत्थर बने समाज में आए बदलाव को अन्ना आप निश्चय ही आश्वासक मान लेते।

इस तरह के बदलाव की शुरुआत होने के बाद भी अन्ना, असहायता भी दिखाई देती है। आपकी याद हर कदम पर आती है। मजदूरों की आवाज बुलन्द करने के लिए आपने जीवन समर्पित किया। आपने यह सपना देखा कि श्रमिकों के हाथों में ही उद्योगों की सत्ता होनी चाहिए। आज जो घटित हो रहा है, वह पूरा विपरीत है।

1991 से ही नियोजन के मॉडल को असफल बनाने की शुरुआत हुई। स्वदेशी तथा राष्ट्रप्रेम की बात करते हुए सत्ता में आई भारतीय जनता पार्टी ने तो कांग्रेस को भी पीछे छोड़ दिया। पेट्रोलियम, दूरसंचार, लोहा-फौलाद, बैंक, बीमा आदि

बहुराष्ट्रीय कम्पनियों की बराबरी करनेवाले इस देश के ताकतवर उद्योग हैं। उनकी हिस्सेदारी बेचते हुए उनको लूटने की खुलेआम इजाजत दी जा रही है। संगठित मजदूरों की ताकत को बधिया करने के लिए कानून बदलकर लगातार मजदूरों का ठेकेदारीकरण किया जा रहा है। आगे जाकर एक हजार मजदूरों की संख्या वाले उद्योग बन्द करने के लिए सरकार की अनुमति की जरूरत नहीं होगी। सरकार की इस देश को बेचने की नीति के खिलाफ प्रखर आन्दोलन करेंगे तो आतंकवाद का खात्मा करने के लिए लाए गए 'पोटा' जैसे काले कानून को आगे किया जाता है। त्रासदी यह है कि ऐसी घटनाओं का विरोध करने के जुझारू सामर्थ्य को कई प्रकार से किसी-न-किसी कारणवश मजदूर आन्दोलन ने खो दिया है। इन मजदूरों के पास गाँव जाने के सिवा कोई विकल्प नहीं है और वहाँ जाकर भी कोई फायदा नहीं है। पानी, बिजली, खाद की कमी की वजह से खेती भी फायदे में नहीं है। खुले बाजार और आयातित माल के कारण कृषि-माल की कीमतों में गिरावट आ रही है। अन्ना! जिन खेतिहर-मजदूरों का झंडा आपने अभिमान से फहराया वही मजदूर आज दरिद्रता की चपेट में आ गए हैं।

अन्ना, यह सब होते समय 'पूरा देश प्रज्वलित करेंगे! देश को जागृत करेंगे...!' इस तरह की आवाज कोई क्यों नहीं देता, ऐसा प्रश्न आपके मन में आ सकता है। वह आवाज दी गई है लेकिन देश को प्रज्वलित करने के लिए नहीं बल्कि यह आवाज दी गई है देश जलाने के लिए। अन्याय, अत्याचार, विषमता के विरोध में आवाज उठाने के लिए नहीं बल्कि मन्दिर-मस्जिद का फैसला अपनी तरफ आ जाए, इसके लिए आग लगाना जारी है। जैसे कि भूख, भ्रष्टाचार, बेकारी, विकास आदि से सम्बन्धित समस्याएँ खत्म हो चुकी हैं। राष्ट्र के सामने सबसे महत्त्वपूर्ण प्रश्न यह है कि मन्दिर की शिला कहाँ रखी जाए, उसकी पूजा की जाए या दान दिया जाए। क्षुद्र हित-सम्बन्धों की राजनीति के आगे जाकर सीधे लोगों को आवाज देनेवाला कोई सक्षम व्यक्ति आसपास दिखाई नहीं देता। उसी समय अन्ना आपकी बहुत याद आती है।

प्रिय अन्ना! ऊपर जिन समस्याओं के बारे में लिखा है, वे सब सच होने के बाद भी आपको बताने में खुशी हो रही है कि अभी सब कुछ खत्म नहीं हुआ है। इसी साल मनाए जा रहे राष्ट्रसेवा दल के स्वर्ण महोत्सव में भारत के दस राज्यों के पन्द्रह हजार वर्दीधारक सैनिक इकट्ठा होकर आपके ध्येयवाद की विरासत को आगे ले जाने का संकल्प करेंगे। मेहनती मजदूरों, बाँध पीड़ितों तथा असंगठित श्रमजीवियों ने अपने इरादे का विराट प्रदर्शन हाल ही में मुम्बई में किया। सामाजिक विषमता का जीता-जागता उदाहरण जिसको माना जाता है उस मनु का जयपुर उच्च न्यायालय के सामने का पुतला हटाने की मुहिम को अंजाम दिया गया है। प्रत्येक व्यक्ति शोषणरहित जीवन जी सके इसलिए आपके ही संस्कारों से बनी आज की

युवा पीढ़ी का नेतृत्व वैकल्पिक विकास नीति का प्रारूप भारत के जनान्दोलन का समन्वयन करके प्रस्तुत कर रहा है। परित्यक्ताओं की समस्याओं को भारतीय स्तर पर हल करना तय किया गया है। छोटी-छोटी मात्रा में लेकिन यत्र-तत्र-सर्वत्र डटे रहकर समता सैनिक निष्ठा से संघर्ष कर रहे हैं, ये सब आपके स्मरण से स्फूर्ति लेकर।

अन्ना! *साधना* की स्थिति सुनकर भी आपको सन्तोष होगा। दूरदर्शन चैनलों की भरमार है ही, साथ ही केवल एक रुपए में बारह पन्नों का अंक तथा सप्ताह में चार-चार परिशिष्ट देनेवाले समाचारपत्रों की होड़ भी लगी हुई है। इतना होने के बाद भी *साधना* अपने प्रण और विरासत को निभाते हुआ बढ़ रही है। पिछले चार सालों में पन्नों की संख्या एक से लेकर चौबीस तक गई है तो मुखपृष्ठों की छपाई न्यूजप्रिंट से मैपलिथो कागज पर की जाने लगी है। स्तर और व्यवसाय दोनों की कसौटी पर *साधना* दीपावली अंक खरा उतरा है। अब आर्ट पेपर पर दो रंगों में *साधना* का मुखपृष्ठ आकर्षक पद्धति से छाप रहे हैं। कभी-कभार बहुरंगी भी छापा जाता है। साल में कई बार अलग से बेहतरीन तरीके से विशेषांक छापे जाते हैं। आपकी स्मृति को अभिवादन करके इस अंक से *साधना* का नियमित अंक 28 पन्नों का होगा और गुरुजी के स्मृति दिन से वह 32 पन्नों का होगा, ऐसा हमने तय किया है। चंदा देनेवालों की संख्या भी बढ़कर अब छह हजार तक पहुँच गई है। अन्ना, यह सब इसलिए हो पाया क्योंकि *साधना* का विकास सामूहिक साधना है। कई लोगों की मदद उसको मिल रही है! किसका-किसका नाम लूँ? विश्वस्त, हितचिन्तक, *साधना* मित्रमंडल के सहयोगी, कर्मचारी वर्ग, लेखक...और कई लोग हैं। अपने-आप को रोक नहीं सकता इसलिए दो बातों का जिक्र करता हूँ। खास करके *साधना* में नामचीन लेखक लिख रहे हैं। उन्हीं के कारण *साधना* बहुत ही पाठक-प्रिय बन रही है। उनमें से एक डॉ. श्रीराम लागू बहुत ही समृद्ध अनुभव-वाले तथा आशय सम्पन्न लेखन करनेवाले बुजुर्ग कलाकार हैं। उन्होंने अपना जीवन-वृत्तान्त *साधना* को दिया और स्वाभाविक ही पन्नों में चमक आ गई। मराठी भाषा के बड़ी संख्या में खपतवाले समाचारपत्र, पत्रिकाएँ भी *साधना* से ईर्ष्या करने लगी हैं।

अंक जैसे आशय-संपन्न होना चाहिए, वैसे ही उसकी आर्थिक स्थिति भी मजबूत होनी चाहिए। यह सच है कि इस साल के *साधना* के विकास-संकल्प का मैंने जिक्र किया लेकिन उसके लिए लाखों रुपयों का प्रबन्ध कैसे किया जाए? सौभाग्य ऐसा कि एक विश्वस्त अप्पासाहेब सा.रे. पाटिल ने सहजता से कहा, "बिलकुल फिक्र मत करो। *साधना* साने गुरुजी, एसेम तथा नानासाहब की है। किसी बात की कमी नहीं होगी। मैं व्यक्तिगत रूप से पूरी जिम्मेदारी लेता हूँ।" अन्ना, ये सब महान लोग हैं लेकिन आपके निर्वाण के बाद भी आप-जैसे लोगों की वजह से जो पाथेय हमें प्राप्त होता है, उससे आपके बारे में और क्या लिखूँ?

आपके जीवन-सपनों का सच्चा साथी बनने के लिए *साधना* खुद को दाँव पर लगाएगी। यह विश्वास है कि वही कृतार्थता आपकी स्मृति से हर समय प्राप्त होगी।

आपका साथी,
नरेन्द्र दाभोलकर

[30 मार्च, 2002]

ध्रुवतारा

महाराष्ट्र में ही नहीं बल्कि भारत के समाचारपत्र जगत को ईर्ष्या होगी कि ऐसा महान सम्पादक मंडल *साधना* को मिला। उसमें से एक तेजोमय शिखर का नाम है नानासाहब गोरे।

स्वतंत्रता संग्राम के यज्ञ में नानासाहब तपकर कुन्दन हो गए। विधायक-रचनात्मकता से उन्होंने मन लगाकर प्रेम किया। परिवर्तन की प्रेरणा की भावविभोरता और समता के जुनून की व्याकुलता को अपने बुद्धि-प्रमाण्य के साथ उन्होंने अन्दरूनी सिसकियों से रोका। प्रखर विज्ञान-निष्ठा से अन्धविश्वास पर प्रहार करते समय नवनिर्माण के लिए 'विज्ञान-कर्म-कारुण्य की तिकड़ी विश्व का रक्षण करेगी' ऐसा संदेश इस नारायण ने दिया, उसका पालन किया तथा उसको आचरण में लाए।

नानासाहब जिस समय सार्वजनिक कार्य में, राष्ट्रनीति में, राजनीति में आ गए उस समय उसका अर्थ 'अपने ही हाथों से पग-पग पर आग के अंगार फैलाकर, मतवाला मैं ध्येय प्राप्ति के पथ पर आगे बढ़ रहा हूँ', इस प्रकार था। इस कार्य में किसी भी प्रकार का व्यक्तिगत हित हो, ऐसा वह समय भी नहीं था। आजादी के बाद जो भी अच्छे दिन आएँगे, उनका लाभ पूरे भारत देश को मिलेगा, इस तरह का सपना देखते हुए नानासाहब संघर्ष कर रहे थे। स्वतंत्रतापूर्व काल में कई बार जेल जाना पड़ा, वह भी कठिन ब्रिटिश हुकूमत में। स्वतंत्रता के बाद भी गोवा-मुक्ति के लिए किए गए सत्याग्रह का नेतृत्व करनेवाले नानासाहब के साथ जबर्दस्त मारपीट हुईं और कुल मिलाकर 17 साल की सजा सुनाई गई थी।

नानासाहब सर्वोत्तम सांसद थे, उनके इस पहलू को कई बार नजरअन्दाज किया जाता है। उनके गुजरात के साथी राज्यसभा के सदस्य उमाशंकर जोशी ने उनके सन्दर्भ में जो टिप्पणी की है वह महत्त्वपूर्ण है : "नानासाहब जब भाषण के लिए खड़े होते थे, उस समय सभी का ध्यान आकर्षित करते थे। उच्च अपेक्षाएँ रखते हुए उनका भाषण सुनते थे। जिस परिपक्व राजनेता के कारण संसद को तेज प्राप्त होता है, वे उनमें से एक थे। बोलने का ढंग प्रशान्तिपूर्ण और संयमी, विषय का गहरा ज्ञान लेकिन वह उबाऊ नहीं था! संसदीय भाषण के लिए कभी-कभार प्रमाणपत्र की तरह प्रयुक्त 'कांट्रिब्यूशन!' शब्द का प्रयोग किया जाता है कि वक्ताओं ने कुछ

दिया है, ऐसा कभी-कभार ही लगता है लेकिन नानासाहब के भाषण के समय ऐसा अनुभव हर बार आता था। आदर्श संसद की प्रणालियाँ विकसित करते समय जिस व्यक्ति की सेवा पर संसद-सदस्य होने के नाते ध्यान देना चाहिए, उसके नानासाहब गोरे आदर्श उदाहरण हैं।"

राजनीतिक तथा सामाजिक रंगभूमि पर यादगार भूमिका निभाते समय अन्य क्षेत्रों में भी नानासाहब ने उतना ही योगदान दिया। जीवन के विभिन्न पहलुओं का आकर्षण रखनेवाले नानासाहब की विशेषता थी कि उस क्षेत्र में उनकी भूमिका केवल तटस्थ गुण-ग्राहक रसिक की नहीं थी बल्कि वे चित्रकार थे, नाटक तथा संगीत के मर्मज्ञ थे, संस्कृत तथा अंग्रेजी वाङ्मय के उत्तम अभ्यासक थे। काव्य-शास्त्र-विनोद उनके व्यक्तित्व का ही हिस्सा था। सृजनशील साहित्यकार के रूप में उनका व्यक्तित्व किसी भी जानकार को अचम्भित करनेवाला था। सुन्दर-समर्थ शैली, समझदारी, स्पष्टता के साथ-साथ औचित्य और शालीनता आदि गुणों से युक्त उनका लेखन पाठकों के मन को प्रभावित नहीं करता तो आश्चर्य की बात होती।

परन्तु वर्तमान सन्दर्भ में इसकी अपेक्षा नानासाहब का यह स्मरण हमें *साधना* के पाठकों के लिए बहुत ही मूल्यवान लगता है। नानासाहब ने कहा था, "मैं सौन्दर्यपूजक होने से राजनीति में आ गया, इस बात पर लोगों को ध्यान देना चाहिए। सौन्दर्यपूजकों की अनुभूति बहुत ही तीव्र होती है इसलिए उनके मन में आता है कि कागज-कलम से व्यक्त होने से वह अनुभूति सन्तुष्ट नहीं होती है बल्कि अभिव्यक्ति के लिए अन्ततः जीवन को ही माध्यम बनाना पड़ता है क्योंकि आसपास की सुन्दरता उसे असह्य होती है। उसका निवारण करने का प्रयास किया जाए तो वह उत्कट अनुभूति सन्तुष्ट होती है। सौन्दर्यपूजक होने से राजनीतिक भूमि में मैंने कदम रखा है।" सौन्दर्य का मूल्य समझनेवाले और सौन्दर्य की अनुभूति से वंचित मनुष्य को वह अनुभूति मिले, यह स्थिति कैसे निर्मित होगी, इसकी चिन्ता मन में लेकर नानासाहब-जैसा व्यक्ति प्रत्यक्ष राजनीति में कदम रखता है। राजनीति में प्रवेश करने के लिए एक धूर्त नकारात्मक विचार आज के समाज के एक वर्ग में दिखाई देता है। राजनीति में राजनीतिक पार्टियाँ हर समय गन्दगी से लदी होती हैं और उनसे दूर रहने में ही वैचारिक पावित्र्य तथा व्यावहारिक समझदारी है, यह भूमिका होती है। इसका सही मर्म ऐसा है कि राजनेता कोई भी हो, अपना उपभोगवादी नजरिया कायम रखना ही होगा, यह अहंकार उन्होंने हासिल किया है। यह सच है कि राजनीति गन्दी हो गई है लेकिन गैर-राजनीतिक भूमिका लेकर उससे दूर रहने की भूमिका लेना बहुत ही धूर्त राजनीति है। परम्परागत अर्थ से देखा जाए तो नानासाहब जैसे महान व्यक्ति को राजनीति में उतना महत्त्व नहीं दिया गया। लेकिन इसका मतलब उनकी राजनीति असफल रही, क्या ऐसे मान लिया जाए? नानासाहब सहजता से लिखते हैं, "जीवन में हार मैंने कभी देखी ही नहीं। 'भारतीय' स्वतंत्रता संग्राम में

हिस्सा लिया और भारत को आजादी मिलते हुए देखी। राजनीतिक एकाधिकारशाही (आपातकाल) का लोगों द्वारा किया गया अन्त देखा। जीवन में जिस-जिस जंग में हिस्सा लिया, उसे सफल बनाया।" क्या यह केवल आत्म-सन्तुष्टि है? नहीं! मन में जंग की सफलता के विचार की मौजूदगी का यह लक्षण है। व्यक्तिगत सफलता की कल्पना से सफलता का सारा श्रेय खुद को देने की यहाँ जगह नहीं है। सामूहिक संघर्ष की राजनीति-समाजनीति की महती का गुणगान यहाँ किया गया है।

नानासाहब की जन्मशताब्दी के उपलक्ष्य में उनको अभिवादन करते समय उनके जीवन का मर्म हमें समझना चाहिए। हमें लगता है कि जीवन के सभी क्षेत्रों में मूल्य-संघर्ष की राजनीति शुरू करनी चाहिए, यही नानासाहब का कृतिशील स्मरण साबित होगा।

[24 जून, 2006]

पहली स्वर्ण किरण के अवसर पर

भारत ने 108 वर्षों के ओलम्पिक इतिहास में पहली बार 1 स्वर्ण तथा 2 ब्रॉन्ज पदक प्राप्त किए। देश का सीना गर्व से ऊँचा हो गया। सफलता अनपेक्षित थी इसलिए खुशी दोगुनी हो गई। ओलम्पिक इतिहास में भारत का आज तक का सर्वोत्तम प्रदर्शन। 'कुल मिलाकर 115 करोड़ जनसंख्या के देश ने इतना ही हासिल किया, उसकी इतनी प्रशंसा क्यों?' कहे बिना इसकी ओर सकारात्मक नजरिये से देखना चाहिए।

हॉकी के स्वर्ण काल को अलग रखा जाए तो अभिनव बिन्द्रा ने दुर्लभ स्वर्णपदक देश को दिलाया। भारतीय निशानेबाजों के पिछले कुछ सालों के प्रदर्शन पर गौर किया जाए तो यह सफलता मिलनेवाली ही थी, ऐसा कहना होगा। विश्व विजेता पद और अन्य कई अन्तरराष्ट्रीय स्पर्द्धाओं में भारतीय निशानेबाजों ने पिछले कई सालों में काबिलेतारीफ प्रदर्शन किया है। अर्थात, इसमें अभिनव बिन्द्रा की आर्थिक संपन्नता की बात भी महत्त्वपूर्ण है। निशानेबाजी बहुत ही महँगा खेल है। बिन्द्रा को वातानुकूलित शूटिंग रेंज घर पर ही उपलब्ध थी। लेकिन पिछले साल ही हुई पीठ की गम्भीर बीमारी पर जीत पाते हुए उन्होंने यह सफलता हासिल की है। उसके लिए उन्होंने कठिन प्रशिक्षण लिया, यह भी महत्त्वपूर्ण बात है।

फ्री स्टाइल कुश्ती के 66 किलो श्रेणी में सुशील कुमार ने अनपेक्षित तरीके से कांस्य पदक हासिल किया। भारतवासियों की मानसिकता का विचार किया जाए तो यह पदक बहुत ही सन्तुष्ट करनेवाला था, उसमें कोई आश्चर्य नहीं है। आम जनता का प्रतिनिधित्व करनेवाले विजेन्द्र कुमार ने भी ब्रॉन्ज पदक हासिल किया। सेमीफाइनल में विजेन्द्र हार गए। लेकिन उनका वहाँ तक पहुँचना देश के नए युवा खिलाड़ियों हेतु संजीवनी साबित हुआ। क्यूबा के जिस एमिलिओ द्वारा विजेन्द्र कुमार हार गए, वे वैश्विक रैंकिंग में विजेन्द्र से बहुत आगे हैं। उनके पिता जी ने 1982 के ऑलम्पिक में बॉक्सिंग में ही स्वर्णपदक जीता था। क्यूबा और बॉक्सिंग शब्द जैसे कि एक-दूसरे के लिए पर्याय बन गए हैं। भारत में इससे विपरीत स्थिति है। पहली बार ही भारतीय बॉक्सर ने ओलम्पिक में पदक तक 'पंच' मारा है। जितेन्द्र, अखिल और विजेन्द्र को केवल अच्छी मदद की जरूरत है। सन 2012 के लन्दन ओलम्पिक में क्यूबा के वर्चस्व को चुनौती देने

का जो उन्होंने निश्चय किया है उसके लिए उन्हें प्रत्यक्ष सहयोग मिलना चाहिए। बैडमिंटन खिलाड़ी सायना नेहवाल से भी यही अपेक्षाएँ रख सकते हैं। लेकिन खुशी में वास्तविकता का दूसरा पहलू भी नहीं भूलना चाहिए। पिछले 108 सालों में ओलम्पिक में भारत को केवल 17 पदक मिले हैं और उनमें से 11 हॉकी के लिए मिले हैं। खाशाबा जाधव को पहला कांस्य पदक मिला। पहला स्वर्ण पदक मिलने के लिए भारत को कुल मिलाकर 56 साल राह देखनी पड़ी। चीन ने पहला ओलम्पिक स्वर्ण पदक 1984 में हासिल किया। अब वह देश अमेरिका, रूस को पीछे छोड़ते हुए वैश्विक स्तर पर पहले स्थान पर पहुँचा है। छोटे जमैका देश से भी ईर्ष्या हो, ऐसी सफलता उस देश ने हासिल की है। जनसंख्या की तुलना में ओलम्पिक में मिलनेवाले पदकों के बारे में सोचा जाए तो भारत निचले स्थान पर है, इस पर अन्तर्मुख होकर ध्यान देना होगा।

खेल की सफलता के साथ-साथ क्रीड़ा-संस्कृति बीजारोपित होने से कई लाभ होते हैं। राष्ट्रीय एकता का जितना सुन्दर और प्रगल्भ आविष्कार खेल के मैदान में दिखाई देता है उतना अन्यत्र कभी-कभार ही दिखाई देता है। जाति, धर्म, भाषा प्रान्त के भी आगे जाकर एक होने की मानसिकता खेल की संस्कृति में अपने-आप आ जाती है। जान की बाजी लगाकर जंग लड़ी जाए और हार को खुशी से स्वीकार किया जाए, इस तरह के व्यक्तित्व का निर्माण करनेवाले संस्कार मैदान पर ही मिलते हैं। परन्तु आज के युग में सभी बातों का तेजी से व्यवसायीकरण हो गया है। इसलिए खेल का यह पहलू उपेक्षित रह गया है। क्रिकेट के खेल का मायाजाल भी इसके लिए जिम्मेदार है। खेल की संस्कृति और वैश्विक स्तर पर होनेवाली अद्भुत सफलता का इससे सम्बन्ध होगा ही, ऐसा कह नहीं सकते। लेकिन इस स्वरूप की क्रीड़ा-संस्कृति और उससे निर्मित मानसिकता तथा उसके लिए किए जानेवाले प्रयास, यह स्वतंत्र लेकिन महत्त्वपूर्ण बात है, कम-से-कम इस पर तो हमें ध्यान देना होगा।

युवाओं के देश भारत में क्रीड़ा क्षेत्र की असफलता के लिए कई बातें जिम्मेदार हैं जो आज भी कायम हैं। मूलभूत सुविधा तथा अत्याधुनिक प्रशिक्षण का अभाव, सरकारी स्तरों पर मौजूद अनास्था, प्रायोजकों की ओलम्पिक खेल के प्रति उदासीनता, क्रीड़ा संगठनों की राजनीति, इस तरह की न खत्म होनेवाली लिस्ट है। लेकिन इस पर जीत हासिल करने का निश्चय तथा समझदारी हमें ही दिखानी पड़ेगी। अमेरिका, रूस, इन महासत्ताओं को पीछे छोड़कर स्वर्ण पदकों की लूट करनेवाले चीनी खिलाड़ियों में कैसा अनुशासन है? एथेन्स ओलम्पिक के बाद केवल छह दिनों की छुट्टी देकर स्वर्ण पदक विजेताओं से प्रैक्टिस करवाई गई। साल में केवल एक बार माता-पिताओं से भेंट कराई। दर्जनों स्वर्ण पदकों की लूट करनी हो तो इस तरह का (कुछ लोगों को क्रूर लगनेवाला) अनुशासन आवश्यक होता है।

भारतीय क्रीड़ा क्षेत्र का और एक पहलू चर्चा में आता है। वह यह कि भारत की जनजाति-जमात अर्थात आदिवासी, फासेपारधी में जन्मत: ही कुछ कौशल होते हैं। उनके कौशलों का वैज्ञानिक विकास उनको और देश को सफलता तक जल्द ही पहुँचाएगा। आदिवासी क्षेत्र में हुनर की खोज करके उनको प्रशिक्षण देने का कार्य भारतीय क्रीड़ा प्राधिकरण (साई) के माध्यम से बहुत पहले शुरू हुआ है। लेकिन अब तक कुछ अपवादों को छोड़कर उसको सफलता नहीं मिली है। एक ओर आधुनिक और शास्त्रीय ट्रेनिंग का अभाव, प्रशिक्षकों की मर्यादित क्षमता, बातें भी हैं; तो दूसरी ओर प्रशिक्षणार्थी भी अन्तरराष्ट्रीय स्तर पर बेहतर प्रदर्शन करने की अपेक्षा केन्द्र सरकार की नौकरी हासिल करने में ही सन्तुष्ट हैं।

आज सर्वोत्तम खेल-शिक्षा बहुत ही महँगी है। साथ ही अन्तरराष्ट्रीय खेलों में हिस्सा लेने का खर्चा भी बहुत होता है। चीन में यह समस्या नहीं है क्योंकि सरकार ही यह खर्चा उठाती है। भारत में स्वास्थ्य और शिक्षा जैसी अत्यावश्यक जरूरतों पर खर्च करने के लिए सरकार पीछे हटती है तो ऐसी स्थिति में सरकार क्रीड़ाक्षेत्र पर कितना खर्च करेगी? प्रकाश पादुकोण और गीत सेठी इन अन्तरराष्ट्रीय दर्जे के खिलाड़ियों की संकल्पना से साकार ओलम्पिक गोल्ड केस्ट या मित्तल चैंपियन ट्रस्ट द्वारा खिलाड़ियों को प्रशिक्षण देने का कार्य उत्साहित करनेवाला है। भारतीय निशानेबाजों को कई प्रायोजक बाकायदा मदद कर रहे हैं, यह बात आश्वासक है। आजादी के बाद 60 सालों में पहली बार ओलम्पिक के खेलों को लेकर गम्भीरता से सोचा जा रहा है। हम भी चीन की तरह या उससे भी अच्छी, गतिमान यात्रा की अपेक्षा क्यों न करें? अगर ऐसा हुआ, तो 2020 के ओलम्पिक में भारत को स्वर्ण-सफलता मिल सकती है। स्वर्ण पदक विजेता बिन्द्रा ने ऐसी भावना व्यक्त की है कि '...I sincerely hope my medal changes the face of India's Olympic sports.' (...मैं ईमानदारी से उम्मीद करता हूँ कि मेरा मेडल भारत के ओलम्पिक खेलों की तसवीर बदल दे!) उनके इस उद्‌गार को सफल बनाना होगा।

[30 अगस्त, 2008]

निरामय, निर्भय समाज के लिए लैंगिक शिक्षा देनी चाहिए!

कुछ दिन पहले ही विधानसभा में विधायकों ने शोर-शराबा करके नौवीं कक्षा के छात्रों को लैंगिक शिक्षा देने के शिक्षा मंत्री के फैसले को स्थगित करने के लिए मजबूर किया। उनका यह कहना था कि ऐसी शिक्षा से उनकी भावनाएँ उत्तेजित हो जाने का खतरा है। किसी भी विषय की जानकारी कभी-भी अश्लील या भावना उत्तेजित करनेवाली नहीं होती है; हो सकता है कि यह बात इन जनप्रतिनिधियों को पता नहीं होगी और सरकार के पास खुद के निर्णय का समर्थन करनेवाली दृढ़ता नहीं होगी; ये दोनों बातें गम्भीर लगती हैं। 'स्कूली छात्रों की अपेक्षा उनके अभिभावकों को सबसे पहले लैंगिक शिक्षा देने की आवश्यकता है', इस तरह का विचार 1937 में 'समाज-स्वास्थ्य' तज्ञ र.धों. कर्वे ने व्यक्त किया था। पूरे 70 साल के बाद भी अभिभावक और शिक्षकों को छोड़िए, जनप्रतिनिधियों को भी इसकी समझ नहीं होने का यह तरीका कर्वे की दूरदर्शिता और जनप्रतिनिधियों की बदकिस्मती दर्शाता है। अफ्रीका, अमेरिका, जापान, इंडोनेशिया, दक्षिण कोरिया जैसे कई देशों ने स्कूली पाठ्यक्रमों में लैंगिक शिक्षा को कई सालों से शामिल किया है, इसके बारे में जानकारी प्राप्त करने का प्रयास जनप्रतिनिधियों ने नहीं किया होगा।

वंशसातत्य बना रहे, यह प्रकृति का नियम है। मनुष्य प्राणी की यह विशेषता है कि अन्य सजीवों की अपेक्षा 'बुद्धि' नाम का विकसित घटक मानव को प्रदीर्घ उत्क्रान्ति की प्रकिया से प्राप्त हुआ है। बुद्धिवादी मनुष्य के समाजशील होने से समाज में रहने के लिए उसने नीति-नियम बनाए हैं। नीतिबाह्य बरताव घृणास्पद और दंडित साबित होता रहा। यह जब घटित हो रहा था तब अधिकांश नीति-नियम लैंगिकता से सम्बन्धित बन गए। दूसरी ओर उसके सम्बन्ध में अत्यधिक गोपनीयता रखी गई और ये सब भारतीय संस्कृति का महत्त्वपूर्ण हिस्सा बन गए। इसलिए लैंगिकता शब्द का उच्चारण करना भी अपराध साबित होने लगा।

मनुष्य के लैंगिक जीवन के कई प्रकार के परस्पर-विरोधी पहलू हैं। इसलिए लैंगिक शिक्षा की साधारण व्याख्या नहीं है। लेकिन लैंगिक शिक्षा के रचनात्मक लैंगिक दृष्टिकोण के विकास पर जोर देना चाहिए और वह शिक्षा व्यक्ति के परिवार

तथा समाज के साथ समन्वय रखकर संलग्न होनी चाहिए, यह सर्वमान्य है। खुद के तथा भिन्नलिंगीय व्यक्ति के लिंग की तरफ देखने का विज्ञान-शास्त्रीय और नैतिक दृष्टिकोण निर्माण करने का मतलब लैंगिक शिक्षा है। इससे एक-दूसरे की लैंगिक भूमिकाओं के बारे में सकारात्मक रुझान तैयार करना अपेक्षित है। 'स्त्री-पुरुषों के बीच का शारीरिक अन्तर और पुनरुत्पादन की यंत्रणा तथा उनके लैंगिक व्यवहार सम्बन्धी सामाजिक नीति की शिक्षा का अर्थ है लैंगिक शिक्षा' ऐसी भी एक व्याख्या है। इस शिक्षा का अर्थ स्त्री-पुरुष शरीर-सम्बन्ध की जानकारी देना नहीं बल्कि मानव जीवन में अनिवार्य लैंगिकता तथा उम्र के बढ़ते समय हो रहे बदलावों से सम्बन्धित व्यक्तिगत और सामाजिक स्वास्थ्य, साथ ही इनसानी रिश्ते-सम्बन्धों के आचरण और तत्त्वों की शिक्षा ही लैंगिक शिक्षा है।

व्यक्ति के प्रजननक्षम होने से पहले अर्थात किशोरावस्था में ही उसे लैंगिक शिक्षा देना उचित होता है। साधारणतः यह समय लड़कियों में 13 साल की उम्र में तथा लड़कों में उनके बाद 1-2 सालों में आता है। इस अवस्था की शिक्षा निरोगिता और शुद्धता से देने की व्यवस्था आज परिवार या शिक्षा क्षेत्र में नहीं है। अधिकांश लोग मित्रों और प्रौढ़ों के साथ हो रहे संवाद से तथा ज्ञानेन्द्रियों की चालाकी से कुछ कल्पना करते हैं। आज के युग में किताब, इंटरनेट, ब्लू फिल्म, अन्य प्रसार माध्यम कई प्रकार की जानकारी देते रहते हैं। कई बार उसमें से अधिकांश जानकारी अधूरी, गलत तथा खतरनाक होती है। इसमें लैंगिक व्यवहार के प्रति एक गलत धारणा बन जाती है और उस पर अभिभावक-शिक्षक-प्राध्यापक या समाज का, किसी का भी नियंत्रण नहीं रह पाता। भारतीय संस्कृति का गुणगान करने तथा प्रभु रामचन्द्र के एकपत्नी व्रत का गौरवगान करने में कोई हर्ज नहीं है लेकिन एड्स-ग्रस्त मरीज के सन्दर्भ में भारत विश्व में दो नम्बर पर कैसे चला गया, इसका उत्तर भी गम्भीरता से खोजना चाहिए। इनमें से 40 प्रतिशत मरीज 15 से 35 वर्ष के वर्ग में आते हैं, यह बात ही लैंगिक शिक्षा की आवश्यकता को स्पष्ट करती है।

लैंगिक-जीवन मानव जीवन का अविभाज्य घटक है। सभी प्राणियों में लैंगिक व्यवहार की प्रबल आनुवंशिक प्रेरणा होती है। लेकिन इस प्रेरणा का नियमन करने की कुछ प्राकृतिक यंत्रणा अन्य प्राणियों में होती है, उसी प्रकार वह मनुष्य में नहीं होती है। मनुष्य में लैंगिक व्यवहार का कार्य केवल प्रजनन तक ही सीमित नहीं होता है बल्कि वह लैंगिक आनन्द के लिए भी होता है। इसलिए कुछ नियम, सभ्यताओं का विवेकपूर्वक पालन करना चाहिए, इसके लिए लैंगिक शिक्षा की आवश्यकता होती है। इसके सन्दर्भ में आज ज्ञान की अपेक्षा बहुत सारा अज्ञान और गलतफहमियाँ हैं। इसी वजह से कई प्रौढ़ स्त्री-पुरुष खुद की यथोचित लैंगिक भूमिका को समझ नहीं पाते हैं और इसलिए उसका निरामय आनन्द भी वे नहीं ले पाते हैं। दूसरी ओर लैंगिक प्रेरणा के अकारण दमन के कारण किशोरावस्था में लड़के-लड़कियों में

मानसिक तनाव, विफलता, हीन भावना आने की आशंका होती है। कई लोगों का यह कहना होता है कि 'बच्चों को लैंगिक शिक्षा की क्या जरूरत है? क्या हमारे जमाने में ऐसा कुछ था? हमारा क्या नुकसान हुआ? हम नॉर्मल ही हैं ना?...' जिनके जीवन में समस्या नहीं आई, उनका कहना ठीक है लेकिन जगह-जगह पर मौजूद लैंगिक समस्या निवारण के अस्पताल (सेक्स प्रॉब्लम क्लिनिक) की ओर देखा जाए तो समाज को अचूक शास्त्रीय ज्ञान की कितनी आवश्यकता है, यह बात समझ में आती है। ये अस्पताल गैर-जिम्मेदार लोग चलाते हैं, यह और भी खतरनाक बात है।

लैंगिक शिक्षा कार्यक्रम में लड़के-लड़कियों को उम्र बढ़ते समय हो रहे शारीरिक बदलाव के बारे में जानकारी देना, लैंगिक आकर्षण के बारे में जागृत करना, आकर्षण-प्रेम और सहजीवन के अन्तर को उदाहरण देकर स्पष्ट करना, सांस्कृतिक और सामाजिक तत्त्वों की शिक्षा देना, स्त्री-पुरुष रिश्तों तथा जिम्मेदारियों के बारे में जानकारी देना अभिप्रेत है। इसी के साथ-साथ जननेन्द्रिय, गुप्तरोग, एड्स, अन्य अशास्त्रीय विकृत जानकारी भी देनी चाहिए। इन सबके माध्यम से लैंगिकता के बारे में निर्मित गलत धारणाएँ, अन्धविश्वास, विकृत बरताव आदि के समूल उन्मूलन तथा जिम्मेदारी की समझ देनी होगी। इसके बारे में महाराष्ट्र में कई सफल पथदर्शक परियोजनाएँ तथा तज्ञ प्रशिक्षक हैं।

स्कूली उम्र में विपरीत लिंग के प्रति निर्मित शत्रु भाव खत्म होकर उसके प्रति आकर्षण का निर्माण होना नैसर्गिक प्रक्रिया है। लेकिन बचपन से ही इस विषय के बारे में दूरियाँ बन जाती हैं। हर अभिभावक अपने बच्चों पर अच्छे संस्कार हों, इसके लिए सतर्क रहता है। लेकिन सहेतुक स्पर्श और निरुद्देश्य स्पर्श को कैसे पहचाना जाए, ऐसे समय में संयम रखकर मजबूती से कैसी भूमिका ली जाए, सही जगहों पर प्रतिकार कैसे किया जाए, इसकी जानकारी कितने अभिभावक अपनी लड़कियों को देते हैं? साथ ही शरीर-विज्ञान और मनोविज्ञान को समझाना दूर ही रह जाता है; इसके बजाय अधिकांश अभिभावक 'यह मत करो', 'यह मत पूछो', 'वह तुम्हें बाद में समझ आएगा', इस तरह लीपापोती करते हैं। उससे कुछ भी साबित नहीं होता।

लैंगिकता और महिलाओं के विकास का निकटतम सम्बन्ध है। मासिक धर्म की ओर समाज का और उसके कारण लड़कियों का भी देखने का दृष्टिकोण नकारात्मक है जिसकी वजह से आत्मविश्वास की कमी दिखाई देती है, दुर्बलता आती है, बलात्कार, दहेज के लिए हत्या, भ्रूण-हत्या, इन अनिष्ट बातों का वे मुकाबला करने का साहस नहीं दिखा पाती हैं। मासिक धर्म से सम्बन्धित वैज्ञानिक ज्ञान इसमें महत्त्वपूर्ण बदलाव ला सकता है।

अभिभावकों के बाद सबसे करीबी आदर-प्राप्त प्रौढ़ व्यक्ति शिक्षक होता है। इसलिए लैंगिक शिक्षा में शिक्षक की महत्त्वपूर्ण भूमिका होती है। यह भूमिका निभाने के लिए लैंगिक शिक्षा के प्रति उसका सकारात्मक दृष्टिकोण होना आवश्यक है। हर

जिले में शिक्षकों की सहायता के लिए विशेषज्ञों का एक समूह बनाया जा सकता है। उसमें वैद्यकीय विशेषज्ञ, मनोचिकित्सक, स्त्रीरोग विशेषज्ञ, समाजसेवक, अभिभावक और लैंगिक शिक्षा से सम्बन्धित प्रशिक्षण प्राप्त शिक्षक आदि का समावेश होना चाहिए। शिक्षार्थियों द्वारा पूछे गए किसी भी प्रश्न का जबाब देने की क्षमता उनमें होनी चाहिए। व्यक्तिगत और सामाजिक जिम्मेदारी की समझ लैंगिक शिक्षा के विज्ञान जितनी ही महत्त्वपूर्ण है, इसको ध्यान में रखते हुए शिक्षा देनी चाहिए। जिन स्कूलों ने लैंगिक शिक्षा देने के महत्त्व को समझा है, उन्हें खुद के स्तर पर प्रश्न के बॉक्स की पद्धति शुरू करनी चाहिए। नौवीं कक्षा के लड़के-लड़कियों के लिए अलग-अलग बॉक्स रखा जाए। खुद का नाम लिखे बिना लैंगिकता से सम्बन्धित प्रश्न उस बॉक्स में डालने के लिए लड़के-लड़कियों को कहा जाए। पुरुष शिक्षक को लड़कों तथा महिला शिक्षक को लड़कियों के प्रश्नों के जवाब देने चाहिए। यह पद्धति कई स्कूलों ने शुरू की है। इसमें यह अनुभव आता है कि लड़कियों के सन्देह दूर हो जाते हैं, आत्मविश्वास बढ़ जाता है, वे सतर्क बन जाती हैं, उनमें धैर्य आ जाता है। लैंगिक शिक्षा का प्रभाव टीके की तरह होता है। बीमारी न हो इसलिए टीका लगाया जाता है, उसी प्रकार लैंगिक समस्याओं का सामना न करना पड़े इसके लिए लैंगिक शिक्षा देनी चाहिए। समस्याएँ आ भी जाएँ तो उन पर इलाज के रूप में काउंसिलिंग होनी चाहिए।

लैंगिक शिक्षा समय की आवश्यकता है। स्वस्थ-निरामय और निर्भय समाज निर्मिति की वह आवश्यकता है। गलत दृष्टिकोण पर आधारित स्वयंघोषित संस्कृति रक्षक विधायकों के दबाव के कारण सरकार को अपनी भूमिका नहीं बदलनी चाहिए। साथ-ही-साथ लैंगिक शिक्षा का कार्यक्रम सफल बनाने के लिए सबसे पहले अभिभावकों को इस शिक्षा का महत्त्व समझाने का काम किया जाना चाहिए।

[03 मई, 2008]

कसौटी का समय

1 मई तिहरे महत्त्व को प्रकट करनेवाला दिवस है। मुक्ति के संग्राम की आवाज पूरे विश्व के शोषितों को देनेवाला 'मजदूर दिवस', 'प्रिय हमारा एक महाराष्ट्र देश ये' ऐसा जयघोष जिस दिन किया जाता है वह 'महाराष्ट्र दिवस' और *साधना* के भूतपूर्व सम्पादक तथा समाजवादी आन्दोलन का वैचारिक पोषण जिनके कारण हुआ उन नानासाहब गोरे का स्मृति दिवस भी है।

ऐसे महत्त्वपूर्ण दिवस पर मन में कौन-सी भावनाएँ आती हैं? मजदूरों-श्रमिकों के परिश्रम तथा कौशल से ही वर्तमान संस्कृति साकार हुई है, यह वैश्विक सत्य है। भारत के इस संघर्षशील श्रमिक आन्दोलन की सम्पन्न विरासत महाराष्ट्र में है। यह विरासत शताब्दियों से भी लम्बी है। यह सच है कि जो मजदूर वर्ग संगठित हुआ है, नियमित (परमानेंट) हुआ है, स्थापित हो गया है वह कामचोर भी बन गया है। असंगठित मजदूर भाइयों को वह भूल गया और केवल खुद के बारे में सोचने लगा है। उसकी राजनीतिक शिक्षा भी रुक गई है। यह भी सच है कि आन्दोलन में सम्मान के साथ फहरनेवाला लाल निशान रोजमर्रा के जीवन में संकुचित जातिगत भावना, धर्मविचार, अन्धविश्वास आदि में उलझ गया है। इसके बावजूद जो समाजवाद के लिए लड़ा वह मजदूर ही है, वैश्विक पूँजीवाद के बेलगाम घोड़े को रोकने का थोड़ा-बहुत प्रयास इसी मजदूर वर्ग ने किया है और आज भी वह ऐसा करना ही चाहता है। लेकिन जैसे कि आज उसकी कमर ही टूट गई हो, वह थक गया है। मजदूर वर्ग के रूप में वह तबाह हो रहा है, खत्म हो रहा है। रोजगार वृद्धि के बिना ही उद्योगों में वृद्धि हो रही है। जॉबलेस ग्रोथ हो रही है। नए रोजगार रुक गए हैं और जो रोजगार है, उसका ठेकेदारीकरण करने की होड़ लगी हुई है। सरकार कल्याणकारी राज्य की भूमिका निभाने के लिए इच्छुक नहीं है। जहाँ संगठित मजदूर वर्ग ही तकलीफों से गुजर रहा हो, वहाँ असंगठित मजदूर वर्ग की समस्याएँ कौन सुनेगा? महाराष्ट्र के किसी भी औद्योगिक उपनिवेश में आधे उद्योग बन्द पड़े हैं। रूटलेस ग्रोथ हो रही है : यह श्रमिक वर्ग की जड़ों को ही उखाड़ फेंकनेवाला विकास है।

महाराष्ट्र में क्या चल रहा है? इसके लिए ग्रामीण महाराष्ट्र की शक्ल-सूरत बदलने का श्रेय पाने वाले चीनी उद्योग का उदाहरण पर्याप्त है। राज्य के 23 चीनी उत्पादन के कारखानों का दिवाला निकल चुका है। कारखानों के कुल घाटे से विभिन्न वित्त संस्थाओं तथा सरकार के 490 करोड़ रुपए फँसे हैं। दिवालिएपन से पैसे डूब ही गए हैं। बिजली विभाग को 3 हजार करोड़ रुपए का घाटा हो गया है। पानी रोकने के लिए पैसे नहीं हैं, वेतन देने के लिए भी पैसे नहीं हैं। शिक्षा व्यवस्था का तेजी से निजीकरण किया जा रहा है तथा स्वास्थ्य व्यवस्था भी उसी दिशा में जा रही है। सन्त गाडगे बाबा ग्राम-स्वच्छता अभियान जैसे जनजागृति तथा लोकसहभाग का दर्शन करानेवाले कुछ अभियान अपवाद हैं। मराठी मायमाऊली (मराठी मातृभाषा) आज भी फटे वस्त्र पहने मंत्रालय की चौखट पर खड़ी है। मराठी भाषिकों के परस्पर संवाद में ही वह धीरे-धीरे संकुचित हो रही है। अकोला, कल्याण, भिवंडी से खतरे के संकेत मिल ही गए हैं और गुजरात में जो हुआ, उसे महाराष्ट्र में अंजाम देने की खुजली वाली फासिस्ट शक्तियाँ महाराष्ट्र में भी मौजूद हैं।

सेक्युलरिज्म के सच्चे समर्थक नानासाहब गोरे का 1 मई और हमीद दलवाई का 3 मई स्मृति दिवस है। सेक्युलरिज्म का अर्थ धर्मनिरपेक्षता, नास्तिकता, सर्व धर्म समभाव है या इहवाद है, इस तरह की महत्त्वपूर्ण चर्चाएँ आज अर्थहीन साबित हो रही हैं। कहा जाता है कि सेक्युलरिज्म भारत के संविधान के मूलभूत ढाँचे का हिस्सा है लेकिन गुजरात में धर्म के आधार पर अघोषित बँटवारा पूरा हो गया दिखाई देता है। 'बादशाह का पसन्दीदा तोता मर गया' ऐसे कहना कठिन है, साथ ही, इस विदारक सत्य का उच्चारण भी नहीं करना है। प्रधानमंत्री गुजरात के दंगे को राष्ट्र के लिए कलंक कहते हैं और दंगा पीड़ित छावनी की स्थिति (?) नरकपुरी जैसी होती है! सद्भावना भेंट या सद्भावना अनशन के लिए बाहर से गुजरात जाना असम्भव। साबरमती आश्रम व्यवस्थापन द्वारा भी उसका विरोध किया जाता है। गुजरात में जब चुनाव होंगे तब लोकतांत्रिक पद्धति से पुनः काफी वोटों से जीतकर सेक्युलरिज्म को हराने का फ़ासिस्ट शक्तियों को पूरा विश्वास है। धर्मान्धता की जिद, विद्वेष ही ताकत, हिंसा ही मूल्य, इस तरह की विदारक वास्तविकता है और संविधान द्वारा सन्मानित-सुप्रतिष्ठित किया गया लेकिन चुपचाप पड़े रहने की सख्ती हो गई है, ऐसा सेक्युलरिज्म का तत्त्व है।

यह स्पष्ट है कि समय कसौटी का है। इसके जवाब आसान नहीं हैं। रास्ता कठिन होने के साथ-साथ वह दुर्गम भी बन गया है। लेकिन व्यक्ति, परिवार, संस्था, समाज, राष्ट्र के जीवन में ऐसे प्रसंग आते ही रहते हैं। कायर बनकर खुद के लिए राह बनाई जा सकती है लेकिन वह साने गुरुजी को मंजूर नहीं है। उनकी वह विरासत नहीं है। हतोत्साहित होकर अब क्या किया जा सकता है, इस तरह से

हैरान होने का मतलब बुद्धि-प्रामाण्यवादी नानासाहब को भूलने-जैसा है। अर्थात, एक ही विकल्प बचता है : डटे रहकर निश्चय के साथ संघर्ष करने का तथा खुद को समर्पित करते हुए आसपास के परिवेश में इन विचारों को पहुँचाने का...

अभी मत कीजिए चर्चा हार की,
रण में लड़नेवाले हैं, कई बाकी!

[04 मई, 2002]

अफीम की खेती : वैचारिक दिवालियापन

अफीम की खेती का समर्थन जिस पद्धति से किसान संगठन के नेता कर रहे हैं, उसको देखते हुए वर्तमान राजनीति में वैचारिक दिवालियापन दिखाई देता है। हमारे यहाँ संगठन कभी धर्म, कभी भाषा, कभी संस्कृति, कभी अर्थनीति के सुर छेड़ते हैं। इसके कारण राजनीतिक समस्या उत्पन्न होती है। समस्याओं का हल नहीं निकल पाता। ऐसे समय में अपना ही मुद्दा सभी चर्चाओं के केन्द्र में रहे इसलिए नेता अधिकाधिक भड़कीली भाषा का प्रयोग करते हैं। उनके भाव ऐसे होते हैं कि मानो हम ही सवालों के सार्थक जवाब दे रहे हैं। किसान संगठन के नेता तथा स्वतंत्र भारत पार्टी के राष्ट्रीय अध्यक्ष शरद जोशी और अन्य किसान संगठनों के नेताओं ने ऐसी प्रवृत्ति का समर्थन किया है।

गोपीनाथ मुंडे के परिवार से जुड़े कुछ लोगों की लड़ाई के कारण चर्चा में आ चुका सिरसाला गाँव राज्य के बीड जिले में है तथा उसी जिले के वंजारवाडी, मोहा, पोहनेर आदि गाँवों में चोरी-छिपे की जा रही अफीम की फसल वहाँ की प्रमुख फसल बन गई है। एक एकड़ में 15 लाख रुपए की अचम्भित करनेवाली कमाई हो रही है। कोल्हापुर जिले की शिराला तहसील में भी ऐसा ही हुआ है। किसानों का इस प्रकार से अफीम की फसल के प्रति आकर्षित होना कृषि, राजस्व, पुलिस, आबकारी आदि विभागों के जल्दी ध्यान में नहीं आया। उस सन्दर्भ में जब कार्रवाई शुरू हो गई है तब किसान संगठन के नेता तथा स्वतंत्र भारत पार्टी के राष्ट्रीय अध्यक्ष शरद जोशी और दूसरे किसान संगठन के नेता रघुनाथ दादा पाटिल ने उसका विरोध किया। शरद जोशी का कहना था कि 'अन्य राज्यों में अफीम-उत्पादन को अनुमति दी गई है तो महाराष्ट्र में ही विरोध क्यों? सरकार की कृषि-नीति के कारण किसान के पास अपराधी या नक्सली बनने का नहीं तो आत्महत्या करने का अन्तिम विकल्प बचता है। इसलिए सरकार की किसानों को अफीम उत्पादन करने के लाइसेंस देने चाहिए। इसके माध्यम से सरकार के पास टैक्स के रूप में पैसा भी जमा हो जाएगा तथा किसानों को भी लाभ मिलेगा।' रघुनाथ दादा पाटिल ने इसके लिए कि कम-से-कम एक एकड़ के चालीसवें हिस्से में अफीम का उत्पादन लिया जाए, देश भर में जनजागृति करने की मुहिम चलाने की घोषणा की है। क्या यह सब किसानों के हितों में है?

अफीम का पेड़ पापावर सोम्निफेरम, इस शास्त्रीय नाम से भी जाना जाता है। अफीम की खुले तौर पर बोआई पर प्रतिबन्ध है। जिनके पास लाइसेंस है, वही किसान इसकी बोआई कर सकता है। पेड़ों पर लगनेवाले कच्चे डोंडे को चाकू से नीचे से ऊपर तक चीरा जाता है। उसमें से जो स्राव निकलता है, वह रात भर वहीं पर जम जाता है। उसे निकालकर उसमें से काले पदार्थ को दूर करके अफीम धूप में सुखाई जाती है। ताजा अफीम मुलायम, जमी हुई, भूरी होती है। उसकी गन्ध फलों की तरह होती है लेकिन वह कड़वी होती है। डोंडे के बीजों से खसखस मिलती है।

अफीम से मॉर्फीन, पापावर निकोटिन जैसे वैद्यकीय दृष्टि से उपयुक्त महत्त्वपूर्ण एल्कलॉएड की निर्मिति होती है। दर्द कम करनेवाली औषधियों में अफीम का उपयोग किया जाता है। अफीम के कपूर मिश्रित द्रव का उपयोग खाँसी और दस्त ठीक करने के लिए उपयोग में लाया जाता है। लेकिन अफीम का सबसे ज्यादा उपयोग नशे के लिए किया जाता है। अफीम को खाकर, सोखकर, सुई से इंजेक्शन लेकर नशा किया जाता है। शरीर, मन, भावना, बुद्धि, नैतिकता आदि स्तरों पर अफीम नुकसानदेह साबित होती है। परिवार का विनाश होता है। समाज का स्वास्थ्य खतरे में पड़ता है। राष्ट्र निर्मिति में कई समस्याएँ आ जाती हैं। विश्व के कई समाज तथा राष्ट्रों ने इसका अनुभव लिया है। इसलिए 1857 में अफीम की बोआई के सन्दर्भ में एक कानून बना। उत्तर प्रदेश, मध्य प्रदेश, राजस्थान, इन तीन राज्यों में अफीम की बोआई केवल साढ़े सात हजार हैक्टेयर पर कानूनी पद्धति से की जाती है। उससे मिलनेवाले सभी उत्पादन कठोर कानूनी तरीके से नियंत्रित किए जाते हैं। अफीम के उत्पादन, परिवहन, बिक्री सम्बन्धी कानून 1978 में बनाया गया। अफीम और उसमें मौजूद एल्कलॉएड की निर्मिति सम्बन्धी औषधि कानून 1930 में बनाया गया। इसके बाद 1985 में नारकोटिक ड्रग्स एंड सायकोट्रोपिक सबस्टेन्स ऐक्ट 1985 यह नशीले पदार्थ विरोधी कानून बनाया गया। इसके अन्तर्गत ऐसे घटकों या औषधियों के उत्पादन, वितरण, सेवन, बिक्री, परिवहन, संचय, उपयोग, आयात-निर्यात पर रोक लगाई गई। केवल वैद्यकीय और विज्ञान-संशोधन आदि कार्यों के लिए मंजूरी दी गई है। इस कानून को तोड़नेवाले व्यक्ति को 10 साल का कठोर कारावास और एक लाख रुपए के जुर्माने की सजा का प्रावधान है। यह सजा 20 साल के कठोर कारावास और 2 लाख रुपए जुर्माने तक बढ़ाई जा सकती है। पिछले साल 1022 हेक्टेयर पर लगाई गई अफीम की फसल नशीले पदार्थ विरोधी विभाग ने नष्ट कर दी। नशीले पदार्थों से मिलनेवाली महँगी कीमत और बड़े मार्केट के कारण किसान अफीम की फसल लगाने की ओर आकर्षित हो गए हैं। उनका यह निर्णय निश्चित रूप से गैर-कानूनी और आपराधिक स्वरूप को जन्म देनेवाला है इसलिए इसका कठोरता से प्रबन्धन करना चाहिए।

'गन्ने से लेकर कपास तक, की जा रही खेती में नुकसान सहना पड़ रहा है। उस राह पर चलकर केवल कर्ज तले दबना और आत्महत्या ही करनी पड़ती है। इसी वजह से किसान इस तरह का निर्णय लें तो उन्हें कैसे दोष दे सकते हैं?' किसान संगठन सवाल उठाते हैं। किसानों को गरीबी से मुक्त करने के लिए इस तरह के विचार व्यक्त किए जाएँ और उसकी माँग करनी चाहिए, ऐसा ये नेता कह सकते हैं लेकिन उन्होंने ऐसा खुलेआम नहीं कहा है, इस पर भी ध्यान देना होगा। कृषि पर किसी भी प्रकार की रोकटोक या नियंत्रण के खिलाफ शरद जोशी हैं तथा अन्य किसान-संगठनों के शरद जोशी के विचारों पर चलने से यह गैर-जरूरी माँग वे भी कर रहे हैं। किसान तथा किसानी की कई समस्याएँ देश में हैं। उसके प्रति सरकार अकार्यक्षम है, हित-सम्बन्धों से जकड़ी हुई है या अधूरे आकलन के कारण गलत भूमिका ले रही है, ऐसा कई विरोधियों को लग सकता है। वास्तव में, सरकार की जो नीतियाँ हैं, उनके खिलाफ संघर्ष करना तथा जैसी चाहें वैसी किसान नीति बनाने का अधिकार लोकतांत्रिक देश के संगठनों को है। (गैर-जरूरी) राजनीति जितनी क्षमता के साथ खड़ी होगी, वह देश के लिए उतनी ही हानिकारक साबित होगी। लेकिन 'हम किसानों के मसीहा हैं, उनके कल्याण का अन्तिम हल हमारे पास है और उनके हित के लिए किसी भी हद तक जाने की हमारी इच्छा है' किसान-संगठनों की यह भूमिका न ही समाज के हित में है, न ही किसानों के हित की है! बीमारी से भयंकर इलाज का सुझाव देनेवाले इस मार्ग का समर्थन अगर किसान संगठन करते रहेंगे तो वह उनके दिवालिएपन का लक्षण है।

[24 मार्च, 2012]

विवेक और प्रतिशोध की राजनीति

इंदिरा गांधी की हत्या के बाद सिखों के विरोध में कई दंगे हो गए। गुस्सैल भीड़ ने चार हजार सिखों की हत्या की, यह घटना राष्ट्र के लिए पूर्णतः शर्मसार करनेवाली थी और है। ऐसे कलंक को साफ करने के लिए एक व्यापक उदारतावादी सहमति और गलती कबूल करने की वृत्ति आवश्यक होती है। यह सब लिखने का कारण है दिल्ली में हुए दंगों के सन्दर्भ में नानावटी आयोग की रिपोर्ट। सन 1984 से 2000 तक के सोलह सालों में इसके सन्दर्भ में 9 समितियाँ गठित की गईं, उनकी रिपोर्ट प्राप्त होने के बावजूद केन्द्र सरकार में जब राजग (NDA) सत्ता में थी तब दोबारा नानावटी आयोग की स्थापना की गई थी। इस आयोग से जो निष्कर्ष सामने आए हैं, उसके बाद जगदीश टाइटलर ने केन्द्रीय मंत्री पद तथा सज्जन कुमार ने ग्रामीण विकास मंडल की समिति के मंत्री पद से इस्तीफा दे दिया। इस सन्दर्भ में संसद में प्रधानमंत्री द्वारा दिया गया भाषण बहुत ही सुसंस्कृत मानसिकता की अभिव्यक्ति थी। उन्होंने केवल हजारों सिखों की हत्या की कड़ी निंदा ही नहीं की बल्कि संसद में माफी भी माँगी। भूतकाल को हम बदल नहीं सकते परन्तु अच्छा भविष्य बना सकते हैं, इसके लिए हम सब मिलकर प्रयास कर सकते हैं और 1984 में सिख भाइयों पर जो अमानवीय आघात हुआ है, उसे एक साथ मिलकर भूलने का प्रयास करेंगे, इस तरह की विनती प्रधानमंत्री ने की। राजनीति के घिनौने स्वार्थ के लिए शूरवीर सिख भाइयों की भावनाओं से खेलने से राष्ट्रीय एकता को हानि न पहुँचे, इसके लिए प्रयास करने का आह्वान उन्होंने किया। देश के संविधान द्वारा इस देश के धार्मिक, सांस्कृतिक, सामाजिक अल्पसंख्यकों को जो अधिकार प्रदान किए हैं, वे संविधान के गौरवशाली अंग हैं। उसके द्वारा हर व्यक्ति का आदर करते हुए उसकी स्वतंत्रता कायम रखने का जो भरोसा दिया गया है, उसे प्रत्यक्ष में साकार करने के लिए सतर्क और सक्रिय रहने की जरूरत है, ऐसा प्रतिपादित किया है।

नानावटी रिपोर्ट का बतंगड़ बनाने का अधिकार राजग में सम्मिलित राजनीतिक पार्टियों को बिलकुल नहीं है। जिन सिख दहशतवादी कृत्यों से लगभग 15 हजार सिख भाइयों की हत्या की गई, उसे अकाली दल मदद कर रहा था, यह सर्वज्ञात है। बाबरी मस्जिद के विध्वंस के बाद मुम्बई में जो दंगा हुआ, उस पर टिप्पणी

करनेवाली श्रीकृष्ण समिति की रिपोर्ट उपलब्ध है। उसके सन्दर्भ में महाराष्ट्र के सत्तापक्ष में बैठी तत्कालीन संयुक्त सरकार ने या केन्द्र में भाजपा के नेतृत्व की गठबन्धन सरकार ने कार्रवाई तो की ही नहीं, उलटा जो मामला ठीक हो रहा है उसे फिर से क्यों बिगाड़ा जाए, ऐसा प्रतिवाद किया। कांग्रेस नेताओं को नानावटी रिपोर्ट के बाद इस्तीफा देना चाहिए था, ऐसा हमारा कहना है लेकिन लालकृष्ण आडवाणी के लिए भी यह बात लागू होनी चाहिए। कम-से-कम टाइटलर के खिलाफ किसी भी कोर्ट में मुकदमा दर्ज नहीं है लेकिन आडवाणी के खिलाफ बाबरी मस्जिद को तबाह करने के आरोप में कोर्ट में मुकदमा दाखिल हुआ है और बाबरी मस्जिद तबाह करते समय वहाँ की भीड़ को उत्तेजित करनेवाले आडवाणी, मुरलीमनोहर जोशी और उमा भारती का वीडियो भी सबने देखा है। गुजरात नरसंहार तो हाल ही का है। मुसलमान भाइयों की जिस पद्धति से और जिस मात्रा में लम्बे समय तक हत्या होती रही, वह गोधरा में कारसेवकों को जलाने के विरोध में दी गई प्रतिक्रिया थी, ऐसा केवल जॉर्ज फर्नांडिस ही कह सकते हैं। इस सन्दर्भ में हाल ही में सर्वोच्च न्यायालय द्वारा बार-बार सुनाए गए फैसलों से बहुत कुछ बातें स्पष्ट हो जाती हैं।

इंदिरा गांधी की हत्या के बाद दिल्ली में हुए सिख हत्याकांड की जिम्मेदारी कांग्रेस पर है लेकिन यह घटना राष्ट्र के लिए शर्मसार करनेवाली है, ऐसा कहकर माफी माँगने की मानवता प्रधानमंत्री ने दिखाई। दूसरी ओर बाबरी मस्जिद का ढाँचा तबाह करने की घटना हो या उसके बाद मुम्बई में हुआ दंगा हो या गुजरात में हुआ नरसंहार हो, इसके बारे में भाजपा या शिवसेना का 'कैसे सबक सिखाया' इस तरह का अड़ियल रवैया दिखाई देता है। हिंसा और मारपीट की राजनीति हमें बिलकुल त्याज्य नहीं है, ऐसा संकेत यह मंडली अपने इस आचरण द्वारा देती रहती है। राजनीति और धर्म में गड़बड़ी करके उसे हिंसा का तड़का लगाने पर होनेवाला विस्फोट सबसे पहले लोकतंत्र की हत्या करता है। ऐसा नहीं है कि यह बात इन मंडलियों को पता नहीं है, इसके बाद भी उनमें से एक गुट धर्म के नाम पर अल्पसंख्यकों के विरोध में हिंसक उत्तेजनावाला गर्जन करता है। उनका लेना-देना उनकी मौकापरस्त राजनीति से है, लोकतंत्र से नहीं है, यही उनके आचरण का तात्पर्य है। कांग्रेस की विरासत ऐसी नहीं है लेकिन इसके सन्दर्भ में हाल ही में जो कांग्रेस पार्टी का आचरण था, वह कई बार आपत्तिजनक लगता है, इस पर भी गौर करना होगा।

हिंसा के विभिन्न पहलुओं को वर्तमान की घटना के नाते दर्ज करने की जरूरत है। शिवसेना नेता नारायण राणे का स्वागत करके कांग्रेस ने उनको महत्त्वपूर्ण राजस्व विभाग में बहाल किया। इसके बाद उनके जो दौरे शुरू हुए, वे छोटे-बड़े गैंगवार की तरह मशहूर हो गए। बाढ़ पीड़ितों को मिलने के लिए नारायण सांगली गए, उनके साथी कार्यकर्ताओं ने जिलाधिकारी कार्यालय में विरोधी भाषण देनेवालों

पर पथराव किया। नारायण राणे ने उसका समर्थन 'क्या पत्थर पर मेरा नाम था?' ऐसी भाषा में किया। राज ठाकरे के सिन्धुदुर्ग जिले के दौरे में गैंगवार का अन्देशा था, इसकी सूचना पुलिस द्वारा दी गई तो यह दौरा रद्द किया गया। महापौर और शिवसेना विधायक की गाड़ियों को नारायण राणे के समर्थकों द्वारा चकनाचूर कर दिया गया। इसके बाद ईंट का जवाब पत्थर से देने की बात शिवसेना द्वारा की गई, इसमें कोई आश्चर्य नहीं है। सवाल यह है कि हिंसा की राजनीति का निषेध जिस पार्टी का प्रधानमंत्री बड़ी गम्भीरता से करता है, उस पार्टी की सत्ता जिस महत्त्वपूर्ण राज्य में है, उसका एक प्रमुख नेता गुंडागर्दी की राजनीति करता है, इस पर कांग्रेस कोई कार्रवाई करेगी या नहीं? ऐसी बातों को नजरअन्दाज करने के कारण राजनीतिक हिंसा समाज में स्थान प्राप्त करती है। बाद में धर्मद्वेष या हत्या के कारण जो गम्भीर आघात होता है, उससे यह विद्वेष भयानक रूप धारण करता है। प्रधानमंत्री मनमोहन सिंह तथा उनकी कांग्रेस पार्टी को इसका ध्यान रखना होगा।

[20 अगस्त, 2005]

परिशिष्ट

विरासत और व्रत

साधना के स्वर्ण महोत्सवी वर्ष के इस अंक से सम्पादक की जिम्मेदारी ले रहा हूँ।

पूजनीय साने गुरुजी, आचार्य जावड़ेकर, रावसाहब पटवर्धन, यदुनाथ, वसन्त बापट, प्रधान सर, नानासाहब गोरे जैसे सम्पादकों और सम्पादक मंडल के नाते मंगेश पाडगावकर, सदानन्द वर्दे, दुर्गा भागवत, भालचन्द्र नेमाडे, अशोक शहाणे, अनिल अवचट, मधु वाणी, जवाहर कोटेचा, सुनीति जोशी, कुमुद करकरे आदि की गौरवपूर्ण विरासत की याद से मन नतमस्तक नहीं हो तो आश्चर्य! इस विरासत को सँभालने, उसका पोषण करने तथा वृद्धि करने के लिए हम प्रयास करेंगे। छोटे हैं और बड़ा कार्य हाथ में लिया है, इसकी हमें समझ है। इसके लिए जी-जान से प्रयास किए जाएँगे, उसमें कोई भी कमी नहीं रहेगी, यह बात मन में ठान ली है।

जिन आसामान्य व्यक्तित्वों ने *साधना* के सम्पादक की भूमिका निभाई, उन व्यक्तित्वों के कई श्रेष्ठ पहलू थे परन्तु कविश्रेष्ठ कुसुमाग्रज ने एक जगह लिखा है कि जीवन के छोटे-बड़े आधार होते हैं लेकिन उन सबके आगे होता है मूलाधार। उसके बारे में कोई सुलह सम्भव नहीं है क्योंकि वह अस्तित्व का ही अधिष्ठान होता है। भारत देश की राष्ट्र-निर्मिति के लिए यह मूलाधार कौन-सा होगा, इसकी स्पष्ट कल्पना पूजनीय साने गुरुजी द्वारा 15 अगस्त, 1948 को सम्पादित *साधना* के पहले अंक से मिलती है।

उन्होंने लिखा है कि 'विषमता और शत्रुता भाव को खत्म करने के लिए महान साधना करनी है। उन्हें विश्वास है कि इस उद्‌देश्य की प्राप्ति के लिए *साधना* नैतिक प्रयास करेगी।' उनके बाद आचार्य जावडेकर और रावसाहब पटवर्धन के हाथों में जिम्मेदारी आ गई। "गुरुजी की *साधना* महाराष्ट्र की बन जाए" ऐसा शीर्षक उन्होंने अपने पहले सम्पादकीय को दिया। जिनकी सत्याग्रह, लोकतंत्र, समाजवाद, इन उद्‌देश्यों के प्रति आत्मीयता है, उन सबकी *साधना* बननी चाहिए, ऐसा उनका आग्रह था। उनके अनुसार लोकतांत्रिक-समाजवाद एक सांस्कृतिक क्रान्ति है। उस क्रान्ति के सामाजिक, राजनीतिक, आर्थिक आयाम भी हैं। महात्मा गांधी ने जो दृष्टि दी है उसके कारण सत्याग्रही साधना द्वारा भारतीय समाजवाद को लाया जा सकता है, ऐसा उनको लगता था। लगभग आधी शताब्दी से पूर्व अपने पहले सम्पादकीय

में दोनों सम्पादकों ने अपनी भावना इस तरह से व्यक्त की है : "अपने हाथ में जो सत्ता है उसे बनाए रखना, और अगर सत्ता नहीं है तो उसे हासिल करना ही राजनीतिक पार्टियों का काम है, ऐसा पार्टियाँ मानने लगी हैं। इसी वजह से सत्ता की राजनीति प्रमुख बनी है और रचनात्मकता तथा सहयोग वृत्ति खत्म हो गई है। अगर ऐसा हुआ तो अत्याचार, तानाशाही और अराजकता का जन्म होगा। ऐसा न हो, इसलिए सत्याग्रही अधिष्ठान को दृढ़ करना होगा तथा समाज और विश्व में तीसरी शक्ति का निर्माण करना चाहिए।" इस विचारधारा की कई बार प्रस्तुति की जाती है। इसके आगे के कालखंड में हमें यह दिखाई देता है कि *साधना* के सम्पादन का यही सूत्र रहा है। दिनांक 15 अगस्त, 1980 में अपना पहला सम्पादकीय लिखते समय नानासाहब गोरे ने सार-तत्व बताया है। वह इस तरह से : 'प्रबोधन, संरचना, संघर्ष, इन मार्गों से विवेकवादी, संगठित और सक्रिय जनशक्ति का निर्माण करने की जरूरत है।' इस तरह की *साधना* की विरासत है।

यह कार्य करने की पहले जितनी जरूरत नहीं थी उतनी जरूरत आज है, यह *साधना* के समझदार पाठकों को बताने की आवश्यकता नहीं है। जिस 'विषमता' को खत्म करने के लिए साने गुरुजी ने *साधना* की शुरुआत की, वह विषमता आज बढ़ रही है। आलीशान इमारतें, महँगी गाड़ियाँ, महँगी वेश-भूषा और भोगवादी संस्कृति से पनपते सर्वांगीण (अव)लक्षण समाज में कदम-कदम पर अपना ढोल बजा रहे हैं। इसके प्रति घृणा-क्रोध नहीं बल्कि जनमानस को विधिवत तरीके से इसकी ओर आकर्षित किया जा रहा है। तरीका कोई भी हो, उसे अपनी उन्नति के लिए अपनाने में क्या हर्ज है और क्या वह इस स्पर्द्धात्मक युग में अटल नहीं है? ऐसा मतलबी तर्क दिया जाता है। इस विरोध के चलते लड़नेवाले लोगों की शक्ति जीवन के संघर्ष में इतनी खर्च हो जाती है कि धीरे-धीरे वह खत्म ही होती है। इसीलिए लड़ने से क्या फायदा, यह ऐसे ही चलता रहेगा, हमें अपने बारे में सोचना चाहिए : यह विचार लड़नेवाले व्यक्ति के मन में आ जाता है। यह केवल विषमता का एक आर्थिक पहलू है। सामाजिक, सांस्कृतिक, शैक्षिक आदि अंगों से विचार किया जाए तो यह विषमता की दरार कितनी बड़ी है, यह बात समझ में आती है। इसका यह मतलब नहीं है कि समता की लड़ाइयाँ चालू नहीं हैं। जी-जान से कोशिश करते हुए संगर खड़ा करनेवाली मंडली हैं। इनकी संख्या कम है, वे असंगठित और दुर्बल हैं लेकिन वे जिद पर अड़े रहकर कोशिश कर रहे हैं। यही एक आशावाद है। *साधना* इन सबकी आवाज बुलन्द करना चाहती है, उत्साह बढ़ाना चाहती है।

शत्रुता-भाव को खत्म करना, यह गुरुजी की *साधना* निर्मिति का दूसरा प्रयोजन था। विषमता को बनाए रखने तथा उसे बढ़ाने के लिए विवेक खत्म करना पड़ता है और विवेक खत्म करने के लिए शत्रुता भाव को बढ़ाना पड़ता है। समाज-हित और विषमता खत्म करने के लिए कौन-सा संघर्ष इष्ट है और कौन-सा अनिष्ट है,

इसको चुनना पड़ेगा। भारत में धर्म-धर्म तथा जाति-जातियों के बीच पोषित किया जानेवाला शत्रुता-भाव पूर्णत: घातक है, ऐसा हमें लगता है। पूरे समाज में इस भावना को बीजारोपित करना ही आज के समाज प्रबोधन का महत्त्वपूर्ण उद्‌देश्य है। लेकिन धर्म-धर्म के बीच कटुता फैलाने का प्रयास करनेवाले लोग आज ताकतवर हो रहे हैं। दिल्ली तक जा पहुँचे हैं। राम मन्दिर निर्माण यह राष्ट्रमन्दिर बनाने की दृष्टि से रखा गया कदम है, ऐसा वे कहते हैं परन्तु यह राजनीति की घुसपैठ के कारण अपनाया गया ढोंग है। भले उनकी भाषा जो भी हो परन्तु उस परिवार का प्रमुख दारोमदार धर्म-द्वेष पर ही है। यह काम वे कई बार ऐसी कुशलता के साथ करते हैं जिससे अच्छे-अच्छे लोग संभ्रमित हो जाते हैं। यह लापरवाही हम नहीं करना चाहते हैं। धर्मान्ध विचारों का प्रतिकार उसी अन्धता से करने के विचार मन को जल्द ही भाते हैं, मन को सम्मोहित करते हैं। यह संक्रमण आज जाति और उपजातियों तक पहुँचा है। ऐसा लग रहा है जैसे कई लोगों ने समाज-नीति या राजनीति में शत्रुता को खुलेआम तथा चुपके से पोषण करने का प्रधानता से कार्यक्रम बनाया है। गुरुजी के 'सच्चा तो एक ही धर्म है, विश्व को प्रेम दें' इस बोधकारक वचन का तथा सद्‌विवेक का पालन करना आज बहुत ही आवश्यक बन गया है।

विरासत से प्राप्त इस व्रत को हमने स्वीकार किया है। साप्ताहिक चलाना हो तो केवल प्रखर ध्येयवादिता या वैचारिक स्पष्टता से कुछ नहीं होगा, इसकी व्यावहारिक समझ हमें है। इसके बारे में अंक में निवेदन दिया ही है लेकिन उस वजह से विरासत और व्रत की अर्थपूर्णता कभी कम नहीं हो सकती। बल्कि, वह अधिक सम्यकता से आगे बढ़ती है। मैं तहेदिल से आह्वान करता हूँ कि इस व्रत का पालन-पोषण करने के लिए आपका बहुत बड़ा सहयोग चाहिए। विषमता और शत्रुता-भाव को खत्म करने का संघर्ष *साधना* के हर पन्ने के माध्यम से हर व्यक्ति के मन में जागृत करने की उम्मीद हम बनाए रखे हैं।

[02 मई, 1998]

शबनम और लेखन पुस्तिका के परे

अमेरिका में अपना कारनामा सिद्ध करनेवाले सुनील देशमुख का मूल गाँव सांगली जिले में है। वे युवक क्रान्ति दल में थे। आज भी वे महाराष्ट्र के प्रगतिशील विचारों और आन्दोलनों के साथ जुड़े हैं। ऐसे आन्दोलनों तथा विचारपीठों को सभी प्रकार की मदद करना, वे अपना कर्तव्य समझते हैं। इस भावना से मदद करते हुए उन्होंने जो खत लिखा है वह नए-पुराने विचारों में तालमेल कैसे रखा जाए, इसके लिए उत्कृष्ट मार्गदर्शन करता है :

आपका खत मिला, आप *साधना* का सम्पादन करेंगे, यह समाचार सुनकर बहुत खुशी हुई। विश्वास है कि *साधना* की उज्ज्वल परम्परा को आप जरूर आगे ले जाएँगे, इसलिए हार्दिक बधाई! इसमें सन्देह नहीं है कि महाराष्ट्र फाउंडेशन के मित्र दिलीप चित्रे, राजन गडकरी आदि भी खुश हो जाएँगे। Well deserved!

कुछ सूचनाएँ, विचार और समर्थन :

1. समर्थन : (अ) यह बात पता है कि *साधना* की आर्थिक स्थिति उतनी अच्छी नहीं है। आप जिस दिन सम्पादन का कार्य शुरू करेंगे, उसी दिन मैं अपनी तरफ से *साधना* को 1 लाख रुपये दूँगा। (ब) अब दोस्तों को स्तरीय उन्नत साहित्य भेजने के लिए जरूर कहूँगा। कभी-कभार मैं लेख लिख सका तो (उतनी योग्यता तो नहीं है लेकिन प्रयास जरूर करूँगा) मैं जरूर लिखूँगा।

2. विचार : अपनी तात्विक-प्रक्रिया, ध्येय-निष्ठा और साधन-शुचिता सर्वोत्तम होने के बावजूद यह पूरी छवि जनसामान्यों तक प्रभावशाली तरीके से उन्हें समझ में आए ऐसी सरल भाषा में, आकर्षकता के साथ और प्रभावशाली प्रसार माध्यमों द्वारा प्रचारित करने में प्रगतिशील विद्वान-कार्यकर्ता असफल रहे, इसमें सन्देह नहीं है। तात्विक-प्रक्रिया या उद्देश्य-निश्चिति के पश्चात उसकी मार्केटिंग करना तथा साबुन या शैंपू की मार्केटिंग करना, इन दोनों की तकनीक 90 प्रतिशत एक-जैसी ही होती है : Market Survey, ग्राहकों की 'Profile', उनकी पसन्द-नापसन्द, लगन आदि को समझते हुए उनके जीवन को सुखी, समृद्ध और स्वस्थ बनाने के लिए अपनी राह कितनी प्रभावशाली है, इस बात को समझाने में प्रगत विद्वान असफल रहे हैं। आप practical और action oriented हैं। इसीलिए *साधना*

की अभी 'mutual admiration society' जैसी अवस्था हो गई है (वही पाठक और लेखक एक-दूसरे की आत्मीयता से प्रशंसा करते हैं और preaching to the converted.) इस सीमित पहुँच को बदलकर उसे जनसामान्यों के मन तक पहुँच जाने वाली packaging और भाषा में करेंगे, ऐसा लगता है।

3. सूचनाएँ : 'Technology is the backbone of revolution.' यह बतानेवाले लेनिन के उत्तराधिकारी सौ रुपये का calculator या electronic diary हाथ में आ जाए तो थर-थर काँपने लगते हैं। शबनम-दवात और लेखन पुस्तिका के आगे प्रगत विद्वानों की पहुँच नहीं हो पाई है। बल्कि अवैज्ञानिक और प्रतिगामी दृष्टिकोण को प्रभावशाली तरीके से प्रसारित करने के लिए सनातनी विचारक-कार्यकर्ता विज्ञान साधनों का सही उपयोग करते हैं। फोन, फैक्स, ई-मेल आदि का उपयोग करके 'म्हाळगी प्रतिष्ठान' जैसी सुसज्ज संस्थाओं में बैठकर वे जनसामान्यों के साथ संवाद स्थापित करते हैं। वे एक-दूसरे के साथ मारपीट या तात्विक झगड़ा करने में अपनी शक्ति बरबाद नहीं करते बल्कि प्रगतिशील और सेक्युलर विचार खत्म करने के लिए इकट्ठा होकर प्रयास करते हैं। प्रगतिशील आन्दोलन, कार्यकर्ता, नेताओं का निम्नलिखित तीन बातों में अधूरापन दिखाई देता है :

1. सारे लोग नेता या तत्वज्ञ हैं लेकिन प्रत्यक्ष रूप से कार्य करनेवाले कार्यकर्ताओं की कमी है।
2. 99 प्रतिशत सहमति होती है लेकिन एक प्रतिशत असहमति होने से उनमें दरार पड़ जाती है।
3. विज्ञान-साधनों के उपयोग का अभाव और डर।

(इनमें से आप practical and action oriented हैं। सातारा में आपने कितने कार्यकर्ताओं को इकट्ठा किया है, उसे मैंने खुद देखा है। इसलिए 1 और 2 का डर नहीं है परन्तु...) वैज्ञानिक दृष्टिकोण का समर्थन करते समय विज्ञान-साधनों के इस्तेमाल में हमें सबसे आगे होना चाहिए। इसके लिए पैसों की जरूरत होती है और झोंपड़ियों में रहनेवाले बच्चों की आज भी यह स्थिति है कि वे गटर का पानी पीते हैं, अगर ऐसा है तो तकनीक का आग्रह क्यों, ऐसा कोई-न-कोई कह सकता है; लेकिन अगर वहाँ तक पहुँचना है तो संवाद साधनों की जरूरत है। कम-से-कम 'अनिस' और *साधना* के लिए आपको फैक्स मशीन लेनी चाहिए, ई-मेल का भी प्रयोग करना चाहिए, इसके कारण संवाद की गति और प्रभाव, कम श्रम तथा कम समय में हो सकेगा। RSS का idea work methodology का एक उदाहरण है। वे ग्रामीण क्षेत्र में जाकर बुनियादी कार्य करते हैं, साथ ही संवाद माध्यमों का बहुत अधिक मात्रा में उपयोग करते हैं। (हमें डहाणू का आदिवासी और औरंगाबाद की झोंपड़ियों में रहनेवाला आदमी

ई-मेल भेज देता है—rss.org) इस तरह के कई उदाहरण हैं जिनको प्रत्यक्ष मुलाकात होने पर बताऊँगा। लेकिन ऐसा लगता है कि multiple line phone, message machine, fax, e-mail हाथ में हो।

—सुनील देशमुख

[02 मई, 1998]

साधना : उद्देश्यवादी, सफल और वर्धिष्णु पत्रकारिता

साधना साप्ताहिक अपने हीरक महोत्सव वर्ष में प्रवेश कर रहा है। 15 अगस्त, 2007 से *साधना* का साठवाँ साल शुरू होगा और 15 अगस्त, 2008 को *साधना* अपना हीरक महोत्सवी वर्ष पूर्ण करेगा। मराठी उद्देश्यवादी पत्रकारिता में इस तरह की उद्देश्यवादी, सफल और वृद्धिशील-वर्धिष्णु यात्रा अपवादस्वरूप ही है। भारतीय पत्रकारिता में भी ऐसे उदाहरण कम ही मिलते हैं। मराठी के कई साप्ताहिक उद्देश्यवादी जीवन-दृष्टि, दृढ़ता तथा प्रामाणिकता के साथ खड़े थे। लेकिन पिछले दो-तीन दशकों में वे अस्त हो गए हैं। इसकी विभिन्न तरीके से मीमांसा की जा सकती है। परन्तु साप्ताहिक *साधना* के अलग सन्दर्भ पर ध्यान आकर्षित कराने के लिए एक बात रख रहा हूँ। वह यह कि इन सभी उद्देश्यवादी साप्ताहिकों या मासिकों पर किसी-न-किसी का व्यक्तिगत मालिकाना अधिकार था इसलिए प्रतिकूल स्थिति पर नियंत्रण रखने में सीमाएँ आ गईं। *साधना* साप्ताहिक न्यासियों द्वारा प्रकाशित किया जाता था और आज भी वैसे ही प्रकाशित किया जाता है। अलग-अलग कालखंडों में अलग-अलग न्यासी थे और उन्होंने उस समय की कठिनाइयों का सामना करते हुए *साधना* के ध्येयवाद के साथ-साथ *साधना* की भौतिक जरूरतें भी पूरी कीं। *साधना* के शुरुआती सम्पादक भी उसकी बड़ी ताकत थे। भारतीय पत्रकारिता में इस दर्जे की अखंड विरासत किसी भी साप्ताहिक को नहीं मिली है। साने गुरुजी जैसे उत्कृष्ट उद्देश्यवादी स्वतंत्रतासेनानी और अक्षरसाहित्य की देनवाले लेखक *साधना* के संस्थापक रहे हैं। स्वतंत्रता आन्दोलन में भारतीय स्तर के नेता रावसाहेब पटवर्धन और गांधीवाद के प्रज्ञाशील भाष्यकार आचार्य जावडेकर *साधना* के कुछ समय तक सम्पादक थे। आन्तरभारती के मंत्र को हृदय में रखकर उसे कृतिप्रवण करने के लिए प्रयास करनेवाले यदुनाथ थत्ते लम्बे समय तक *साधना* के सम्पादक रहे हैं। महान समाजवादी विचारक और उतनी ही क्षमता के सलीकेदार लेखक नानासाहब गोरे कुछ समय तक *साधना* के सम्पादक थे। अखिल भारतीय साहित्य सम्मेलन के पूर्व अध्यक्ष तथा वरिष्ठ कवि प्रा. वसन्त बापट और मूल्यों की राजनीति पारदर्शिता से कैसे की जाए, इसका जीता-जागता उदाहरण राजनेता

तथा साहित्यकार प्रा. ग.प्र. प्रधान ने भी कुछ समय तक *साधना* के सम्पादक की जिम्मेदारी निभाई है। *साधना* के सम्पादक मंडल में कुछ समय तक दुर्गा भागवत, मंगेश पाडगावकर आदि दिग्गजों का भी समावेश था। ना.य. डोळे, सदानन्द वर्दे के भी नाम लेने होंगे। मोर के रंगीन पंखों जैसा ही *साधना* की सम्पादकीय परम्परा का समृद्ध वैभव *साधना* के सिर का ताज बन गया है।

साधना किसलिए है, इसके बारे में गुरुजी का दृष्टिकोण स्पष्ट था। पहले ही अंक में इसके सन्दर्भ में लिखते हुए वे कहते हैं, "शत्रुता और विषमता को खत्म करने की बड़ी साधना हमें करनी है। *साधना* साप्ताहिक का इसी उद्देश्य से जन्म हुआ है...इस साप्ताहिक का स्वरूप कैसा होगा? विभिन्न भाषाओं की महत्त्वपूर्ण बातें आपको दिखेंगी। किसान-मजदूरों की दुनिया की भी हम सैर करेंगे। उनकी समस्याओं के बारे में चर्चा करेंगे। उनकी स्थितियों को देखेंगे...बच्चों के साथ समय बिताएँगे। समाज में जो अज्ञात लोग सेवा-कार्य करके समाज का पोषण करते रहते हैं, उनका भी जिक्र यहाँ किया जाएगा। कभी-कभी यहाँ सवाल-जवाब के रूप में महत्त्वपूर्ण विषयों पर चर्चा होगी...कभी हम साहित्य के मन्दिर में दर्शन के लिए जाएँगे, तो कभी विज्ञान के पराक्रम की कथाएँ सुनेंगे...कभी निर्मल समाजवाद के उपनिषद को पढ़ेंगे..."

इसका अर्थ यह है कि *साधना* उद्देश्यवादी थी, राजनीतिक दर्शन था लेकिन एकरसता नहीं थी। जीवन के सभी अंगों की *साधना* को जरूरत थी और आज भी है। इस समग्रता का सूक्ष्मता से विचार किया जाए तो एक विलक्षण बात दिखाई देती है। *साधना* साप्ताहिक शुरू होने के डेढ़ साल बाद संविधान बनाया गया। भारतीय महाद्वीप में रह रहे जनसामान्यों के जीवन की आशा-आकांक्षाओं को साकार करने की संविधानिक तैयारी हो गई है परन्तु संविधान ने जिन-जिन मूल्यों और तत्वों का उद्घोष किया है, वे सभी बीजरूप '*साधना* किसलिए?' गुरुजी के इस निवेदन में तथा *साधना* की डेढ़ साल की संविधानिक यात्रा में दिखाई देते हैं।

साधना का सौभाग्य रहा है कि पिछले साठ सालों के कालखंड में कुल सभी प्रतिष्ठित कवियों, साहित्यकारों तथा विद्वानों ने *साधना* में लिखा है। उन्होंने लिखते समय कभी मानदेय की बात भी नहीं की। *साधना* को समृद्ध करने के लिए तथा खुद की प्रतिबद्धता समझकर यह लेखन किया गया है। दुर्गा भागवत, अनिल अवचट, ह.मो. मराठे-जैसे मराठी साहित्य में अपनी विशेष पहचान बना चुके लोगों का पहला लेखन *साधना* में प्रकाशित हुआ। लेखक और पाठक का एक अनोखा समूह *साधना* ने बनाया है। वे एक-दूसरे के पूरक भी थे और वे एक-दूसरे की ढाल भी रहे थे। सबसे बड़ी खुशी की बात यह है कि साठ साल पहले शुरू यह सिलसिला आज भी जारी है। *साधना* की युवावस्था और दृढ़ता बनाए रखने में यह एक महत्त्वपूर्ण कारण रहा है।

समय-समय पर किया गया विशेषांकों का प्रकाशन, यह *साधना* की और एक बड़ी ताकत रहा है। उसकी संख्या, विविधता, नामचीन अतिथि सम्पादक मंडली, यह इतना व्यापक है कि उस पर स्वतंत्र लेखन ही करना पड़ेगा। इन अंकों के विषयों तथा बाकी सम्पादकों की संक्षिप्त सूची *साधना* के संकलित आठों खंडों में हम खासतौर पर छाप रहे हैं, उस पर एक नजर डाली जाए तो यह बात समझ में आ जाएगी।

साधना जैसे साप्ताहिक विशेष प्रयोजन के साथ जन्म लेते हैं और निष्ठापूर्वक कार्य करते हैं जिससे यात्राएँ कभी-कभार एकांगी बन जाती हैं अत: दीपावली-जैसे उपलक्ष्य में प्रकाशित होनेवाले अंक उन प्रसंगों के प्राण-तत्व पकड़ने में असफल हो जाते हैं। मराठी भाषा में दीपावली अंकों का विशेष स्थान है। मराठी-जैसी दीपावली अंकों की बड़ी और समृद्ध परम्परा अन्य भारतीय भाषाओं की नहीं है। यह खुशी और गर्व की बात है कि इस परम्परा में *साधना* ने अपना विशेष स्थान बनाया है। पिछले दशक पर नजर डाली जाए तो यह दिखाई देता है कि *साधना* के दीपावली अंक को कोई-न-कोई पुरस्कार मिला ही है। सर्वोत्कृष्ट अंक के साथ सर्वोत्कृष्ट मुखपृष्ठ, सर्वोत्कृष्ट कहानी जैसे पुरस्कार *साधना* को मिलते रहे हैं। दीपावली अंक के लिए मराठी जगत में दिए जानेवाले लगभग सभी सम्मानित पुरस्कार हाल ही में *साधना* को मिले हैं।

संस्थापक साने गुरुजी के भाव-विश्व में छोटे बच्चों को विशेष स्थान था। "जो करेगा मनोरंजन बच्चों का, उससे नाता जुड़ेगा प्रभु का!" यह उनका वचन प्रसिद्ध है ही। उसको याद करते हुए बाल विभाग के कई उपक्रम *साधना* ने आयोजित किए हैं। छोटे बच्चों पर अंक निकालने से लेकर बच्चों द्वारा किए गए लेखन तथा चित्रों द्वारा अंक सजाने तक के प्रयोग *साधना* ने सफलतापूर्वक किए हैं। आज भी *साधना* में 'बाल-साधना' स्तम्भ प्रकाशित होता है और उसे बच्चों से लेकर बड़ों तक पसन्द भी किया जाता है।

साधना का नित्यकर्म क्या है और जीवन-प्रयोजन कौन-सा है, यह साने गुरुजी ने अपने पहले सम्पादकीय में लिखकर रखा है। "शत्रुता और विषमता को खत्म करने की महान साधना हमें करनी है!" ऐसा वे कहते हैं। इसी बात को *साधना* के एक सम्पादक कविवर्य वसन्त बापट ने रचनाबद्ध किया है। *साधना* के शीर्षस्थान पर निम्नलिखित नियमित भाव संदेश प्रकाशित होता है :

समता स्थापना हेतु शान्ति से शुद्ध साधना।
करते साधना उन्हें रखे उत्साहित साधना॥

साधना के साठ साल का इतिहास देखा जाए तो उसने इस वचन की पूर्ति की है, ऐसा कह सकते हैं।

परिवर्तन के लिए रचनात्मक वृत्ति और संघर्ष का *साधना* ने कई बार अनुशीलन किया ही है, केवल इतना ही नहीं बल्कि उनके विचारों को बुलन्द करने तथा प्रसारित करने को *साधना* ने अपना जीवित-कार्य ही माना है। समाज परिवर्तन की सृजनात्मक धड़कनों को *साधना* ने हर समय चारों ओर पहुँचाया है। विनोबा भावे द्वारा शुरू किए गए भूदान आन्दोलन का वैचारिक अनुशीलन किया है तथा उसका आँखों-देखा हाल भी प्रस्तुत किया है। बाबा आमटे का कार्य विश्व-प्रसिद्ध है परन्तु आनन्दवन और हेमलकसा की *ज्वाला आणि फुले* (ज्वाला और फूल) को *साधना* ने ही सबसे पहले पूरे महाराष्ट्र में पहुँचाया। मुस्लिम प्रबोधन के अध्वर्यू हमीद दलवाई के विचारों को निरन्तरता से प्रकाशित किया। संयुक्त महाराष्ट्र आन्दोलन का अनुशीलन किया। 'एक गाँव एक पनघट' के माध्यम से सामाजिक समता के लिए व्यवहारशील संवाद का आन्दोलन डॉ. बाबा आढाव ने शुरू किया। उनकी दैनन्दिनी *साधना* के हर पन्ने पर छप गई। भ्रष्टाचार विरोधी जन-आन्दोलन में *साधना* के सम्पादक ग.प्र. प्रधान ने खुद हिस्सा लिया था इसलिए स्वाभाविक है कि उसके नतीजे *साधना* में दिखाई दिए। जल, जंगल, जमीन पर आम साधारण काश्तकारों का अधिकार होना चाहिए और किसी भी परियोजना के पहले होनेवाले विस्थापन में विस्थापितों का विकासशील पुनर्वास पहले होना चाहिए, उसके लिए नर्मदा बचाव आन्दोलन का संग्राम *साधना* के मुखपृष्ठ के साथ-साथ अन्तरंग का कई बार विषय बना। एनरॉन बिजली कम्पनी के साथ सरकार द्वारा किया गया अनुबन्ध मानो वह महाराष्ट्र बेचने के लिए किया गया अनुबन्ध था। इसके विरोध में *साधना* ने निरन्तर आन्दोलन जारी रखा। इसके साथ ही व्यसन-मुक्ति आन्दोलन, अन्धविश्वास उन्मूलन की जंग, इस तरह के विषय भी *साधना* ने प्रतिबद्धता के विषय समझे। इतनी निरन्तरता और लम्बे समय तक समाज-परिवर्तन की जुनूनवाली पत्रकारिता के उदाहरण बहुत कम देखने को मिलते हैं।

साधना द्वारा आपातकाल के दौरान अभिव्यक्ति और स्वतंत्रता के दमन के विरोध में किया गया आन्दोलन पत्रकारिता-आजादी के इतिहास का एक तेजस्वी अध्याय माना जाता है। सेंसरशिप को स्वीकार करके चुप रहकर *साधना* चलाई जाए, या जरूरत पड़ने पर सभी प्रकार के परिणामों को भुगतने की तैयारी के साथ *साधना* के सत्व का पालन करना चाहिए : इसका *साधना* द्वारा दिया गया जवाब निस्सन्देह दूसरा वाला था और *साधना* ने उस सत्व का पालन किया और अधिक तेजोमय होकर अग्नि-परीक्षा में सफल हुई, ऐसा इतिहास है। इन सभी बातों का जिक्र *साधना* में किया गया है।

गुजरात में गोधरा घटना के प्रतिवाद-रूप में एक भीषण नरसंहार सरकार की पहल में करवाया गया। द्वेष की तीव्रता इतनी थी कि मूल्यों का जाप करनेवाले लोगों ने मौन धारण किया था। भूकम्प विपत्ति के समय गुजरात की मदद के लिए

पूरा मराठी अखबार जगत आगे आ गया। वह तो प्राकृतिक आपदा थी लेकिन आसमानी संकट में मदद के लिए आगे आनेवाले अखबार जगत ने सुलतानी संकट में मौन धारण कर लिया। मराठी अखबार जगत में गुजरात दंगा-पीड़ित भाइयों के लिए निधि जमा करने तथा हिन्दू-मुस्लिम भाइयों में बाँटने का नैतिक कर्तव्य *साधना* ने निभाया, इसके कारण *साधना* को सात्विक सन्तुष्टि मिली है। बांग्लादेश मुक्ति-संग्राम, जयप्रकाश नारायण के इलाज के लिए निधि जमा करना, महाराष्ट्र में आई बाढ़ या दक्षिण में आई सुनामी संकट जैसे सभी प्रसंगों में *साधना* ने अपनी मदद पाठकों की सहायता से पीड़ितों तक पहुँचाई।

पठन संस्कृति अभियान अंक का अद्‌भुत उपक्रम पिछले डेढ़ सालों से जारी है। हर महीने का पहला अंक पूर्णत: साहित्य के लिए समर्पित होता है और मराठी सारस्वत में यह अंक बहुत तेजी से लोकप्रिय हो गया। *साधना* अब वेबसाइट तक चली गई है और कुछ चुनिन्दा लेखों का अंग्रेजी अनुवाद भी उपलब्ध कराया जाएगा। इसलिए अन्य भाषाओं में भी *साधना* का संवाद शुरू हो जाएगा। इसके साथ ही *साधना* के पास खुद का भवन है और प्रधान सर के आशीर्वाद-स्वरूप पुणे में अत्यन्त महत्त्वपूर्ण स्थान पर स्थित उनकी अपनी दोमंजिला इमारत भी *साधना* के नाम पर है। समस्याएँ हैं, बाधाएँ हैं लेकिन यह सच है कि गुरुजी ने जो सपना देखा है, वह वास्तव में विस्तारित हो रहा है।

साधना का यह पूरा संचय पिछले साठ सालों में प्रकाशित 3,000 अंकों तथा 200 विशेषांकों तथा प्रसार माध्यमों में प्रसारित एक लाख पन्नों द्वारा प्रकट होती है। इस महासागर का अमृत-मंथन हो गया है और प्रा. रा.ग. जाधव जैसे मेहनती सम्पादक ने चुनिन्दा *संकलित साधना* के आठ खंड इससे बनाए हैं। हीरक महोत्सवी वर्ष की शुरुआत में अर्थात 15 अगस्त, 2007 को ये सारे खंड प्रकाशित हो जाएँगे। अच्छे दर्जे का कागज, उत्तम छपाई, सुन्दर बनावट में करीबन ढाई-सौ पन्नों के आठ खंड की कुल कीमत 1600 रुपये है परन्तु बहुत-बड़ी छूट के साथ यह पूरा संग्रह केवल 500 रुपये में *साधना* अपने पाठकों तक पहुँचानेवाली है।

साने गुरुजी ने अपने मेहनत-मशक्कत करनेवाले बच्चों को जो पुकार दी थी, उसे साठवें साल में *साधना* सफल साबित कर रही है और अमृत महोत्सव की ओर मजबूती के साथ कदम बढ़ा रही है।

[चुनिन्दा साधना—खंड 8 से]